GRUNDLAGEN TIBETISCHER MYSTIK

Nach den esoterischen Lehren des Großen Mantra

OṂ MAṆI PADME HŪṂ

von

LAMA ANAGARIKA GOVINDA

(Anangavajra Khamsum-Wangchuk)

Aufnahmen tibetischer Plastik

von

LI GOTAMI

OTTO WILHELM BARTH VERLAG

11. Auflage 1999

Dem Gedächtnis meines Gurus

Dem ehrwürdigen

TOMO GÉSCHÉ RIMPOTSCHÉ
NGAWANG KALZANG

Großabt des Klosters der Weißen Muschel im Tomo-Tal (Tibet) dessen Leben in der Verwirklichung des Bodhisattva-Ideals bestand

VORWORT

Die Bedeutung der tibetischen Tradition für unsere Zeit und für die geistige Entwicklung der Menschheit liegt darin, daß Tibet das letzte lebendige Glied ist, das uns mit den Kulturen einer fernen Vergangenheit verbindet. Die Mysterienkulte Ägyptens, Mesopotamiens, Griechenlands, der Inkas und Mayas, sind mit dem Untergang ihrer Kulturen bis auf einige fragmentarische Überlieferungen auf immer unserer Kenntnis entzogen. Die alten Kulturen Indiens und Chinas, obwohl durch Literatur und Kunst weitgehend belegt und noch hier und da unter der Asche neuzeitlichen Denkens glühend, sind von so vielen Schichten verschiedenartiger Kulturströmungen überlagert und durchwachsen, daß es schwer, wenn nicht unmöglich ist, die einzelnen Elemente voneinander zu trennen und in ihrer ursprünglichen Natur zu erkennen.

Tibet, infolge seiner naturbedingten Isolierung und Unzugänglichkeit (die durch die politischen Bedingungen der letzten Jahrhunderte verstärkt wurden) ist es gelungen, die Traditionen fernster Vorzeit, das Wissen um die verborgenen Kräfte der menschlichen Seele und die höchsten Erkenntnisse und esoterischen Lehren indischer Weiser nicht nur in ihrer Reinheit zu bewahren, sondern *lebendig* zu erhalten.

Aber im Sturme weltumwälzender Ereignisse, dem kein Volk der Erde entgehen kann und der auch Tibet aus seiner Isolierung reißen wird, werden diese geistigen Errungenschaften entweder für immer verschwinden oder zum Geistesgut einer zukünftigen, höheren Menschheitskultur werden müssen.

Tomo Gésché Rimpotsché (*tro-mo dge-bšes rin-po-che*), einer der anerkannt größten geistigen Lehrer Tibets unserer Zeit, ein wahrhafter Meister innerer Schauung, sah dies voraus, verließ seine weltferne Bergklause, in der er zwölf Jahre lang der Versenkung gepflegt hatte und verkündete, daß die Zeit gekommen sei, die durch mehr als tausend Jahre gehüteten Geistesschätze

Tibets der Welt zugänglich zu machen. Denn die Menschheit steht am Kreuzweg großer Entscheidungen: Vor ihr liegt der Weg der Macht durch Beherrschung der Naturkräfte, – ein Weg, der zur Versklavung und Selbstzerstörung führt, – und der Weg der Erleuchtung (der *Bodhisattva-Mârga*), der durch Beherrschung der *in uns* liegenden Kräfte, zur Freiheit und Selbstverwirklichung führt. Diesen Weg zu weisen und durch sein eigenes Beispiel zur Wirklichkeit zu machen, war die Lebensaufgabe Tomo Gésché Rimpotschés.

Das lebendige Beispiel dieses großen Lehrers, von dessen Händen der Autor vor 25 Jahren die erste Weihe und den tiefsten geistigen Anstoß seines Lebens erhielt, öffnete ihm die Tore zu den Mysterien Tibets und ermutigte ihn, das so Gewonnene, so weit sich dies in Worte fassen läßt, der Mitwelt zu übergeben. Sollte das so Vermittelte, trotz aller Unvollkommenheiten, die jeder solcher Versuch in sich trägt, anderen Suchern eine Hilfe sein, so gebürt der Dank hierfür in erster Linie dem Guru, der das Höchste gab: nämlich sich selbst. Und mit ihm muß der Verfasser auch aller jener Lehrer gedenken, die seit dem Dahinscheiden des ersten Guru seine Stelle vertraten, um das begonnene Werk zu Reife zu bringen. Ihnen allen schuldet der Verfasser tiefen Dank.

Durch sie alle aber leuchtet die Gestalt des Ur-Guru, der unvergänglich im innersten Herzen seiner Jünger lebt.

Verehrung Ihm, dem Lehrer!

OṂ MUNI MUNI MAHÂ-MUNI ŜÂKYAMUNIYE SVÂHÂ!

Kasar Devi Ashram, Kumaon Himalaya, Indien,
im V. Monat des Jahres 2500 nach des Buddha Parinirvâṇa
(Oktober 1956)

Der Verfasser

INHALTSVERZEICHNIS

Erster Teil

«OṂ»

DER WEG DER ALLHEIT

Zweiter Teil

«MAṆI»

DER WEG DER GANZWERDUNG UND DER WESENSGLEICHHEIT

Dritter Teil

«PADMA»
DER WEG ENTFALTENDER SCHAUUNG

Vierter Teil

«HÛṂ»
DER WEG INTEGRIERENDER EINSCHMELZUNG

Fünfter Teil

«OṂ MAṆI PADME HÛṂ: HRÎḤ» DER WEG DES GROSSEN MANTRA

Epilog und Synthese

«ÂḤ»
DER WEG DER TAT

ANHANG

ILLUSTRATIONEN

I. AUFNAHMEN TIBETISCHER PLASTIK

von

LI GOTAMI
(Mitglied der Tsaparang Expedition)

Die in den Tafeln I, II, III, V und VIII wiedergegebenen überlebensgroßen, vergoldeten Statuen befinden sich in den Tempeln von *Tsaparang* (West-Tibet), deren Gründung dem *Lotsava Rinchen Zangpo* (965 [?]–1054) zugeschrieben werden. Sie gehören zu den besten Beispielen früher tibetischer Plastik, die in dieser Epoche ihren Höhepunkt erreichte. *Tsaparang* und *Tholing* waren zur Zeit *Rinchen Zangpos* die Hauptzentren tibetischer Kultur und Sitz der Herrscher des West-Tibetischen Reiches. Die vom Autor unternommene Tsaparang-Expedition (1947–1949) diente der Erforschung der Kunstschätze dieser seit Jahrhunderten verlassenen und in Vergessenheit geratenen Ruinenstadt.

Die Riesenstatuen *Amitâbhas* (Tafel III) und *Amoghasiddhis* (Tafel VII), die vermutlich dem Anfang des 15. Jahrhunderts entstammen, befinden sich im *Kumbum,* dem Tempel der «Hunderttausend Buddhas» (*sku-ḥbum*) in *Gyantse* (Zentral-Tibet). *Amitâbha* und *Amoghasiddhi* sind hier im reichen Schmuck des *Sambhogakâya* dargestellt.

Der tausendarmige *Avalokiteśvara* (Tafel VI) ist eine modern-tibetische Statue, die sich im Tempel des Klosters *Yi-Gah Chöling* (Ghoom), in der Nähe Darjeelings, befindet.

Das Grundmaterial dieser Statuen ist gehärteter Lehm, der in der trockenen Atmosphäre Tibets fast die Härte und Dauerhaftigkeit von Stein erreicht. Eine Ausnahme bildet die metallne Riesenstatue *Akṣobhyas.*

II. PINSELZEICHNUNGEN

Nach bildlichen Darstellungen tibetischer Tradition

III. DIAGRAMME

IV. SYMBOLE UND KEIMSILBEN

ANMERKUNG

A. Zu den Schriftzeichen:

Alle mantrischen Worte und Silben haben ihren Ursprung im Sanskrit und werden für gewöhnlich in tibetischer Buchschrift (*dbu-can;* gespr. «U-tschen») oder in der besonders dekorativen und traditionsgeheiligten indischen Schrift des 7. Jahrhunderts n. Chr. (*Lantsa*) geschrieben, einer Abart der *Devanâgarî,* der «Schrift der Götter» (*lhaḥi yi-ge*), wie die Tibeter sie auch heute noch nennen. Beispiele dieser Schrift sind das OṂ MAṆI PADME HÛṂ am Kopfe des Titelblattes und das HRÎḤ (Mitte unten) sowie die fünf Keimsilben des vierblättrigen Lotos auf dem Titelblatt des dritten Teiles. Alle anderen tibetischen Beschriftungen sind in der erstgenannten Buchschrift (*dbu-can*).

B. Zu den Symbolen:

I. Das Rad der Lehre des universellen Gesetzes (*dharma-cakra*) ist das Symbol *Vairocanas*, der in der Geste der «Inbewegungsetzung des Rades der Lehre», d. h., als geistiger Anstoßgeber, dargestellt wird. Seine Keimsilbe ist OṂ, der heilige Laut, der das All-umfassende Erlebnis geistiger Universalität und Freiheit ausdrückt. Das OṂ steht darum im Zentrum des Rades, dessen acht Speichen den Achtfachen Pfad des Buddha darstellen, der von der Peripherie der Wandelwelt, der Welt ewiger Wiederkehr, zum Zentrum der Befreiung (im OṂ) führt. Der Achtfache Pfad (*aṣṭâṅgika mârga*) besteht aus folgenden Gliedern:

1. vollkommene Einsicht (*samyag dṛṣṭi*)
2. vollkommener Entschluß (*samyak samkalpa*)
3. vollkommene Rede (*samyak vâk*)
4. vollkommenes Handeln (*samyak karmânta*)
5. vollkommene Lebensweise (*samyag âjîva*)
6. vollkommene Bemühung (*samyag vyâyâma*)
7. vollkommene Verinnerung (*samyak smṛti*)
8. vollkommene Vertiefung (*samyak samâdhi*)

«Samyak» (Pâli: *sammâ;* Tib.: *yaṅ-dag*) wird gewöhnlich mit dem vagen Begriff «recht» wiedergegeben. *Samyak* hat aber einen viel tieferen und eindeutigeren Sinn; es bedeutet die Völligkeit, Ganzheit, Vollständigkeit einer Handlung oder eines Zustandes, im Gegensatz zu etwas, das unvollständig, halb, oder einseitig ist. Ein *Samyak-Sambuddha* ist ein «Vollkommen Erleuchteter», ein völlig Erleuchteter, nicht ein «recht» Erleuchteter. *Samyak dṛṣṭi* bedeutet daher mehr als «rechte Ansichten» oder Übereinstimmung mit gewissen vorgefaßten religiösen oder moralischen Ideen. Es bedeutet ein völliges, d. h. nicht einseitiges, Sehen der Dinge, eine unvoreingenommene Geisteshaltung, welche die Natur des Daseins der Wirklichkeit gemäß erkennt. Statt unsere Augen zu verschließen vor allem Unerfreulichen und Leidvollen, blicken wir der Tatsache des Leidens ins Auge, und indem wir dies tun, entdecken wir ihre Ursache – und mehr noch, daß diese Ursache in uns selbst liegt und von uns überwunden werden kann. So kommt uns das Wissen vom Hohenziel der Befreiung und vom Weg, der zu seiner Verwirklichung führt. *Samyak dṛṣṭi* ist also das *Erlebnis* (nicht die bloße intellektuelle Anerkennung) der Vier Heiligen Wahrheiten des Buddha (vom Leiden, seiner Ursache, seiner Befreiung und des Befreiungsweges). Aus dieser Geisteshaltung allein kann der vollkommene, d. h. den ganzen Menschen erfassende Entschluß geboren werden, der den Einsatz des ganzen Menschen in Worten, Taten und Gedanken fordert und durch vollkommene Verinnerlichung und Vertiefung zur völligen Erleuchtung (*samyak sambodhi*) führt.

II. Das dreifache Juwel (*tri-ratna*) ist das Symbol *Ratnasambhava*s, der in der Geste des Gebens (*dâna-mudrâ*) dargestellt wird. Was er gibt, sind die drei Kostbarkeiten «Buddha, Dharma, Sangha», d. h. sich selbst, seine Lehre und seine Gemeinschaft. Das diese darstellende «dreifache Juwel» wächst aus einem Lotos. Die mittlere Spitze des Juwels trägt den heiligen Laut TRAṂ, die Keimsilbe *Ratnasambhava*s. Am Fuße des Juwels stehen die Silben MA und ṆI. Die vom Juwel ausgehenden Flammen sind ein Symbol der Weisheit.

III. Der Lotos ist das Symbol *Amitâbha*s, der in der Geste der Meditation (*dhyâna-mudrâ*) dargestellt wird (Tafel III zeigt den geöffneten Lotos auf den im Schoße zusammengelegten Händen *Amithâbha*s). Seine Keimsilbe ist HRÎḤ. Letztere steht darum im Zentrum des Lotos, der das *Maṇḍala Amitâbha*s darstellt. *Amitâbha,* als Herr des *Maṇḍala*s, nimmt somit die Stelle *Vairocana*s ein, während *Vairocana*s OṂ die Stelle *Amitâbha*s auf dem westlichen (oberen) Blütenblatt einnimmt. Im Osten (unten) befindet sich *Akṣobhya*s HŪṂ, im Süden (links) *Ratnasambhava*s TRAṂ und im Norden (rechts) *Amoghasiddhi*s ÂḤ. In allen tibetischen *Maṇḍala*s werden die Himmelsrichtungen in dieser Weise wiedergegeben:

W
S N
O

IV. Das Symbol *Akṣobhyas* ist der *Vajra*, seine Keimsilbe ist HÛṂ, seine Geste die der Erdberührung (*bhûmisparśa-mudrâ*). Der *Vajra* wird häufig in der nach unten gestreckten rechten Hand oder als auf der im Schoß ruhenden linken Hand stehend dargestellt.

V. Der sechsblättrige Lotus, der die sechs heiligen Silben OṂ MA ṆI PA DME HÛṂ auf den Blütenblättern und das HRÎḤ im Zentrum trägt, ist das Symbol *Avalokiteśvaras*, der auch *Padmapâṇi* (Lotosträger) genannt wird und zur Lotos-Ordnung *Amitâbhas* gehört. *Avalokiteśvaras* Mantra wird in dieser Form auf Tausenden von «Maṇi»-Steinen eingemeißelt.

VI. (Epilog) Der Doppel-Vajra (*viśva-vajra*) ist das Symbol *Amoghasiddhis*, dessen Keimsilbe ÂḤ im Zentrum des Doppelvajra erscheint. *Amoghasiddhi* wird in der Geste der Furchtlosigkeit (*abhaya-mudrâ*) dargestellt, wobei die nach außen gekehrte Handfläche der erhobenen rechten Hand häufig den *Viśva-vajra* zeigt.

Erster Teil

OṂ

DER WEG DER ALLHEIT

I

DIE MAGIE DES WORTES UND DIE MACHT DER SPRACHE

> Alles Sichtbare haftet am Unsichtbaren, das Hörbare am Unhörbaren, das Fühlbare am Unfühlbaren: Vielleicht das Denkbare am Undenkbaren. (Novalis)

Worte sind Siegel des Geistes, Endpunkte – oder richtiger Stationen – unendlicher Erlebnisreihen, die aus fernster, unvorstellbarer Vergangenheit in die Gegenwart hineinreichen und ihrerseits Ausgangspunkte zu neuen unendlichen Reihen werden, die in eine ebenso unvorstellbar-ferne Zukunft tasten. Sie sind «das Hörbare, das am Unhörbaren haftet», das Gedachte und das Denkbare, das aus dem Undenkbaren wächst.

Das Wesen des Wortes erschöpft sich darum weder in seiner Nützlichkeit, als Vermittler von Begriff und Idee, noch in seiner gegenwärtigen Bedeutung, sondern besitzt zugleicherzeit Eigenschaften, die über das Begriffliche hinausgehen – so wie die Melodie eines Liedes, obwohl mit einem gedanklichen Inhalt verbunden, dennoch nicht mit diesem identisch ist oder von ihm ersetzt werden kann. Und es ist gerade diese irrationale Eigenschaft, die unsere tiefsten Gefühle erregt, unser innerstes Wesen erhebt und es mitschwingen läßt mit anderen.

Der Zauber, den die Dichtkunst auf uns ausübt, beruht auf diesem irrationalen Faktor, gepaart mit dem aus gleicher Quelle fließenden Rhythmus. Dies ist der Grund, warum die Magie der Dichtung stärker ist als der objektive Inhalt ihrer Worte, – stärker als der Verstand mit all seiner Logik, an deren Allmacht wir so unerschütterlich glauben.

Der Erfolg großer Redner ist darum nicht nur von dem abhängig, *was* sie sagen, sondern von der Art *wie* sie es sagen. Wenn die Menschen durch Logik und wissenschaftliche Beweise überzeugt werden könnten, so würden die Philosophen schon längst den größeren Teil der Menschheit zu ihren Ansichten bekehrt haben. Und auf der anderen Seite würden die heiligen Schriften der Weltreligionen nie einen so gewaltigen Einfluß ausgeübt haben. Denn was sie in Form reinen Denkens vermitteln, ist gering im Vergleich mit den Schöpfungen großer Gelehrter und Philosophen. Wir können daher mit Recht sagen, daß die Macht jener heiligen Schriften auf der Magie des Wortes beruht, d. h. auf jener verborgenen Kraft, die den Weisen der Vergangenheit bekannt war, da sie den Ursprüngen der Sprache noch nahe standen.

Die Geburt der Sprache war die Geburt des Menschtums. Jedes Wort war das lautliche Äquivalent einer Erfahrung, eines Erlebnisses, eines inneren oder äußeren Stimulus. Eine gewaltige Anstrengung und schöpferische Leistung lag in dieser Lautformung beschlossen, die sich über große Zeiträume erstreckt haben muß, und derzufolge es dem Menschen gelang, sich über das Tier zu erheben.

Wenn Kunst als die Neu-Schöpfung und der formale Ausdruck der Wirklichkeit durch das Medium menschlicher Erfahrung genannt werden kann, so können wir die Schöpfung der Sprache als die höchste künstlerische Leistung der Menschheit bezeichnen. Jedes Wort war ursprünglich ein Brennpunkt von Energien, in denen die Verwandlung der Wirklichkeit in die Schwingungen der menschlichen Stimme – dem lebendigen Ausdruck des Seelischen – vonstatten ging. Durch diese lautlichen Schöpfungen nahm der Mensch Besitz von der Welt. Und mehr als das: er entdeckte eine neue Dimension, eine Welt in seinem Innern, wodurch sich ihm die Aussicht auf eine höhere Lebensform eröffnete, die sich ebenso weit über den gegenwärtigen Zustand der Menschheit erhebt, wie das Bewußtsein eines zivilisierten Menschen über das Tier.

Die Vorahnung, ja Gewißheit, solch höherer Daseinszustände ist mit gewissen Erlebnissen verbunden, die von so grundlegender Natur sind, daß sie weder erklärt noch beschrieben werden können. Sie sind so subtil, daß es nichts gibt, womit man sie vergleichen könnte, nichts, woran Gedanke oder Vorstellung haften könnten. Und doch sind diese Erfahrungen wirklicher als irgendetwas, das wir sehen, denken, berühren, schmecken, riechen oder hören können; und zwar deshalb weil sie erfüllt sind von dem, was allen Einzelempfindungen vorausgeht und sie umfaßt, aus welchem Grunde sie nicht mit irgendeiner derselben identifiziert werden können. Darum können solche Erlebnisse nur durch Symbole angedeutet werden. Und diese Symbole sind nicht willkürliche Erfindungen, sondern spontane Ausdrucksformen, die aus den tiefsten Regionen des menschlichen Geistes hervorbrechen.

Sie «brechen aus dem Seher als Gesicht, aus dem Sänger als Laut und sind im Banne von Gesicht und Laut unvermittelt und schlechthin da. Ihr wesenhaftes Da-sein ist der Inbegriff priesterlicher Gewalt des Seher-Dichters. Was aus seinem Munde erklingt, ist nicht Allerweltswort, Schall (schabda), aus dem das Reden besteht. Es ist ‚mantra': Zwang zum Denkbild, Zwang über das Seiende, so da zu sein, wie es wirklich in seinem unmittelbaren Wesen ist. Es ist also Erkenntnis. Ist unmittelbares gegenseitiges Innesein von Wissendem und Gewußtem. – Wie es im ersten Lautwerden beschwörender Zwang war, mit dem Unmittelbares den Seher-Dichter als Bild und Wort überkam, Zwang, mit dem der Dichter Unmittelbares in Bild und Wort bewältigte, – so ist für alle Folgezeit, die mantra-Worte zu brauchen weiß, beschwörender Zwang, magisches Mittel, um unmittelbar Wirklichkeit – Erscheinung der Götter, Spiel der Kräfte – zu wirken.

Im Wort ‚mantra' ist die Wurzel ‚man' = ‚denken' (zu griech. ‚menos', lat. ‚mens') mit dem Element -tra vereint, das Werkzeugworte bildet. – So ist ‚mantra' = ‚Werkzeug zum Denken', ein ‚Ding, das ein Denkbild zuwege bringt'. Mit seinem Klange ruft es seinen Gehalt zu unmittelbarer Wirklichkeit auf. ‚Mantra' ist Gewalt, kein meinendes Sagen, dem der Geist widersprechen oder sich entziehen kann. Was in mantra verlautet, ist so, ist da, begibt sich. Hier, wenn irgendwo, sind Worte Taten, wirken unmittelbar Wirkliches.» (Heinrich Zimmer: «Ewiges Indien», p. 81 f.)

So war das Wort in der Stunde seiner Geburt ein Zentrum der Kraft und der Wirklichkeit, und erst die Gewohnheit hat es zu einem bloß konventionellen, stereotypen Ausdrucksmittel gemacht. Das Mantra-Wort ist diesem Schicksal bis zu einem gewissen Grade entgangen, weil es keine konkrete Bedeutung hatte und daher nicht Nützlichkeitszwecken dienstbar gemacht werden konnte.

Obwohl jedoch die Mantra-Worte weiterlebten, ist ihre Tradition fast ausgestorben und es gibt heutzutage nur noch Wenige, die sich derselben bewußt sind und die wahre Natur mantrischer Worte verstehen und sich ihrer zu bedienen wissen. Die moderne Menschheit ist nicht einmal fähig, sich vorzustellen, wie tief die Magie des Wortes und der Sprache von den Kulturen des Altertums erlebt wurde, und welch gewaltigen Einfluß sie auf das gesamte Leben, besonders aber das religiöse, ausübte.

Im Zeitalter des Rundfunks und der Tageszeitungen, in dem das gesprochene und geschriebene Wort millionenfach vervielfältigt und wahllos in die Welt geschleudert wird, hat die Wertung des Wortes einen solchen Tiefstand erreicht, daß es schwer ist, dem heutigen Menschen auch nur einen entfernten Begriff von der ehrfürchtigen Haltung zu geben, die der Mensch vergeistigterer Zeitalter oder religiöserer Kulturen dem Wort als Träger geheiligter Tradition und Verkörperung des Geistes entgegenbrachte.

Die letzten Überreste solcher Kulturen klingen noch in den Ländern des Ostens nach. Aber nur einem Lande ist es gelungen mantrische Tradition bis auf den heutigen Tag lebendig zu erhalten, und dieses Land ist Tibet. Hier ist nicht nur das «Wort», sondern jeder Buchstabe des Alphabetes, jeder Laut, ein heiliges Symbol. Auch wenn es profanen Zwecken dient, wird sein Ursprung und Wert nie vergessen oder völlig außer Acht gelassen. Das geschriebene Wort wird darum immer mit Respekt behandelt und niemals achtlos fortgeworfen, wo Menschen oder Tiere es mit Füßen treten könnten. Und wenn es sich gar um Worte oder Schriften religiöser Natur handelt, so wird selbst das kleinste Fragment von ihnen mit der Ehrfurcht einer kostbaren Reliquie behandelt und nicht willkürlich zerstört, selbst, wenn es keinem Zweck mehr dient, sondern in besonders dafür errichteten Sanktuarien und Behältnissen abgelegt oder in Höhlen seiner natürlichen Auflösung überlassen.

Dies mag dem Außenstehenden als primitiver Aberglaube erscheinen, wenn er solche Handlungen aus dem Zusammenhange mit ihrem weltanschaulichen Hintergrunde gelöst betrachtet, denn worauf es hier ankommt, ist nicht das Stück Papier und die darauf geschriebenen Zeichen, sondern die Haltung des eigenen Geistes, die in jeder dieser Handlungen zum Ausdruck kommt und die ihren Grund in der Anerkennung einer stets gegenwärtigen höheren Wirklichkeit hat, die durch jeden Kontakt mit ihren Symbolen aufgerufen und in uns wirksam gemacht wird.

Das Symbol wird somit niemals zum bloßen Mittel alltäglichen Gebrauchs herabgewürdigt oder nur zur «sonntäglichen» Erbauung aus der Versenkung gezogen, sondern ist lebendige Gegenwart, der alles Profane, Materielle und Lebensnotwendige untergeordnet ist. Ja, was wir «profan» und «materiell» nennen, wird durch eine solche Haltung seiner Profanität, seiner Weltlichkeit und Materialität entkleidet und wird zum Ausdruck eines hinter aller Erscheinung liegenden Wirklichen, das unserem Leben und Tun erst Sinn verleiht und selbst das Geringste und Unscheinbarste einordnet in den großen Zusammenhang alles Geschehens und alles Daseienden.

«Im Kleinsten wirst du einen Meister finden, dem du tiefinnen nie genug tun kannst» (Rilke). Würde diese Geisteshaltung an irgendeiner Stelle unterbrochen, so würde sie ihre Einheit verlieren und damit ihren Halt und ihre Stärke einbüßen.

Der Seher, der Dichter und Sänger, der geistig Schöpferische, der seelisch Empfindsame, der Heilige: sie alle wissen um das Wesen der Form in Wort und Laut, im Sichtbaren und Tastbaren. Sie sind keine Verächter des Kleinen, denn sie können im Kleinen daß Große sehen. In ihrem Munde wird das Wort zum Mantra und die Laute und Zeichen, die es formen, zum

Träger geheimnisvoller Kräfte; in ihren Augen wird das Sichtbare zum Symbol, das Dinghafte zum schöpferischen Werkzeug des Geistes und das Leben zu einem tiefen Strom, der von Ewigkeit zu Ewigkeit fließt: «Alles ist Siegel, – alles ist Spiegel, – doch alles verhüllt getrübtem Blick», wie Melchior Lechters Mantra aus dem Märchen vom Sinn so schön und schlicht sagt.

Es ist gut uns von Zeit zu Zeit daran zu erinnern, daß die Einstellung des Ostens auch in Europa zu Hause war und daß die Tradition des verinnerlichten Wortes und der Symbolwirklichkeit bis in die neueste Zeit ihre Verkünder hatte. Ich erinnere hier nur an die mantrische Auffassung des «Wortes» bei Rainer Maria Rilke, die das Wesen der Mantrik in ihrem tiefsten Wesen erfaßt:

Wo sich langsam aus dem Schon-Vergessen,
Einst Erfahrenes sich uns entgegenhebt,
Rein gemeistert, milde, unermessen
Und im Unantastbaren erlebt:

Dort beginnt das Wort, wie wir es meinen,
Seine Geltung übertrifft uns still —
Denn der Geist, der uns vereinsamt, will
Völlig sicher sein, uns zu vereinen.

II

DER URSPRUNG UND DER UNIVERSELLE CHARAKTER DER SILBE OṂ

Die Bedeutung, die dem Wort im alten Indien beigemessen wurde, mag aus folgendem Zitat ersehen werden:

«Die Essenz aller Wesen ist die Erde,
Die Essenz der Erde ist das Wasser,
Die Essenz des Wassers sind die Pflanzen,
Die Essenz der Pflanzen ist der Mensch,
Die Essenz des Menschen ist die Rede,

Die Essenz der Rede ist der *Ṛgveda.*
Die Essenz des *Ṛgveda* ist der *Sâmaveda,*
Die Essenz des *Sâmaveda* ist der *Udgîtha* (d. h. OṂ).
Jener *Udgîtha* ist die beste aller Essenzen, die höchste,
Die den höchsten Platz verdient, den achten.»

(*Chândogya Upaniṣad*)

Mit anderen Worten: die latenten Kräfte und Eigenschaften der Erde und des Wassers sind konzentriert und umgewandelt in dem höheren Organismus der Pflanzen; die Kräfte der Pflanzen sind umgewandelt und konzentriert im Menschen; die Kräfte des Menschen sind konzentriert in den Fähigkeiten der geistigen Reflektion und deren Ausdrucksmöglichkeit durch Laut-Äquivalente, die durch Vereinigung die innere (gedankliche) und äußere (hörbare) Form der Rede hervorbringen, durch die sich der Mensch von allen niederen Lebensformen unterscheidet.

Der wertvollste Ausdruck dieser geistigen Leistung, die Summe seiner Erfahrung und seines Erlebens, ist das heilige Wissen *(veda)* in Form von Dichtung *(Ṛgveda)* und Musik *(Sâmaveda).* Dichtung ist feiner als Prosa, denn ihr Rhythmus schafft eine höhere Einheit und löst die Fesseln des Geistes. Aber Musik ist wiederum subtiler als Dichtung, denn sie trägt uns über die Bedeutung der Worte hinaus in einen Zustand intuitiver Bereitschaft.

Schließlich finden beide, sowohl Rhythmus wie Melodie ihre Synthese und ihre Lösung (die dem gewöhnlichen Intellekt als Auflösung erscheinen mag) in der tiefen und alles umfassenden Schwingung des heiligen Lautes OṂ. Hier ist die Spitze der Pyramide erreicht, aufsteigend von der Ebene der größten Differenzierung und Materialisation (in den groben Elementen: *mahâbhûta)* bis zum Punkte höchster Vereinheitlichung und Vergeistigung, welche die latenten Eigenschaften aller vorhergehenden Stufen enthält, so wie es bei einem Samenkorn oder Keim *(bîja)* der Fall ist. In diesem Sinne ist OṂ die Quintessenz, die Keimsilbe *(bîja-mantra)* des Universums, das magische Wort schlechthin (das war die Urbedeutung des Wortes *«brahman»*), die universelle Kraft des All-umfassenden Bewußtseins.

Durch die Identifizierung des heiligen Wortes mit dem Universum wurde der Begriff *«brahman»* zum Inbegriff des universellen Geistes, der allgegenwärtigen Macht des Bewußtseins, an der Menschen, Götter und Tiere teilhaben, die aber nur im vollendeten Heiligen und Erleuchteten zum Ganzheitserlebnis wird.

«OṂ» spielte bereits im kosmischen Parallelismus des vedischen Opferzeremonials eine bedeutende Rolle und wurde in späteren Jahrhunderten eines der wichtigsten Symbole des Yoga, wo es, von der Mystik und Magie der Opferpraxis, sowohl wie von den philosophischen Spekulationen frühen Denkens, befreit, zu einem wesentlichen Mittel meditativer Praxis wurde. Es wurde sozusagen von einem metaphysischen Symbol zu einem psychologischen Hilfsmittel.

«Wie eine Spinne sich mittels ihres Fadens emporzieht und Freiheit erlangt, so steigt der Yogin zur Freiheit auf vermittels der Silbe OṂ.» In der *Maitrâyaṇa Upaniṣad* wird OṂ mit einem Pfeil verglichen, dessen Spitze das Denken *(manas)* ist und der, nachdem er auf den Bogen des menschlichen Körpers gelegt ist, das Dunkel der Unwissenheit durchdringt und das Licht des höchsten Zustandes erreicht.

Ein ähnliches Gleichnis findet sich in der *Muṇḍaka Upaniṣad*, woselbst es heißt:

«Nachdem man als Bogen die große Waffe der Geheimlehre *(upaniṣad)* genommen hat,
Lege man auf ihn den von ständiger Meditation geschärften Pfeil.
Mit einem Geist, der von Jenem (universellen Bewußtsein, dem *Brahman*) erfüllt ist, wird er gespannt
Und durchdringt, edler Jüngling, jenes Unvergängliche als das Ziel.
Der *Praṇava* («OṂ») ist der Bogen, der Pfeil ist das Selbst.
Das *Brahman* ist das Ziel.
Mit Achtsamkeit wird es durchdrungen.
Man muß mit ihm eins werden, wie der Pfeil mit dem Ziel.»

In der *Mâṇḍûkya Upaniṣad* wird OṂ in seine lautlichen Bestandteile zerlegt, nach der «O» als Kombination von «A» und «U» aufgefaßt wird, so daß wir es mit drei Elementen, nämlich mit A-U-Ṃ zu tun haben. Da OṂ Ausdruck höchster Bewußtheit ist, werden diese drei Elemente folgerichtigerweise als drei Stufen des Bewußtseins erklärt: «A» als Wachbewußtsein (*jâgrat*), «U» als Traumbewußtsein (*svapna*) und «Ṃ» als Tiefschlafbewußtsein (*suṣupti*), während OṂ als Ganzes das allumfassende, über alle Worte hinausgehende, «kosmische» oder «vierte» *(turîya)* Bewußtsein – das Bewußtsein der vierten Dimension – ist.

Die Ausdrücke «Wachbewußtsein», «Traumbewußtsein», «Tiefschlafbewußtsein», sind hier natürlich nicht wörtlich zu verstehen, sondern als: 1. das subjektive Bewußtsein der Außenwelt, d.h. unser gewöhnliches Bewußtsein; 2. das Bewußtsein unserer Innenwelt, d.h. unseres Denkens und Fühlens, Wünschens und Wollens, das wir auch als unser geistiges Bewußtsein bezeichnen; und 3. das in sich ruhende, nicht mehr in Subjekt und Objekt zerspaltene Bewußtsein undifferenzierter Einheit, das im Buddhismus als der Zustand der unqualifizierten Leere *(ṡûnyatâ)* bezeichnet wird.

Der vierte und höchste Zustand *(turîya)* hingegen, wird entsprechend der Auffassung, was man als höchstes Ziel oder Ideal bezeichnen soll, verschieden beschrieben. Nach einigen ist es der Zustand des reinen Selbstseins *(kevalatva)*, nach anderen das Aufgehen in einem höheren Sein *(sâyujyatva)* oder im unpersönlichen Zustand des universellen *Brahman*, und nach wieder anderen unbeschränkte Freiheit und Unabhängigkeit *(svâtantrya)*, etc. Aber alle stimmen darin überein, daß es ein todloser, leidfreier Zustand ist, wo es weder Geburt noch Alter gibt, und je mehr wir uns der buddhistischen Aera nähern, desto klarer wird es, daß dieser Zustand nicht erreicht werden kann, ohne alles das aufzugeben, was unser sogenanntes Selbst oder Ich darstellt.

So ist OṂ verknüpft mit Befreiung, entweder als Mittel, diese zu erreichen, oder als Symbol der Erreichung. Trotz der verschiedenen Wege, auf denen die Befreiung gesucht oder durch die sie definiert wurde, wurde OṂ niemals das ausschließliche Eigentum irgend einer besonderen Schule des Denkens, sondern blieb seinem symbolischen Charakter treu, nämlich, das auszudrücken, was jenseits von Worten und Formen, jenseits von Begrenzungen und Klassifizierungen, jenseits von Definitionen und Erklärungen liegt: *das Erlebnis des Unendlichen* in uns, das als fernes Ziel empfunden werden kann, oder als bloße Ahnung, als Sehnen, – oder das erkannt wird als wachsende Wirklichkeit, oder verwirklicht wird im Niederbrechen der Begrenzungen und in der Überwindung der Knechtschaft niederer Triebe.

Es gibt so viele Unendlichkeiten als es Dimensionen gibt, so viele Formen der Befreiung als Temperamente; aber alle tragen denselben Stempel. Diejenigen, die unter Knechtschaft und Begrenzung leiden, werden die Befreiung als unendliche Entfaltung empfinden. Diejenigen, die unter Dunkelheit leiden, werden sie als unbegrenztes Licht erleben. Diejenigen, die unter der Bürde des Todes und der Vergänglichkeit stöhnen, werden die Befreiung als Ewigkeit fühlen. Diejenigen, die ruhelos sind, werden sie als Frieden und unendliche Harmonie genießen.

Alle diese Ausdrücke tragen, ohne ihren eigenen Charakter zu verlieren, dasselbe Vorzeichen: «unendlich». Das ist wichtig, weil es uns zeigt, daß selbst die höchsten Erreichungen einen individuellen Geschmack zurückbehalten können, – den Geschmack des Bodens, aus dem sie wuchsen – ohne, daß dadurch ihr universeller Wert beeinträchtigt wird. Selbst in diesen höchsten Stadien des Bewußtseins gibt es weder Identität noch Nicht-Identität im absoluten Sinne. Es besteht eine tiefe Beziehung zwischen ihnen, doch keine sture Gleichheit, die niemals die Frucht lebendigen Wachstums sein kann, sondern nur das Produkt eines leblosen Mechanismus.

So wurde das Erlebnis der Unendlichkeit in den frühen Veden zur Kosmologie, in den *Brāhmaṇas* zum magischen Ritual, in den *Upaniṣaden* zum idealistischen Monismus, im Jainismus zum biologischen Denken, im Buddhismus zur Tiefenpsychologie der Meditation, im Vedantismus zur Metaphysik, im Vischnuismus zur religiösen Liebesmystik *(bhakti)* im Schivaismus zum weltüberwindenden Asketentum, im hinduistischen Tantrismus zur mütterlich-schöpferischen Kraft *(śakti)* des Universums und im buddhistischen Tantrismus zur Inbeziehungsetzung, Wechselbeziehung psychischer und kosmischer Kräfte und Erscheinungsformen.

Damit sind die verschiedenen Ausdrucksmöglichkeiten des Unendlichkeitserlebnisse durchaus nicht erschöpft, noch ist ihre Kombination und gegenseitige Durchdringung ausgeschlossen. Im Gegenteil: im allgemeinen sind viele dieser Züge kombiniert, und die verschiedenen Systeme sind darum nicht scharf von einander geschieden, sondern gehen teilweise ineinander über. Jedoch die Betonung des einen oder anderen Zuges oder Leitmotivs gibt jedem dieser religiösen Systeme seinen eigenen Charakter.

Infolgedessen erscheint OṂ dem einen als Symbol eines göttlichen Universums, dem andern als Symbol unendlicher Macht, dem nächsten als grenzenloser Raum, und wieder einem anderen als unendliches Sein oder ewiges Leben. Da gibt es einige, denen OṂ das allgegenwärtige Licht bedeutet, andere denen es das universelle Gesetz ist, und wiederum andere, die es als allmächtiges Bewußtsein, oder allesdurchdringende Göttlichkeit, oder allumfassende Liebe, kosmischen Rhythmus, stets-gegenwärtige Schöpferkraft, oder als unbegrenztes Wissen auffassen, – und so *ad infinitum.*

Wie ein Spiegel alle Formen und Farben reflektiert, ohne seine eigene Natur zu verändern, so reflektiert OṂ die Schattierungen aller Temperamente und nimmt die Formen aller höheren Ideale an, ohne sich selbst ausschließlich auf das eine oder andere zu beschränken. Seine Natur ist das Unendliche schlechthin. Wäre diese heilige Silbe mit irgendeiner begrifflichen Bedeutung identifiziert worden, hätte sie sich gänzlich einem einzigen und ausschließlichen Ideal zugewandt, ohne die irrationale und unberührbare Qualität ihres Kernes zu bewahren, so wäre sie niemals fähig gewesen, jenen überbewußten Geisteszustand zu symbolisieren, in dem alles individuelle Streben seine Synthese und seine Verwirklichung findet.

III

DIE IDEE DES SCHÖPFERISCHEN LAUTES UND DIE VIBRATIONS-THEORIE

Wie alle lebenden Dinge, so haben auch Symbole Zeiten des Wachstums und des Verfalles, Perioden des Zunehmens und des Abnehmens. Wenn ihre Macht den Höhepunkt erreicht hat, steigen sie hinab in alle Pfade des täglichen Lebens, bis sie zu konventionellen Ausdrücken werden, die keinerlei Verbindung mehr haben mit dem ursprünglichen Erlebnis, oder die zu eng oder zu allgemein in ihrer Bedeutung geworden sind, so daß ihr tiefer Sinn verloren geht. Dann treten andere Symbole an ihre Stelle, während die ersteren sich auf einen inneren Kreis von Eingeweihten zurückziehen, aus dem sie erst dann wieder hervorgehen und in verjüngter Form wiedergeboren werden, wenn ihre Zeit gekommen ist.

Mit «Eingeweihten» meine ich nicht eine organisierte Gruppe von Menschen, sondern jene Einzelnen, die dank ihrer eigenen Sensitivität der subtilen Einwirkung von Symbolen zugänglich sind, die ihnen entweder durch Tradition oder durch eigene Intuition gegeben werden. Im Falle mantrischer Symbole spielen die feinen Schwingungen eines Lautes eine sehr wichtige Rolle, obwohl geistige Assoziationen, die sich durch Tradition oder individuelles Erleben um diese kristallisieren, sehr helfen, ihre Kraft zu intensivieren.

Das Geheimnis dieser verborgenen Kraft des Lautes oder der Vibration, das den Schlüssel darstellt zu den Rätseln der Schöpfung und der schöpferischen Kraft, wie es die Natur der Dinge und der Lebensphänomene enthüllt, war den Sehern alter Zeiten wohlbekannt: den Weisen, die als «Rischis» an den Abhängen des Himalaya wohnten, den «Magiern» Persiens, den Adepten Mesopotamiens, den Priestern Ägyptens und den Mystikern Griechenlands, um nur diejenigen zu nennen, welche Spuren in der Überlieferung hinterlassen haben.

Pythagoras, der selbst ein Eingeweihter östlicher Weisheit

und der Begründer einer der einflußreichsten Schulen mystischer Philosophie im Westen war, sprach von der «Harmonie der Sphären», wonach die Himmelskörper – und das trifft auch auf jedes Atom zu – auf Grund ihrer Bewegung, ihres Rhythmus oder ihrer Schwingung, einen besonderen ihnen eigentümlichen Ton hervorbrachten. Alle diese Töne und Schwingungen bildeten eine universelle Harmonie, in der jedes Element, obwohl es seine eigene Funktion und seinen eignen Charakter beibehielt, zur Einheit des Ganzen beitrug.

Die Idee des schöpferischen Lautes wurde fortgesetzt durch die Lehre vom Logos, die teilweise vom frühen Christentum übernommen wurde, wie wir aus dem Johannes-Evangelium ersehen können, das mit den geheimnisvollen Worten beginnt: «Am Anfang war das Wort, und das Wort war bei Gott, und Gott war das Wort. Und das Wort wurde Fleisch...»

Wenn diese tiefen Lehren, die im Begriff waren, das Christentum mit der gnostischen Philosophie und den Überlieferungen des Ostens zu verknüpfen, imstande gewesen wären, ihren Einfluß aufrecht zu erhalten, so würde die universelle Botschaft Christi vor den Krebsschäden der Unduldsamkeit und der Engstirnigkeit bewahrt worden sein.

In Indien jedoch lebte das Wissen vom schöpferischen Laut weiter. Es wurde in den verschiedenen Yoga-Systemen weiterentwickelt und fand seine Vollendung in jenen buddhistischen Schulen, deren philosophische Grundlage die Lehren der *Vijñânavâdins* waren. Diese Lehren waren auch unter dem Namen *Yogâcâra*, d.h. «Wandel im Yoga», bekannt, und ihre Überlieferung hat sich in Theorie und Praxis bis auf den heutigen Tag in den Ländern des *Mahâyâna*-Buddhismus, von Tibet bis Japan erhalten.

Alexandra David-Neel beschreibt im 8. Kapitel ihrer «Tibetischen Reise» einen «Meister des Tones», der nicht nur in der Lage war, alle möglichen Arten seltsamer Töne auf seinem Instrument, einer Art Zimbel, hervorzubringen, sondern der auch, wie Pythagoras, erklärte, daß alle Wesen oder Dinge Töne hervorbrächten, gemäß ihrer Natur und dem besonderen

Zustand, in dem sie sich befänden. «Das kommt daher», so sagte er, «weil alle diese Dinge und Wesen Anhäufungen von Atomen sind, die tanzen und durch ihre Bewegung Töne hervorbringen. Wenn sich der Rhythmus des Tanzes ändert, so ändert sich auch der Ton, den sie hervorbringen ... Jedes Atom singt ständig sein Lied, und der Ton schafft in jedem Augenblick dichte oder feine Formen (von größerer oder geringerer Materialität). – Ebenso wie es schöpferische Laute gibt, so gibt es auch zerstörende. Wer in der Lage ist, beide hervorzubringen, kann, je nach seinem Willen, erschaffen oder zerstören.»

Wir müssen uns hüten, solche Feststellungen im Sinne materialistischer Wissenschaft falsch zu deuten. Es ist behauptet worden, die Kraft der Mantras bestehe in der Wirkung von «Ton-Wellen» oder Schwingungen kleinster Partikel der Materie, die sich, wie man durch Experimente beweisen kann, in bestimmten geometrischen Formen gruppieren, entsprechend der Qualität, der Stärke und des Rhythmus des Tones.

Wenn ein Mantra auf derart mechanische Weise wirken würde, könnte man dieselbe Wirkung erzielen, wenn man es durch ein Grammophon reproduzieren würde. Aber selbst seine Wiederholung durch ein menschliches Medium hat keine Wirkung, wenn es durch einen Unwissenden geschieht, und auch dann nicht, wenn seine Intonation in jeder Hinsicht der eines Meisters gleicht. Der Aberglaube, daß die Wirksamkeit eines Mantra von seiner Betonung abhänge, ist eine direkte Folge der von europäischen, «wissenschaftlich» sein wollenden Dilettanten aufgestellten Vibrationstheorie, die die Wirkungen geistiger Schwingungen mit den Auswirkungen physikalischer «Tonwellen» verwechseln. Wenn die Wirksamkeit der Mantras von der richtigen Betonung abhinge, dann müßten in Tibet alle Mantras ihren Sinn und ihre Wirkungskraft verloren haben, denn sie werden dort nicht nach den Lautregeln des Sanskrit ausgesprochen, sondern Tibetisch (z. B. nicht: OṂ MAṆI PADME HŪṂ, sondern «OṂ MAṆI Péme HŪṂ»).

Das bedeutet, daß die Kraft und die Wirkung eines Mantra abhängig sind von der geistigen Haltung, dem Wissen, der

Verantwortlichkeit und der seelischen Reife des Individuums. Der *«śabda»* oder Ton eines Mantra ist kein physikalischer Ton (obwohl er von einem solchen begleitet sein mag), sondern ein spiritueller. Das Ohr kann ihn nicht hören, wohl aber das Herz. Der Mund kann ihn nicht hervorbringen, wohl aber der Geist. Mantras haben Kraft und Bedeutung nur für den Eingeweihten, d. h. nur für den, der durch die besonderen Erfahrungen und Erlebnisse hindurchgegangen ist, aus dem das mantrische Wort oder die mantrische Formel entstanden und mit dem sie unlösbar in ihrem innersten Wesen verknüpft sind.

So wie eine chemische Formel nur demjenigen Macht gibt, der um das Wesen ihrer Symbole und die Gesetze und Methoden ihrer Anwendung weiß, so gibt ein Mantra nur demjenigen Macht, der sich seines Wesens bewußt, mit seinen Anwendungsmethoden vertraut ist, und der weiß, daß es ein Mittel ist, die in ihm schlummernden Kräfte wachzurufen, mit denen er auf sein Schicksal und seine Umgebung einzuwirken imstande ist. Mantras sind also keine «Zauberworte», wie selbst namhafte Gelehrte des Westens immer wieder behaupten, d. h. sie wirken nicht kraft ihrer eigenen Natur, sondern nur durch das Medium des sie erlebenden Geistes. Ihnen selbst wohnt keine Macht inne; sie sind nur Mittel bereits vorhandene Kräfte zu konzentrieren, – so wie ein Brennglas, das selbst keine Hitze enthält, aber bei richtiger Anwendung die an sich harmlosen Sonnenstrahlen zur flammenentfachenden Glut zusammenfassen kann. Dies mag dem Buschmann als reine Zauberei erscheinen, weil er nur das Ergebnis, nicht aber die Zusammenhänge sieht. Wer also Mantrik mit Zauberei verwechselt, unterscheidet sich in diesem Punkte kaum vom Buschmann, und wenn es gar Forscher gegeben hat (und wahrscheinlich noch gibt), die mit den Werkzeugen philologischer Wissenschaft den Mantras zuleibe gingen und nach Feststellung ihrer völlig ungrammatikalischen Struktur oder ihres mangelnden logischen Zusammenhanges zu dem Ergebnis kamen, daß Mantras sinnloses Geplapper («gibberish»)[1]

[1] L. A. Waddell: «The Buddhism of Tibet or Lamaism», London, 1895.

seien, dann glich dieses Unternehmen dem Versuch, Schmetterlinge mit der Feuerzange zu fangen. Ganz abgesehen von der Untauglichkeit der Mittel, ist es erstaunlich, daß jene Forscher, ohne die geringste persönliche Erfahrung auf diesem Gebiete zu besitzen und ohne auch nur den Versuch zu machen, unter einem kompetenten *Guru* (geistlichen Lehrer) die Natur und die Methoden der mantrischen Überlieferung zu studieren, sich Urteile anmaßten, die jeder sachlichen Begründung entbehrten. Erst Arthur Avalons mutiges Pionierwerk (vorwiegend auf dem Gebiete des hinduistischen Tantrismus), das in dem leider allzu früh verstorbenen deutschen Indologen Heinrich Zimmer seinen genialsten Interpreten und Vertiefer fand, zeigte der Welt zum ersten Male, daß Tantrismus weder degenerierter Hinduismus oder Buddhismus war und daß in der mantrischen Überlieferung die tiefsten Erkenntnisse und Erfahrungen auf dem Gebiete menschlicher Psychologie zum Ausdruck kamen.

Aber diese Erkenntnisse und Erfahrungen können nur durch einen in der lebendigen Tradition erfahrenen Guru und durch eigene Praxis, in Form ständiger Übung, erreicht werden. Erst nach einer derartigen Vorbereitung können Mantras Sinn haben, denn nur dann können sie die notwendigen gedanklichen und seelischen Assoziationen und die in früheren Erlebnissen aufgespeicherten Kräfte im Eingeweihten wachrufen und so die Wirkungen auslösen, für die das mantrische Wort geschaffen war. Der Uneingeweihte mag ein Mantra aussprechen, so oft er will: es wird ihm nicht gelingen, auch nur die geringste Wirkung hervorzurufen. Darum können Mantras zu Tausenden in Büchern abgedruckt werden, ohne daß sie ihr Geheimnis preisgeben oder ihren Wert verlieren.

Das «Geheimnis» von dem hier die Rede ist, hat also nichts mit der absichtlichen Geheimhaltung eines Wissensgutes zu tun, sondern bezieht sich auf die Tatsache, daß dieses durch Selbst-Disziplin, Konzentration und Verinnerlichung erworben werden muß. Wie alles Wertvolle und jede Form des Wissens, kann es nicht ohne Anstrengung erlangt werden. Nur in diesem Sinne ist es esoterisch. Und das gilt in noch größerem Maße von aller tiefen Weisheit, die sich nicht auf den ersten Blick enthüllt, weil sie nicht ein Produkt verstandesmäßigen Begreifens sondern geistiger Verwirklichung ist. Als daher der fünfte Patriarch der chinesischen Meditationsschule (des *Ch'an* Buddhismus) von seinem Schüler *Hui-Neng* gefragt wurde, ob er irgendwelche esoterischen Lehren zu verkünden hätte, antwortete er: «Was ich dir sagen kann ist nicht esoterisch. Aber wenn du dein Licht nach innen wendest, wirst du das, was esoterisch ist, in deinem eigenen Geiste finden.» Esoterisches Wissen steht somit allen offen, die willens sind, sich aufrichtig darum zu bemühen und die die Fähigkeit haben, es sich anzueignen.

Ebenso aber, wie zum Studium höherer Wissenschaften nur diejenigen zugelassen werden, die dafür die nötige Begabung und gewisse Qualifikationen haben, so verlangten die geistlichen Lehrer aller Zeiten gewisse Qualitäten und Qualifikationen von ihren Schülern, bevor sie sie in die inneren Lehren der Mantrik einweihten. Denn nichts ist gefährlicher als Halbwissen, oder ein Wissen, das nur theoretischen Wert hat.

Die geforderten Eigenschaften waren: unbeschränktes Vertrauen in den Guru, völlige Hingabe an das von ihm verkörperte Ideal und Ehrfurcht gegenüber geistigen Dingen. Die besonderen Qualifikationen aber waren: Kenntnis der heiligen Schriften oder der Überlieferung in ihren wesentlichen Zügen und die Bereitschaft eine gewisse Anzahl von Jahren unter der Leitung des Gurus sich dem Studium und der Praxis der inneren Lehren zu widmen.

IV

DER VERFALL DER MANTRISCHEN TRADITION

Man kann also die Mantrik mit ebensoviel oder ebensowenig Recht eine Geheimlehre nennen, wie höhere Mathematik, Physik oder Chemie, die dem gewöhnlichen Menschen, der mit ihren Formeln und Symbolen nicht vertraut ist, als ein Buch mit sieben Siegeln erscheint. Aber ebenso wie diese Wissenschaften zu Machtzwecken mißbraucht werden können und darum zu gewissen Zeiten in ihren höchsten Auswirkungsformen von interessierten Kreisen (heutzutage Staaten) geheim gehalten werden, so wurde auch die Mantrik von Zeit zu Zeit ein Opfer der Machtpolitik gewisser Kreise oder Gesellschaftsklassen.

Im alten Indien waren es die Brahmanen, die Priesterklasse, die das heilige Wort zum Privileg ihrer Kaste machten und dadurch alle, die außerhalb ihres Kreises standen, zwangen, das Überlieferte als Glaubenssätze zu akzeptieren. Dadurch wurde, was einst aus religiöser Ekstase und Begeisterung geflossen war, zum Dogma und wirkte auf die Urheber selbst als unvermeidlicher Zwang zurück. Aus dem Wissen wurde Glauben, und aus dem Glauben, dem das Korrektiv der Erfahrung fehlte, wurde Aberglauben.

Fast aller Aberglaube in der Welt kann auf irgendwelche Wahrheiten zurückverfolgt werden, die, von den Zusammenhängen ihres Ursprungs getrennt, ihren Sinn verloren haben. Sie sind, in der wörtlichen Bedeutung des lateinischen Ausdrucks «superstitia», Überreste, etwas, das übrig geblieben ist. Und weil die Umstände und der Weg, auf dem diese Wahrheiten oder Ideen gefunden wurden, – d.h. ihre geistigen, logischen oder historischen Beziehungen – in Vergessenheit geraten sind, werden sie zum blinden Glauben, der nichts mehr gemein hat mit jenem echten Glauben, oder Vertrauen in die Wahrheit oder die Macht einer Idee oder einer überragenden Persönlichkeit, – ein Vertrauen, das sich zur inneren Gewißheit steigert, indem es von der Erfahrung bestätigt wird und in Harmonie ist mit den Gesetzen der Vernunft und der Wirklichkeit.

Diese Art des Vertrauens oder Glaubens ist die notwendige Vorbedingung jeder geistigen Aktivität, sei es Philosophie oder Wissenschaft, Religion oder Kunst. Es ist die positive Haltung und Hinneigung unseres Geistes und unseres ganzen Wesens, ohne die kein wahrer Fortschritt erlangt werden kann. Es ist das, was der Buddha als *«saddha»* bezeichnete und was er von allen denen verlangte, die ihm auf seinem Wege folgen wollten.

«Geöffnet sind die Tore der Unsterblichkeit; wer Ohren hat zu hören, *glaube!» (Apârutâ tesam amatassa dvârâ, – ye sotavantâ, pamuñcantu saddhaṃ».)* Das waren die Worte, mit denen der Buddha seine Lehrlaufbahn eröffnete. *«Pamuñcantu saddhaṃ»* bedeutet: «laßt eurem Glauben, eurem Vertrauen, freien Lauf», beseitigt eure inneren Hindernisse und öffnet euch der Wahrheit.

Dies war die Art des gläubigen Vertrauens, innerer Bereitschaft und Aufgeschlossenheit, die ihren spontanen Ausdruck, ihre Befreiung (*pamuñcati* = befreien, freien Lauf lassen) von überwältigendem seelischem Druck, in der heiligen Silbe OṂ fand. In dieser Silbe waren, wie wir sahen, alle positiven, vorwärtstreibenden Kräfte des menschlichen Geistes, welche die engen Mauern und die Fesseln der Unwissenheit zu sprengen versuchen, vereinigt und konzentriert wie in einer Pfeilspitze.

Aber allzubald wurde dieser echte Ausdruck tiefen Erlebens ein Opfer der Spekulation, weil jene, die selbst keinen Anteil an diesem Erleben hatten, sich daran machten, ihre Ergebnisse zu analysieren. Es genügte ihnen nicht zu wissen, daß Licht herrscht, wenn die Ursachen der Finsternis beseitigt sind. Sie wollten die Eigenschaften des Lichtes diskutieren, bevor sie auch nur versucht hatten, das Dunkel zu durchdringen. Und indem sie darüber diskutierten, bauten sie eine komplizierte Theologie auf, in die das heilige OṂ so kunstvoll verwoben wurde, daß es nicht mehr herausgelöst werden konnte.

Anstatt sich auf ihre eigenen Kräfte zu verlassen, erwarteten sie Hilfe von irgendeiner übernatürlichen Kraft. Während sie Spekulationen anstellten über das Ziel, vergaßen sie, daß sie sich selbst anzustrengen hatten, «den Pfeil abzuschießen», und daß dies nicht durch eine im Pfeil oder im Ziel wohnende magische Kraft bewerkstelligt wurde. Sie schmückten und verehrten den Pfeil, anstatt ihn mit aller ihnen zur Verfügung stehenden Energie zu gebrauchen. Sie ließen den Bogen des Körpers und des Geistes schlaff, statt ihn mit aller Kraft zu spannen.

So kam es, daß zur Zeit des Buddha dieses große mantrische Symbol so sehr in die Theologie der Brahmanen verwickelt war, daß es in einem Lehrsystem, das sich von der Vorherrschaft der Brahmanen ebenso wie von überflüssigen Dogmen und Theorien zu befreien suchte, und das aufs nachdrücklichste Selbstentschlossenheit, Selbstverantwortlichkeit und die Unabhängigkeit des Menschen von der Macht der Götter betonte, nicht mehr gebraucht werden konnte.

Es war die erste und wichtigste Aufgabe des Buddhismus, «den Bogen des Körpers und des Geistes» neu zu spannen, durch Übung und Disziplin. Erst, nachdem das Selbstvertrauen des Menschen wiederhergestellt und die neue Lehre fest verankert war, – nachdem die Verzierungen und Spinnweben der Theologie und der Spekulation sich aufgelöst und von der heiligen Pfeilspitze OṂ abgefallen waren, konnte diese wieder dem Pfeil der Meditation angefügt werden.

Wie bereits erwähnt, war OṂ eng verbunden mit der Entwicklung des Yoga, der als eine Art interreligiösen Systems geistiger und körperlicher Übungsmethoden, die verschiedenen Schulen religiösen Denkens befruchtete und seinerseits auch von diesen befruchtet wurde. Der Buddhismus hatte von Anfang an die Yoga-Praxis aufgenommen und weiter entwickelt, und ein dauernder Erfahrungsaustausch zwischen dem Buddhismus und anderen religiösen Systemen wurde während der folgenden zwei Jahrtausende aufrecht erhalten.

Es war daher kein Wunder, daß, wenn auch die Silbe OṂ zeitweise als Symbol ihre Wirkung verloren hatte, die religiöse Praxis des frühen Buddhismus sich entsprechender mantrischer Formeln bediente, wo diese als Mittel zur Entfaltung des gläubigen Vertrauens *(saddha)* zur Lösung innerer Hemmungen und zur Konzentration auf das Hoheziel von Nutzen waren.

V

DIE MANTRIK DES FRÜHEN BUDDHISMUS

Schon in frühester Zeit hatten die *Mahâsâṅghikas* Sammlungen mantrischer Formeln in ihrem Kanon unter dem Namen *Dhâraṇî- oder Vidyâdhara-piṭaka. Dhâraṇîs* sind Mittel zur Befestigung des Geistes (*dhâraṇâ = Fixierung*), einer durch Meditation gewonnenen Erkenntnis oder Schauung. Sie können sowohl die Quintessenz einer Lehre verkörpern als auch das Erlebnis eines bestimmten Bewußtseinszustandes, das hierdurch jederzeit willentlich zurückgerufen und wiedergeschaffen werden kann. Sie werden deshalb auch Träger oder Behältnisse der Weisheit oder Wissensträger (*vidyâdhara*) genannt. Sie unterscheiden sich in ihrer Funktion nicht vom Mantra, sondern höchstens in ihrer Form, indem sie oftmals beträchtliche Länge erreichen, und oft eine Kombination vieler Mantras oder Keimsilben darstellen, oder die Quintessenz eines heiligen Textes. Sie waren jedoch in erster Linie ein Produkt und ein Hilfsmittel der Meditation: «Durch Vertiefung *(samâdhi)* eignet man sich eine Wahrheit an, durch eine *Dhâraṇî* fixiert und bewahrt man sie.»

Obwohl die Bedeutung von *Mantras* und *Dhâraṇîs* als Hilfsmittel und Werkzeuge der Meditation bei den *Theravâdins* nicht hervorgehoben wurde, so wurde doch ihre Wirksamkeit niemals bezweifelt. In den ältesten *Pâli*-Texten finden wir Schutz-Mantras, *«paritta»* genannt, zur Beschwörung von Gefahr, Krankheit, Schlangen, Geistern, bösen Einflüssen und dergleichen, sowie zur Hervorbringung segensreicher Wirkungen, wie Gesundheit, Glück, Friede, glückliche Wiedergeburt, Wohlstand und dergl. (*Khuddakapâtha; Anguttara-Nikâya IV, 67, Âṭânâṭiya-Sutta, Dîgha-Nikâya 32;* etc.)

In *Majjhima-Nikâya 86* veranlaßt der Buddha den von ihm bekehrten und zum Heiligen gewordenen Räuber *Aṅgulimâlâ,* eine Frau, die an den Folgen einer Fehlgeburt litt, durch Aussprechen eines Wahrheitsspruches zu heilen, d. h. durch mantrische Kraft. Daß diese in erster Linie in der Reinheit und

Wahrhaftigkeit des Aussprechenden liegt und durch die feierliche Form des Ausspruchs nur verstärkt und bewußt gemacht wird, kann nicht oft genug betont werden. Wenn aber auch die innere Haltung des Aussprechenden die primäre Macht ist, so ist dennoch die Form, in der sie zum Ausdruck kommt, nicht gleichgültig. Sie muß dem geistigen Gehalt angemessen, melodisch rhythmisch, kraftvoll und durch gedankliche und gefühlsmäßige Assoziationen, durch Tradition oder durch eigenes Erleben geheiligt sein.

In diesem Sinne sind nicht nur die feierlichen Wahrheits-Aussprüche des *Ratana-Sutta,* in dem jeder Vers mit der feierlichen Versicherung endet «Kraft dieses Wahrheitsspruches möge Glück beschieden sein» (*etena saccena suvatthi hotu*), als Mantras zu werten, sondern auch die im *Pâli* gebräuchlichen, aus der Frühzeit des Buddhismus stammenden Zufluchts- und Verehrungsformeln, die sich bis zum heutigen Tage in den Ländern des *Theravâda*-Buddhismus der gleichen Hochachtung erfreuen, wie die ihnen entsprechenden Sanskrit-Mantras der nördlichen Schulen.

Ihr vollkommener Parallelismus von Klang, Rhythmus und Idee, ihre Konzentration auf die höchsten Symbole, wie *Buddha, Dhamma* (Lehre; Sanskrit: *Dharma*) und *Saṅgha* (Gemeinschaft der Heiligen), die ihnen zugrunde liegende religiös-ehrfürchtige Haltung, in der liebevolle Hingabe und gläubiges Vertrauen den ersten Platz einnehmen, machen sie zu Mantras im besten Sinne. Daß ihrem formalen Ausdruck mantrischer Wert beigemessen wird, ist ersichtlich aus der dreimaligen Wiederholung und aus der Tatsache, daß einige dieser dreifach wiederholten Formeln in ein und derselben Zeremonie zweimal mit leicht unterschiedlicher Aussprache rezitiert werden (wie z. B. in Burma, *bei pûjâ, paritta, upasampadâ, patimokkha*-Zeremonien und ähnlichen Gelegenheiten), um der richtigen, durch Tradition geheiligten Form sicher zu sein, die wie ein lebendiger Strom aus der Vergangenheit in die Zukunft fließt und das Individuum mit vergangenen und zukünftigen Generationen Gleichgesinnter und Gleichstrebender verbindet. Hierin liegt die

Magie des mantrischen Wortes, seine über das Individuum hinausreichende mystische Macht.

Da der wahre Buddhist nicht erwartet, daß der Buddha oder seine Jünger oder der *Dharma* Gebete erhören oder zugunsten des Bittenden auf wunderbare Weise eingreifen, ist es für ihn klar, daß die Wirksamkeit solcher Formeln nur auf dem Wege über seinen eigenen Geist möglich ist, nämlich durch das harmonische Zusammenwirken von Form (Klang und Rhythmus), Gefühl (Impuls religiöser Hingabe) und Idee (geistige Assoziationen: Wissen und Erfahrung), durch welche die latenten seelischen Kräfte – von denen die dem bewußten Willen unterworfenen den kleinsten Bruchteil darstellen – erweckt, verstärkt und verwandelt werden.

Die Form ist unerläßlich, weil sie das Gefäß ist, das die anderen Qualitäten enthält; Gefühl ist unerläßlich, weil es die Einheit schafft – der Hitze des Feuers vergleichbar, das dadurch, daß es verschiedenartige Metalle schmilzt, diese zu einer neuen homogenen Einheit verbindet; während die Idee die Substanz, die «prima materia» ist, die alle Elemente des menschlichen Geistes belebt und ihre schlafenden Kräfte aufweckt. Der Ausdruck «Idee» sollte hier jedoch nicht als bloße gedankliche Abstraktion verstanden werden, sondern im ursprünglichen Sinne des griechischen Wortes «eidos», nämlich als ein schöpferisches Bild oder eine Form lebendiger Erfahrung, in der die Wirklichkeit widergespiegelt und ständig neu wiedererschaffen wird.

Während die Form sich aus der Praxis vieler Generationen herauskristallisierte, ist die Idee, welche sie inspirierte, die Gabe des Buddha, – und nur in diesem Sinne können wir sagen, daß die geistige Kraft des Buddha im Mantra gegenwärtig ist. Der Impuls jedoch, der die Qualitäten des Geistes und des Herzens verschmilzt und die schöpferischen Kräfte, die von der Idee erweckt werden und sie mit Leben erfüllen, sind das, was der Jünger beizusteuern hat. Wenn sein Glaube nicht rein ist, wird es ihm nicht gelingen, die innere Einheit herzustellen; wenn sein Geist nicht geschult ist, wird er nicht fähig sein, die Idee in sich aufzunehmen und zu verarbeiten; wenn er seelisch stumpf ist, werden seine inneren Kräfte dem Rufe nicht folgen; und wenn es ihm an Konzentration gebricht, wird er Form, Herz und Geist nicht in Einklang bringen können.

Mantras stellen somit nicht eine Methode dar, den unangenehmen Auswirkungen des Lebens oder den Konsequenzen unserer Handlungen zu entschlüpfen, sondern sie sind ein Mittel, das Anstrengung erfordert, so wie jeder andere Weg zur Befreiung; und nur, wo dieses erkannt wird, können sie von Nutzen sein.

Wenn es daher heißt, daß Mantras unfehlbar wirken, sofern sie richtig gebraucht werden, so bedeutet das nicht, daß sie die Gesetze der Natur aufheben oder den Wirkungen des Karma widersprechen. Es bedeutet nur, daß derjenige, der vollkommen ist in seiner Konzentration, seiner Hingabe und seinem Wissen, nicht fehlgehen kann, das Ziel der Befreiung zu erreichen – denn er ist vermöge dieser drei Eigenschaften bereits Herr seines Karma (nämlich seines Handelns und dessen Folgen) und somit seiner selbst.

Auch in den späteren Formen des *Mantrayâna* (wie die mantrischen Schulen des Buddhismus genannt wurden) verstand man sehr wohl, daß Karma nicht durch das bloße Murmeln von Mantras oder durch irgendwelche andere religiöse Rituale oder magische Kräfte aufgehoben werden konnte, sondern nur durch die Reinheit des Herzens und die Aufrichtigkeit geistigen Strebens. Hiervon zeugen die Worte *Milarepas*, der einer der größten Meister des «inneren Lautes» war: «Wenn ihr euch wundert, ob übles Karma aufgehoben werden kann oder nicht, dann wisset, daß es durch das Streben zum Guten aufgehoben wird.»

«Was ist der Nutzen religiöser Riten,
Wenn Körper, Rede, Geist dem *Dharma* nicht entsprechen?
Was können religiöse Riten nützen,
Wenn Zorn nicht durch sein Gegenteil besiegt wird?
Was ist der Nutzen, «O Barmherzigkeit!» zu rufen,
Wenn man nicht Andre mehr liebt als das eigne Ich?» *

[2] Cfr. *Tibet's Great Yogi Milarepa*, übersetzt von Lama Kazi Dawa-Samdup, herausgegeben von Dr. Y. W., Evans-Wentz, Oxford University Press, 1928, p. 263 f.

Daß derartige Aussprüche häufig in der Literatur des *Mantrayâna* zu finden sind, beweist, daß trotz aller Veränderungen, die in den Methoden religiöser Praxis im Laufe der Zeiten stattgefunden hatten, der ursprüngliche Geist des Buddhismus lebendig geblieben war. Es war durchaus mit diesem Geist vereinbar, Mantras als Hilfsmittel in Meditationsübungen zu verwenden, solange sie *Mittel* zur Befreiung blieben und nicht die tödliche Rolle eines Dogmas annahmen. Sie waren heilsam, solange die Menschen sich über Ursprung, Wirkung und innere Bedeutung der Mantras klar waren und sie nicht zu Gegenständen eines blinden Glaubens oder zu Mitteln weltlichen Gewinnes machten.

Im theologischen Dogmatismus des brahmanischen Opferrituals aber war diese Erkenntnis verloren gegangen, und die mantrischen Worte waren zu einer bloßen Konvention herabgesunken und zu einem Mittel, der eigenen Verantwortlichkeit zu entgehen durch Verlaß auf die magische Kraft götterbannender Formeln.

Der Buddha aber, der den Menschen in den Mittelpunkt seines Weltsystems stellte, der an Erlösung nur durch eigene Anstrengung, nicht aber durch göttliche Intervention glaubte, konnte auf einer theologisch infizierten Mantrik nicht weiterbauen, sondern mußte es der Zeit und dem inneren Erleben seiner Nachfolger überlassen, neue Ausdrucksformen zu finden. (Der Buddha konnte hierzu nur den Anstoß geben, d. h. den Weg weisen, durch den jeder zum eigenen Erleben kommt.) Denn Mantras lassen sich nicht machen; sie müssen wachsen, und sie wachsen nur aus dem Erleben und aus der gesammelten Erfahrung vieler Generationen.

Die Entwicklung einer buddhistischen Mantrik war daher nicht ein «Rückfall» in brahmanisches Brauchtum oder eine «Degenerationserscheinung», sondern die Folge eines natürlichen geistigen Wachstums, das in jeder Phase mit Notwendigkeit seine eigenen Ausdrucksformen hervorbrachte und das selbst da, wo diese Ausdrucksformen denen früherer Epochen ähnelten, niemals eine Wiederholung des Vergangenen, sondern eine Neuschöpfung aus der Fülle unmittelbaren Erlebens war.

VI

BUDDHISMUS ALS LEBENDIGE ERFAHRUNG

Jede neue Erfahrung, jedes Erlebnis, jede neue Lebenslage erweitert unseren geistigen Ausblick und bringt eine gewisse Veränderung in uns hervor. Unsere eigene Natur wandelt sich nicht nur mit den Bedingungen des Daseins, sondern, selbst wenn diese konstant blieben, durch die kontinuierliche Anhäufung neuer Eindrücke, durch welche die Struktur unserer Psyche immer vielfältiger und komplizierter wird. Einige nennen es «Fortschritt», andere «Degeneration», während es in Wirklichkeit nichts anderes ist als das Gesetz alles Lebens, in dem Differenzierung und Koordination einander die Waage halten. So hat jede Generation ihre eigenen Probleme und muß ihre eigenen Mittel zur Überwindung derselben finden. Die Probleme sowohl wie die Mittel zu ihrer Überwindung wachsen aus den Bedingungen der Vergangenheit und sind darum organisch mit ihnen verbunden, d. h., sie sind weder völlig verschieden von ihnen, noch auch völlig identisch. Sie sind die Resultate eines kontinuierlichen Ausgleichungsprozesses.

In gleicher Weise haben wir die Entwicklung religiöser Probleme zu betrachten. Gleichgültig, ob wir sie als «Fortschritte» oder «Rückschritte» bewerten, – sie sind Notwendigkeiten des geistigen Lebens, das sich nicht in starre, ewig gleichbleibende Formen zwängen läßt. Religionen oder Weltanschauungen großen Formats sind nicht individuelle Schöpfungen, obwohl sie ihren Anstoß großen Individuen zu verdanken haben mögen. Sie wachsen aus den Keimen schöpferischer Ideen, großer Erlebnisse und tiefer Schauungen. Sie wachsen durch viele Generationen hindurch nach einer ihnen innewohnenden Gesetzlichkeit, so wie ein Baum oder irgend ein anderer lebendiger Organismus wächst. Sie sind sozusagen «Naturereignisse des Geistes». Aber ihre Entfaltung und Reife braucht Zeit. Obwohl im Keim bereits der ganze Baum potenziell enthalten ist, bedarf es der Zeit, um ihn in sichtbare Erscheinung treten zu lassen.

Was der Buddha in Worten lehren konnte, war ein Bruchteil von dem, was er durch seine Persönlichkeit und sein lebendiges Beispiel lehrte. Und beide zusammen waren wiederum nur ein Bruchteil seines geistigen Erlebens. Der Buddha selbst war sich der Unzulänglichkeit der Worte bewußt, als er zögerte, seine Lehre zu verkünden und sie in Worte zu fassen, – da diese Lehre «tief, schwer zu verwirklichen, schwer zu verstehen, *mit dem bloßen Verstand nicht faßbar»* sei. (Nichtsdestoweniger gibt es immer noch Leute, die im Buddhismus nichts weiter als eine «Religion der Vernunft» sehen, wobei die Vernunft sich selten über den Aufkläricht des letzten Jahrhunderts oder über die jeweilig «letzten» Erkenntnisse der Wissenschaft erhebt!)

Als der Buddha sich aber dennoch entschlossen hatte, die Wahrheit zu enthüllen, aus Mitleid für die Wenigen, «deren Augen nur mit wenig Staub bedeckt sind», vermied er es entschieden, die «letzten Dinge» zu formulieren und weigerte sich, Fragen zu beantworten, die den überweltlichen Zustand der Verwirklichung betrafen oder ähnliche Probleme, die über die Fähigkeiten des menschlichen Intellektes hinausgingen. Er beschränkte sich darauf, den praktischen Weg zu zeigen, der zur Lösung aller dieser Probleme führt; und er zeigte ihn in solcher Weise, daß er jeweils der Aufnahmefähigkeit seiner Hörer angepaßt war. Zum Bauern sprach er in Ausdrücken des Landbaus, zu Handwerkern in Gleichnissen, die ihrer beruflichen Betätigung entnommen waren, zu Brahmanen in philosophischer Sprache und in Gleichnissen, die ihrer Weltanschauung entsprachen oder auf ihre Opferpraxis Bezug hatten, zu Bürgern und Hausvätern sprach er über bürgerliche und häusliche Tugenden, während er die tieferen Aspekte seiner Lehre und die Erfahrungen höchster Meditationserlebnisse dem engeren Kreis fortgeschrittener Jünger, vor allem den Angehörigen seines Mönchsordens anvertraute.

Spätere Schulen des Buddhismus sind diesem Grundsatz treu geblieben, indem sie ihre Lehrmethoden und die Mittel der Verwirklichung sowohl den Bedürfnissen des Individuums als auch der geistigen (oder historisch bedingten) Entwicklung ihrer Zeit anpaßten. Mit der Ausarbeitung, Vertiefung und Ausbreitung buddhistischer Philosophie trat auch eine größere Anzahl von Lehrmethoden in Erscheinung, um jedem individuellen Geisteszustand gerecht werden zu können. Und ebenso wie der Buddha seine Jünger auf verschiedenen Stufen leitete, so behielten die späteren Schulen des Buddhismus die schwierigeren Aspekte ihrer Lehren, die ein höheres Bildungsniveau voraussetzten, denen vor, die über die nötigen Vorkenntnisse verfügten.

Diese fortgeschrittenen Lehren sind häufig als esoterische oder «geheime» Lehren bezeichnet worden. Es bestand jedoch nicht die Absicht, irgend jemanden von der Erreichung höherer Erkenntnis-Stufen abzuhalten, sondern nur das Bestreben, müßiges Geschwätz und bloße Spekulationen zu vermeiden, durch die der Ungeschulte verleitet wird, höhere Bewußtseinszustände intellektuell vorwegzunehmen, ohne sich der Anstrengung zu unterziehen, diese durch Erfahrung zu erwerben. Lehren, die mit gewissen Stadien der Meditation verbunden sind, können nur von denen verstanden werden, die diese Stadien selbst erreicht haben.

Wenn der Buddha die Heimlichtuerei und Geheimniskrämerei anmaßender Priester, die ihr Wissen oder ihr Amt als Vorrecht ihrer Kaste betrachteten, grundsätzlich ablehnte, oder wenn er erklärte, daß er in seiner Lehre keinen Unterschied mache zwischen «innen» und «außen» (d. h. zwischen esoterischen und exoterischen Lehren) und daß er nicht irgendetwas in der geschlossenen Faust zurückkalte, – so meinte er damit nicht, daß er keinen Unterschied mache zwischen einem Weisen und einem Toren, sondern, daß er gewillt sei, alle zu lehren, die willens seien, ihm zu folgen. Es bestand also keine Einschränkung von Seiten des Buddha, wohl aber von Seiten seiner Hörer: nämlich deren eigene Fähigkeiten, zu verstehen, – und hier zog der Buddha eine klare Linie zwischen dem, was er wußte und dem, was er für geeignet hielt, zu lehren.

Als der Erhabene einst im Simsapa-Walde weilte, nahm er eine Handvoll Blätter, zeigte sie seinen Jüngern und sagte ihnen, daß ebenso wie die Blätter in seiner Hand wenige seien im Vergleich mit den Blättern des ganzen Waldes, so sei das, was er verkündet habe, nur ein Bruchteil von dem, was er wisse; daß er aber nur soviel seinen Jüngern erschließen wolle, als ihnen dienlich sei, um Befreiung zu erlangen.

Diese Art der Unterscheidung muß von jedem Lehrer ausgeübt werden, und zwar nicht nur im allgemeinen, sondern auch in jedem individuellen Falle. Der Dharma soll nicht jenen aufgezwungen werden, die ihm gleichgültig gegenüberstehen oder die nicht reif dafür sind; er soll nur denen gegeben werden, die nach Erkenntnis dürsten; und er soll den rechten Umständen gemäß gegeben werden: zur rechten Zeit und am rechten Orte.

Auf die Entwicklung des Buddhismus angewandt, bedeutet dies, daß jedes Zeitalter und jedes Land seine eigenen Ausdrucksformen und Lehrmethoden finden mußte, um die Idee des Buddhismus lebendig zu erhalten. Diese «Idee» war nicht ein philosophischer Gedanke oder ein metaphysisches Dogma, sondern der vom Buddha gegebene Anstoß zu einer neuen Geisteshaltung, derzufolge die Welt und das Phänomen unseres eigenen Bewußtseins, statt, wie bisher, unter dem Gesichtspunkt des «Ich», unter dem des «Nicht-Ich» zu betrachten war. Durch diese Umkehrung der Betrachtungsweise erschienen plötzlich alle Dinge in einer neuen Perspektive, d. h. Innen- und Außenwelt wurden gleichberechtigte Phänomene unseres Bewußtseins, – eines Bewußtseins, das je nach dem Grade seiner Entwicklung eine andere Welt, eine andere «Wirklichkeit» erlebte. Der Grad der Entwicklung aber hing ab vom Grade der Überwindung der «Ich»-Illusion, der egozentrischen Perspektive, durch die die Proportionen aller Dinge und Geschehnisse willkürlich verzerrt und aus ihrem inneren Zusammenhang gerissen werden. Die Wiederherstellung des vollkommenen geistigen Gleichgewichtes durch Überwindung des «Ich»-Wahnes, aus dem alles Hassen und Begehren und alles Leiden fließt, ist der Zustand der Erleuchtung. Was immer zur Verwirklichung dieses Zustandes führt, ist der Weg des Buddha, ein Weg, der nicht ein für alle Mal festgelegt ist, der nicht unabhängig von Zeit und Individuum in sich selbst besteht, sondern der in der Fortbewegung auf das vom Buddha gegebene Ziel von jedem Wanderer selbst verwirklicht und wiedergeschaffen werden muß. Der Buddha beschränkte sich aus diesem Grunde darauf, die Menschen durch sein eigenes Beispiel auf den Weg der Verinnerlichung zu führen, ohne die aus diesem Weg oder seinen Erlebnissen resultierende Weltanschauung begrifflich festzulegen, zu definieren oder in ein philosophisches System zu bringen. Denn hätte er dies getan, so hätte er ein Dogma geschaffen und die Freiheit des Denkens und der individuellen Entwicklung beschränkt, wie es leider manche seiner eifrigsten Anhänger zu tun sich bemühen.

Selbst die vollkommenste Formulierung der Lehre durch den Buddha, hätte seine Nachfolger nicht der Notwendigkeit neuer Formulierungen enthoben, denn selbst wenn seine Lehre vollkommen war, die Menschen, denen er sie verkündete, waren es nicht, und was sie auffassen und weitergeben konnten, war, wie alles Menschenwerk, unvollkommen.

Außerdem dürfen wir nicht vergessen, daß der Buddha gezwungen war, sich der Sprache und der volkstümlichen Ideen seiner Zeit zu bedienen, um sich verständlich zu machen. Selbst, wenn also alle, die des Buddha Worte hörten und bewahrten, *Arahans* (d. h. Heilige) gewesen wären, wie die Tradition es will, so würde das nichts an der Tatsache ändern, daß die Lehre, die sie weitergaben, eine ideell und sprachlich zeitbegrenzte Formulierung war. Sie konnten die Probleme, die zu ihrer Zeit noch nicht existierten, nicht vorwegnehmen; und selbst, wenn sie sie hätten voraussehen können, so war die Sprache, in der sie ausgedrückt werden konnten, noch nicht geboren und hätte nicht verstanden werden können, selbst wenn sie spontan erfunden worden wäre.

Der Buddha selbst würde seine Lehre anders formuliert haben, wenn er statt im sechsten Jahrhundert vor Christus im sechsten Jahrhundert nach Christus gelebt hätte, – nicht weil die zu verkündende Wahrheit oder der *Dharma* ein anderer gewesen wäre, sondern weil die Menschheit, der er seine Lehre verkündete, zwölf Jahrhunderte historischer, praktischer und geistiger Erfahrung ihrem Bewußtsein zugefügt hatte und daher nicht nur über einen reicheren Schatz an Begriffen und Ausdrucksmöglichkeiten verfügte, sondern auch eine ganz andersgeartete Geisteshaltung besaß, mit anderen Perspektiven und Problemen und anderen, dieser Mentalität angepaßten Lösungsmöglichkeiten.

Diejenigen, die blind an Worte glauben, sowohl wie jene, denen historische Antiquität wichtiger ist als Wahrheit, sträuben sich begreiflicherweise gegen eine solche Erkenntnis, die ihre sauber abgegrenzte und für den Hausgebrauch fertig-zugeschnittene Weltanschauung ihres Absolutismus und ihrer Eindeutigkeit beraubt. Sie glauben daher, daß spätere buddhistische Schulen über den Buddha hinausgegangen sind, während sie in Wahrheit nur hinausgingen über die begrenzten, zeitbedingten Begriffe der Zeitgenossen und Nachfolger des Buddha, die seine Lehre ein für alle Mal zu fixieren suchten.

Geistiges kann aber ebensowenig fixiert werden wie Lebendiges. Wo das Wachstum aufhört, bleibt nur die tote Form. Wir können zwar die mumifizierte Form als historische Kuriosität bewahren, nicht aber das Leben. Es ist nicht die Autentizität der Form, die in Frage steht, sondern der Glaube, daß man die Formen vergangener Jahrtausende unbeschadet mit Rumpf und Stumpf übernehmen kann. Selbst Nahrung, wenn zu lange aufbewahrt, wird zu Gift. Es ist dasselbe mit geistiger Nahrung. Wahrheit verwandelt sich in Dogma, Glauben in Aberglauben. Beide sind tot, werden zu Hindernissen des Denkens und darum zu Gift. Wahrheiten können nicht übernommen werden; sie müssen ständig wieder-entdeckt und neu geformt werden, wenn sie ihren geistigen Gehalt, ihre Lebendigkeit oder geistige Nährfähigkeit beibehalten wollen. Dies ist das Gesetz geistigen Wachstums, aus dem sich die Notwendigkeit ergibt, dieselben Wahrheiten in immer neuer Form zu erleben und zu durchdenken, d. h. nicht so sehr die Resultate als die Methoden, durch die wir zur Erkenntnis gelangen, zu pflegen und weiterzugeben.

Dadurch, daß jeder Einzelne diesen Wachtumsvorgang in sich wiederholt und durchlebt, wird er nicht nur zu einem Bindeglied von Vergangenheit und Gegenwart, sondern er verlebendigt das Vergangene im gegenwärtigen Erlebnis und bereitet die schöpferischen Keime der Zukunft. Nur durch solche Einstellung bekommt das «Historische» Gegenwartswert, wird Teil unseres eigenen Wesens und nicht bloßes Studienobjekt, das losgelöst aus dem organischen Zusammenhang des Werdens, seinen wesentlichen Wirklichkeitsgehalt verliert.

Sobald wir diesen organischen Werdegang begreifen, hören wir auf, seine einzelnen Phasen als «richtig» oder «falsch», «wertvoll» oder «wertlos» zu beurteilen! Wir werden vielmehr finden, daß die Variationen desselben Themas durch die Stärke der Kontraste in Betonung und Modulation das ihnen zugrundeliegende Gemeinsame oder Wesentliche herausarbeiten und uns so zu einem Verständnis führen, das uns nicht zur Verengung, zu Intoleranz, sondern zum Über-den-Gegensätzen-Stehen, zu geistiger Erweiterung, zu Toleranz, anregt.

Das schließt aber andererseits nicht aus, daß wir uns individuell von der einen oder anderen Form oder Schule der buddhistischen Geistesentwicklung stärker angezogen fühlen, daß uns gewisse Züge der einen mehr zusagen als die der anderen, entsprechend unserem Temperament, unserer Veranlagung, unserem Verständnis und der Stufe unserer Entwicklung. Aber das darf uns nicht dazu veranlassen, jene Züge zu verurteilen, die nicht in unser eigenes Schema passen; und noch weniger haben wir das Recht, die Tradition der von uns bevorzugten Schule als die einzig echte zu erklären.

Die wesentliche Natur eines Baumes, zum Beispiel, ist weder auf seine Wurzeln beschränkt, noch auf seinen Stamm, seine Äste, Zweige oder Blätter, noch auch auf seine Blüten oder seine Früchte. Das Wesen des Baumes liegt in der organischen Entwicklung und gegenseitigen Beziehung aller dieser Teile, d. h. in der Ganzheit seiner räumlichen und zeitlichen Gestaltung.

Gleicherweise kommen wir zu der Erkenntnis: Nicht in der raumlosen Enge des abstrakten Denkens oder eines durch Antiquität geheiligten Dogmas, kann der innere Gehalt des Buddhismus gefunden werden, sondern nur in seiner zeitlichen und räumlichen Weite, Entwicklung und Ausdehnung – im lebendigen Wachstum seines Denkens und Fühlens und seiner Auseinandersetzung mit dem Leben: kurz in seiner Universalität.

VII

DIE UNIVERSELLE HALTUNG DES MAHÂYÂNA UND DES BODHISATTVA-IDEALS

Die Universalität des Buddhismus kam zunächst in einer verwirrenden Vielheit religiöser und philosophischer Schulen zum Ausdruck, bis sie im *Mahâyâna*, im «Großen Fahrzeug» – das groß genug war, die Verschiedenheiten aller Richtungen und Ideale als notwendige Ausdrucksformen verschiedener Temperamente und Erkenntnisstufen anzuerkennen – zum bewußten Prinzip erhoben wurde.

Dies geschah durch die Betonung des *Bodhisattva*-Ideals, das die Gestalt des Buddha als die höchste Verwirklichung des buddhistischen Strebens in den Mittelpunkt des religiösen Lebens stellte. Was immer man über die Wirklichkeit oder Unwirklichkeit der Welt oder ihr Verhältnis zur geistigen Erfahrung, oder über den Zustand der Befreiung und des endgültigen *Nirvâṇa* aussagen mochte, – eines stand fest: daß der Zustand der Vollendung, der Erleuchtung, der Buddhaschaft von einem menschlichen Wesen erreicht worden war und daß es jedem Wesen freistand, diesen Zustand auf dem gleichen Wege zu erreichen. In diesem Punkte waren sich alle Schulen einig.

Dieser Weg aber war nicht der Weg der Weltflucht, sondern der Weg der *Weltüberwindung* durch wachsende Erkenntnis (*prajñā*), durch tätige Nächstenliebe (*maitrî*), durch tiefe Anteilnahme an den Leiden und Freuden anderer (*karuṇâ muditâ*) und durch Gleichmut (*upekṣâ*) gegenüber dem eigenen Wohl und Wehe. Dieser Weg war durch unzählige Existenzen des Buddha (bis zu seiner letzten, als *Gautama Ŝâkyamuni*), wie sie uns in den *Jâtakas*, den Vorgeburtsgeschichten, berichtet werden, aufs lebhafteste illustriert worden, und selbst, wenn wir diesen Erzählungen keinen historischen Wert beilegen wollen, so demonstrieren sie dennoch die Auffassung der frühen Buddhisten und die von allen buddhistischen Schulen akzeptierte Idee des Entwicklungsweges eines Vollkommen-Erleuchteten.

Im *Ṭipitaka,* den kanonischen Schriften des *Pâli*-Buddhismus, der auch als *Theravâda,* «die Lehre der Älteren» bekannt ist, und in den südlichen Ländern des Buddhismus vorherrscht, werden drei Arten von Erlösten unterschieden: erstens, der Heilige, oder *Arahan,* der zwar die Ichheits-Illusion und die Leidenschaften überwunden hat, nicht aber das allumfassende Wissen und das All-durchstrahlende Erleuchtungsbewußtsein hat, das nicht nur ihm, sondern unzähligen anderen Wesen zur Erleuchtung verhilft; zweitens, der Einzelerleuchtete oder *Paccekabuddha,* der zwar das All-umfassende Wissen eines Buddha, nicht aber dessen Mitteilungsfähigkeit besitzt; und endlich der *Sammâsambuddha,* der Vollkommen-Erleuchtete, der nicht nur ein Heiliger und ein Wissender und ein Erleuchteter ist, sondern ein *Vollkommener,* ein Ganz-Gewordener, einer, in dem *alle* geistigen Fähigkeiten zur Vollkommenheit, zur Reife, zu vollkommener Harmonie, gekommen sind und dessen Bewußtsein das Universum umfaßt. Ein solcher kann nicht mehr mit den Grenzen individueller Persönlichkeit, individuellen So-Seins und Da-Seins identifiziert werden; von ihm heißt es mit Recht: «kein Maß ermißt ihn, – von ihm zu sprechen gibt es keine Worte!»

Es scheint, daß ursprünglich der *Arahan,* der *Paccekabuddha* und der *Sammâsambuddha* nur als Typen oder Erreichungszustände klassifiziert wurden. Da aber nach buddhistischer Auffassung ein Mensch nicht mit einmaligen, unveränderlichen Anlagen und Charaktereigenschaften «geschaffen» ist, sondern das ist, was er aus sich *macht,* so wurde die Erkenntnis dieser drei Möglichkeiten mit Notwendigkeit zur Formulierung dreier *Ideale,* und von diesem Gesichtspunkt aus konnte kein Zweifel bestehen, daß das Ideal des Vollkommen-Erleuchteten das höchste war. Da es imstande war, unzählige Wesen über den Ozean der Wandelwelt (*saṃsâra*) zum Ufer der Befreiung hinüberzutragen, wurde es *Mahâyâna,* «das Große Fahrzeug», genannt, während die anderen Ideale (insbesondere das des *Arahan*), bei denen die individuelle Erlösung im Vordergrund stand, *Hînayâna,* das «Kleine Fahrzeug», genannt wurde.

Die Bezeichnungen *«Hînayâna»* und *«Mahâyâna»* wurden zum ersten Mal auf dem Konzil des Königs *Kaniṣka* im ersten Jahrhundert nach Chr. geprägt, als die verschiedenen Ideale und Wege zur Befreiung von den Häuptern der verschiedenen Schulen definiert und diskutiert wurden. Es erwies sich hier, daß das *Mahâyâna*-Ideal das einzige Prinzip war, das genügend Weite besaß, um die Verschiedenheiten aller buddhistischen Richtungen zu überbrücken, und es war daher kein Wunder, daß die Mehrzahl der auf dem Konzil Anwesenden sich für dieses Ideal entschlossen, und daß die kleineren, zum *Hînayâna* zuneigenden Gruppen bald ausstarben. Die *Theravâdins* aber, die auf diesem Konzil nicht zugegen waren (da sie augenscheinlich bereits vom indischen Festland verschwunden waren), können strenggenommen nicht mit dem *Hînayâna* identifiziert werden, da das *Bodhisattva*-Ideal von ihnen nicht abgelehnt wird.

Nârada Mahâ-Thera, einer der anerkannten Wortführer des ceylonesischen Buddhismus, hat dem Standpunkt des *Theravâdins* gegenüber dem *Bodhisattva*-Ideal in folgenden Worten beredten Ausdruck verliehen:

«Der Buddhismus ist eine Lehre, die gleicherweise diejenigen anspricht, die ihre persönliche Erlösung erstreben, wie solche, die sowohl für ihre persönliche Erlösung als auch für die Erlösung anderer arbeiten wollen.

Es gibt unter uns einige, die die Eitelkeit weltlicher Freuden erkennen und die so gründlich von der Universalität des Leidens überzeugt sind, daß sie die erste Gelegenheit wahrnehmen, um dem Kreislauf von Geburt und Tod zu entrinnen und ihre Erlösung zu gewinnen.

Und es gibt andere, die nicht nur alle Leiden des Lebens erkenntnismäßig wahrnehmen, sondern sie *fühlen.* So unbeschränkt ist ihre Liebe, und so durchdringend ist ihr Mitleid, daß sie auf ihre persönliche Erlösung verzichten und ihr Leben dem erhabendsten Ziel des Menschheitsdienstes und der Selbstvervollkommnung widmen.

Solchermaßen ist das edle Ziel eines *Bodhisattva.* Dieses *Bodhisattva*-Ideal ist das Feinste und Schönste, das je der Welt gegeben wurde; denn was kann edler sein, als ein Leben selbstlosen Dienstes und vollkommener Reinheit?

Das *Bodhisattva*-Ideal ist eine ausschließlich buddhistische Lehre.»

Es wäre jedoch ein großes Mißverständnis, anzunehmen, daß der Dienst am Nächsten eine Aufschiebung oder Abschwächung der Anstrengung und des Strebens nach dem höchsten Ziel darstellte. *Milarepa,* der größte tibetische Heilige und Dichter, der selbst dieses Ziel verwirklichte, warnte darum vor einer solchen Auffassung mit den Worten: «Man sollte nicht *übereifrig und hastig* sein, in der Absicht anderen zu dienen, bevor man nicht selbst die Wahrheit völlig erkannt hat. Andernfalls wäre man wie ein blinder Blindenführer. Solange der Himmel besteht, so lange wird es nicht mangeln an empfindenden Wesen, denen man dienen kann, und für einen jeden kommt die Gelegenheit für einen solchen Dienst. Bis dahin ermahne ich jeden von euch, nur den einen Entschluß festzuhalten, nämlich die Buddhaschaft zum Heile aller lebenden Wesen zu erreichen.»

Um dies zu verwirklichen, ist die Ausübung der höchsten Tugenden *(pâramitâ)* eines *Bodhisattva* notwendig. Diese Tugenden oder «Vollkommenheiten» sind: 1. die Vollkommenheit des Gebens *(dâna-pâramitâ),* die ihren Höhepunkt in völliger Selbsthingabe findet;

2. die vollkommene Sittlichkeit *(śîla-pâramitâ),* die in allumfassender Liebe kulminiert;

3. die Vollkommenheit der Geduld *(kṣânti-pâramitâ),* die im Verzeihen (alles uns zugefügten Unrechts) und in der Überwindung aller Haßgefühle oder üblen Absichten besteht;

4. die Vollkommenheit der Anstrengung *(vîrya-pâramitâ),* die in dem unerschütterlichen Entschluß, die Erleuchtung zu erreichen, kulminiert;

5. die Vollkommenheit der Versenkung *(dhyâna-pâramitâ),* oder der inneren Schauung, die in der Erkenntnis der Wirklichkeit und des eigenen Geistes gipfelt;

6. die Vollkommenheit der Weisheit *(prajñâ-pâramitâ)*, die in vollkommener Erleuchtung gipfelt. [1]

Die *pâramitâs* sind also nicht Tugenden im landläufigen Sinne, die vorwiegend in der Meidung oder im Unterlassen des Bösen bestehen, d. h. sie sind nicht Moralvorschriften oder Regeln sozialen Verhaltens, sondern Stufen der Selbstverwirklichung in der Entfaltung alles dessen, was zum Heile führt: in selbstlosen Taten der Liebe und des Mitleids, geboren aus den Feuern universellen Leidens, in denen die Schmerzen anderer mit gleicher Intensität empfunden werden wie die eigenen. Ein *Bodhisattva* hat nicht den Ehrgeiz andere zu belehren, es sei denn durch sein eigenes Beispiel, und er verfolgt seine geistige Laufbahn, ohne je das Wohl seiner Mitwesen aus dem Auge zu lassen. So reift er seinem erhabenen Ziel entgegen und begeistert andere, es ihm gleichzutun.

Kein Opfer, das wir für andere im Fortschreiten auf unserem Wege bringen, ist vergeblich; selbst, wenn es nicht anerkannt oder vielleicht sogar von denen, für die es gebracht war, mißbraucht wird. Jedes Opfer ist ein Akt des Verzichtes, ein Sieg über uns selbst, und darum ein Akt der Befreiung. Jeder dieser Akte, unbesehen ihrer äußeren Wirkung, bringt uns einen Schritt unserem Ziel näher und verwandelt das theoretische Verständnis der *anâtma*-Idee in erfahrungsmäßige Gewißheit und lebendiges Wissen. Je mehr wir uns von unserem Ich befreien und die Wände unseres selbstgeschaffenen Kerkers niederreißen, desto größer wird die Klarheit und Leuchtkraft unseres Wesens und mit ihr die Überzeugungskraft unseres Lebens. Dieses ist es, wodurch wir anderen helfen – mehr als durch philantropische Werke und mehr als durch fromme Worte und Predigten.

Diejenigen aber, die sich fern halten von den Kontakten des

[1] Spätere Pâli Texte, wie *Buddhavaṁsa* und *Cariyapiṭaka*, erwähnen, wahrscheinlich unter dem Einfluß des *Mahâyâna*, die folgenden zehn *pâramitâs:* Vollkommenheit des Gebens, der Sittlichkeit, des Verzichtes *(Nekkhamma)*, der Weisheit, des Strebens, der Geduld, der Wahrhaftigkeit *(sacca)*, des Entschlusses *(adiṭṭhâna)*, selbstloser Liebe *(mettâ)* und des Gleichmuts *(upekkhâ)*.

Lebens, berauben sich der Gelegenheiten der Selbstverleugnung, des Bringens von Opfern, des Verzichtes auf mühsam erworbene Gewinne, des Aufgebens dessen, was ihnen lieb oder wünschenswert erschien, des Dienstes für andere und der Kraftproben in den Versuchungen und Heimsuchungen des Lebens. Noch einmal: anderen zu helfen und sich selbst zu helfen, gehen Hand in Hand. Das eine kann nicht ohne das andere sein.

Wir sollten also nicht im Hochgefühl sittlicher Überlegenheit unsere Wohltaten anderen aufzwingen, sondern spontan aus jener natürlichen Selbstlosigkeit heraus handeln, die aus der Erkenntnis der Solidarität alles Lebens und aus jenem unaussprechlichen Ganzheitserlebnis der Meditation geboren ist, das in der All-umfassenden Silbe OṂ zum Ausdruck kam und das im *Mahâyâna* zum Ausgangspunkt und zur Grundstimmung des religiösen Lebens wurde.

Dies war die Wahrheit, deren Erkenntnis *Milarepa* als Grundlage des sittlichen Handelns und der *Bodhisattva*-Tugenden forderte. Dies war die Erkenntnis, die, wenn auch noch so unvollkommen in ihrem ersten Dämmern – den Buddha in seinen früheren Geburten auf den Pfad der Erleuchtung und der Buddhaschaft führte und die ihn, als er dem Buddha eines früheren Weltzeitalters begegnete, auf seine eigene, unmittelbare Erlösung verzichten ließ, um durch die Erfahrungen unzähliger Wiedergeburten und durch die Betätigung der *Bodhisattva*-Tugenden zur vollen, All-umfassenden Erleuchtung zu kommen, durch die er nicht nur sich, sondern unzähligen Wesen zur Befreiung und zur Erleuchtung verhelfen konnte.

Es war diese Erkenntnis, die den Buddha vom Baum der Erleuchtung zurückkehren ließ in die Welt, um die Frohe Botschaft des Lichtes und der jedem Wesen innewohnenden Erleuchtungsfähigkeit (*bodhicitta*), deren Bewußtwerden ihn zum *«Bodhisattva»* macht, zu verkünden. Es war diese Erkenntnis, die ihn die Beschwernisse eines vierzig Jahre langen Wanderlebens auf sich nehmen ließ, statt für sich selbst die Glückseligkeit der Erlösung auszukosten.

VIII

DER ALLUMFASSENDE WEG UND DIE NEUWERTUNG DER HEILIGEN SILBE OṂ

Die unmittelbaren Nachfolger des Buddha aber, in ihrem Streben, jedes Wort des Meisters zu bewahren und die Lebensweise seiner ersten Jünger durch unzählige Regeln bis ins Kleinste zu kodifizieren, vergaßen den Geist über den Klosterregeln, – bis aus dem selbstlos-einfachen Leben geisterfüllter Apostel ein wohlgeordnetes, selbstzufriedenes, zum Selbstzweck gewordenes und darum weltfernes Mönchtum entstand, das in wohlversorgten Klöstern nicht nur dem Lebenskampf enthoben, sondern auch vom Leben der Laien und der übrigen Welt abgeschlossen war.

Fast alle Spaltungen und Sektenstreitigkeiten der ersten Jahrhunderte buddhistischer Geschichte hatten ihre Ursache nicht in grundlegenden weltanschaulichen Fragen, sondern in Differenzen betreffs der Ordensregeln oder in rein scholastischen und theoretischen Interpretationen gewisser Lehrbegriffe, oder in der größeren Betonung des einen oder des anderen Aspektes der Lehre und des damit verbundenen Schrifttums.

Die erste Spaltung geschah auf dem Konzil von *Vaiśâlî*, hundert Jahre nach dem Abscheiden des Buddha, woselbst die orthodoxe Gruppe der *Sthaviravâdins* (in *Pâli: Theravâdins*) sich vom Hauptkörper der buddhistischen Gemeinschaft trennten, da sie sich weigerten, die von der Mehrzahl akzeptierte liberale Interpretation der kleineren Ordensregeln anzuerkennen, derzufolge größeres Gewicht auf den Geist der buddhistischen Lehre und das Verantwortungsbewußtsein des Einzelnen gelegt wurde. Hier das Urteil eines unparteiischen Forschers:

«Wieviel an der Geschichte von dem Konzil zu Vaishâlî wahr ist, läßt sich nicht entscheiden, denn die uns bekannten Darstellungen widersprechen einander in vielen Punkten und nehmen meist einseitig für die Sthaviras Partei. Wichtig ist aber eine Feststellung: die Buddhisten führen die Spaltung der Gemeinde nicht auf Unterschiede in der Dogmatik, sondern in der Ordensdisziplin zurück. Das ist sehr bezeichnend, weil uns dasselbe Phänomen auch in der Kirchengeschichte der Jainas entgegentritt: die «Luftgekleideten» und die «Weißgekleideten» entzweiten sich nicht wegen ihrer verschiedenen Auffassung über wichtige Lehrpunkte, sondern der Kleiderordnung wegen. Für den Inder ist eben – im Gegensatz zum Abendländer – das kultische Brauchtum, wie es sich in der äußeren Gestaltung des Lebens dokumentiert, von entscheidender Bedeutung; abweichende Anschauungen in uns unwesentlich erscheinenden Punkten werden der Anstoß zu Sektenbildungen.» (H. v. Glasenapp: «Der Buddhismus in Indien und im Fernen Osten», p. 51.)

Die *Theravâdins*, die die Anhänger der Großen Versammlung, die *Mahâsânghikas*, als Häretiker betrachteten, geben im 12. Kapitel des *Vinaya Cullavagga* einen eingehenden Bericht über das Konzil, und auf den ersten Blick mag es erscheinen, daß die Streitpunkte so trivial waren, daß man sich nur wundern muß, wie es möglich war, daß sie solche Erregung hervorrufen und zu einer ernstlichen Spaltung des Ordens führen konnten. Frau C. A. F. Rhys-Davids hat jedoch sehr richtig bemerkt: «Der wirkliche Grund, um den es ging, waren die Rechte des Individuums, sowie diejenigen der Provinzialgemeinden, im Gegensatz zu den Verordnungen einer zentralisierten Hierarchie. Nicht nur als Einzelner, sondern auch in kleineren Gruppen, würde der individuelle Mensch mehr Gewicht haben; er würde als Mensch betrachtet werden und nicht bloß als eine Ziffer, wie es der Fall sein würde, wenn sein Leben, selbst das Leben in einem Mönchsorden, bloß im Ausführen von Regel soundso und Regel soundso bestünde, und das mit der Monotonie eines Herdenlebens. Als Mensch, hingegen, würde er fähig sein, auf dem Wege des *atta-dhammo* zu wandeln: seinem Gewissen entsprechend wählend und entscheidend.» [1]

Die *Mahâsânghikas* werden oft als eine frühe Form des *Mahâyâna* bezeichnet. Hierfür fehlt jedoch jegliche Evidenz,

[1] Sākya, p. 354.

denn wenn auch die transzendete Auffassung der Gestalt des Buddha bei den *Lokuttaravâdins* (eines Zweiges der *Mahâsâṅghikas)* an die Buddha-Auffassung des *Mahâyâna* erinnert, so dürfen wir nicht vergessen, daß auch die *Theravâdins* die Gestalt des Buddha ins Übermenschliche erhoben, und dies in einer Form, die ihn weit unerreichbarer für den Gläubigen machten als die kühnsten metaphysischen Spekulationen des *Mahâyâna.* Im strengen *Theravâda* ist die Erreichung der Buddhaschaft ein praktisch unterreichbares Ideal, während im *Mahâyâna* jedes Wesen an der metaphysischen Natur, die dem Buddha zugeschrieben wird, teilhat. Das Metaphysische ist also hier «menschlicher» als der Charakter des Buddha, wie ihn die Theravâdins sehen. Denn ein solcher Buddha bedarf einer äonenlangen Vorbereitung und erscheint nur in astronomisch-langen Zeitabständen als ein einzigartiges und ausnahmsweises Phänomen.

Erst mit dem Sichwiederbesinnen auf die Gestalt des Buddha, dessen Leben und Wirken der lebendigste Ausdruck seiner Lehre war, wurde der Buddhismus aus einer Anzahl sich befehdender Sekten zur Weltreligion. Im Kreuzfeuer widerstreitender Meinungen und Schulen, welch größere Sicherheit konnte es geben, als dem Beispiel des Buddha zu folgen? – Seine Worte mögen, den Zeiten ensprechend, verschieden ausgelegt werden: sein lebendiges Beispiel dagegen spricht eine ewige Sprache, die zu allen Zeiten, solange es Menschen gibt, verstanden werden kann. Die Gestalt des Buddha und die tiefe Symbolik seines geschichtlichen wie seines legendären Werdeganges (aus dem die unsterblichen Weıke buddhistischer Kunst und Literatur wuchsen) ist für die Menschheit von größerer Bedeutung als alle philosophischen Systeme und alle abstrakten Klassifikationen des Abhidharma, die sich daraus ergeben mögen. Kann es eine tiefere Demonstration der Selbstlosigkeit, der Nicht-Ich-Lehre, des Achtfachen Erlösungspfades, der Wahrheiten des Leidens, der bedingten Entstehung und der völligen Befreiung und Erleuchtung geben, als die des Buddhaweges, der alle Höhen und Tiefen des Universums umfaßt?

«Was immer die höchste Blüte des menschlichen Geistes sei,

möge ich sie zum Segen aller erreichen!» Dies ist der Sinn des *Bodhisattva*-Gelübdes.

So, wie ein Künstler sich nur die größten Meister zum Vorbild nimmt, gleichgültig, ob er ihre Vollendung zu erreichen vermag oder nicht, so muß jeder geistig Strebende sich dem höchsten Ideal zuwenden, das im Bereiche seines Fassungsvermögens ist und das ihn zu höherer Leistung anfeuert. Denn niemand kann im voraus sagen, wo die Grenzen seiner Kraft liegen, – und es ist viel wahrscheinlicher, daß die Intensität des Strebens selbst es ist, das diese Grenzen bestimmt. Wer nach dem Höchsten strebt, wird höchster Kräfte teilhaftig und schiebt damit selbst die Grenzen ins Unendliche, – verwirklicht das Unendliche im Endlichen, macht das Endliche zum Gefäß des Unendlichen und das Zeitliche zum Gefäß des Zeitlosen.

Um diese universelle Geisteshaltung des *Mahâyâna* dem Strebenden mit der Suggestivkraft eines konzentrativen Symbols einzuprägen, eröffnet die heilige Silbe OṂ jeden feierlichen Ausspruch, jede Verehrungsformel, jede Meditation.

Diese Geisteshaltung konnte durch kein Symbol vollkommener zum Ausdruck gebracht werden als durch die heilige Silbe OṂ, die, wie Rabindranath Tagore so treffend sagt, der «vollkommene Laut» ist, der «die Ganzheit aller Dinge darstellt und das symbolische Wort ist für das Unendliche, Vollkommene, Ewige.» Und er fährt fort: «Alle unsere religiösen Betrachtungen beginnen mit OṂ und enden mit OṂ. Es soll den Geist mit der Ahnung der ewigen Vollkommenheit erfüllen und ihn aus der Welt der engen Selbstsucht befreien.»

Und so geschah es, daß in dem Augenblick, in dem der Buddhismus sich seiner Weltmission bewußt wurde und in die Arena der Weltreligionen eintrat, die heilige Silbe OṂ wieder zum Leitmotiv des religiösen Lebens wurde, zum Symbol des allumfassenden Erlösungsstreben, das das Erlebnis der Ganzheit und Allverbundenheit nicht als letztes Ziel, sondern als *Voraussetzung* aller wirklichen Befreiung und der vollkommenen Erleuchtung machte. Es war das Symbol eines Erlösungsstrebens, das nicht mehr ängstlich um das eigene Seelenheil besorgt war, oder um die Vereinigung des eigenen Selbstes (*âtman*) mit der Weltseele (dem *«brahman»*), sondern das begriffen hatte, daß alle Wesen und Dinge unlösbar miteinander verbunden sind, daß alle Unterscheidung von «Eigenem» und «Anderem» auf Illusion beruht und, daß wir erst diese Illusion vernichten und zum Bewußtsein der Ganzheit in uns vordringen müssen, bevor wir das Werk der Erlösung vollenden können.

OṂ ist darum in der Mantrik des Buddhismus nicht das Letzte und Höchste, wie wir im Verlaufe dieser Arbeit sehen werden, sondern das Grundlegende, das am Anfang des Bodhisattva-Weges steht und darum zu *Beginn* jedes Mantras, jeder Verehrungsformel, jeder Meditation oder religiösen Betrachtung und dergl., nicht aber am Ende. Der buddhistische Weg beginnt sozusagen dort, wo derjenige der Upanischaden endete, und obwohl das gleiche Symbol (OṂ) beiden Weltanschauungen gemeinsam ist, ist seine Wertung nicht die gleiche, da diese abhängig ist von der Stellung, die das Symbol in bezug auf das jeweilige Gesamtsystem einnimmt. So wie die Stelle einer Dezimale ihren Wert bestimmt, so hängt die Wertung eines Symbols von der Stellung ab, die ihm in der Gesamtheit eines weltanschaulichen Systems zukommt. Es wäre daher eine völlige Verkennung der Sachlage, in der Verwendung der heiligen Silbe OṂ im Buddhismus einen Rückfall in brahmanisches Brauchtum zu sehen oder eine Angleichung an die Weltanschauung der Upanischaden. Das wäre ein ebenso großer Irrtum wie der Schluß, daß, weil der Ausdruck *«Nirvâṇa»* von Buddhisten sowohl wie von Anhängern brahmanistischer Systeme gebraucht wird, die Bedeutung dieses Ausdrucks für Buddhisten und Hindus die gleiche wäre.

Die Neuwertung, welche die Silbe OṂ im *Mahâyâna*-Buddhismus erfuhr, kann nur aus der Gesamtheit des Systems und der mantrischen Praxis völlig verstanden werden. Für den Augenblick mag es genügen, auf die befreiende, lösende, gemütsöffnende Natur der heiligen Silbe hinzuweisen. Ihr Laut öffnet das innerste Wesen des Menschen den Schwingungen einer höheren Wirklichkeit, – nicht einer Wirklichkeit, die außerhalb seiner selbst besteht, sondern einer Wirklichkeit, die von je in ihm und um ihn gegenwärtig war, die er jedoch durch selbstische Abgrenzung seiner vermeinten Ichheit willentlich ausgeschlossen hat. OṂ ist ein Mittel, die Mauern unseres Ego niederzureißen und uns der Unendlichkeit unserer wahren Natur, die in der Verbundenheit mit allem Lebenden besteht, bewußt zu werden.

OṂ ist der tiefe Urton zeitloser Wirklichkeit, der aus anfangloser Vergangenheit in uns schwingt und uns entgegentönt, wenn wir durch vollkommene Stillung des Geistes unseren inneren Gehörssinn entfalten. Es ist der transzendente Laut der allem innewohnenden Gesetzlichkeit, der ewige Rhythmus alles Geschehens, in dem der Ausdruck vollkommenster Gesetzlichkeit zum Ausdruck vollkommenster Freiheit wird.

Darum heißt es im *Śûraṅgama Sûtra:* «Ihr habt die Lehre des Buddha gelernt, indem ihr seinen Worten lauschtet und sie eurem Gedächtnis einprägtet. Warum lernt ihr nicht von euch selbst, indem ihr dem Laut des euch eingeborenen Dharma in eurem eigenen Geiste lauscht und über ihn meditiert?»

Der Klang OṂ aber, wenn er im Herzen und von den Lippen eines wahrhaft Strebenden in gläubigem Vertrauen (*saddha*) gesprochen wird, ist wie ein Öffnen der Arme, um alles zu umfangen, was da lebt. Es ist nicht ein Ausdruck der Selbstvergrößerung oder der Selbstausdehnung, sondern der Aufnahmebereitschaft und der Hingabe: – einer Blume vergleichbar, die ihren Kelch dem Lichte öffnet und alle, die an ihrer Lieblichkeit und an ihrem Duft teilnehmen wollen, willkommen heißt. Es ist ein Geben und Nehmen zu gleicher Zeit: Ein Nehmen, das frei ist von Gier, und ein Geben, das nicht versucht, sich anderen aufzuzwingen.

So wurde OṂ das Symbol der universellen Haltung des Buddhismus in seinem *Mahâyâna*-Ideal, das keine Sektenunterschiede kennt, sondern – dem *Bodhisattva* gleich – nur das Bestreben hat, allen Wesen zur Befreiung zu verhelfen, entsprechend dem Wege, der ihrer eigenen Natur gemäß ist. Ein solches Ideal aber unterscheidet sich von einem Dogma dadurch, daß es die Freiheit individueller Entscheidung zuläßt und an sie appelliert.

Es sucht seine Rechtfertigung nicht in historischen Dokumenten, sondern in seinem Gegenwartswert, – nicht in logischen Beweisen, sondern in seiner Inspirationsfähigkeit und in seinem schöpferischen Einfluß auf die Zukunft.

Zweiter Teil

MAṆI

DER WEG DER GANZWERDUNG UND DER WESENSGLEICHHEIT

I

DER STEIN DER WEISEN UND DAS ELIXIER DES LEBENS

Während mantrische Symbole ihren Ursprung in einem eindeutig bestimmbaren Sprachkreis haben, gibt es andere Symbole bildlich-begrifflicher Art, deren Ursprung sich weder auf einen bestimmten Ort, noch auf eine bestimmte Kultur, Rasse oder Religion zurückführen lassen, sondern allgemeines Menschheitsgut sind. Sie mögen zeitweise an Bedeutung verlieren und in Vergessenheit geraten oder gänzlich aus einem Kulturkreise verschwinden, – ja, sie mögen für Jahrhunderte begraben sein, – nur um an einem anderen Orte oder in einer anderen Epoche in neuem Gewande wieder aufzuerstehen. Sie mögen ihre Namen ändern und bis zu gewissem Grade ihre Bedeutung – je nach der Betonung des einen oder anderen Aspektes ihres Wesens – ohne dadurch ihren ursprünglichen Charakter, die ihnen innewohnende Grundstimmung oder Richtung zu verlieren. Denn es liegt in der Natur jedes Symbols, so vielseitig und vieldeutig zu sein wie alles Lebendige und dennoch seine Eigenheit zu bewahren, d. h. die organische Einheit, der die Verschiedenheit seiner Aspekte untergeordnet ist.

Die volkstümlichsten dieser Symbole sind diejenigen, die eine sichtbare Form annehmen, entweder als abstrakte (geometrische) Zeichen, oder als Kultobjekte. Aber es gibt auch unsichtbare Symbole, die nur als Vorstellungsbilder, d. h. als Ideen existieren.

Eines dieser unsichtbaren Symbole ist «der Stein der Weisen», mit dem sich Mystiker und Forscher seit Menschengedenken beschäftigt haben und aus dem nicht nur eine Menge anderer sichtbarer und unsichtbarer Symbole, sondern auch große Gedanken und Entdeckungen im Gebiet der Wissenschaft und der Philosophie hervorgegangen sind.

Die zeitlose Idee, die dem «Stein der Weisen» (in allen seinen Varianten) zugrunde liegt, ist die der «prima materia», der geheimnisvollen Ursubstanz oder Urkraft, das der Welt zugrundeliegende Einheitsprinzip. Nach dieser Idee sind alle Elemente und ihre verschiedenen Erscheinungsformen, aus denen sich unsere Welt zusammensetzt, Variationen und Modifikationen derselben Kraft oder Substanz, deren wahre Natur durch Aufhebung jener akzidentellen Differenzierungen und durch Auflösung der aus ihnen entstandenen materiellen Elemente ermittelt und wiederhergestellt werden kann. Wem es daher gelingt, zur Reinheit ihrer undifferenzierten Urform vorzudringen, hat den Schlüssel zum Geheimnis aller Schöpferkraft, die auf der Verwandelbarkeit aller Elemente und Erscheinungsformen beruht.

Diese Idee, die noch gestern von der westlichen Wissenschaft als ein Hirngespinst mittelalterlichen Denkens verworfen wurde, ist heute wieder zu einer möglichen Hypothese geworden, deren Rückwirkungen schon jetzt alle Bereiche des modernen Denkens wesentlich beeinflußt und es zur Schaffung eines neuen Weltbildes zwingt.

Der Mensch hat von jeher von zwei entgegengesetzten Enden her die Natur der Welt zu erforschen gesucht: durch Erforschung der Materie auf der einen und durch Erforschung der menschlichen Seele auf der anderen Seite. Dies sind augenscheinlich zwei gänzlich verschiedene Gebiete. Sie erschienen jedoch den Menschen vergangener Kulturepochen nicht so verschieden als dem heutigen Menschen. Denn seelische Kräfte wurden nicht nur dem Menschen, sondern auch der Materie zugeschrieben, – gar nicht zu reden von Tieren und Pflanzen. Der Glaube an psychische Einflüsse von Edel- und Halbedelsteinen und gewissen Metallen hat sich, besonders in den Ländern des Ostens, bis auf den heutigen Tag erhalten.

Es war darum von untergeordneter Bedeutung, ob jene Kräfte im Bereich der menschlichen Psyche oder dem der Naturelemente gesucht wurden: war doch der Mensch selbst nichts anderes als ein Teil jener elementaren Natur. Das Resultat mußte darum in beiden Fällen das gleiche sein und auf beide Seiten der Wirklichkeit bezogen werden können. Wem es gelang, die «prima materia» zu entdecken, der hatte damit nicht nur der

Natur ihr Geheimnis entrissen und die Macht über die Elemente gewonnen, sondern hatte damit auch das «Elixier des Lebens» gefunden. Denn durch Rückführung (oder Auflösung) der Materie auf ihren Ursprung, ihre letztmögliche Einheit, konnte er, infolge der unbegrenzten Verwandlungsfähigkeit und Schöpferkraft des Urprinzips, auf dem umgekehrten Wege jede gewünschte Wirkung hervorbringen.

Während die griechischen und später die arabischen und die von ihnen inspirierten mittelalterlichen Alchemisten Europas ihre Theorie von der Transmutationsfähigkeit der Elemente auf dieser Idee begründeten und experimentell zu bestätigen versuchten, gab es in Indien eine Gruppe von Mystikern, die dieses Prinzip auf die eigene geistige Entwicklung anwandten, indem sie erklärten, daß derjenige, der zum Urgrund des eigenen Wesens vordringt, nicht nur die Umwelt sondern sich selbst verwandeln kann und jene geheimnisvolle Wundermacht erringt, die in den buddhistischen Texten als *«siddhi»* (Pâli *«iddhi»*; Tibet. *«grub-pa»*) bezeichnet wird, und die sowohl im Bereiche des Geistigen, wie in dem des Materiellen, ihre Gültigkeit hat. Aus diesem Grunde, so heißt es, prüfen fortgeschrittene Yogins ihre Kräfte an der Transmutation materieller Elemente.

Die tibetische Tradition hat uns die Lebensgeschichten, Legenden und Lehren einer großen Anzahl von Mystikern, die jene Wunderkräfte erlangt hatten und die daher als «*Siddhas*» (Tibetisch *«grub-thob»*, gesprochen «Tub-thob») bezeichnet werden, überliefert. Ihre Werke und die Erinnerung an ihr Leben wurden in Indien durch die mohammedanische Invasion so gründlich vernichtet, daß sich nur wenige Spuren ihrer Tätigkeit in der indischen Literatur erhalten haben. In Tibet aber sind sie als die «Vierundachzig Siddhas» bekannt. Ihre Werke, sowohl wie ihre Lebensbeschreibungen, sind jedoch in einer Art Symbolsprache abgefaßt, die als «*Sandhyâbhâṣâ*» bezeichnet wurde. Dieser Sanskrit-Ausdruck bedeutet wörtlich «Zwielicht-Sprache» und weist darauf hin, daß den Worten ein doppelter Sinn unterliegt, je nachdem sie ihrer alltäglichen oder ihrer verborgenen mystischen Bedeutung nach verstanden werden.

Diese Symbolsprache ist nicht nur ein Schutz vor der Profanierung des Heiligsten durch intellektuelle Neugier und Mißbrauch yogischer Methoden und psychischer Kräfte durch Unwissende oder Nichteingeweihte, sondern hat weitgehend ihren Ursprung in der Tatsache, daß die Umgangssprache die höchsten Erlebnisse des Geistes nicht auszudrücken vermag. Das Unbeschreibliche, nur dem Eingeweihten und Erlebenden Verständliche, kann nur durch Gleichnisse und Paradoxe angedeutet werden. Eine ähnliche Haltung finden wir im chinesischen *Chan-* und im japanischen *Zen*-Buddhismus, auf deren geistigen und historischen Zusammenhang mit den *Siddhas* ich bereits in früheren Arbeiten hingewiesen habe. Beide Geistesrichtungen bedienen sich des Paradoxes und der Darstellung grotesker Situationen, um die Einseitigkeit rein verstandesmäßiger Erklärungen, denen auch die subtilsten Gleichnisse und Legenden ausgesetzt sind, zu verhindern.

In der Symbolsprache der *Siddhas* werden Meditationserlebnisse zu äußeren Vorgängen, innere Erreichungen zu sichtbaren Wundertaten, Gleichnisse zu tatsächlichen, quasi-historischen Geschehnissen. – Wenn es z. B. von gewissen *Siddhas* heißt, daß sie Sonne und Mond in ihrem Lauf aufhalten oder den Gangesstrom durchschreiten, so bezieht sich dies nicht auf die Himmelskörper oder den heiligen Strom Indiens, sondern auf die Beherrschung der «solaren» und «lunaren» Ströme psychischer Energie und ihre Vereinigung und Sublimierung im Körper des Yogins, etc. In ähnlicher Weise haben wir die alchemistische Terminologie der *Siddhas* und ihre Suche nach dem «Stein der Weisen» und dem «Elixier des Lebens» zu verstehen.

II

GURU NÂGÂRJUNA UND DIE MYSTISCHE ALCHEMIE DER SIDDHAS

GURU NÂGÂRJUNA
Pinselzeichnung des Verfassers nach einer alttibetischen Steingravierung

Im Mittelpunkt der Geschichten, die sich mit der mystischen Alchemie d r *vierundachzig Siddhas* beschäftigen, steht der *Guru Nâgârjuna* (Tib. *ḥphags-pa klu-sgrub*), der etwa in der Mitte des siebenten Jahrhunderts unserer Zeitrechnung lebte (und daher nicht mit dem gleichnamigen Gründer der *Mâdhyamika*-Philosophie, der 500 Jahre vor ihm wirkte, zu verwechseln ist). Es wird von ihm berichtet, daß er einen Eisenberg in Kupfer verwandelte und daß er im Begriff war, ihn in Gold zu verwandeln, aber davon abstand, als der *Bodhisattva Mañjuśrî* ihn warnte, daß er dadurch nur Streit und Begierde unter den Menschen entfachen würde, statt ihnen zu helfen.

Die Berechtigung dieser Warnung (mit der, sozusagen, der materiellen Seite der Alchemie vom Standpunkt des Buddhismus der Boden entzogen war) zeigte sich nur allzubald. Im Laufe der Experimente war nämlich die eiserne Almosenschale des Gurus zu Gold geworden, und eines Tages, als er seine Mahlzeit einnahm, beobachtete ihn ein Dieb durch die offene Türe seiner Hütte und beschloß, die goldene Schale zu stehlen. *Nâgârjuna* aber, der die Gedanken des Diebes erkannte, ergriff die Almosenschale und warf sie aus der Hütte. Der Dieb war so überrascht und beschämt, daß er in die Hütte trat, die Füße des Gurus mit der Stirn berührte und sagte:

«Ehrwürdiger Herr, warum tatet Ihr das? Ich kam als ein Dieb. Nun aber, da Ihr fortgeworfen habt, was ich begehrte und mir schenkt, was ich zu stehlen beabsichtigte, ist mein Begehren geschwunden und Stehlen ist sinnlos und überflüssig geworden.»

Der Guru antwortete: «Was immer ich besitze, soll nicht nur mir, sondern auch anderen zugute kommen. Iß und trink, und nimm was dir gefällt, damit du nie mehr zu stehlen brauchst.»

Der Dieb war so tief von der Güte und Großherzigkeit des Guru beeindruckt, daß er um Belehrung bat. Da *Nâgârjuna* von der inneren Umkehr des Diebes überzeugt war, obwohl er wußte, daß letzterer noch nicht die geistige Reife besaß, seine Lehre zu verstehen, sagte er zu ihm: «Stelle dir alle begehrenswerten Dinge wie Hörner auf deinem Kopf vor [1a] (d. h. ebenso unwirklich und überflüssig). Wenn du so meditierst, wirst du ein Licht sehen, das wie ein Smaragd strahlt.»

Mit diesen Worten schüttete der Guru einen Haufen Edelsteine in eine Ecke der Hütte, hieß den Schüler davor niederzusitzen und überließ ihn seiner Betrachtung.

Der ehemalige Dieb widmete sich mit Leib und Seele der Meditation, und da sein Glaube ebensogroß war wie seine Einfalt, befolgte er wörtlich den Rat des Guru: – und siehe da! – Hörner begannen auf seinem Kopfe zu wachsen!

Dieser sichtbare Erfolg seiner geistigen Anstrengung erfüllte ihn mit Stolz und Befriedigung. Nach einigen Jahren jedoch entdeckte er zu seinem Schrecken, daß die Hörner nicht aufhörten zu wachsen und bereits so groß waren, daß er sich nicht bewegen konnte, ohne gegen die Wände der Hütte zu stoßen, und je mehr er daran dachte und darüber nachgrübelte, desto schlimmer wurde es. So verwandelte sich sein früherer Stolz in einen Zustand tiefster Niedergeschlagenheit, und als der Guru nach zwölf Jahren zurückkehrte und sich nach des Jüngers Befinden erkundigte, beklagte dieser seinen unglücklichen Zustand.

Da lachte der Guru und sagte: «Gerade so wie du unglücklich wurdest durch die bloße Vorstellung von Hörnern auf deinem Kopf, in ebensolcherweise zerstören die lebenden Wesen ihre Glückseligkeit indem sie an ihren falschen Vorstellungen hängen und sie für wirklich halten. Alle Formen des Lebens und alle Objekte des Begehrens sind wie Wolken. Denjenigen aber, deren Geist rein ist und leer von allen Illusionen, können auch Geburt, Leben und Tod nichts anhaben. Wenn du auf alle Besitztümer dieser Welt hinblicken kannst als etwas, das ebenso unwirklich, unerwünscht und lästig ist wie die eingebildeten Hörner auf deinem Kopf, dann wirst du frei sein vom Kreislauf des Todes und der Wiedergeburt.»

Da fiel es wie Schuppen von den Augen des Jüngers und indem er die Leerheit aller Dinge erkannte, verschwanden seine

[1a] Dies ist eine Redensart, die auf die wohlbekannte Sanskritmetapher von den «Hörnern des Hasen» zurückgeht.

Begierden, seine selbstischen Wünsche und seine falschen Vorstellungen, – und mit ihnen die Hörner auf seinem Kopf. Er erlangte *«Siddhi»* und erreichte die Heiligkeit und ist als *Guru Nâgabodhi* und Nachfolger *Nâgârjunas* in die Geschichte der *Siddhas* eingegangen.

Ein anderer *Siddha*, dessen Name mit *Nâgârjuna* verknüpft ist, ist der Brahmane *Vyâli*. Er war, wie *Nâgârjuna*, ein eifriger Alchemist, der die *prima materia* in der Form des Lebenselixiers (*amṛta*) zu finden versuchte. Er verschwendete sein ganzes Vermögen für kostspielige Experimente, bis er schließlich im Überdruß sein Formelbuch in den Ganges warf und den Ort seiner fruchtlosen Arbeit als Bettler verließ.

Es geschah jedoch, daß, als er sich in einer flußabwärts gelegenen Stadt aufhielt, eine Hetäre beim Baden das Buch aus dem Fluß fischte und zu ihm brachte. Dieser Vorfall schürte seine Leidenschaft von neuem, und er begann wieder zu experimentieren, wobei die Hetäre ihn unterstützte, indem sie ihn mit Essen versorgte.

Eines Tages geschah es, daß sie beim Zubereiten einer Speise versehentlich den Saft eines Gewürzes in die Mixtur des Alchemisten fallen ließ. Und siehe da, was der gelehrte Brahmane in vierzehn Jahren harter Arbeit nicht zustande gebracht hatte, war durch die Hand eines unwissenden Weibes niederster Kaste zur Vollendung gekommen!

Der symbolische Charakter dieser Geschichte bedarf kaum einer Erläuterung. Das innerste Wesen der Natur und des Lebens, das Geheimnis der Unsterblichkeit, kann nicht durch trokkene intellektuelle Arbeit und selbstisches Begehren gefunden werden, sondern nur durch die Berührung mit dem vollen unverfälschten Leben, in der Unmittelbarkeit der Intuition.

Die Geschichte berichtet dann in ihrem weiteren Verlauf – nicht ohne einen gewissen Humor – wie der Brahmane, der augenscheinlich diesem unerwarteten Glücksfall geistig nicht gewachsen war, mit seinem Elixier in die Einsamkeit flüchtete, da er es mit niemandem teilen und sein Geheimnis für sich behalten wollte. Er ließ sich auf dem Gipfel eines unzugänglichen Felsens, der inmitten eines gewaltigen Sumpfes aufragte, nieder.

Dort saß er nun mit seinem Lebenselixier, ein Gefangener seiner eigenen Selbstsucht, – gleich Fafner, der zur Hütung seines von den Göttern gewonnenen Schatzes zum Drachen wurde! *Nâgârjuna* aber, der von den Idealen eines *Bodhisattva* erfüllt war, wollte das Wissen um die Natur des kostbaren Elixiers zum Wohle aller leidenden Wesen erwerben. Durch Ausübung seiner magischen Kraft gelang es ihm, den Eremiten zu finden und ihn zur Mitteilung seines Geheimnisses zu überreden.

Die Einzelheiten dieser Geschichte, in der volkstümliche Phantasie und Humor mit mystischem Symbolismus und Reminiszenzen historischer Persönlichkeiten vermischt ist, sind für unsere Betrachtung unwesentlich. Es ist jedoch von Bedeutung, daß das tibetische Manuskript [2], dem wir diese Geschichte entnehmen, Quecksilber (*dṅul-chu*) als eines der wichtigsten in diesen Experimenten verwandten Ingredienzien erwähnt. Diese Tatsache weist auf den Zusammenhang mit der ältesten alchemistischen Tradition Ägyptens und Griechenlands hin, derzufolge Quecksilber in enger Beziehung zur *prima materia* stand.

III

MANI, DAS JUWEL DES GEISTES, ALS «STEIN DER WEISEN» UND «PRIMA MATERIA»

In der mystischen Sprache der Alchemie wurde Quecksilber mit der *prima materia* identifiziert, aber in diesem Falle war nicht gewöhnliches Quecksilber gemeint, sondern «das Quecksilber der Weisen», das die von den vier Aristotelischen Elementen befreite Essenz oder Seele des Quecksilbers darstellte. Diese vier Elemente aber waren «Erde», «Feuer», «Wasser» und «Luft», oder die von diesen dargestellten Qualitäten.

[2] *Grub-thob brgyad-cu-rtsa-bẓiḥi rnam-thar (bstan-ḥgyur; rgyud).*

Dem Buddhisten sind diese vier Elemente oder elementaren Qualitäten (*mahâbhûta*) wohlbekannt als die vier Aggregatzustände des Festen, des Flüssigen, des Feurigen und des Gasförmigen, sowie der durch sie dargestellten Prinzipien des Widerstandes, der Kohesion, der Strahlung und der Bewegung (Vibration, Oszillierung, etc.), derzufolge, oder richtiger, in denen die materielle Welt uns erscheint.

Es kann kaum ein Zweifel bestehen, aus welcher Quelle die griechische Philosophie die Idee und die Definition dieser vier Elemente geschöpft hat. Und wenn wir erfahren, daß das Problem der Alchemisten darin bestand, die *prima materia* von den Elementen «Erde», «Wasser», «Feuer» und «Luft» zu befreien, so können wir nicht umhin, an die Lehrrede des *Kevaddha-Sutta* im *Dîgha-Nikâya* des Pâli-Kanons erinnert zu werden, wo das gleiche Problem, nämlich die Auflösung der materiellen Elemente, den Geist eines Mönches beschäftigt, der im Zustand meditativer Verzückung (*jhâna*) alle himmlichen Welten durchstreift, ohne eine Lösung zu finden. Zum Schluß kommt er zum Buddha und stellt ihm folgende sonderbare Frage: «Wo finden Erde, Wasser, Feuer und Luft ihre völlige Vernichtung?» Und der Buddha anwortet: «Nicht, o Mönch, ist diese Frage so zu stellen, sondern: Wo ist es, daß diese Elemente nicht mehr Fuß fassen können? – Und die Antwort ist: *Im unendlichen, allseitig-strahlenden Bewußtsein* (*viññâṇam anidassanam anantaṃ sabbato pabhaṃ*), dort kann weder Erde noch Wasser, weder Feuer noch Luft einen Fußhalt finden (*ettha âpo ca paṭhavi tejo vâyo na gâdhati*).»

Der Ausdruck *anidassanaṃ* (wörtlich «unsichtbar») spielt auf die Tatasche an, daß Bewußtsein, wenn es differenziert und objektiviert ist, in sichtbare Erscheinung tritt, d. h. sich verkörpert, zu materieller Form gerinnt. Denn was wir unseren Körper nennen, ist in Wirklichkeit, der sichtbare Ausdruck unseres Bewußtseins, oder genauer, das Resultat (*vipâka*) vergangener formbildender Bewußtseinszustände.

Viññâṇam anidassanaṃ kann darum nur das Bewußtsein in seiner undifferenzierten Reinheit bedeuten: ein Bewußtsein, das entweder noch nicht oder nicht mehr in die Zweiheit von Subjekt und Objekt zerspalten ist. *Buddhaghosa,* der Autor des *Visuddhimagga,* erklärt dieses Bewußtsein als identisch mit *Nirvâṇa.* Der Ausdruck *anantaṃ* bestätigt diese Auffassung, denn Bewußtsein kann nur dann unendlich sein, wenn es nicht durch Objekte begrenzt ist, wenn es den Dualismus von «Ich» und «Nicht-Ich» überwunden hat. Die Reinheit dieses Bewußtseinszustandes ist auch durch den Ausdruck *sabbato pabhaṃ* betont: nach allen Seiten strahlend, alles mit Licht (*bodhi*) durchdringend. In anderen Worten, dies ist das Bewußtsein im Zustande der Erleuchtung (*sambodhi*).

Der Buddha bezieht sich auf denselben Zustand, wenn er in *Udâna VIII* sagt: «Wahrlich es gibt ein Bereich, wo weder Erde noch Wasser, weder Feuer noch Luft, – weder diese Welt noch jene Welt, weder Sonne noch Mond – besteht.» – «Es gibt, ihr Mönche, ein Ungeborenes, Ungewordenes, Ungeschaffenes, Ungeformtes; wenn es ein solches Ungeborenes, Ungewordenes, Unerschaffenes, Ungeformtes (nicht aus Bildekräften Entstandenes) nicht gäbe, so könnte es aus der Welt des Geborenen, Gewordenen, Erschaffenen, Geformten keine Befreiung geben.»

Wer dieses in seiner ganzen Tiefe erkannt hat, der wahrlich hat den «Stein der Weisen», das kostbarste Juwel (*maṇi*), die *prima materia* des menschlichen Geistes, ja, aller Bewußtheit, gefunden! Dieses war das wirkliche Ziel aller großen Alchemisten, die begriffen hatten, daß «Quecksilber» für die schöpferischen Kräfte des höheren Bewußtseins stand, das von den groben Elementen der Materie (d. h. seinen selbstgeschaffenen karmischen Begrenzungen) befreit werden mußte, um den Zustand völliger Reinheit und Strahlungskraft, den Zustand der Erleuchtung zu erreichen.

Diese Idee wird in der Geschichte vom *Guru Kaṅkanapa,* einem der *Vierundachzig Siddha*s, illustriert. Es lebte einst im Osten Indiens ein König, der sehr stolz war auf seinen Reichtum. Eines Tages begegnete er einem Yogi, der zu ihm sagte: «Was ist der Wert deines Königseins, wenn Elend der wirkliche Herrscher der Welt ist? Geburt, Alter und Tod laufen im Kreise, wie das Rad eines Töpfers. Und niemand weiß, was die nächste Umdrehung ihm bringen mag. Sie mag einen in glückliche Bereiche erheben oder in tiefstes Elend stürzen. Laß dich darum nicht von deinem gegenwärtigen Reichtum blenden.»

Der König sagte: «In meiner Position kann ich nicht dem *Dharma* im Gewande eines Asketen dienen. Aber wenn du mir einen Rat geben kannst, den ich entsprechend meiner eigenen Natur und Befähigung, ohne die äußere Form meines Lebens zu verändern, befolgen kann, so bin ich bereit, ihn zu akzeptieren.»

Der Yogi wußte, daß der König eine besondere Vorliebe für Juwelen hatte, und darum wählte er diese ihm eingeborene Neigung als Ausgangspunkt und Gegenstand der Meditation. Auf diese Weise verwandelte er eine Schwäche in eine Quelle innerer Kraft, – ein von tantrischen Lehrern oft gebrauchter Kunstgriff.

«Betrachte die Diamanten deines Armbandes, richte deinen Geist auf sie und meditiere in folgender Weise: Sie funkeln in allen Farben des Regenbogens; und dennoch diese Farben, die mein Herz erfreuen besitzen keine Eigennatur. *Der Geist selbst ist der strahlende Edelstein,* das unvergleichliche Juwel, dem alle Dinge ihre vergängliche Wirklichkeit entleihen.»

Der König tat, wie ihm geheißen, und indem er sich mit ganzem Herzen dieser Meditation widmete, erlangte sein Geist die Reinheit und Strahlungskraft eines fleckenlosen Juwels.

Dem Gefolge des Königs aber fiel es auf, daß eine seltsame Veränderung über den König gekommen war, und als sie eines Tages durch eine Türspalte des königlichen Gemachs blickten, sahen sie den König von zahllosen himmlischen Wesen umgeben. Da wußten sie, daß er ein *Siddha* geworden war und baten ihn um seinen Segen und seine Führung. Der König aber sagte: «Es ist nicht der Reichtum, der mich zum König macht, sondern was ich mir geistig durch meine eigene Anstrengung erworben habe. Meine innere Glückseligkeit ist mein Königreich.»

Von da an war der König als *Guru Kaṅkanapa* bekannt.

Bereits in den frühesten Formen des Buddhismus wurde das Juwel als *tri-ratna* (Pâli: «*ti-ratana*», d.h. «dreifaches» Juwel) zum Symbol der drei Gefäße der Erleuchtung: nämlich des Er-

GURU KAṄKANAPA
Pinselzeichnung des Verfassers nach einer alttibetischen Steingravierung

leuchteten (*Buddha*), der Wahrheit (*dharma*), aus deren Erkenntnis die Erleuchtung besteht, und der Gemeinschaft (*saṅgha*) derer, die den Weg der Erleuchtung beschritten haben.

Wer dieses strahlende Juwel besitzt, überwindet den Kreislauf von Tod und Geburt und gewinnt Unsterblichkeit und Erlösung. Dieses Juwel aber kann nirgends anders als im Lotos (*padma*) des eigenen Herzens gefunden werden. Dies ist die erste Lehre des Mantras OṂ MAṆI PADME HŪṂ.

Maṇi ist hier also der «Stein der Weisen», das Wunsch-Juwel, das unter dem Namen *cintâmaṇi* in unzählige buddhistische Legenden eingegangen ist und in Tibet bis zum heutigen Tage im Mittelpunkt volkstümlicher Wundergeschichten steht.

In späteren Formen des Buddhismus wurde die Idee des Juwels in der Gestalt des Diamant-Zepters, des *Vajra,* zum zentralen Symbol. Dieses Zepter war ursprünglich ein Wahrzeichen der Macht des Gewittergottes *Indra,* des indischen Zeus, der häufig in den Pâli-Texten erwähnt wird.

Es ist bezeichnend für die geistige Haltung des Buddhismus, daß er, ohne die Vorstellungswelt seiner Zeit zu verwerfen, durch eine bloße Verschiebung des geistigen Schwerpunktes eine vollkommene Neuwertung aller bestehenden religiösen Ideen hervorrief.

IV

MANI ALS «DIAMANTENES ZEPTER»

So geschah es, daß obwohl *Indras* Gestalt (wie die aller anderen Götter) zur bloßen Folie für die alles überragende Gestalt des Buddha wurde, das Symbol seiner Macht aus der Sphäre naturhaft-physischer Gewalt in die des Geistigen sublimiert und so zu einem Attribut des Erleuchteten wurde.

In diesem Zusammenhang ist der *Vajra* nicht mehr der «Donnerkeil», ein Ausdruck, an dem viele Übersetzer hartnäckig festhalten und der nur dann zutreffend wäre, wenn vom Vajra als dem Emblem des Gewittergottes die Rede wäre. Im buddhistischen

Brauchtum besteht jedoch keine solche Assoziation. Der Vajra wurde vielmehr zum Inbegriff höchster *geistiger* Macht, einer Macht, der nichts widerstehen kann und die selbst unangreifbar und unüberwindlich ist: so wie der Diamant, als härteste aller Substanzen, jede andere Substanz zerschneiden kann, ohne selbst von irgendetwas zerschnitten zu werden. Auch die Eigenschaften der Kostbarkeit – ja, des höchsten Wertes – der Unvergänglichkeit, Unveränderlichkeit, Reinheit und Klarheit trugen dazu bei, daß im Buddhismus der *Vajra* als Diamant aufgefaßt wurde. Dies kommt zum Ausdruck in Bezeichnungen wie der «Diamantthron» (*vajrâsana*) für den Sitz, auf dem der Buddha zur Erleuchtung kam, «Diamant-Säge» *(vajracchedika)* für eine der tiefgründigsten philosophischen Schriften des *Mahâyâna*, an deren Ende es heißt: «Diese heilige Darlegung wird *Vajracchedikâ-Prajñâ-Pâramitâ-Sûtra* genannt, weil sie hart und scharf, gleich einem Diamanten, alle willkürlichen Begriffe abschneidet und einen zum jenseitigen Ufer der Erleuchtung bringt.» Die Schulen, welche diese Lehre in den Mittelpunkt ihrer Weltanschauung stellen, werden darum unter dem Ausdruck *«Vajrayâna»*, d. h. «diamantenes Fahrzeug» zusammengefaßt. In allen diesen Beziehungen ist der Begriff des «Donnerkeiles» völlig ausgeschaltet, und dasselbe gilt für Pâli-Namen wie *«Vajirañâṇa»* («diamantenes Wissen») und andere.

Was die Buddhisten des frühen *Vajrayâna* mit dem Begriff des *Vajra* assoziierten, kommt in der tibetischen Übersetzung *«rdo-rje»* (gesprochen: «Dordsche») klar zum Ausdruck: *«rdo»* bedeutet «Stein», *«rje»* bedeutet «Herrscher», «Meister», «Gebieter», «Herr», etc. Der *Dorje* ist also der König der Steine, der wertvollste, mächtigste, edelste aller Steine, d. h. der Diamant.

Als sichtbares Symbol nimmt der *Vajra* die Form eines Zepters (das Wahrzeichen höchster, souveräner Macht) an, und in diesem Falle ist es korrekt, ihn als Diamant-Zepter oder diamantenes Zepter zu bezeichnen. Dieses Zepter nimmt eine seiner Funktion entsprechende Form an. Sein Zentrum ist eine Kugel, die den Keimtropfen (*bîja*) des Universums in seiner unentfalteten Gestalt als *«bindu»* (Punkt, Einheit, Null) darstellt. Seine potentielle Kraft wird in bildlichen Darstellungen oft durch eine von der Mitte der Kugel ausgehende Spirale angedeutet. Aus der undifferenzierten Einheit des Zentrums wachsen die zwei entgegengesetzten Pole der Entfaltung in Form von Lotosblüten, die die Polarität alles bewußten Daseins darstellen. Aus dieser entsteht die räumliche Welt, dargestellt durch die vier Weltrichtungen mit dem Berg Meru in der Mitte als Weltachse. Dieser räumlichen Entfaltung entspricht die geistige Entfaltung des Erleuchtungsprinzips in Form der fünf umgewandelten Konstituenten des Bewußtseins und der ihnen entsprechenden *Dhyânibuddhas,* in denen das Erleuchtungsbewußtsein prismatisch auseinandertritt[3]. Daher die Fünfzahl der aus jedem der beiden Lotosse entsprießenden Kraftstrahlen (durch metallne Rippen oder Zinken dargestellt), die wiederum zur Einheit höherer Ordnung konvergieren und zusammengefaßt werden in der Spitze des *Vajra,* so wie in der Meditation alle dem Meditierenden innewohnenden Kräfte auf einen Punkt konzentriert werden. Ebenso wie in einem *Maṇḍala*[4] durch Einsetzung der Zwischenrichtungen und der ihnen zugeordneten *Dhyânibodhisattvas,* die Zahl der Lotosblätter von vier auf acht erhöht werden kann, so können auch die auf die Achse zulaufenden «Strahlen» des *Vajra* von vier auf acht erhöht werden. Im ersteren Falle spricht man von einem «fünfspitzigen» (Tib. *«rtse-lṅa»*), im letzteren von einem «neunspitzigen» (Tib. *«rtse-dgu»*) *Vajra.* Das Zentrum wird also, genau wie in einem *Maṇḍala,* immer mitgerechnet. In der Tat der *Vajra* ist ein abstraktes (nicht-figurales) plastisches Doppelmaṇḍala, wobei die Verdoppelung auf die Zählung keinen Einfluß hat, sondern nur die Polarität, den relativen Dualismus der Bewußtseins- und Weltstruktur, andeutet, und die «Einheit der Gegensätze», d. h. ihre innere Zusammengehörigkeit postuliert.

[3] Hierüber Näheres in folgenden Kapiteln.

[4] Einem konzentrischen, zu Meditationszwecken gebrauchten Diagramm oder plastischen Modell, worüber im nächsten Hauptteil *(«Padma»)* eingehend die Rede sein wird.

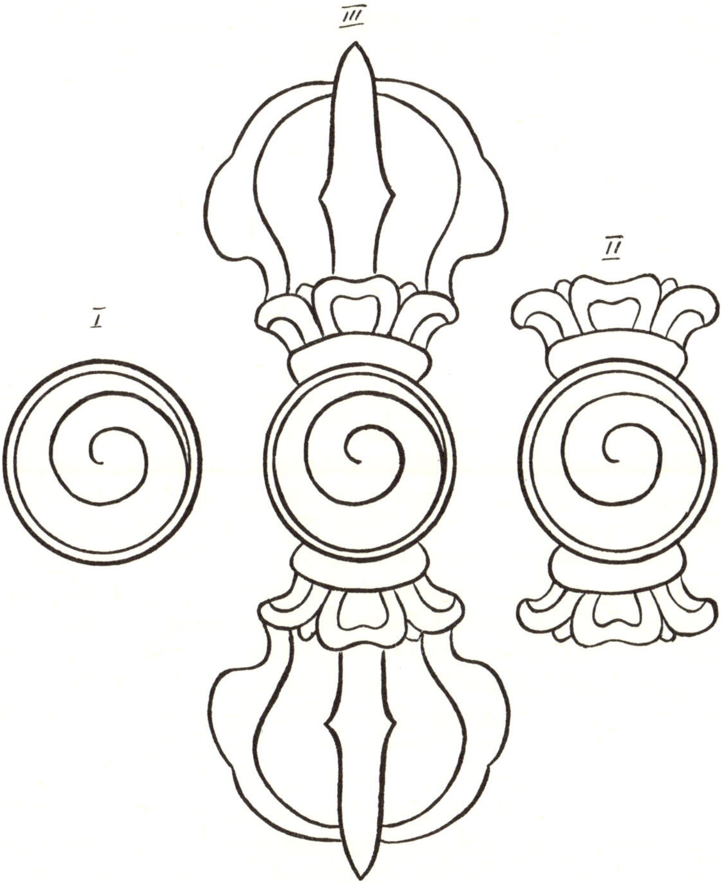

Der Zentralbegriff des *Vajra* jedoch ist die demantene Klarheit, Strahlungskraft und Unzerstörbarkeit des Erleuchtungsbewußtseins (*bodhi-citta;* Tib.: *byaṅ-chub-sems*). *Obwohl* der Diamant imstande ist alle Farben hervorzubringen, ist er seiner eigenen Natur nach farblos, was ihn – wie in der Geschichte des Guru Kaṅkanapa demonstriert wurde – zu einem geeigneten Symbol macht für jenen transzendenten Zustand der «Leere» (*Ŝûnyatâ;* Tib.: *stoṅ-pa-ñid*), d. h. der Abwesenheit aller Bestimmungen, die der Buddha als «das Ungeborene, Unentstandene, Unerschaffene, Ungeformte» bezeichnet, weil es nicht durch irgendwelche positive Qualitäten beschrieben werden kann und dennoch immer und überall gegenwärtig ist. Dies ist die Quintessenz jener bereits erwähnten «Diamant-Sûtras» und die Grundlage des «demantenen Fahrzeuges».

Die Beziehung zwischen dem höchsten und dem gewöhnlichen Zustand des Bewußtseins wurde von gewissen Schulen der Alchemie mit der Beziehung zwischen einem Diamanten und einem gewöhnlichen Stück Kohle verglichen. Man kann sich kaum einen größeren Gegensatz vorstellen; und dennoch bestehen beide aus dem gleichen chemischen Grundstoff (Kohlenstoff). Diese Tatsache lehrt in gleichnishafter Form die fundamentale Einheit aller Substanzen und die ihnen innewohnende Verwandlungsfähigkeit.

Für den Alchemisten, der von dem tiefen Parallelismus zwischen der materiellen und der immateriellen Welt und der Gleichartigkeit naturhafter und geistiger Gesetze überzeugt war, hatte diese Transformationsfähigkeit eine universelle Bedeutung. Sie konnte sowohl auf die anorganischen Formen der Materie, wie auf die organischen Formen des Lebens und auf die psychischen Kräfte, die beide zu durchdringen imstande sind, angewandt werden.

So ging diese verwandelnde Wundermacht weit über das hinaus, was die Menge sich unter dem «Stein der Weisen» vorstellte, der alle Wünsche erfüllte, oder unter dem «Elixier des Lebens», das die beliebige Verlängerung des irdischen Daseins garantierte. Wer diese Verwandlung erlebt, hat keine Wünsche mehr, und die Verlängerung des irdischen Lebens hat keinerlei Bedeutung für ihn, der bereits im Todlosen lebt.

Dies kommt in den Geschichten der *Siddhas* immer wieder zum Ausdruck. Was auch an Wunderkräften gewonnen wird: im Augenblick ihrer Erreichung verlieren sie für den Adepten jegliches Interesse, denn er ist über die weltlichen Ziele, die ihm die Erreichung dieser Kräfte wünschenswert machten, im Vorgang ihrer Erwerbung hinausgewachsen. Wenn irgendwo, so läßt sich hier sagen, daß es nicht der Zweck ist, der die Mittel heiligt, sondern die Mittel, die den Zweck heiligen und in ein höheres Ziel verwandeln.

Ein Räuber, der, um das allmächtige, unüberwindliche Zauberschwert zu erwerben, sich einer strengen Meditationspraxis unterzog, konnte, als er endlich des magischen Schwertes habhaft geworden war, keinen Gebrauch mehr davon machen, denn er war in der Zwischenzeit zum Heiligen geworden.

Und in ähnlicher Weise ging es dem *Guru Nâgârjuna,* der das Elixier des Lebens von dem selbstischen Eremiten gerettet hatte: er machte keinen Gebrauch davon für sein eigenes körperliches Wohlergehen, sondern überließ es seinen Jüngern, während er sein eigenes Leben seinen Mitmenschen opferte, um sein Land aus großer Not zu erretten.

Sein Hauptjünger, der König *Salabândha,* versuchte ihn von seinem Opfer abzuhalten, aber der Guru antwortete: «Alles Geborene muß sterben; alles, was zusammengesetzt ist, muß zerfallen; alles, was in Erscheinung getreten ist, muß verschwinden; alle Erscheinungsformen und ihre Zwecke sind vergänglich; – wie könnte man sich ihrer erfreuen? Geh nur und hole dir das Lebenselixier (*amṛta*).»

Der König aber antwortete: «Ich werde es nur zusammen mit meinem Guru nehmen. Wenn der Guru nicht bleibt, was kann mir dann Amrita nützen?» (In anderen Worten: das Leben hat keinen Wert ohne geistige Führung.) – Und als der Guru, der alles, was er besaß, in seinem Leben geopfert hatte, seinen Körper als letzte Gabe hingab, starb der König zu Füßen seines Guru.

So nutzten die Weisen das «Elixier des Lebens» nicht zur Erhaltung des Körpers, sondern zur Verwirklichung jenes höheren Lebens, das keine Todesfurcht kennt. Derjenige aber, der es nur zur Erhaltung seines körperlichen Daseins zu verwenden versuchte, würde innerlich sterben und nur als «lebender Leichnam» weiterexistieren. In selbstischen Händen wird selbst das

Lebenselixier zu Gift, so wie Wahrheit im Munde eines Toren zu Falschheit und Tugend im Engherzigen zu Bigotterie wird.

Wer aber den «Stein der Weisen», das strahlende Juwel (*maṇi*) des erleuchteten Geistes (*bodhi-citta*), im eigenen Herzen gefunden hat, der verwandelt sein sterbliches Bewußtsein in das der Unsterblichkeit, erkennt im Begrenzten das Unbegrenzte und verwandelt *Saṃsâra* in *Nirvâṇa*, – dies ist die Lehre des «demantenen Fahrzeuges».

V

GEIST UND MATERIE

Um das Juwel (*maṇi*) – das Symbol des höchsten Wertes – im eigenen Geiste zu finden, müssen wir die Natur des Bewußtseins, wie sie uns in den heiligen Texten des Buddhismus entgegentritt, näher betrachten. Der erste Vers des *Dhammapada*, der populärsten Vers-Sammlung des Pâli-Kanons, beginnt mit den Worten: «Vom Geiste geh'n die Dinge aus, sind geistgeschaffen, geistgeführt», und in den weniger populären, aber um so tiefgründigeren Lehren des *Abhidhamma*, dem frühesten Versuch einer systematischen Darstellung buddhistischer Philosophie und Psychologie, wird die Welt ausschließlich vom Standpunkt einer Bewußtseinsphänomenologie betrachtet.

Der Buddha selbst hatte bereits die Welt definiert als das, was uns als Welt zum Bewußtsein kommt, – ohne auf die Frage der objektiven Wirklichkeit einzugehen. Da er jedoch den Substanzbegriff ablehnte, so konnte er selbst da, wo er vom Materiellen oder vom Körperlichen sprach, dies nicht im Sinne eines essentiellen Gegensatzes zum Psychischen aufgefaßt werden, sondern eher im Sinne einer inneren und äußeren Erscheinungsform desselben Vorganges, der für ihn nur in soweit von Interesse war, als er ins Gebiet unmittelbarer Erfahrung fiel und das lebendige Individuum, d. h. die Vorgänge des Bewußtseins, betraf.

Die Lehre von der Momentanheit aller Erscheinungen machte auch vor dem Begriff der Materie nicht halt. Nach dem *Abhidhamma* bilden siebzehn Bewußtseinsmomente den längsten Bewußtseinsprozeß, wie er auf Grund sinnlich wahrnehmbarer Objekte ausgelöst wird, und dementsprechend werden auch für die Dauer einer materiellen Erscheinung siebzehn Bewußtseinsmomente angenommen. Dies ist – selbst als Hypothese – insofern für uns von Interesse, als der Zusammenhang zwischen Physischem und Psychischem, die prinzipielle Einheit geistiger und materieller Gesetzmäßigkeit, hiermit proklamiert wird, wodurch letzten Endes auch das Materielle zu einem Sonderfall psychischer Erfahrung gestempelt und in die Reihe der Bewußtseinselemente aufgenommen wird[5].

Das Materielle kann unter zwei Gesichtspunkten betrachtet werden: 1. als Glied eines Wahrnehmungsvorganges, d. h. als Ausgangspunkt eines aus einem Sinneseindruck (Pâli: *phassa*, Skt. *sparśa*) oder einer Kombination von Sinneseindrücken entstehenden Bewußtseinsvorganges;

2. als das Resultat (*vipâka*) wiederholter solcher Bewußtseinsvorgänge, und der durch sie bedingten Verhaftung, auf Grund derer das Individuum in körperliche Erscheinung tritt.

Im ersteren Falle haben wir es also zu tun mit der Sinneserfahrung des Harten und Weichen, des Feuchten und Trockenen, des Kalten und Warmen, des Stetigen und des Bewegten, – d. h. als Zustands- und Widerstandserscheinung im Berührungsbewußtsein, als Licht- und Farbeindruck im Sehbewußtsein, als Laut im Hörbewußtsein, als Duft im Geruchsbewußtsein und als Geschmack im Schmeckbewußtsein, – wobei der Begriff eines materiellen Objektes erst im deutenden, kombinierenden oder koordinierenden Denk-Bewußtsein zustande kommt. Wir können also «Materie» ebensowenig berühren wie einen Regenbogen. Und ebenso wie der Regenbogen zwar eine Illusion aber keine Halluzination ist, sondern einer gewissen Gesetzmäßigkeit unterliegt und nur unter gewissen Bedingungen zustande kommt, so

[5] Cfr. Anagarika Govinda: «The Psychological Attitude of Early Buddhist Philosophy» (Abhidhamma-Tradition), Patna University, 1937.

verhält es sich mit allem Dinghaften, allen äußeren oder inneren Objekten unseres Bewußtseins und der ganzen uns so real erscheinenden «Welt».

Das Gleiche ist von unserer Eigenkörperlichkeit zu sagen, dem geist-körperlichen Organismus (*nâma-rûpa*) des Individuums. Dieser Organismus ist nach buddhistischer Auffassung das Produkt des Bewußtseins, sozusagen geronnenes, kristallisiertes, sichtbar gewordenes, «materialisiertes» Bewußtsein vergangener Daseinsmomente. Es ist das nach dem Prinzip der wirkenden Tat (*karma*) als vollendete Wirkung (*vipâka*) in Erscheinung tretende Bewußtsein.

Der Körper ist also ein Produkt des Bewußtseins, aber das Bewußtsein ist nicht, oder nur teilweise, ein Produkt des Körpers, nämlich nur insoweit als der Körper, d. h. die Sinnesorgane, Eindrücke der Außenwelt übermitteln. Die Akzeptierung und Verarbeitung dieser Eindrücke jedoch, hängt von der gefühlsmäßigen und erkenntnismäßigen Reaktion und der darauf beruhenden willensmäßigen Haltung oder Entscheidung ab. Es ist nur letztere, die als Tat (*karma*) wirkt und als Wirkung (*vipâka*) in Erscheinung tritt.

Erscheinungsform ist also wesentlich «Vergangenheit» und wird darum für den, der sich geistig über sie hinausentwickelt hat, als fremd empfunden. Das ganze Mißverständnis der dualistischen Auffassung von Körper und Seele, Geist und Materie, usw., beruht auf dieser Empfindung und konnte gerade deshalb in erster Linie von den geistig höchststehenden Menschen verkündet werden. Denn für die Masse (mag sie auch dem Wort nach dieser Verkündung beistimmen), deren Bewußtsein über das der Erscheinungsform noch nicht hinausgewachsen ist, ist der Körper mit gewissem Recht «Gegenwart» zu nennen, insofern er dem bestehenden geistigen Zustand entspricht. Je größer jedoch der geistige Fortschritt ist und je schneller das seelische Wachstum vonstatten geht, desto größer wird der Abstand zwischen Körperlichem und Geistigem; denn der Körper, der infolge größerer Dichtigkeit eine geringere Beweglichkeit und darum eine längere Schwingungsamplitude hat, kann mit der Entwicklung des Geistes nicht Schritt halten. Er paßt sich nur langsam und innerhalb gewisser Grenzen an, die von den Aufbaugesetzen der Materie und der Natur ihrer Elemente abhängen.

Wenn der Geist bereits in den Zustand der Ruhe und Harmonie gekommen ist, d. h. die karmischen Nachwirkungen ausgeglichen oder durch Umstellung aufgehoben hat, kann das in körperlicher Form gebundene Karma noch lange nachschwingen, ehe völlige Harmonisierung im Gebiete des Körperlichen, nämlich körperliche Vollendung oder Wieder-Verbewußtung, Vergeistigung und «Verklärung» des Körpers stattfinden kann, wie dies von gewissen *Siddhas* und selbstverständlich vom Buddha – dessen Schönheit und leuchtende Hautfarbe selbst die dargebotenen goldenen Gewänder überstrahlte – berichtet wird.

Einer der größten religiösen Denker des modernen Indiens beschreibt die Rolle des Körpers in der geistigen Entwicklung des Menschen in den folgenden Worten: «Das Hindernis, das das Physische dem Geistigen entgegensetzt, ist kein Argument für die Ablehnung des Physischen, denn in der verborgenen Vorsehung der Dinge sind unsere größten Schwierigkeiten unsere besten Gelegenheiten. Die Vervollkommnung auch des Körpers sollte, im Gegenteil, unser letzter Triumph sein.» * «Das Leben muß verwandelt werden in etwas Weites, Ruhiges, Intensives und Machtvolles, in dem es nicht mehr sein altes, blindes, eifriges, enges Selbst oder seine kleinlichen Impulse und Wünsche wiedererkennt. Selbst der Körper hat sich einer Wandlung zu unterziehen und darf nicht mehr das begehrende Tier oder der schwerfällige Erdklumpen sein, der er jetzt ist, sondern er muß stattdessen ein bewußter Diener, ein strahlendes Instrument und eine lebendige Form des Geistes werden.» **

Nur aus dieser innigen Beziehung von Körper und Geist sind die *«Siddhis»* körperlicher Vollendung zu begreifen, die immer wieder in den Berichten buddhistischer Heiliger erwähnt wer-

* Śrî Aurobindo: *«The Synthesis of Yoga»*, Pondicherry, 1955, p. 10.
** Op. cit. p. 82.

den, – sehr im Widerspruch zur landläufigen Auffassung des körperfeindlichen, asketisch-intellektuellen Buddhismus, der sich durch einseitige Auffassung und Darstellung des historischen und philosophischen Buddhismus eingeschlichen hat.

VI

DIE FÜNF SKANDHAS UND DIE LEHRE VOM BEWUSSTSEIN

Wenn im Buddhismus die menschliche Persönlichkeit, oder was wir «Individuum» nennen, als ein Zusammenwirken von fünf Gruppen oder *Skandhas* definiert wird, so ist dies nichts anderes als die Beschreibung seiner aktiven und reaktiven Bewußtseinsfunktionen, in der Reihenfolge abnehmender «Dichtigkeit» oder Materialität und entsprechend ihrer zunehmenden Beweglichkeit, Entstofflichung und Vergeistigung (d. h. ihrer zunehmenden Verlebendigung):

1. *Rûpa-skandha* (Tib.: *gzugs-kyi phuṅ-po*): die Gruppe des Sinnlichen, in der die vergangenen (d. h. Körper gewordenen), gegenwärtigen (d. h. als sinnlich Geformtes, als Idee der Materie Erscheinendes) und zukünftigen (d. h. potentiellen) sinnlichen Bewußtseinselemente (*dharmâ*) in ihren sämtlichen Ausdrucksformen, einschließlich der Sinnesorgane und ihrer Objekte zusammengefaßt sind.

2. *Vedanâ-skandha* (Tib.: *tshor-baḥi phuṅ-po*): die Gruppe der Gefühle, der Empfindung, die alle gefühlsmäßigen Reaktionen jedes Sinneneindrucks und jeder aus inneren Ursachen geborenen Gemütsbewegung, d. h. die Empfindungen der Lust und Unlust, der Freude und des Leides oder der Indifferenz und des Gleichmutes umfaßt.

3. *Saṃjñâ-skandha* (Tib.: *ḥdu-ŝes-kyi phuṅ-po*): die Gruppe der Unterscheidungsprozesse, der unterscheidenden Wahrnehmung und Vorstellung, der Perzeption, die sowohl reflektiv-diskursives (*savicâra;* Tib.: *rtog-bcas*) wie unmittelbares oder

intuitives (*avicâra;* Tib.: *rtog-med*) Unterscheidungsvermögen umfaßt.

4. *Saṃskâra-skandha* (Tib.: *ḥdu-byed-kyi phuṅ-po*): die Gruppe der Gestaltungskräfte, die das aktive Prinzip des Bewußtseins darstellen, die grundlegende Willenstendenz, die durch bewußtes Wollen erzeugten karmischen Bildekräfte, die den Charakter des Individuums bilden.

5. *Vijñâna-skandha* (Tib.: *rnam-par ŝes-paḥi phuṅ-po*): die Gruppe des geistigen Bewußtseins, das alle vorherigen Funktionen umfaßt, koordiniert und verknüpft, oder die Potentialität des Bewußtseins in seiner reinen, unqualifizierten Form darstellt.

In dieser Gruppe können, wie dies in den ältesten Lehrtexten geschieht, sechs Bewußtseinsarten unterschieden werden, nämlich:

1. Sehbewußtsein (wörtlich «Augenbewußtsein»)
2. Hörbewußtsein (wörtlich «Ohrenbewußtsein»)
3. Riechbewußtsein (wörtlich «Nasenbewußtsein»)
4. Schmeckbewußtsein (wörtlich «Zungenbewußtsein»)
5. Gefühls- oder Tastbewußtsein (wörtlich «Körperbewußtsein»)
6. Denkbewußtsein (wörtlich «Geistesbewußtsein»: *mano-vijñâna;* Tib.: *yid-kyi rnam-par-ŝes-pa*)

Während diese sechs Bewußtseinsarten sich eindeutig nach ihren Objekten unterscheiden lassen, ist dies bei den fünf *Skandhas* nicht der Fall. Letztere entsprechen in augenfälliger Weise den fünf Phasen, die jedem Bewußtseinsvorgang zugrunde liegen, nämlich:

1. Kontakt (der Sinne mit ihren Objekten: *«sparŝa»*)
2. Empfindung (identisch mit der unter *«vedanâ-skandha»* gegebenen Definition)
3. Wahrnehmung (identisch mit der unter *«saṃjñâ-skandha»* gegebenen Definition)

4. Wille (*cetanâ*, die den geistigen Gestaltungen [*saṃskâra*] zugrundeliegende Kraft)
5. Vollbewußtsein (dem Objekt entsprechend, einer der erwähnten sechs Bewußtseinsarten angehörend).

Und eben darum, weil die *Skandhas* funktionell miteinander verbunden sind, können sie nicht als selbständige «Teile», aus denen sich ein Individuum «zusammensetzt», aufgefaßt werden, sondern nur als die verschiedenen Aspekte eines unzerteilbaren Vorganges oder Werdeganges, dem weder das Attribut «Sein» noch das Attribut «Nichtsein» zukommt.

Die gegenseitige Abhängigkeit und Verbundenheit kommt im *Majjhima-Nikâya 43* des Pâli-Kanons zum Ausdruck, woselbst es heißt: «Was immer es an Empfindung, Wahrnehmung und Bildekräften gibt, das ist miteinander verknüpft, nicht geschieden, und es ist unmöglich, das eine vom anderen zu trennen und seine Verschiedenheit aufzuzeigen. Denn was man empfindet, das nimmt man wahr, und was man wahrnimmt, dessen ist man sich bewußt.»

Es verhält sich hier wie mit den Farben eines Regenbogens, die zwar unterschieden, nicht aber von ihm getrennt werden können, die zwar sinnlich wahrgenommen werden, denen aber (ebenso wie dem Regenbogen als Ganzem) keine Eigenexistenz zukommt.

Die Frage nach der Wirklichkeit der Außenwelt wurde jedoch von dieser Analyse zunächst nicht berührt, denn selbst wenn alles Sinnliche, inklusive der Organe und des materiellen Körpers auf das Bewußtsein als letzte Realität zurückgeht, so entsteht die Frage, ob jedes individuelle Bewußtsein eine in sich bestehende Realität ist und ob das, was wir als äußere Objekte empfinden, auf außer uns liegende Ursachen zurückgeführt werden kann.

Diese Frage wurde von verschiedenen Schulen des Buddhismus in verschiedener Weise beantwortet. Der Buddha selbst hatte sich darauf beschränkt, die Idee eines jedem Individuum eignenden separaten Ichs, einer ewigen, unveränderlichen Selbstheit, als Illusion zu erklären und den Grundsatz von der dauernden Veränderlichkeit (*anityatâ*) aufzustellen. Darum heißt es im *Visuddhimagga* (VIII), daß die Lebensdauer eines Lebewesens genau genommen nicht länger sei als die Dauer eines Gedankens, einem Wagenrad vergleichbar, das im Rollen wie im Stehen den Boden jeweils nur in *einem* Punkte berührt. Darum wurde gesagt: «Das Wesen des vergangenen Bewußtseinsmomentes hat gelebt, aber lebt nicht jetzt, noch wird es (in Zukunft) leben. Das Wesen eines zukünftigen Bewußtseinsmomentes wird leben, aber es hat (in der Vergangenheit) nicht gelebt, noch ist es (jetzt) am Leben. Das Wesen des gegenwärtigen Bewußtseinsmomentes lebt jetzt, aber es hat (in der Vergangenheit) nicht gelebt, noch wird es (in der Zukunft) leben.»

Dieser Ausspruch erinnert lebhaft an das berühmte Wort Heraklits: «Wir steigen nicht zweimal in denselben Fluß», ein Wort, dessen gleichnishafte Bedeutung nicht nur die Veränderlichkeit aller Dinge und Erscheinungen erfaßt, sondern auch die Art der Veränderung: das Strömen, die Eindeutigkeit, Gerichtetheit, Nichtumkehrbarkeit, Gesetzmäßigkeit der Veränderung. Der Buddha lehrte, daß Veränderlichkeit nicht identisch sei mit Chaos oder Willkür, sondern daß sie einer gewissen Ordnung unterliege, d. h. einer kausalen oder in gegenseitiger Abhängigkeit bestehenden Gesetzmäßigkeit.

Hieraus ergibt sich die dynamische Natur des Bewußtseins und Daseins, das einem Strome vergleichbar, trotz dauernd wechselnder Elemente dennoch seine Bewegungsrichtung und seine relative Identität beibehält. Die *Theravâdins* nannten diesen Strom in ihren Abhidhamma-Kommentaren *«bhavaṅga-sota»*, den unterbewußten Daseins- oder Werdestrom, in dem alle Erfahrungen und Bewußtseinsinhalte seit anfangloser Zeit aufgespeichert sind, um, wenn die jeweiligen Bedingungen und Assoziationen es erfordern, ins aktive Wachbewußtsein zu treten.

Trotz des unaufhörlichen Strömens und der dauernden Veränderung seiner Elemente, steht die Existenz des Stromes nicht in Frage. Sie besteht in seiner Kontinuität (*santâna*) und in der

Stetigkeit oder Gesetzmäßigkeit der Relationen, die innerhalb der wechselnden Komponenten bestehen.

Die Beobachtung dieser Kontinuität ist das, was zur Entstehung unseres Selbstbewußtseins führt, das von den *Vijñâna-vâdins* als eine Funktion der siebenten Bewußtseinsart *«manas»* beschrieben wird, die sich somit von der bloßen Koordinierung und Verarbeitung der Sinneseindrücke im «Denkbewußtsein» (*mano-vijñâna*) unterscheidet.

VII

DIE DOPPELTE ROLLE DES GEISTES (MANAS)

Das Objekt des siebenten Bewußtseins (*manas*) ist also nicht die Sinnenwelt, sondern jener ewig fließende Bewußtseinsstrom, der weder durch Geburt und Tod, noch durch diese oder jene individuelle Erscheinungsform begrenzt ist. Denn da Geburt und Tod nur Durchgangstore von einem Leben zum anderen sind, so enthält der sie durchfließende kontinuierliche Bewußtseinsstrom nicht nur die auf seiner Oberfläche erscheinenden kausalen Formationen individueller Daseinsbedingungen, sondern die Ganzheit aller Bewußtseinsmöglichkeiten, die Summe aller Erfahrung einer anfanglosen «Vergangenheit», die mit einer grenzenlosen «Zukunft» identisch ist. Es ist der Ausfluß und die Manifestation des allem zugrundeliegenden universellen Bewußtseins, das von den *Vijñânavâdins* als achtes Bewußtsein mit dem Namen *«âlaya-vijñâna»* oder «Bewußtseins-Schatzkammer» bezeichnet wurde.

Im *Laṅkâvatâra Sûtra* wird das sechste Bewußtsein (*mano-vijñâna*) als intellektuelles Bewußtsein definiert, das die Ergebnisse der fünf aus den Sinnen resultierenden Bewußtseinsarten verarbeitet und beurteilt, worauf Widerwillen oder Begehren, die Illusion einer gegenständlichen Welt und dementsprechend Haften und Tat folgen.

Das universelle Bewußtsein dagegen, wird mit dem Weltmeer

verglichen, auf dessen Oberfläche sich Strömungen, Wellen und Wirbel bilden, dessen Tiefe jedoch unbewegt, rein und klar ist.

«Das universelle Bewußtsein übersteigt alle Individuation und Begrenzung. Es ist seiner Natur nach rein, unveränderlich und frei von Unbeständigkeit und Selbstsucht, ungestört von Unterscheidungen, Begierden und Aversionen.» (*Laṅkâvatâra Sûtra*[6].)

Zwischen dem universellen und dem individuell-intellektuellen Bewußtsein vermittelt das geistige Bewußtsein (*manas*), das an beiden Teil hat. Es stellt das stabilisierende Element des Bewußtseins dar, das die Koherenz seiner Inhalte (als Bezugszentrum) aufrechterhält, zugleich aber auch im Nichterleuchteten die Vorstellung der Selbstheit hervorruft. Im *Mahâyâna-samparigraha-śâstra* wird es daher als «befleckter Geist» bezeichnet, dessen Natur darin besteht, ununterbrochen zu denken, – während das *Laṅkâvatâra Sûtra* seine positive und intuitive Seite, nämlich die der befreienden Erkenntnis, hervorhebt.

«*Manas* (das geistige Bewußtsein in seinem intuitiven Aspekt) ist eins mit dem *Âlaya-* (oder universellen) Bewußtsein auf Grund eines Teilhabens an der höchsten Erkenntnis (*ârya-jñâna*) und ist eins mit dem empirischen sechsfachen Bewußtsein (der Sinne und des Intellektes) auf Grund seiner Durchschauung der verschiedenen Bewußtseinsarten. *Manas* besitzt keinen eigenen Körper oder Merkmale, durch die es unterschieden werden könnte. Das universelle Bewußtsein ist seine Ursache und seine Stütze (*âlambana*), aber mit ihm zusammen entsteht die Vorstellung eines Ichs und was damit zusammenhängt, woran es haftet und über welches es reflektiert.»

Wenn es heißt, daß *manas* keinen eigenen Körper habe und sowohl mit dem universellen wie mit dem individuell-empirischen Bewußtsein eins sei, so kann man *manas* nur als die «Überschneidung» von universellem und individuell-empirischem Bewußtsein auffassen. Dies erklärt auch den doppelten Charakter

[6] Dieses und alle folgenden Zitate aus dem *Laṅkâvatâra Sûtra* folgen D. T. Suzukis und D. Goddards englischer Übersetzung in *«A Buddhist Bible»*, edited and published by Dwight Goddard, Thetford, Vermont, USA, 1938.

von *manas*, das – obwohl selbst ohne Merkmale – in der Richtung vom Universellen zum Individuellen, zum Selbstbewußtsein und so zur Quelle des Irrtums wird, während es im Erlebnis der umgekehrten Richtung, d. h. vom Individuellen zum Universellen, zur Quelle höchster Erkenntnis (*ârya-jñâna*) wird.

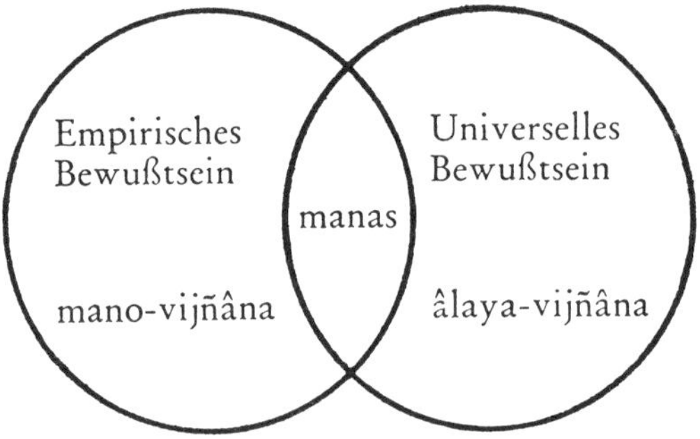

Die Verschiedenheit der Richtung kann verglichen werden mit dem Blick eines Menschen, der die Vielfältigkeit und Buntheit einer Landschaft beobachtet und sich von ihr als verschieden empfindet (als «Ich» und «hier») – und dem Blick eines anderen, in die Tiefe des Firmamentes, das ihn von allem Objektiven und von sich selbst befreit, indem es ihn nur der Unendlichkeit des Raumes oder der «Leere» bewußt macht. Sein «Ich» (als Position) hat hier keinen Angriffs- oder Bezugspunkt mehr.

Manas ist jenes Element unseres Bewußtseins, das zwischen dem Empirisch-Individuellen und dem Universell-Geistigen die Waage hält. Es ist das, was uns an die Welt der Sinne bindet oder uns von ihr erlöst. Es ist die «niedere Materie», die durch magische Wundermacht (*siddhi*) in Edelmetall verwandelt wird, die Kohle, die zum leuchtenden Diamanten wird, das Gift, das zum Lebenselixier wird.

Siddhi aber besteht in der inneren Umkehr, der «Umstellung im tiefsten Sitz des Bewußtseins» (wie es im *Laṅkâvatâra Sûtra* heißt), der Neu-Orientierung, Neueinstellung, der Wendung vom Äußeren, von der Welt der Objekte, zum Inneren: der Ganzheit, der allumfassenden Universalität des Geistes. Es ist eine neue Blickrichtung, eine «Richtung des Herzens» (wie Rilke sagt), ein Eintreten in den Strom der Erlösung. Es ist das einzige Wunder, das der Buddha anerkennt und neben dem alle anderen *Siddhis* Spielzeuge sind.

Darum erweist es sich wieder und wieder im Leben der *Siddhas*, daß die anfangs erstrebte Zauberkraft im Augenblick ihrer Erreichung wertlos wird, weil inzwischen das weitaus größere Wunder der Umkehr sich vollzogen hat. Das, durch was wir fallen, ist gerade das, durch was wir uns wieder erheben können. Dies wird in allen Geschichten der *Siddhas* demonstriert, indem der Guru jeweils die Schwäche des Schülers in eine Quelle der Kraft verwandelt.

Manas ist das, wodurch das universelle Bewußtsein sich selbst erlebt und wodurch es hinabsteigt in die Vielheit der Objekte, in die Differenzierung der Sinne und des Sinnlichen, aus dem die Erfahrung der materiellen Welt entsteht. Was wir «Werden» nennen, ist daher, wie die Pythagoräer sagten, «fortschreitende Begrenzung des Unbegrenzten». Erlösung ist daher der umgekehrte Vorgang, nämlich die fortschreitende Aufhebung der Begrenzung.

Im *Aggañña Suttanta* des *Dîgha-Nikâya* ist der fortschreitende Selbstbegrenzungs-Vorgang des unbegrenzten, strahlenden Bewußtseins in einem tiefsinnigen Mythos beschrieben, der geradezu als ein Vorläufer der *Vijñânavâda*-Lehren erscheint und ebenso wie der oben zitierte Passus (*«viññâṇam anidassanam …»*) zeigt, daß die Auffassungen der *Vijñânavâdins* ihre Wurzeln bereits im frühen Pâli-Buddhismus haben und eine folgerichtige Entwicklung des in ihm enthaltenen, aber noch nicht scharf umrissenen Gedankengutes darstellen.

«In der Vergangenheit», so heißt es im *Aggañña-Sutta,* «waren wir geistgeschaffene, aus Geist bestehende Wesen, nährten uns von Entzücken, schwebten selbstleuchtend durch die Lüfte in unvergänglicher Schönheit. Für lange, lange Zeiten verweilten wir so. Nach Ablauf endloser Zeiten stieg die wohlschmekkende Erde aus den Wassern. Sie hatte Farbe, Duft und Geschmack. Wir machten uns daran, sie in Klumpen zu formen und sie zu genießen. Indem wir aber davon aßen, verschwand unsere Leuchtkraft. Und als sie verschwunden war, traten Sonne und Mond, Sterne und Sternbilder, Tag und Nacht, Wochen und Monate, Jahreszeiten und Jahre in Erscheinung. Wir erfreuten uns der wohlschmeckenden Erde, genossen sie, nährun uns von ihr, und lebten so für lange, lange Zeiten.» Mit der Vergröberung der Nahrung begann die Verstofflichung und Differenzierung der Wesensnatur und hiermit die Trennung der Geschlechter, Sinnenlust und Verhaftung. «Als aber üble, zuchtlose Sitten unter uns einrissen, verschwand die wohlschmeckende Erde, und als sie ihren Wohlgeschmack verloren hatte, erschienen Auswüchse auf dem Boden, die mit Duft, Farbe und Geschmack begabt waren.» Infolge übler Sitten und weiterer Vergröberung der Wesensnatur, verschwand auch dieses nahrhafte Wachstum und andere selbstentstandene Nährpflanzen, bis schließlich diese soweit degenerierten, daß nichts Eßbares mehr von selbst wuchs und Nahrung durch mühsame Arbeit hervorgebracht werden mußte. So wurde die Erde in Felder aufgeteilt und abgegrenzt, wodurch die Idee von «Ich und mein», Eigenes und Fremdes, und somit Besitztum, Neid, Gier und völlige Verhaftung ans Stoffliche zuwege kam.

VIII

INNERE UMKEHR

Indem also *manas* das empirische Bewußtsein dieser verstofflichten Welt reflektiert, wird es als Täter und Subjekt der Sinneserfahrung, als «Ich» oder Selbstbewußtsein empfunden. In dem Augenblick aber, in dem *manas* sich vom Sinnenbewußtsein und dem Intellekt abwendet und seine Aufmerksamkeit auf den Urgrund seines Wesens, auf die universelle Quelle aller Bewußtheit richtet, erweist sich die Nichtigkeit der Ichvorstellung, und das Erlebnis der *Ŝûnyatâ* offenbart sich in seiner ganzen Größe und Tiefe. Diese Offenbarung vollzieht sich nicht durch diskursives Denken und intellektuelle Reflektion logischer oder folgernder Art, sondern durch völliges Zurruhekommen und Loslassen aller Denkbetätigung und die dadurch entstehende unmittelbare Schauung der Wirklichkeit – das intuitive Erlebnis der Unendlichkeit und allumfassenden Einheit alles Seins, alles Bewußtseins, alles Lebendigen, oder wie wir es nennen wollen. Denn hier enden alle Benennungen unserer dreidimensionalen Vorstellungswelt. Hier werden wir uns einer unendlichen Abfolge höherer Dimensionen bewußt (in der die uns bekannten enthalten sind), für die wir jedoch noch keine Ausdrucksmittel besitzen, obwohl wir sie ahnen und mit dem Organ unseres intuitiven Bewußtseins (zu dem *manas*, wenn es vom Empirischen abgewandt und vom Intellektuellen befreit ist, wird) empfinden können.

Dieses Organ kann nur durch Meditation ausgebildet werden, d. h. durch Stillung unserer Denkvorgänge (des unaufhörlichen inneren Redens und Räsonnierens) und Umstellung unserer inneren Blickrichtung vom Vielheitlichen zum Einheitlichen, vom Begrenzten zum Unbegrenzten, vom Intellektuellen zum Intuitiven (wobei das Intuitive auf allen denkbaren Ebenen wirksam sein kann, von der des Sinnlichen bis zum höchsten geistigen Erlebnis), vom Individuellen zum Universellen, vom Ich zum Nicht-Ich, von der Endlichkeit der Objekte zur Unendlichkeit des Raumes – bis wir von dieser Weite und Unendlichkeit so durchdrungen sind, daß, wenn wir zur Betrachtung des Kleinen, des Einzelnen, des Individuellen und Persönlichen zurückkehren, wir den Sinn und Zusammenhang mit dem Ganzen nie verlieren und nicht in den Irrtum der Ichheit zurückfallen können.

Meditation, die uns durch analytische Betrachtung und intellektuelle Zerfaserung der empirischen Welt von ihr zu befreien sucht, verstrickt uns nur mehr und mehr in sie, indem sie, anstatt unsere Blickrichtung umzukehren, uns an das Empirische fesselt, indem sie unsere Aufmerksamkeit mit aller Kraft auf seine Erscheinungsformen konzentriert. Denn die Zerlegung des Empirischen in seine Bestandteile befreit uns ja nicht von seinem grundlegenden Wirklichkeitsanspruch, sondern höchstens von gewissen Aspekten, ohne etwas Positives dafür einzusetzen.

Durch Zerlegung des Körpers in seine Bestandteile überwinden wir nicht den Körper oder das Körperliche, sondern reduzieren ihn nur aufs Grobmaterielle (unter willkürlicher Ausschaltung der ihn formenden geistigen Kräfte) und verstricken uns dadurch intellektuell nur noch mehr in die Vorstellung des Materiellen. Das gleiche geschieht mit der Zerlegung unserer geistigen Funktionen. Es gelingt uns hierdurch gewisse Phänomene zu isolieren und zu objektivieren, aber befreit haben wir uns dadurch von ihnen nicht; wir haben ihnen nur ihre Spontanheit und damit meist ihren Sinn genommen, – während wir andererseits eben diese Geistesfunktionen betätigt und bekräftigt haben, anstatt uns von ihnen zu befreien.

Es ist nach dem *Lankâvatâra Sûtra* gerade diese «objektive» Beschäftigung mit den Phänomenen der «Welt», die Rationalisierung und intellektuelle Auseinandersetzung, die uns tiefer in die Scheinwirklichkeit dieser Welt verstrickt. Denn je mehr wir sie mit den Mitteln dieser Wirklichkeit zu bekämpfen suchen, desto mehr nehmen wir sie ernst, desto mehr verfallen wir ihr. Darum heißt es im *Lankâvatâra Sûtra:* «Durch die Tätigkeit des unterscheidenden Bewußtseins entsteht Irrtum und eine ‚objektive Welt' und mit ihr die Vorstellung eines ‚Ich'.»

Dieses unterscheidende Bewußtsein ist *mano-vijñâna,* der Intellekt, welcher das konstant erscheinende Bezugszentrum *manas,* das den vorhergehenden Bewußtseinsaugenblick widerspiegelt, zum Ich erhebt. Dies geht aus dem *Lankâvatâra Sûtra* hervor, in dem es heißt, daß *manas,* gleich dem *âlaya-* (oder universellen) Bewußtsein, nicht die Quelle des Irrtums sein kann.

In anderen Worten: obwohl *manas* zur Entstehung der Ich-Vorstellung beiträgt, indem es vom *mano-vijñâna* als «Ich» angesehen wird, da es die Funktion des Selbstbewußtseins ausübt (wie ein Spiegel, der zwar ein Anlaß zur Täuschung ist, nicht aber selbst der Täuschung unterliegt oder für die Täuschung verantwortlich gemacht oder als Ursache der Täuschung bezeichnet werden kann), so ist *manas* nicht die Quelle oder Ursache des Irrtums, sondern wird nur zum Anlaß dafür. Der Irrtum wird vielmehr vom Intellekt (*mano-vijñâna*) begangen, der darum auch *kliṣṭa-mano-vijñâna,* affiziertes (von Irrtum befallenes) intellektuelles Bewußtsein genannt wird.

Die Doppelnatur von *manas,* die, wie wir sahen, sowohl am empirisch-intellektuellen wie am universellen (intuitiven) Bewußtsein teilhat, ist der Grund dafür, daß *manas* und *mano-vijñâṇa* vielfach verwechselt oder gleichgesetzt werden (im *Tibetischen* werden beide mit «*yid*», bzw. «*yid*» und «*yid-kyi rnam-par-ṡes-pa*» wiedergegeben) und daß selbst in der nichtbuddhistischen Sanskritliteratur ein höherer und ein niederer Aspekt von *manas* unterschieden werden, je nachdem *manas* der empirischen Welt zugewandt ist oder nicht.

Im *Mahâyâna-Ṡraddhotpâda-Ṡâstra*[7] heißt es daher: «Der Geist (*manas*) hat zwei Tore, von denen seine Tätigkeiten ausgehen: das eine führt zur Verwirklichung der reinen Geistesnatur (*âlaya-vijñâna*), das andere zur Vielfältigkeit des Erscheinens und Verschwindens, des Lebens und Sterbens. – Was aber ist die reine Natur des Geistes? Es ist die äußerste Klarheit und Einheit, die allumfassende Ganzheit, die Quintessenz der Wirklichkeit. Die Natur des Geistes gehört weder dem Tode noch der Wiedergeburt an, sie ist ungeschaffen und unvergänglich. Die Begriffe des bewußten Geistes werden durch falsche Vorstellungen individualisiert und unterschieden. Wenn der Geist vom unterscheidenden Denken freigehalten werden könnte, so würde es keine willkürlichen Gedanken mehr geben, aus denen (illusorische) Erscheinungsformen, Existenzen und Bedingungen entstehen könnten.» Um aber diese gleichnishafte Andeutung nicht zum Tummelplatz der Philosophen und orthodoxer Wortklauber werden zu lassen, folgt die Warnung; daß keine Worte, mit denen wir die Natur des Geistes zu beschrei-

[7] Dieses und alle folgenden Zitate aus dem *Mahâyâna Sraddhotpâda Sâstra* folgen Bhikshu Wai-taos und Dwight Goddards Übersetzung aus dem Chinesischen ins Englische; herausgegeben von D. Goddard in «*A Buddhist Bible*», Thetford, Vermont, USA, 1938.

ben suchen, dem Gegenstand adequat sind: «denn in der reinen Natur des Geistes gibt es nichts, das begriffen oder benannt werden könnte. Wir bedienen uns der Worte nur um von Worten frei zu werden, bis wir zur reinen wortlosen Natur unseres Wesens vordringen.»

Die Überwindung des willkürlich diskriminierenden Intellektes kann nach dem *Laṅkâvatâra Sûtra* nur erfolgen, wenn eine völlige Umkehr im tiefsten Kern des Bewußtseins stattgefunden hat. Die Gewohnheit des Bewußtseins nach außen zu blicken, d. h. auf äußere Objekte, muß aufgegeben werden und eine neue geistige Haltung, nämlich die Wahrheit, die höchste Wirklichkeit, im intuitiven Bewußtsein durch völlige Einswerdung mit ihr zu finden, muß hergestellt werden. Solange als diese intuitive Selbstverwirklichung höchster Erkenntnis und Weisheit nicht erreicht ist, geht der Entfaltungs- und Selbstbegrenzungsprozeß des empirischen Bewußtseins weiter.

Es handelt sich hier nicht um Aufhebung der Sinnentätigkeit oder um Unterdrückung des Sinnenbewußtseins, sondern um eine neue Haltung ihnen gegenüber, die in der Aufhebung willkürlicher Unterscheidungen, Verhaftungen und Vorurteile besteht, in anderen Worten, in der Aufhebung der karmischen Bildekräfte, die uns an die Wandelwelt fesseln, – oder richtiger: aus der wir die Illusion der Wandelwelt und des Geburtenkreislaufes (*saṃsâra*) erschaffen.

«Unterscheidung» bedeutet in diesem Falle die voreingenommene Beurteilung der Dinge vom Standpunkt eines «Ich», im Gegensatz zu einer Betrachtungsweise, die sie vom Standpunkt der allem Bewußtsein und seinen Objekten zugrundeliegenden Einheit oder Ganzheit, unparteiisch und leidenschaftslos ihrer wahren Natur nach zu erkennen imstande ist. Denn nur aus dem Erlebnis oder der Erkenntnis, daß wir nicht nur Teile eines Ganzen sind, sondern daß jedes Individuum das Ganze zur Basis hat und ein bewußter Ausdruck des Ganzen ist, erwachen wir zur Wirklichkeit, zur Erlösung; während das unerlöste Individuum, einem Träumenden vergleichbar, sich immer tiefer in das Netz seiner Wahnvorstellungen verstrickt.

IX

VERWANDLUNG UND GANZWERDUNG

Das Erlebnis der Unendlichkeit, das in der heiligen Silbe OṂ zum Ausdruck kommt und das die Grundlage und der Ausgangspunkt des Großen Fahrzeuges ist, wird somit vertieft und ergänzt durch das Erlebnis der inneren Einheit und Verbundenheit alles Lebens und alles Bewußtseins: eine Einheit, die nicht durch willkürliche Identifizierung des eigenen Bewußtseins mit dem anderer Lebewesen (d. h. nicht von außen her) bewerkstelligt wird, sondern die sich aus der grundlegenden Erkenntnis ergibt, daß die Anschauung «Ich» und «Nicht-Ich», «Eigenes» und «Fremdes» auf der Täuschung des Oberflächenbewußtseins beruht und, daß die Erkenntnis und das Erlebnis der Gleichheit (*samatâ*) der Wesen in der Verwirklichung der in jedem Wesen schlummernden *Ganzheit* besteht.

Es ist daher nicht das Bestreben des Buddhisten «im Grenzenlosen aufzugehen», sein endliches Bewußtsein mit dem Allbewußtsein zu verschmelzen oder seine Seele mit der Allseele zu vereinen, sein Ziel ist vielmehr: sich seiner seit je bestehenden, unteilbaren und ungeteilten Ganzheit *bewußt* zu werden. Zu dieser Ganzheit kann nichts hinzugefügt und nichts weggenommen werden; sie mag nur mehr oder weniger vollkommen erkannt oder erlebt werden, und in der Unterschiedlichkeit dieses Erlebens oder Erkennens bestehen die Verschiedenheiten der Wesen, die Verschiedenheiten ihrer Entwicklungsstufen. Die Vollkommen-Erleuchteten sind jene, die zur vollkommenen Ganzheit erwacht sind. Darum besitzen alle Buddhas die gleichen Qualitäten, obwohl sie je nach den Erfordernissen der Zeit und der Umstände, den einen oder den anderen Zug ihrer Natur in den Vordergrund treten lassen mögen.

Das Gleichnis vom Tropfen (*maṇi* ist poetischerweise als «Tautropfen im Lotos» interpretiert worden), der im Weltmeer aufgeht, würde nach buddhistischer Auffassung der Wahrheit näher kommen, wenn es umgekehrt würde: es ist das Weltmeer, das sich in den Tropfen ergießt, d. h. sich im Tropfen darstellt. Es ist das Universum, das sich im Individuum bewußt wird, und in diesem Vorgang wird jene Ganzheit erreicht, in der wir weder von «Individuum» noch von «Universum» mehr reden können. Hier gehen wir sozusagen über das OṂ, das höchste Ziel vedischen Strebens hinaus; denn dort gab es zwischen dem Endlichen und dem Unendlichen keinen Berührungspunkt. Es galt dort das Eine um des Anderen Willen zu verlassen, so wie der Pfeil, der die Sehne verläßt, um den abgrundtiefen Raum, der zwischen dem Hier und dem Dort klafft, zu durchstoßen und mit dem «jenseitigen» Ziel einszuwerden.

Die *Yogâcârins* aber, welche die Lehren des *Vijñânavâda* in die Praxis umzusetzen suchten, und unter ihnen besonders die Meister des mystischen Pfades, die *Siddhas*, waren bestrebt, eine Brücke zu schlagen, die das Hier mit dem Dort verband, die den trennenden Abgrund überbrückte und das Irdische mit der Aura des Zieles durchdrang und es so zum beseelten Werkzeug der Befreiung machte.

«Ichheit» und «Universum» waren ja nur das «Innen» und «Außen» der gleichen Illusion. *Ganzwerdung* aber hat alle Züge der Universalität, ohne einen äußeren Kosmos vorauszusetzen, und hat alle Züge des individuellen Erlebens, ohne eine Ichheit vorauszusetzen. Der Begriff der Ganzwerdung entgeht der Gegensätzlichkeit von «Einheit», Vielheit, «Ich» und «Nicht-Ich», oder wie immer wir die Gegensatzpaare nennen mögen, solange wir uns auf der Ebene unseres empirischen Bewußtseins bewegen. Er ist anwendbar auf alle Stufen des Erlebens und Daseins, vom Materiellen bis zum höchsten Geistigen, vom Empirisch-Gegebenen zum Metaphysisch-Erahnten. Der Weg der Ganzwerdung ist nicht der Weg der Unterdrückung und Vernichtung, sondern der Weg der Entwicklung, Veredlung und Sublimierung aller gegebenen Eigenschaften: ein Weg, der voreiliges Urteil vermeidet und die *Früchte* prüft.

Ein moderner Meister des mystischen Pfades im Westen, hat diese Idee in unsterbliche Worte gekleidet: «Die Vergänglichkeit stürzt überall in ein tiefes Sein. Und so sind alle Gestaltungen des Hiesigen nicht nur zeitbegrenzt zu gebrauchen, sondern, soweit wir's vermögen, in jene überlegenen Bedeutungen einzustellen, an denen wir teilhaben. Aber nicht im christlichen Sinne (von dem ich mich immer leidenschaftlicher entferne), sondern, in einem rein irdischen, tief irdischen, selig irdischen Bewußtsein gilt es, das *hier* Geschaute und Berührte in den weiteren, den weitesten Umkreis, einzuführen. Nicht in ein Jenseits, dessen Schatten die Erde verfinstert, sondern in ein Ganzes, *in das Ganze.* Die Natur, die Dinge unseres Umgangs und Gebrauchs, sind Vorläufigkeiten und Hinfälligkeiten; aber sie sind, solange wir hier sind, *unser* Besitz und unsere Freundschaft, Mitwisser unserer Not und Froheit, wie sie schon die Vertrauten unserer Vorfahren gewesen sind. So gilt es alles Hiesige nicht nur nicht schlecht zu machen und herabzusetzen, sondern gerade, um seiner Vorläufigkeit willen, die es mit uns teilt, sollen diese Erscheinungen und Dinge von uns in einem innigsten Verstande begriffen und *verwandelt* werden. Verwandelt? Ja, denn unsere Aufgabe ist es, diese vorläufige, hinfällige Erde uns so tief, so leidend und leidenschaftlich einzuprägen, daß ihr Wesen in uns ‚unsichtbar' wieder aufersteht. – *In* uns allein kann sich diese intime und dauernde Umwandlung des Sichtbaren in Unsichtbares, vom sichtbar- und greifbar-sein nicht länger Abhängiges vollziehen ...» (R. M. Rilke, «Briefe aus Muzot», S. 371 f.)

In uns allein kann also nur die Ganzheit wiederhergestellt werden durch die völlige Umwandlung unserer Persönlichkeit, in die Terminologie des Buddhismus übertragen, durch Verwandlung der *Skandhas,* d. h. Rückführung (*parâvṛtti*) der Bewußtseins- und Daseinssubstrate *(âśraya)* in den Zustand der Universalität durch Wiederverflüssigung, Entkrustung, Entstofflichung des Gewordenen durch das Erleuchtungsbewußtsein (*bodhi-citta*), das latent in jedem Wesen als Drang zum Lichte und zur Freiheit schlummert. So wie in der Pflanze der Drang nach Sonne und Luft den Keim veranlassen, durch die dunkle Erde zu brechen, so bricht der Keim der Erleuchtung (*bodhi*) durch die zweifache Verhüllung, durch die von der Illusion der Ichheit erzeugte Leidenschaftsverhüllung (*kleśâvaraṇa*) und durch die von der Illusion der Objektwelt erzeugte Gegenstandsverhüllung (*jñeyâvaraṇa*).

Der Weg der Erleuchtung ist der Weg der Ganzwerdung, und die Tatsache, daß wir – wie der Buddha und unzählige seiner Nachfolger durch ihr Beispiel gezeigt haben – diesen Weg beschreiten können, beweist, daß jedes Wesen potentiell die Fähigkeit besitzt, die flüchtigen Elemente seiner empirischen Persönlichkeit zu Organen einer höheren Wirklichkeit zu machen, in der «weder Erde, noch Wasser, weder Feuer noch Luft einen Fußhalt finden». Es ist der Weg der großen Verwandlung, der in der mystischen Alchemie der Siddhas als die Transformation unedler, der Zersetzung und dem Verfall ausgesetzter Stoffe in das reine Gold der *prima materia,* in das unvergängliche Juwel (*maṇi*) des demantenen Geistes beschrieben wird.

Wie aber kommt diese Verwandlung zustande? – Wie wir sahen, ist es *manas,* das die Waage hält zwischen dem Begrenzten und dem Unbegrenzten, zwischen Werden und Entwerden, zwischen Endlichem und Unendlichem; und aus diesem Grunde ist es *manas,* von dem die Verwandlung der Persönlichkeit (*âśraya-parâvṛtti*) ausgeht, indem es aus der Rolle des Selbstbewußtseins, des principium individuationis, das die Ursache der Unterschiedlichkeit der Wesen ist, zum Prinzip der Wesensverbundenheit wird, durch das die innere Gleichheit (*samatâ*) aller Wesen erlebt wird.

So wird *manas* im Augenblick innerer Umkehr zu *maṇi,* zum Juwel, zum Erleuchtungsbewußtsein (*bodhi-citta*), zum «Stein der Weisen», durch dessen Berührung alle Elemente des Bewußtseins zu Werkzeugen der Erleuchtung (*bodhyaṅga*) werden. Dann wird aus dem selbstischen Wollen und sinnlichen Begehren (*kâma-chanda;* ein Synonym für *tṛṣṇâ,* den Lebens- oder Daseinsdurst) der Wille zur Befreiung, das Erlösungsstreben (*dharma-chanda*), und aus dem individuellen Bewußtsein (*vijñâna-skandha*), das Wissen universeller Gesetzlichkeit und höchster Wirklichkeit (*dharma-dhâtu-jñâna;* Tib.: *chos-kyi-dbyiṅs-kyi ye-śes),* das im *Dhyâni-Buddha Vairocana*[7a], dem «All-durchstrahlenden», verkörpert und in seinem Emblem, dem Gesetzesrad (*dharma-cakra*) symbolisiert wird.

Dann wird der Blick von der Welt materieller, sinnlicher Objekte zurückgewendet auf die Quelle, in der die Urbilder aller Formen, die Keime (*bîja*) aller Gestaltungen beschlossen liegen: dem *Âlaya*-Bewußtsein. Dann werden die Wogen auf diesem weltmeergleichen universellen Bewußtsein, das die Schätze alles Erfahrenen und Erfahrbaren enthält, geglättet und zum klaren Spiegel, in dem «die Abbilder der verschiedenen Gestaltungen (*rûpa*)» rein und unverhaftet reflektiert werden. Das «Sinnliche», als «materielle» Form erscheinende (*rûpa-skandha*) wird somit zum Exponenten des «Übersinnlichen», – wird der Ausgangspunkt zum Erlebnis des aller Form zugrundeliegenden Formlosen (śûnyatâ): so wie ein Ton zur Bewußtwerdung der Stille führen mag, im Verklingen in die Stille hineinführt und so die Stille wahrnehmbar macht. Darum heißt es im *Mahâ-Prajñâpâramitâ-Hṛdaya:*

«Form (*rûpa*) ist Leere (*śûnyatâ*), und Leere ist nicht von Form verschieden, noch auch ist Form verschieden von Leere: in der Tat, Leere ist Form.»

Die vielfältigen Formen des Daseins, des Werdens und Entwerdens, der geistigen Ein- und Ausatmung, werden hier zu Symbolen einer über alle Form hinausgehenden, aber zugleich durch Formung bewußt werdenden Wirklichkeit – so wie die Bildzeichen der Hieroglyphen durch dinghafte Formen dem Wissenden einen über diese konkreten Dinge hinausgehenden Sinn offenbaren.

7a Der Ausdruck *«Dhyâni-Buddha»* wurde von westlichen Gelehrten geprägt, um die rein geistigen oder symbolischen Figuren der Buddhas und Bodhisattvas, die in den Schauungen der Meditation *(dhyâna)* erlebt und so zur geistigen Wirklichkeit werden, von dem historischen Buddha und seinen irdischen Vorgängern und Nachfolgern zu unterscheiden. In Tibet wird der historische Buddha immer als *śâkyamuni (bcom-ldan-ḥdas śâkya-thub-pa)* bezeichnet.

Das *Âlaya*-Bewußtsein wird somit, wie es im *Vijñaptimâtra-siddhi-śâstra*[8] heißt, umgewandelt in die mit dem Wissen des großen Spiegels verbundene Geistesart (*mahâdarśa-jñâna-samprayukta-citta-varga*), die im *Tibetischen* als «spiegelgleiche Weisheit» (*me-loṅ lta-buḥi ye-śes*) bezeichnet und als *Akṣobhya* (dem in der Meditation [*dhyâna*] geschauten *Dhyâni-Buddha*), der das Prinzip der Unerschütterlichkeit jener Weisheit verkörpert, dargestellt wird. Ihm sind das Wasser (das *âlaya*-Bewußtsein als Weltmeer im Zustand der Ruhe, mit spiegelgleicher Oberfläche), *Rûpa-Skandha* und das Emblem der Vajra zugeordnet.

Aus dem egozentrischen Fühlen und Empfinden (*vedanâ*) aber, das durch *manas* in der Rolle des Ichbewußtseins verursacht worden war und das die Illusion der Wesensverschiedenheit und Getrenntheit der Lebewesen hervorbrachte, wird nun das allumfassende Mitgefühl (*maitrî, karuṇâ, muditâ*), die innere Anteilnahme und Gleichsetzung mit allem Lebenden: die mit dem Wissen der Gleichheit verbundene Geistesart (*samatâ-jñâna-samprayukta-citta-varga*), die Weisheit der Wesensgleichheit (Tib.: *mñam-pa-ñid-kyi ye-śes*), die in der Gestalt des *Dhyâni-Buddha Ratnasambhava* verkörpert ist, der in der Geste des Gebens und mit dem Wahrzeichen des Juwels (*ratna* = *maṇi*) dargestellt wird. Denn nirgends wird die Einheit aller Wesen tiefer empfunden als im Mitgefühl, im Miterleben von Freude und Leid, Glück und Schmerz anderer, woraus der Drang zum Geben, zum Teilhabenlassen und schließlich zum Aufgeben des eigenen Ichs, zur Selbsthingabe an alle Wesen erwächst.

Das empirische Denkbewußtsein, der unterscheidende, urteilende Verstand oder Intellekt (*manovijñâna*) wird durch die innere Umstellung zum schauenden Bewußtsein der Meditation, in dem «die besonderen und allgemeinen Merkmale aller Dinge ohne Widerstand (d. h. spontan) klar zu sehen sind» und in dem «die *Entfaltung* mannigfacher Geistesfähigkeiten» vor sich geht.

[8] Siehe Jiryo Masuda: *«Der individualistische Idealismus der Yogâcâra-Schule»*; 10. Heft der Materialien zur Kunde des Buddhismus, Heidelberg, 1926.

Es wird als die mit dem untersuchenden Wissen verbundene Geistesart (*pratyavekṣaṇa-jñâna-samprayukta-citta-varga*) bezeichnet, oder als die Weisheit unterscheidender Klarschau (Tib.: *so-sor-rtogs-paḫi ye-ŝes*). Durch diese Weisheit werden die Funktionen von *saṃjñâ-skandha,* die Gruppe der Unterscheidungsprozesse, die wir unter dem allgemeinen Begriff der Wahrnehmung zusammenfassen, zur intuitiven Schauung (dhyâna) und zur inneren Schaubildentfaltung gesteigert, in der die individuellen Züge jeder Erscheinungsform ebenso wie ihre Beziehungen zum Ganzen zum Ausdruck kommen.

Die Verkörperung dieser schauenden Weisheit ist der *Dhyâni-Buddha Amitâbha,* der in der Geste der Meditation (*dhyâna-mudrâ)* dargestellt wird und dessen Wahrzeichen der geöffnete Lotos (*padma*) ist.

Die verbleibenden fünf Arten des Bewußtseins, die als Sinnenbewußtsein in eine Kategorie zusammengefaßt werden können, werden zu Werkzeugen des *Bodhisattva*-Wandels, in dem alle Handlungen und Motive nicht mehr ich-bezogen und darum nicht bindend, Karma-bildend, sondern befreiend sind, – befreiend für den Täter wie für diejenigen, die von seinem Tun beeinflußt werden.

Die durch die Gruppe der Bildekräfte (*saṃskâra-skandha)* gekennzeichneten Funktionen werden somit umgewandelt in «die mit dem Wissen um die Vollendung des zu Tuenden verbundene Geistesart» (*kṛtyânuṣṭhâna-jñâna-samprayukta-citta-varga*). «Diese Geistesart entfaltet, um alle Lebewesen zu segnen, überall in allen Richtungen die verschiedenen umgewandelten drei Arten von Handlungen und vollendet die zu tuenden Werke kraft des ursprünglichen Gelübdes» (*Vijñaptimâtra-siddhi-ŝâstra*).

Das Gelübde, von dem hier die Rede ist, ist das *Bodhisattva*-Gelübde, zum Heile aller Wesen zu wirken; in anderen Worten, nicht nur die eigene, sondern die Erlösung aller Wesen anzustreben durch Verwirklichung vollkommener Erleuchtung. Die drei Arten umgewandelter Handlungen sind die des Körpers, der Rede und des Geistes, – in der der Körper zum All (zum Körper aller Wesen), die Rede zum Mantra (zur wirkenden Kraft des geheiligten Wortes) und der Geist zum Erleuchtungsbewußtsein wird. Sie wirken «überall in allen Richtungen», wörtlich «in zehn Richtungen», d. h. den vier Kardinalrichtungen, den Zwischenrichtungen sowie Zenith und Nadir, – symbolisiert durch den Doppelvajra (*viśva-vajra*), der das Wahrzeichen des *Dhyâni-Buddha Amoghasiddhi* ist, der Verkörperung der «alle Werke vollendenden Weisheit» (Tib.: *bya-ba-grub-paḥi ye-śes).*

Die Entfaltung dieser transzendenten, über weltliche Erfahrung hinausgehenden Weisheiten im *schauenden Bewußtsein* des umgewandelten Geistes ist das Thema des nächsten Hauptteiles, der dem PADMA, dem dritten Symbol des Großen Mantras gewidmet ist.

Dritter Teil

པདྨ

PADMA

DER WEG ENTFALTENDER SCHAUUNG

I

DER LOTOS ALS SYMBOL GEISTIGER ENTFALTUNG

Der Lotos ist das Symbol der geistigen Entfaltung, des Heiligen und Reinen.

Die Buddhalegende berichtet, daß, als der soeben geborene Knabe *Siddhârtha,* der zukünftige Buddha, den Boden berührte und seine ersten sieben Schritte tat, sieben Lotosblüten aus der Erde emporwuchsen. So ist jeder Schritt des Bodhisattva ein Akt geistiger Entfaltung. Meditierende Buddhas werden auf Lotosblüten sitzend dargestellt und die Schaubildentfaltung der Meditation (*dhyâna*) wird durch geöffnete Lotosblüten symbolisiert, deren Zentrum und Blütenblätter die Kennzeichen oder Figuren verschiedenartiger Buddhas und Bodhisattvas oder ihrer Attribute und Begleitfiguren tragen.

In gleicher Weise werden die Bewußtseinszentren im menschlichen Körper (auf die wir später zurückkommen werden) als Lotosblüten dargestellt, die je nach ihrer Funktion mit einer größeren oder geringeren Zahl von Blütenblättern ausgestattet sind und ihrer Natur entsprechend verschiedene Farben haben.

Die ursprüngliche Bedeutung des Lotos ergibt sich aus folgendem Gleichnis: So wie die Lotosblume aus der Dunkelheit des Schlammes zur Oberfläche des Wassers emporwächst und sich erst öffnet, nachdem sie sich über die Wasseroberfläche erhoben hat, und obwohl aus Erde und Wasser geboren, von beiden unberührt bleibt, so entfaltet der in der Welt, im menschlichen Körper geborene Geist seine Blütenblätter (Qualitäten) nachdem er sich über die trüben Fluten der Leidenschaften und des Nichtwissens erhoben hat und verwandelt die dunklen Kräfte der Tiefe in die lichte Reinheit des Blütennektars, des Erleuchtungsbewußtseins, des unvergleichlichen Juwels (*maṇi*) in der Lotosblüte (*padma*). So ragt der Heilige, dieser Welt entwachsend, über sie hinaus. Seine Wurzeln sind in der dunklen Tiefe dieser Welt, aber sein Haupt ragt in die Fülle des Lichtes. Er umfaßt das Tiefste und das Höchste, die Dunkelheit und das

Licht, das Materielle und das Immaterielle, die Begrenztheit des Individuellen und die Unbegrenztheit des Universellen, das Geformte und das Formlose, *Saṃsâra* und *Nirvâṇa* in der lebendigen Synthese seines Daseins. Darum heißt es vom vollkommen Erwachten:

«Dem Sein nicht noch dem Nichtsein ist der Erhabene verwoben, Der Heilige ist allem Gegensatz enthoben» (*Nâgârjuna*).

Wenn nicht in dem, in der tiefsten Dunkelheit des Erdreichs verborgenen Keim der Drang zum Lichte schlummerte, so würde der Lotos sich nicht dem Lichte zuwenden. Wenn nicht selbst im tiefsten Nichtwissen, ja, in tiefster Unbewußtheit, der Drang zur Bewußtheit, zur Erkenntnis schlummerte, so würden aus der Dunkelheit des *Saṃsâra* nie Erleuchtete entstehen können.

Der Keim der Erleuchtung ist also von je in der Welt enthalten, und so wie (nach der von allen Schulen des Buddhismus anerkannten Tradition und des Buddha eigenen Worten) in vergangenen Weltzeitaltern Erleuchtete entstanden, so entstehen Erleuchtete in unserem gegenwärtigen Weltzeitalter, und so werden in zukünftigen Weltzeitaltern Erleuchtete entstehen, wo immer die Bedingungen für die Entwicklung organischen und bewußten Lebens gegeben sind.

Der geschichtliche Buddha wird daher als ein Glied in der unendlichen Kette der Erleuchteten betrachtet, nicht aber als eine einmalige, ausnahmsweise auftretende Erscheinung. Die geschichtlichen Züge Buddha *Gautamas (Śâkyamuni)* treten daher für den Buddhisten hinter den generellen Zügen des Buddhatums zurück, in dem die ewig-gegenwärtige Wirklichkeit der Erleuchtungspotenz des menschlichen Geistes – ja allen bewußten Lebens – liegt und darum jedes einzelne Individuum im tiefsten Grunde betrifft.

Oberflächliche Beobachter glauben auf das Paradox hinweisen zu können, daß der Buddha, der die Menschheit vom Glauben an die Macht der Götter oder eines willkürlichen Schöpfergottes befreien wollte, im späteren Buddhismus selbst vergottet wurde. Sie begreifen nicht, daß der Buddha, dem Verehrung gezollt wird, nicht die historische Persönlichkeit des Menschen *Siddhârtha Gautama* ist, sondern die göttlichen Qualitäten, die in *jedem* Wesen schlummern und die in *Gautama* wie in unzähligen anderen Buddhas zum Ausdruck kamen. Man stoße sich nicht an dem Ausdruck «göttlich». Selbst der Buddha der Pâli-Texte verschmähte es nicht, die Ausübung höchster Qualitäten (wie Liebe, Mitleid, Mitfreude, Gleichmut) im Zustande der Meditation als ein «Verweilen in Gott» oder «im göttlichen Zustand» (*brahmavihâra*) zu bezeichnen.

Es ist also nicht der Mensch *Gautama*, der zum Gott erhoben wurde, sondern das «Göttliche», das als Verwirklichungsmöglichkeit des Menschen erkannt wurde. Es wurde hierdurch nicht «weniger», sondern «mehr», denn es wurde vom Abstrakten zum Lebendigen, vom nur Geglaubten zum Erlebten; es war also kein Herabstieg sondern ein Aufstieg, nämlich von der Ebene geringerer zur Ebene größerer Wirklichkeit.

Darum stellen die Buddhas und Bodhisattvas nicht nur «Personifizierungen» abstrakter Prinzipien dar – so wie Götter meist personifizierte Naturkräfte sind, oder der Primitiv-Gläubige sich abstrakte Ideen nur anthropomorph vorstellen kann – sondern sie sind die Prototypen der im Menschtum verwirklichten und wieder und wieder zu verwirklichenden Zustände höchster Erkenntnis, höchster Weisheit und vollkommenster Harmonie. Gleichgültig, ob diese Buddhas als zeitlich nacheinander erscheinende, – historisch-konkrete Wesen – (wie in der Pâli-Tradition) aufgefaßt werden oder als zeitlose Urbilder des menschlichen Bewußtseins, die im Zustande der Meditation (*dhyâna*) geschaut und darum *Dhyâni-Buddhas* genannt werden: sie sind nicht Allegorien «jenseitiger» Vollkommenheiten oder wirklichkeitsferne, abstrakte Ideale, sondern die sichtbaren Symbole und Erlebnisformen geistiger Ganzwerdung in menschlicher Gestalt. Denn Weisheit wird nur dann für uns zur Wirklichkeit, wenn sie im Leben verwirklicht, in menschlicher Daseinsform lebendig wird.

Die Lehrer des «Großen Fahrzeuges», insbesondere des tantrischen *Vajrayâna*, wurden nicht müde, dies zu betonen, da bei einer so hochentwickelten Philosophie wie der Relativitätslehre der *Sûnyavâdins* und der mit ihr kombinierten Tiefenpsychologie und Bewußtseinstheorie der *Yogâcârins* und *Vijñânavâdins,* die Gefahr bestand, sich in reinen Abstraktionen zu verlieren.

II

DIE ANTHROPOMORPHE SYMBOLIK DER TANTRAS

Die Abstraktheit philosophischer Begriffe und Schlußfolgerungen bedarf der dauernden Korrektur am unmittelbaren Erleben, an der praktischen Erfahrung der Meditation und des täglichen Lebens. Das anthropomorphe Element ist darum hier nicht, wie beim Primitiven, aus der Unfähigkeit des intellektuellen Begreifens geboren, sondern gerade umgekehrt aus der bewußten Absicht, aus dem Nur-Intellektuellen, Theoretischen, Bloß-Gedachten, zur unmittelbaren Wirklichkeit vorzudringen. Dies kann nicht durch verstandesmäßige Überzeugungen und Zielsetzungen geschehen, sondern nur vermittels Durchdringung und Umformung jener Schichten des Bewußtseins, die nicht durch logische Schlußfolgerungen und diskursives Denken erfaßt werden können.

Eine solche Durchdringung und Umformung aber ist nur möglich durch die Kraft der «Bilder» innerer Schauung, d. h. durch die *Bildekraft* innerer Schauung, die samengleich in das dunkle Erdreich des Unterbewußten hinabsinkt, um dort zu keimen, zu wachsen und sich zu entfalten.

Man mag einwenden, daß solche Schauungen rein subjektiv und darum nichts Letztes sind. Aber auch Worte und Ideen sind nichts «Letztes», und die Gefahr an ihnen zu haften ist um so größer, als Worte eine einengende, beschränkende Tendenz haben, während die Erlebnisse und Symbole echter Schauungen etwas Lebendiges, Wachsendes, innerlich Reifendes sind. Sie weisen und wachsen über sich selbst hinaus. Sie sind zu immateriell, zu «transparent», um dinghaft zu werden, um zum Haften zu reizen. Sie können weder «gefaßt», noch auch eindeutig umschrieben oder definiert werden und haben die Tendenz vom Formhaften zum Formlosen zu wachsen, – während das Nur-Gedachte die umgekehrte Tendenz hat, nämlich sich zum Dogma zu verhärten.

Die Subjektivität der Schaubilder tut ihrem Wirklichkeitsgehalt keinen Abbruch. Sie sind keine Halluzinationen, denn ihre Realität ist die Realität der menschlichen Psyche. Sie sind die Symbole, in denen die höchsten Erkenntnisse und Bestrebungen des menschlichen Geistes verkörpert sind. Ihre Visualisierung ist der schöpferische Vorgang geistiger Projektion, wodurch inneres Erleben in sichtbare Form verwandelt wird, vergleichbar mit dem schöpferischen Akt eines Künstlers, der eine subjektive Idee, eine Gemütsbewegung oder Vision, in ein objektives Kunstwerk verwandelt, das nun eine von ihm unabhängige Wirklichkeit annimmt.

Aber ebenso wie der Künstler zur völligen Beherrschung seiner Ausdrucksmittel gelangen muß und sich vielerlei technischer Hilfsmittel bedient, um den vollkommenen Ausdruck seiner Idee zu erreichen, so muß der geistig Schöpferische völlig seine geistigen Funktionen beherrschen und sich gewisser Hilfsmittel bedienen, um seiner Schauung Wirklichkeitswert zu verleihen. Seine technischen Hilfsmittel sind *yantra, mantra* und *mudrâ:* der Parallelismus des Sichtbaren, Hörbaren und Fühlbaren, als Exponenten des Geistes (*citta*) der Rede (*vâk, vâcâ*) und des Körpers (*kâya*).

«Yantra» steht hier für *maṇḍala* (Tib.: *dkyil-ḥkhor*), das der geistigen Schauung zugrundeliegende Symbolsystem, dessen Zentrum für gewöhnlich auf der Form eines geöffneten vier-, acht-, oder sechzehnblättrigen Lotos (*padma*) aufgebaut ist und den sichtbaren Ausgangspunkt der Meditation bildet.

Mantra, das Symbolwort, ist der heilige Laut (Tib.: *gzuṅs, sṅags)* der, dem Eingeweihten vom Guru übermittelt, sein Inneres zum Schwingen bringt und es dem höheren Erleben öffnet.

Mudrâ (Tib.: *phyag-rgya*) ist sowohl die körperliche Geste (insbesondere der Hände), welche das mantrische Wort oder die kultische Handlung begleitet, als auch die innere Haltung, die durch diese Geste betont und zum Ausdruck gebracht wird.

Nur durch das Zusammenwirken aller dieser Faktoren kann der Adept Stück für Stück seine geistige Schöpfung aufbauen und seine Schauung verwirklichen. Denn es handelt sich hier weder um Gefühlsschwärmerei, noch um ekstatischen Überschwang der Phantasie, sondern um bewußte, zielstrebige Gestaltung und Realisierung, in der es keine Verschwommenheit gibt.

«Die altbuddhistische Vorstellung, daß Handlungen, die ‚*kâyena, vâcâya uda cetasâ*' ausgeführt werden, transzendente Wirkungen auslösen, insofern als sie karma-erzeugende Ausdrucksmöglichkeiten des menschlichen Wollens sind, erhält im *Vajrayâna* einen neuen Sinn; dieser entspricht der neuen Anschauung über die ungeheure Bedeutung sakraler Akte: das Zusammenwirken der Betätigung von Körper, Rede und Denken ermöglicht es dem *Sâdhaka* sich in die Triebkräfte des Kosmos einzuschalten, und diese seinen Zwecken nutzbar zu machen.» (H. v. Glasenapp: *«Die Entstehung des Vajrayâna*[1]*.»*)

Die Triebkräfte des Kosmos aber sind nach tantrischer Auffassung, nicht verschieden von den Triebkräften der menschlichen Seele und diese Kräfte im eigenen Geiste zu *erkennen* und zu verwandeln, – nicht nur zum eigenen, sondern zum Heile aller lebender Wesen – ist das Ziel der buddhistischen Tantras.

Der Buddhist glaubt nicht an eine unabhängig oder getrennt von ihm existierende objektive Außenwelt, in deren Triebkräfte er sich einschalten könnte. Innen- und Außenwelt sind für ihn die zwei Seiten desselben Gewebes, in dem die Fäden aller Kräfte und alles Geschehens, aller Bewußtseinsformen und -objekte zu einem unzertrennbaren Netz endloser, gegenseitig sich bedingender Beziehungen verwoben sind.

Das Wort *«Tantra»*, ebenso wie sein tibetisches Äquivalent *«rgyud»* hat vielerlei Bedeutungen, die sich alle mehr oder weniger aus dem Begriff des «Fadens», des «Webens», des «Gewo-

[1] Zeitschrift der Deutschen Morgenländischen Gesellschaft, Band 90.

benen» ableiten lassen. *Tantra* deutet hin auf das Verwobensein aller Dinge und Handlungen, die gegenseitige Abhängigkeit alles Bestehenden, die Kontinuität in der Wechselwirkung von Ursache und Folge sowohl wie die Kontinuität in geistiger und traditioneller Entwicklung, die sich wie ein Faden durch das Gewebe geschichtlicher Ereignisse und individueller Leben zieht. *Tantra* steht daher auch für die Tradition, die geistige Nachfolge. Die Schriften, die im Buddhismus unter dem Namen von *«Tantras»* gehen, sind vorwiegend mystischer Natur, d. h. sie suchen den *inneren* Zusammenhang der Dinge aufzuweisen: den Parallelismus von Mikrokosmos und Makrokosmos, Geist und Natur, Ritual und Wirklichkeit, Stofflichem und Geistigem.

Dies ist der Kern der tantrischen Weltanschauung, wie sie sich mit folgerichtiger Notwendigkeit aus den Lehren und der religiösen Praxis der *Vijñânavâda-* oder *Yogâcâra*-Schule *entwickelte* (die erstere Bezeichnung betont mehr die theoretische, die letztere mehr die praktische Seite derselben Schule) und die ihrerseits einen starken Einfluß auf die Entwicklung des Hinduismus ausübte.

III

ERKENNTNIS UND MACHT: PRAJÑÂ VERSUS ŚAKTI

Der Einfluß des tantrischen Buddhismus auf den Hinduismus war so tiefgehend, daß bis zum heutigen Tage die Mehrzahl westlicher Gelehrter unter dem Eindruck steht, daß der Tantrismus eine hinduistische Schöpfung sei, die vom späteren Buddhismus übernommen wurde.

Hiergegen spricht das hohe Alter von Schriften von der Art des *Mañjuśrîmûlakalpa* (das dem Kreise der *Vaipulya-Sûtras* angehört) in dem bereits zahlreiche *mantras*, *maṇḍalas* und *mudrâs* vorkommen, deren Ursprung in die Jahrhunderte vor der christlichen Zeitrechnung fallen muß (so wie das bereits erwähnte *Dhâraṇî-Piṭaka* der frühen *Mahâsâṅghikas*), da dieser

Text aller Wahrscheinlichkeit nach aus dem ersten Jahrhundert (n. Chr.) stammt. Im dritten oder vierten Jahrhundert ist der Tantrismus bereits weitgehend ausgebildet wie wir aus dem *Guhyasamâja* (Tib.: *dpal-gsaṅ-ḥdus-pa*) *Tantra*, das dieser Epoche angehört, ersehen.

Den buddhistischen Tantrismus aus dem schivaitischen Hinduismus abzuleiten, ist nur bei weitgehender Unkenntnis der tantrischen Literatur möglich. Ein Vergleich der hinduistischen Tantras mit denen des Buddhismus (die meist in tibetischer Sprache vorliegen und darum von der Indologie lange unbeachtet blieben) zeigt nicht nur eine erstaunliche Divergenz der Methoden und Zielsetzungen, trotz äußerer Ähnlichkeiten, sondern beweist weitgehend die historische und ideelle Priorität der buddhistischen Tantras.

Ebenso wie der große hinduistische Philosoph des 9. Jahrhunderts A. D., *Śaṅkarâcârya,* dessen Werke das Fundament aller schivaitischen Philosophie bilden, die Ideen *Nâgârjunas* und seiner Nachfolger so weitgehend übernahm, daß orthodoxe Hindus ihn verdächtigten, ein geheimer Anhänger des Buddhismus zu sein, so ist der hinduistische Tantrismus ein Produkt der buddhistischen Tantra-Lehren und nicht umgekehrt. Diese Ansicht wird nicht nur von tibetischen, sondern auch von indischen Gelehrten aufrecht erhalten, wie von dem um die tantrische Forschung verdienten Benoytosh Bhattacharyya, der nicht nur den Nachweis erbringt, daß die Hindu-Tantras aus dem *Vajrayâna* hervorgegangen sind, sondern sie als «minderwertigere Imitationen buddhistischer Tantras» erklärt[2]. Wie immer man hierüber denken mag, es ist eine Tatsache, daß eine Beurteilung der buddhistisch-

[2] Benoytosh Bhattacharyya (Director, Oriental Institute, Baroda): "*An Introduction to Buddhist Esoterism*", Oxford University Press, 1932. – In diesem Werke heißt es: «Die von den Buddhisten gemachten Entwicklungen im Tantra und die außerordentliche plastische Kunst, die sie entwickelten, verfehlte nicht die Hindus zu beeindrucken, die bereitwillig viele Ideen, Lehren, Praktiken und Götter übernahmen, die ursprünglich von den Buddhisten für ihre Religion geschaffen worden waren. Die Literatur, die unter dem Namen Hindu-Tantras geht, entstand fast unmittelbar, nachdem die buddhistischen Ideen sich etabliert hatten» (p. 50). Am Ende seiner überzeugenden

tantrischen Lehren vom Standpunkt der schaktistischen Hindu-Tantras nicht nur inadäquat, sondern völlig irreführend ist, da die beiden Systeme von ganz verschiedenen Voraussetzungen ausgehen. Ebensowenig wie man Buddhismus mit Brahmanismus gleichsetzen kann, weil beide sich gleicher oder ähnlicher Yogamethoden und philosophischer oder technischer Ausdrücke bedienten, ebensowenig ist es zulässig, aus den Hindu-Tantras Rückschlüsse auf die Geisteshaltung der buddhistischen Tantras zu ziehen. Der genetische Zusammenhang der in jedem System gebrauchten Ausdrucksformen und der ihnen zugrundeliegenden Ideen, ist weitaus wichtiger als oberflächliche Ähnlichkeiten. Hier sind ikonographische Vergleiche und philologische Begründungen nicht ausreichend, so wertvoll sie in anderer Hinsicht sein mögen.

Der Begriff der *Śakti,* der göttlichen *Macht,* der weiblich-schöpferischen Potenz des höchsten Gottes (*śiva*) oder einer ihm untergeordneten Vielheit von Gottheiten, spielt im Buddhismus überhaupt keine Rolle. Während im tantrischen Hinduismus der Begriff der Macht (*śakti*) im Mittelpunkt des Interesses steht, ist die zentrale Idee des tantrischen Buddhismus die *Erkenntnis: prajñâ.*

«Sich in die Triebkräfte des Kosmos einzuschalten und diese seinen Zwecken nutzbar zu machen», mag daher für die Hindu-Tantras zutreffen, nicht aber für die buddhistischen. Der Buddhist hat durchaus nicht das Bestreben, sich in irgendwelche Triebkräfte einzuschalten, sondern im Gegenteil, sich auszuschalten aus der Macht der Triebe und Triebkräfte, die ihn solange im *Saṃsâra* umhertrieben. Sein Bestreben ist, diese Trieb-

religions-historischen, literarischen und ikonographischen Nachweise, die weitgehend bestätigen, was jedem Kenner buddhistischer Tantras und tibetischer Tradition offensichtlich ist, sagt der Verfasser: «Es ist somit ausreichend bewiesen, daß die buddhistischen Tantras die hinduistische Tantra-Literatur weitgehend beeinflußten und daß es darum nicht angängig ist zu sagen, daß der (tantrische) Buddhismus ein Produkt des Schivaismus sei. Es kann im Gegenteil behauptet werden, daß die Hindu-Tantras ein Produkt des Vajrayâna sind und daß sie minderwertigere (‚baser') Imitationen buddhistischer Tantras darstellen» (p. 163).

kräfte zu *durchschauen* und sich dadurch von ihrer Herrschaft zu befreien. Wohlgemerkt, er sucht sie nicht zu verneinen oder zu vernichten, sondern sie im Feuer der Erkenntnis zu läutern und umzuwandeln, so daß sie zu Kräften der Erleuchtung werden, die statt zu weiterer Differenzierung in umgekehrter Richtung fließen: zur Einigung, zur Ganzwerdung.

Die Hindu-Tantras nehmen hier eine völlig andere, ja oft geradezu entgegengesetzte Haltung ein. «Mit der *Śakti* vereint sei voller *Macht»*, heißt es im *Kulacûdâmaṇi-Tantra.* «Aus der Vereinigung von *Śiva* und *Śakti entfaltet sich die Welt.»* Der Buddhist sucht aber nicht die Entfaltung der Welt, sondern ihre Rückführung in das aller Entfaltung zugrundeliegende «Ungeborene, Ungestaltete»: die *Śûnyatâ* (Tib.: *stoṅ-pa-ñid*).

Die Bewußtwerdung dieser *śûnyatâ* ist *prajñâ* (Tib.: *śes-rab*): höchste Erkenntnis. Die Verwirklichung dieser höchsten Erkenntnis im Leben aber ist Erleuchtung (*bodhi*, Tib.: *byaṅ-chub*): d. h. wenn *prajñâ* (oder *śûnyatâ*), das ruhende, allumfassende, alles in sich aufnehmende und alles aus sich hervorbringende «Ewig-Weibliche», vereint ist mit dem dynamisch-männlichen Prinzip des aktiven Allerbarmens, der alldurchstrahlenden Kraft tätiger Liebe, die das Mittel (*upâya;* Tib.: *thabs)* ihrer Verwirklichung darstellt, dann ist die vollkommene Buddhaschaft erreicht. Denn Verstand ohne Gefühl, Wissen ohne Liebe, Erkenntnis ohne Mitleid, führt zur reinen Negation, zur Erstarrung, zum geistigen Tod, zum bloßen Vakuum; während Gefühl ohne Vernunft, Liebe ohne Erkenntnis (blinde Liebe), Mitleid ohne Wissen, zu Verschwommenheit und völliger Auflösung führt. Wo aber beide Seiten vereint sind, wo die große Synthese von Herz und Hirn, Gefühl und Verstand, höchster Liebe und tiefster Erkenntnis stattgefunden hat, dort ist die Ganzheit hergestellt, die vollkommene Erleuchtung erreicht.

Der Vorgang der Erleuchtung wird darum durch das sinnfälligste, menschlichste und zugleich universellste Symbol dargestellt, der Vereinigung Liebender, – wobei das aktive Element (*upâya*) als männliche, das passive, ruhende (*prajñâ*) als weibliche Figur dargestellt wird, – im Gegensatz zu den Hindu-Tantras, in denen der weibliche Aspekt als *Śakti,* d. h. als das aktive, und der männliche als *Śiva,* als reines göttliches Insichselbstruhen, d. h. als passives Prinzip aufgefaßt wird. In der buddhistischen Symbolik wird der Erkennende (*Buddha*) eins mit dem Gegenstand der Erkenntnis (*śûnyatâ,* bzw. *prajñâ*), so wie Mann und Weib in liebender Umarmung eins werden und diese Einswerdung höchste, unbeschreibliche Glückseligkeit (*mahâsukha;* Tib.: *bde-mchog*) ist. Die *Dhyâni-Buddhas* und *-Bodhisattvas* als Verkörperungen des aktiven Erleuchtungsdranges, der in *upâya,* der Betätigung des Allerbarmens, zum Ausdruck kommt, werden darum in der Umarmung mit ihrer *prajñâ,* der in weiblicher Form erscheinenden höchsten Erkenntnis, dargestellt.

Dies ist nicht die willkürliche Umkehrung eines hinduistischen Vorbildes, in der «die Pole des Männlichen und Weiblichen als Zeichen des Göttlichen und seiner Entfaltung augenscheinlich vertauscht werden mußten, weil sie sonst nicht mit dem grammatikalischen Geschlecht der Begriffe, die sie im Buddhismus verkörpern sollen, harmoniert hätten» [3], wie Zimmer, der hier in den Fußstapfen Woodroffes (Avalon) folgt, meint, sondern es ist die konsequente Anwendung eines dem ganzen buddhistischen Tantrismus zugrundeliegenden Prinzips.

In ähnlicher Weise sind die Hindu-Tantras eine konsequente Anwendung der dem Hinduismus zugrundeliegenden Leitgedanken, selbst wenn die Methodik in weitem Maße von derjenigen der Buddhisten übernommen wurde. Dieselbe Methode, wenn von zwei entgegengesetzten Standpunkten angewandt, muß notwendigerweise zu entgegengesetzten Resultaten führen. Man braucht also nicht zu so oberflächlichen Begründungen zu greifen, wie die der Anpassungsnotwendigkeit an das grammatikalische Geschlecht der in Frage kommenden Begriffe (*prajñâ* [f.], *upâya* [m.]).

Eine solche Begründung war jedoch nur die Folge der falschen

[3] «Kunstform und Yoga im Indischen Kultbild», p. 75. (Frankfurter Verlags-Anstalt AG., Berlin, 1926.)

Voraussetzung, daß die buddhistischen Tantras Ableger der Hindu-Tantras seien, und je eher sich die buddhistische Forschung von diesem Vorurteil befreien kann, desto klarer wird es werden, daß der Begriff der *śakti* nichts im Buddhismus zu suchen hat. So wie der *Theravâdin* sich aufs Schärfste dagegen verwehren würde, wenn der *Anattâ*-Begriff (Skt.: *anâtman*) in sein Gegenteil verkehrt und durch das brahmanische *«Âtman»* wiedergegeben würde (da der Buddhismus im Grunde ja doch nur ein Ableger altindischen Denkens sei), so verwehrt sich der tibetische Buddhist gegen die Verfälschung seiner religiösen Tradition durch die Einführung des dem Hinduismus angehörigen Terminus *«Śakti»*, der in seinen Schriften überhaupt nicht vorkommt und der das genaue Gegenteil von dem bedeutet, was er durch *«Prajñâ»* oder durch die weiblichen Erscheinungsformen (Tib.: *yum*) der Buddhaschaft ausdrücken will. Man kann eben nicht willkürlich Termini aus einem theistischen System, mit der Idee eines Gott-Schöpfers im Mittelpunkt, in ein nichttheistisches System verpflanzen, das einen solchen Gott-Schöpfer grundsätzlich ablehnt. Aus solcher Begriffsverwirrung ist es dann nur noch ein Schritt, die Idee des *Âdi-Buddha* (der als Prinzip seelischer Ganzheit im Mittelpunkt des *Maṇḍala* steht) in den Begriff eines Gott-Schöpfers zu verkehren und damit das gesamte buddhistische System auf den Kopf zu stellen [4].

[4] H. V. Guenther bemerkt sehr treffend in seinem Werk "*Yuganaddha, The Tantrie View of Life*" (Chowkhamba Sanskrit Series, Benares, 1952) p. 187: «Die Behauptung, daß das Universum oder der Mensch der Âdibuddha ist, ist nur eine unzulängliche Verbalisierung eines allumfassenden Erlebnisses. Der Âdibuddha ist mit aller Bestimmtheit nicht ein Gott, der mit der Welt Würfel spielt, um sich die Zeit zu vertreiben. Er ist auch nicht eine Art Monotheismus, der auf einen früheren, angeblich atheistischen Buddhismus aufgepfropft worden ist. Solche Ideen sind die Irrtümer professioneller Semantiker. Buddhismus findet keinen Geschmack am Theoretisieren. Er versucht in die geheimsten Tiefen unseres innersten Wesens zu tauchen und das verborgene Licht strahlend hervorscheinen zu lassen. Der Âdibuddha wird daher am besten als die Entfaltung der wahren Natur des Menschen wiedergegeben.»

IV

DIE POLARITÄT DES MÄNNLICHEN UND DES WEIBLICHEN IN DER SYMBOLSPRACHE DES VAJRAYÂNA

Durch Verwechslung und Vermischung des buddhistischen Tantrismus mit dem erotisierenden Śaktismus der Hindu-Tantras ist jene ungeheuerliche Verwirrung entstanden, die bis zum heutigen Tage ein klares Verständnis des *Vajrayâna* und seiner Symbolsprache verhindert hat. Mit dieser Symbolsprache meine ich nicht nur die der Ikonographie, sondern auch die der tantrischen Literatur, insbesondere der *Siddha*s, die einzig für Eingeweihte gedacht war und sich, wie wir bereits sahen, einer Art Geheimsprache bediente, in der das Höchste in die Form des Niedrigsten, das Heiligste in die Form des Gewöhnlichsten, das Transzendente in die Form des Irdischsten und die tiefste Erkenntnis in die Form des Paradoxes oder des Grotesken gekleidet wurde. Es war nicht nur eine Geheimsprache, sondern auch eine Art Schocktherapie, die durch die Überspitzung des religiösen und philosophischen Lebens Indiens notwendig geworden war.

Diejenigen, die diese Sprache wörtlich nahmen, verirrten sich in der Jagd nach Wunderkräften und weltlichem Glück oder wurden von dem, was sie für Blasphemie hielten, abgestoßen. Es ist daher kein Wunder, daß nach dem Verschwinden der buddhistischen Tradition in Indien diese Literatur in Vergessenheit geriet oder durch Vermischung mit den śaktistischen Tendenzen des späten Hinduismus in die erotischen Kulte des volkstümlichen Tantrismus degenerierte, durch die westliche Forscher ihre ersten Eindrücke dieses Systems erhielten.

Nichts wäre falscher als hieraus Rückschlüsse auf die geistige Haltung des buddhistischen Tantrismus zu ziehen. Diese kann nie auf theoretischem Wege, weder durch Vergleiche noch durch literarische Zeugnisse der Vergangenheit ergründet werden, sondern nur durch praktische Erfahrung im Kontakt mit den noch heute bestehenden tantrischen Traditionen und ihren meditativen Methoden, wie sie sowohl in Tibet und der Mongolei, wie auch in gewissen Schulen Japans, z. B. *Shingon* und *Tendai*, ausgeübt werden. In bezug auf letztere sagt Glasenapp in seiner kurzgefaßten aber sehr aufschlußreichen Arbeit *«Die Entstehung des Vajrayâna»*:

«Die weiblichen Bodhisattvas, die in den *Maṇḍalas* figurieren, wie *Prajñâpâramitâ* und *Cuṇḍi* (*Jundei*) sind geschlechtslose Wesen, von denen, ganz im Sinne der alten Tradition, jedes sexuelle Moment ferngehalten wird. Damit unterscheiden sich diese Schulen von den uns aus Bengalen, Nepal und Tibet bekannten, welche den polaren Gegensatz zwischen dem männlichen und weiblichen Prinzip betonen [5].»

Die Nebeneinanderstellung von Bengalen, Nepal und Tibet zeigt, daß hier der Tantrismus Bengalens und Nepals mit demjenigen Tibets gleichgesetzt wird und daß, obwohl der Verfasser die Notwendigkeit eingesehen hat, zwischen Tantrismus und Ṡaktismus zu unterscheiden (ein wichtiger Schritt vorwärts!), er noch nicht die letzte Konsequenz gezogen hat: daß nämlich der Ṡaktismus überhaupt nichts mit Buddhismus zu tun hat [6].

Obwohl die Polarität des männlichen und weiblichen Prinzips in *Vajrayâna-Tantras* anerkannt und zur Grundlage der Symbolik gemacht wird, geschieht dies auf einer Ebene, die von der Sphäre des Sexuellen ebensoweit entfernt ist wie die mathematische Erkenntnis positiver und negativer Vorzeichen, die im Gebiete irrationaler Werte ebenso gültig ist wie im Gebiete des Rational-Konkreten.

[5] «Zeitschrift der Deutschen Morgenländischen Gesellschaft», Band 90, p. 560.

[6] Dies ist um so verwunderlicher, als er selbst darauf hinweist, daß «bei den Hindus gewöhnlich die Ṡakti die aktive Seite des Absoluten ist», «während das männliche Prinzip den unbewegt-ruhigen Aspekt der höchsten Wirklichkeit darstellt». Und er fährt fort: «In den bisher bekannten buddhistischen Tantras ist es, wie wir sahen, gerade umgekehrt; das weibliche Prinzip wird deshalb in den Texten auch nicht als ‚ṡakti', sondern als ‚prajñâ', ‚vidyâ' oder ‚mudrâ' bezeichnet» (Op. cit. p. 571). Wenn somit die Urheber der buddhistischen Tantras den Terminus ‚ṡakti' ablehnten, ist es nicht einzusehen, warum moderne Gelehrte, trotz besserem Wissen fortfahren, diesen Begriff auf den buddhistischen Tantrismus anzuwenden.

Die männlichen und weiblichen *Dhyâni-Buddhas* und *-Bodhisattvas* werden in Tibet ebensowenig als «geschlechtliche Wesen» aufgefaßt wie in den obenerwähnten tantrischen Schulen Japans, und selbst der Aspekt ihrer Vereinigung (*yuganaddha;* Tib.: *yab-yum*) ist für den in der religiösen Atmosphäre des Lamaismus aufgewachsenen Tibeter so unlöslich mit der höchsten geistigen Wirklichkeit des Erleuchtungsvorganges verbunden, daß Assoziationen mit der Ebene physischer Geschlechtlichkeit gänzlich ausgeschlossen werden.

Wir dürfen nicht vergessen, daß die in Frage kommenden figürlichen Darstellungen nicht Nachbildungen gewöhnlicher Menschen sind, sondern aus den Schaubildern der Meditation hervorgingen. In diesem Zustande aber gibt es nichts «Sexuelles» mehr im hergebrachten Sinne dieses Wortes, sondern nur die überindividuelle Polarität alles Geschehens, dem das Geistige ebenso wie das Körperliche (das ja nur ein Reflex des Geistigen ist) unterliegt, und die erst auf der höchsten Stufe der Einschmelzung oder Integrierung, die wir «Erleuchtung» nennen, aufgehoben und zur *Śûnyatâ* wird. Dies ist der Zustand, der als *Mahâmudrâ* (Tib.: *phyag-rgya-chen-po*), «die große Haltung (Geste)» oder «das große Symbol» bezeichnet wird, ein Ausdruck, der einem der wichtigsten Meditationssysteme Tibets seinen Namen gegeben hat.

In den frühesten Formen des indisch-buddhistischen Tantrismus wurde *«Mahâmudrâ»* als das «Ewig-Weibliche» Prinzip aufgefaßt, wie wir aus *Advayavajra*s Definition ersehen können: «Die Worte ‚groß' und *‚mudrâ'* zusammen bilden den Ausdruck *‚mahâmudrâ'*. Sie ist nicht ein Etwas (*niḥsvabhâvâ*); sie ist frei von den Schleiern, die das erkennbare Objekt verhüllen und dergleichen; sie strahlt wie der heitere Himmel zur Mittagszeit im Herbst; sie ist die Grundlage alles Erfolges; sie ist die Identität von *Saṃsâra* und *Nirvâṇa;* ihr Körper ist Erbarmen (*karuṇâ*), das nicht auf ein einzelnes Objekt beschränkt ist; sie ist die Einzigartigkeit der großen Glückseligkeit (*mahâsukhaikarûpa)*[7].»

[7] *Advayavajra: «Caturmudrâ»*, p. 34; zitiert in *«Yuganaddha»*, p. 117.

Wenn in einer der mißverstandensten Stellen von *Anaṅgavajras «Prajñopâyaviniścayasiddhi»* [8] gesagt wird, daß alle Frauen vom *Sâdhaka* genossen werden sollten zur Verwirklichung der *Mahâmudrâ,* so ist es klar, daß dieses nicht im physischen Sinne verstanden werden kann, sondern daß es nur auf jene höhere Form der Liebe bezogen werden kann, *«die nicht auf ein einzelnes Objekt beschränkt ist»* und die imstande ist, alle «weiblichen» Qualitäten, in uns selbst sowohl wie in anderen, als diejenigen der «göttlichen Mutter» (der *Prajñâ-pâramitâ,* der transzendenten Weisheit) zu erkennen.

Ein anderer Passus, der gerade durch seine Groteskheit beweißt, daß er als ein für die *Sandhyâbhâṣâ* charakteristisches Paradox aufzufassen und nicht wörtlich zu nehmen ist, sagt, daß «der *Sâdhaka,* der mit seiner Mutter, seiner Schwester, seiner Tochter und der Tochter seiner Schwester Geschlechtsverkehr pflege, in seinem Streben zum höchsten Ziel (*tattvayoga*) ohne Mühe erfolgreich sei [9].»

Ausdrücke wie «Mutter», «Schwester», «Tochter» oder «Schwester-Tochter» in diesem Zusammenhang wörtlich zu nehmen, ist ebenso sinnlos wie den wohlbekannten *Dhammapada*-Vers (No. 294) wörtlich aufzufassen, in dem es heißt, daß der Brahmane, der Vater und Mutter und zwei Könige der Kriegerkaste umgebracht und ein Königreich mit allen seinen Einwohnern vernichtet hat [10], von Sünde frei bliebe. «Vater» und

[8] In *"Two Vajrayâna Works"*, Gaekwad's Oriental Series, Vol. XLIV, p. 22 f.

[9] *Anaṅgavajra: «Prajñopâyaviniścayasiddhi»* V, 25, zitiert in *«Yuganaddha»* p. 106. Eine ähnliche Stelle findet sich im *Guhyasamâja-Tantra,* worauf *Anaṅgavajra* sich augenscheinlich bezieht.

[10] Dies wird auch von *Padmasambhava,* dem großen Gelehrten und Heiligen des 8. Jahrhunderts n. Chr., der den Buddhismus nach Tibet brachte und das erste Kloster gründete, erzählt. In seiner symbolischen, in der *Sandhyâbhâsâ* abgefaßten Biographie (auf die wir später zurückkommen werden) heißt es, daß *Padmasambhava* in der Gestalt einer furchtbaren Gottheit einen der Religion feindlichen König samt seinen Untertanen vernichtete und sich jede ihrer Frauen nahm, um sie zu läutern und zur Mutter religiöser Kinder zu machen. Dies letztere wird von Evans-Wentz folgendermaßen kommentiert: «Wie viele Kulturheroen, macht Padmasam-

«Mutter» bedeuten hier, wie der Kommentar erklärt, «Ich-Dünkel» und «Lebensdurst» (Pâli: *asmimâna* und *taṇhâ),* die «zwei Könige» die häretischen Ansichten des «Vernichtungsglaubens» oder des «Ewigkeitsglaubens» *(uccheda vâ sassata diṭṭhi)*, «das Königreich und seine Einwohner» «die zwölf Bewußtseinsbereiche» *(dvâdasâyatanâni),* und der «Brahmane» «der befreite Mönch» (*bhikkhu*).

Zu behaupten, daß tantrische Buddhisten tatsächlich Inzest und geschlechtliche Ausschweifungen ermutigt hätten, ist ebenso lächerlich, wie den *Theravâdins* vorzuwerfen, sie hätten Vater- und Muttermord und ähnliche Verbrechen begünstigt. Sofern wir uns nur die Mühe nehmen, die noch lebendige Tradition der Tantras in ihren echten, unverfälschten Formen zu studieren, wie sie bis zum heutigen Tage in Tausenden von Klöstern und Einsiedeleien bestehen, woselbst die Ideale der Sinnenbeherrschung und des Verzichtes weltlicher Genüsse in höchstem Ansehen stehen, dann nur können wir ermessen, wie unbegründet und wertlos jene Theorien sind, die versuchen die Tantras in den Bereich grober Sinnlichkeit herabzuziehen.

Vom Standpunkt tibetisch-tantrischer Tradition können die obenerwähnten Stellen nur Sinn haben im Zusammenhang mit der Terminologie der Yogapraxis: «Alle Frauen in der Welt»

bhava, wie dieses Beispiel zeigt, von seiner Männlichkeit natürlich Gebrauch aus eugenischen Gründen (for eugenic good)... konventionelle Begriffe sexueller Moralität werden völlig von ihm verleugnet.» Dies steht in vollkommenem Widerspruch mit allem *Padmasambhava* zugeschriebenen Werken, die von den höchsten moralischen und ethischen Idealen und strengster Geisteszucht zeugen. Ein solches Mißverständnis kann nur aus der Unkenntnis der *Sandhyâbhâṣâ* entstehen, in der innere Vorgänge bzw. Erlebnisse der Meditation (wie der Kampf Buddhas mit *Mâras* Heerscharen) in der Form äußerer Geschehnisse wiedergegeben werden. Dies ist angedeutet durch die Bemerkung, daß *Padmasambhava* die Gestalt einer furchtbaren Gottheit annahm. Der Kampf mit den dämonischen Kräften vollzog sich im eigenen Innern, ebenso wie das «Erkennen» der weiblichen Prinzipien im Vorgang innerer Ganzwerdung in der Vereinigung der polaren Eigenschaften seiner Natur bestand, des aktiven männlichen Prinzips *(upâya)* und des erkennenden weiblichen Prinzips *(prajñâ),* wie ich im Folgenden zeigen werde.

bedeutet alle Elemente, welche die weiblichen Prinzipien unserer psycho-physischen Persönlichkeit ausmachen, welch letztere, wie der Buddha sagt, eben das ist, was gemeinhin «die Welt» genannt wird. Diesen Prinzipien entsprechen auf der entgegengesetzten Seite eine gleiche Anzahl männlicher Prinzipien. Vier der weiblichen Prinzipien formen eine besondere Gruppe, nämlich die vitalen Kräfte (*prâṇa*) der «großen Elemente» (*mahâbhûta*) «Erde», «Wasser», «Feuer», «Luft» und die ihnen entsprechenden psychischen Zentren (*cakra*) oder Bewußtseinsebenen im menschlichen Körper (auf die wir im nächsten Hauptteil näher eingehen werden). In jeder von ihnen muß die Vereinigung der männlichen und weiblichen Prinzipien stattfinden, bevor die fünfte und höchste Stufe erreicht ist. Wenn die Ausdrücke «Mutter», «Schwester», «Tochter», etc. auf die Kräfte oder die vitalen Qualitäten der *Mahâbhûtas* angewandt werden, so wird die Bedeutung dieser Symbolik verständlich.

In anderen Worten: statt Vereinigung mit einem Weibe in der Außenwelt zu suchen, muß der *Sâdhaka* diese in sich selbst verwirklichen durch Vereinigung der männlichen und weiblichen Prinzipien seiner *eigenen* Natur (daher das Gleichnis des Inzestes) im Vorgang der Yoga-Praxis. Dies wird in *Naropas* berühmten «Sechs Lehren» (Tib.: *chos drug bsdus-paḥi zin-bris)* klargelegt, auf denen die wichtigsten Yogamethoden der *Kargyütpa*-Schule begründet sind. Sie wurden von Tibets größtem Heiligen und Meister der Meditation, *Milarepa* (*Mi-la-ras-pa*), ausgeübt – einem Manne, dem gewiß niemand «sexuelle Praktiken» vorwerfen konnte und dessen Leben und Wirken selbst dem blindesten Vertreter dieser unsinnigen Theorie die Augen öffnen sollte! Obwohl wir erst später auf die Einzelheiten dieser Yoga-Methode eingehen können, mag ein kurzes Zitat an dieser Stelle die Berechtigung unseres Gesichtspunktes erweisen:

«Die vitale Kraft (*prâṇa;* Tib.: *ṡugs, rluṅ*) der fünf Aggregate *(skandha;* Tib.: *phuṅ-po)* [11] gehört ihrer wahren Na-

[11] In *Indrabhûtis «Jñânasiddhi»* II, 1–3, heißt es, daß die fünf *Skandhas* ihrer wahren Natur nach Buddhas seien; *(«Pañcabuddhasvabhâvatvât pañcaskandhâ jinâḥ smṛtaḥ»)*, während die fünf *Dhâtus* den weiblichen Er-

tur nach zum *männlichen* Aspekt des Buddha-Prinzips, das sich durch den linken psychischen Nerv *(iḍâ-nâḍî;* Tib.: *rkyaṅ-ma rtsa)* manifestiert. Die vitale Kraft der fünf Elemente *(dhâtu;* Tib.: *ḥbyuṅ-ba)* gehören ihrer wahren Natur nach zum *weiblichen* Aspekt des Buddha-Prinzips, das sich durch den rechten psychischen Nerv (*piṅgalâ-nâḍî;* Tib.: *ro-ma rtsa*) manifestiert. Indem die vitale Kraft mit diesen zwei Aspekten derselben *in Vereinigung* in den Mittelnerv (*suṣumṇâ;* Tib.: *dbu-ma rtsa*) hinabsteigt, tritt allmählich die Verwirklichung ein ... [12]» und man erlangt den höchsten Zustand der Buddhaschaft.

Die geschlechtliche Polarität wird somit zu einem bloßen Sonderfall der universellen Polarität, die auf allen Stufen erkannt und durch Erkenntnis überwunden werden muß: vom «Erkennen des Weibes» (wie es in der Bibel genannt wird) bis zum Erkennen des «Ewig-Weiblichen» *Mahâmudrâ* oder der *Śûnyatâ* in der Verwirklichung höchster Weisheit.

Erst wenn wir imstande sind die Vorgänge im Gebiete des Physischen, ja der eigenen Körperlichkeit, in der Perspektive des Universellen zu sehen und auf diese Weise das «Ich» und «Mein» und das ganze Gefüge egozentrischer Gefühle, Anschauungen und Vorurteile, d. h. den ganzen Persönlichkeitskomplex zu überwinden, dann erst können wir zur Sphäre des reinen Geistes emporsteigen.

Die Tantras brachten das religiöse Erleben aus den abstrakten Regionen des spekulierenden Intellektes wieder zur Erde herab und kleideten es in Fleisch und Blut; – aber nicht, um es zu verweltlichen, sondern um es zu verwirklichen, es zur wirkenden Kraft zu machen. Sie wußten, daß schauende Erkenntnis stärker ist als die Macht der Triebe, daß *prajñâ* stärker ist als *śakti.* Denn *śakti* ist die blinde weltgebärende Kraft (*mâyâ*), die im-

scheinungsformen der *Dhyâni-Buddhas,* wie *Locanâ* etc. entsprechen. (Gaekwad's Oriental Series, Vol. No. XLIV). Auch im *Guhyasamâja-Tantra* findet sich eine ähnliche Stelle (G. O. S. Vol. LIII, p. 137).

[12] Nach Lama Dawa Samdup's englischer Übersetzung in W. Y. Evans-Wentz: "*Tibetan Yoga and Secret Doctrines*", Oxford University Press, London, 1935.

mer tiefer ins Reich des Werdens, der Materie und der Differenzierung hinabführt und die nur aufgehoben oder umgekehrt werden kann durch ihr Gegenteil: die Schauung, welche die Kraft des Werdens in die des Entwerdens verwandelt.

V

SCHAUUNG ALS SCHÖPFERISCHE WIRKLICHKEIT

Die Vollkommenheit der Verwandlung jenes blinden, weltgebärenden Dranges in die Kraft des Entwerdens, der Erlösung, hängt von der Vollkommenheit der Schauung, von der Universalität der schauenden Erkenntnis ab. Denn indem wir in der Schauung uns der Welt und jener Kräfte, welche diese Welt schaffen, bewußt werden, werden wir ihrer Herr. Solange diese Kräfte unerkannt in uns schlummern, haben wir keinen Zugang zu ihnen. Sie müssen daher als Schaubilder ins Bereich des Sichtbaren projiziert werden, wobei die Symbole, die zu diesem Zweck verwandt werden, ähnlich wirken wie ein chemischer Katalysator, durch den eine Flüssigkeit sich plötzlich in solide Kristalle verwandelt und so ihre wahre Natur und Struktur enthüllt.

Dieser geistige Kristallisationsprozeß, der die schöpferische Phase der Meditation bildet, wird der Vorgang oder die Phase der Entfaltung *(sṛṣṭi-krama;* Tib.: *bskyed-rim)* genannt.

Die durch diesen Vorgang verfestigten und sichtbar gemachten Vorstellungsformen würden jedoch einen geistig erstarrenden, wenn nicht tödlichen Effekt haben, wenn es nicht eine Methode gäbe, die kristallisierten Formen wieder in den normalen Lebens- oder Bewußtseinsstrom aufzulösen.

Diese Methode wird der Prozeß der Einschmelzung oder der vollkommenen Integrierung (*laya-krama;* Tib.: *rdzogs-rim*) genannt. Er zeigt die Nicht-Ichhaftigkeit (*anâtman*), Nicht-Absolutheit, Relativität und Aufhebbarkeit jeder Form (*ŝûnyatâ*). Dies wird in jedem tibetischen Meditationstraining gelehrt, so daß es absolut keinen Raum zu Mißverständnissen oder zur Verhaftung an die eigenen Erlebnisse und Erreichungen (die Gefahr der meisten nicht-buddhistischen Mystiker) gibt.

Derjenige, der erfährt, daß «Wirklichkeit» das Produkt unseres eigenen Wirkens ist (*«mano pubbaṅgamâ dhammâ»*), wird von der materialistischen Vorstellung der Welt, als einer an sich bestehenden oder «gegebenen» Wirklichkeit, auf die alleranschaulichste Weise befreit. Dies ist bei weitem überzeugender als alle theoretischen oder philosophischen Erörterungen. Es ist praktische Erfahrung, – und diese hat eine unendlich tiefere Wirkung als die stärkste intellektuelle Überzeugung, denn «das Schauen *verwandelt* den Schauenden; was offenbar den äußersten Gegensatz zum Wahrnehmungsakte anzeigt, der den Wahrnehmenden vom Wahrnehmungsdinge abhebt und ihn erst eigentlich vergewissert des begrenzten Fürsichseins» (Klages) [13].

Ein Ding existiert nur in soweit als es wirkt. Wirklichkeit ist Wirken. Ein wirkendes Symbol oder Schaubild ist Wirklichkeit. In diesem Sinne sind die in der Meditation geschauten *Dhyâni-Buddhas* wirklich (ebenso wirklich wie der sie schaffende Geist), während der nur als einmalige historische Persönlichkeit *gedachte* Buddha in diesem Sinne unwirklich ist. Ein nichtwirkendes Symbol oder Bild ist leere Form, ein bestenfalls dekoratives Gebilde oder die Erinnerungsform eines Begriffes oder eines der Vergangenheit angehörigen Gedankens oder Geschehens.

[13] «Der Verwandlungsprozeß, den das Bewußtsein des Menschen an der Materialität des yantra vollzieht, geschieht im Akt der Verehrung, der pûjâ. Das Bild ist nicht die Gottheit, ihre Wesenheit tritt auch nicht magisch herbeigerufen für die Dauer der Verehrungszeremonie von irgendwo außerhalb in seinen Kern hinein; der Gläubige selbst erzeugt in seinem Inneren ein Schaubild der göttlichen Wesenheit und projiziert es auf das Kultbild, das vor ihm steht, um die göttliche Wesenheit anschaulich im Stand der Zweiheit, der seinem Bewußtsein entspricht, zu erfahren. Dieses innere Schaubild ist natürlich jenseits aller Willkür, in ihm soll ein dem äußeren Auge entrücktes göttliches Sein ins innere Blickfeld treten, eine übermenschliche hohe Wirklichkeit sich im menschlichen Bewußtsein spiegeln.» (H. Zimmer, «Kunstform und Yoga», p. 29.)

Deshalb nehmen alle bedeutenden tibetischen Meditationen das universelle Ziel, die große mystische Synthese, die ideale Buddhaschaft gedanklich vorweg, und erst nachdem sie den Meditierenden mit dem Ziel identifiziert haben, überlassen sie ihn der Vielfältigkeit meditativer Erlebnisse und Methoden.

Ebenso wie ein Bogenschütze sein Ziel ins Auge nimmt, mit ihm eins wird, um es mit Sicherheit zu treffen, so muß der Meditierende vorerst sich sein Ziel vergegenwärtigen und völlig mit ihm eins sein. Dies gibt seinem inneren Streben die Richtung und den Impetus, so daß – welche Wege und Methoden er auch wählt, seien sie aufbauend oder unterscheidend, gefühlsmäßig oder verstandesmäßig, schöpferisch oder analytisch, – er immer auf das Ziel hin fortschreiten und sich weder in der Öde der Zergliederung verlieren, noch an den Schöpfungen seiner Vorstellung haften wird. Die letztere Gefahr wird, wie bereits angedeutet, durch die auflösende, integrierende Aktion des Einschmelzungsprozesses vermieden. Die Demonstration, eine Welt zu schaffen und wieder aufzulösen, zeigt mehr als alle mechanistische Analyse des Verstandes die wahre Natur aller Erscheinung und die Sinnlosigkeit alles Haftens und Begehrens.

Bevor wir jedoch zu dieser Stufe vordringen, haben wir uns mit der schöpferischen Phase der Schaubildentfaltung zu befassen, die auf dem Schema (*maṇḍala*) des vierblätterigen Lotos (*padma*) aufgebaut ist. Dieser Lotos stellt die Entfaltung des vollendeten Geistes oder der idealen Buddhaschaft dar, in der die Qualitäten der Erleuchtung oder des Buddha, die das Ziel des Meditierenden sind, in anschaulicher Form auseinandertreten.

Ebenso wie wir, um die Eigenschaften des Sonnenlichtes oder die Qualitäten der Sonne zu verstehen, ihre Strahlen im Spektrum auseinanderlegen, so müssen wir, um die Natur eines Erleuchteten oder des Erleuchtungsbewußtseins zu verstehen, uns seine verschiedenen Qualitäten vergegenwärtigen. Denn ein Nichterleuchteter kann den erleuchteten Geist nicht in seiner Ganzheit begreifen, sondern nur in seinen Einzelaspekten, die, je nach der Ebene des Erlebens, durch die Vielfältigkeit ihrer

Beziehungen und Assoziationen zu immer weiteren und tieferen Bedeutungen führen.

Die Inbeziehungsetzung von geistigen Qualitäten, Bewußtseinsprinzipien, Erkenntnisstufen, Daseinselementen und den sie begleitenden symbolischen Figuren, Gesten, Farben und räumlichen Positionen ist kein müßiges Spiel der Phantasie, keine willkürliche Spekulation, sondern die anschauliche Darstellung einer durch Generationen gesammelten und bestätigten geistigen Erfahrung und eines gewissermaßen symphonischen oder viel-dimensionalen Erlebens der Wirklichkeit, im Sinne aller wirkenden – d. h. zusammenwirkenden – Kräfte auf den Ebenen des Materiellen, des Sinnlichen, des Psychischen und des Geistigen.

Dieses Zusammenwirken ist aber nur dann harmonisch, wenn keine unreinen (d. h. selbstischen) Schwingungen den Zusammenhang stören, und es bedarf klarer Erkenntnis und zielbewußter Anstrengung, um die innere «Abstimmung» rein zu erhalten. Es geht mit dem Instrument des menschlichen Bewußtseins ebenso wie mit jedem anderen (musikalischen) Instrument, das ständig neu gestimmt werden muß und dessen Stimmung von der Kenntnis der richtigen Schwingung, von der Wahrnehmungsfähigkeit des Zusammenklanges, von der völligen Hingabe und Einfühlungsfähigkeit des Ausübenden abhängt.

Diese Kenntnis versucht jede tantrische Schaubildentfaltung auf den verschiedenen Ebenen des Erlebens zu vermitteln. Das tatsächliche Zusammenbestehen und oft Ineinanderbestehen dieser Ebenen und die Gleichzeitigkeit ihrer Funktionen, wird vom denkenden Geiste als Nebeneinander oder Nacheinander empfunden und kann darum nur stückweise und in einzelnen Phasen ausgedrückt werden.

Die gedanklichen und weltanschaulichen Konsequenzen enthüllen sich daher nur durch Annäherung an die gegebenen Probleme von verschiedenen Seiten und Gesichtspunkten, sozusagen durch einen «konzentrischen Angriff» auf die zentralen Probleme. Der inkommensurable Rest, der in jeder Teillösung zurückbleibt, ist nur durch die Gesamtschau oder das Erlebnis der

Ganzheit aufhebbar. Darum ist, um dieses Prinzip in seine letzten Konsequenzen zu verfolgen, wirkliche Erlösung nur durch vollkommene Erleuchtung möglich, – nicht aber durch bloße Ablehnung der Welt oder Negierung ihrer Probleme, was bestenfalls zum geistigen Tod, zum reinen Nihilismus führen kann.

Wir müssen uns darum der Unzulänglichkeit aller Worte und intellektuellen Erklärungsversuche bewußt sein und nicht mehr als Approximationswerte in ihnen sehen, die uns auf das tiefere Erleben vorbereiten; so wie die theoretische Harmonie- und Kontrapunktlehre nur vorbereitenden Wert haben, nie aber das musikalische Erlebnis ersetzen kann.

Die Inbeziehungsetzung der fünf *Skandhas* (*rûpa, vedanâ, saṃjñâ, saṃskâra, vijñâna*) zu den fünf Qualitäten des Erleuchtungsbewußtseins und der ihnen entsprechenden Weisheiten enthüllte uns bereits ein grundlegendes Prinzip: daß nämlich die höchsten Eigenschaften keimhaft in den niederen enthalten sind; daß Böses und Gutes, Profanes und Heiliges, Sinnliches und Geistiges, Weltliches und Überweltliches, Nichtwissen und Erleuchtung, *Saṃsâra* und *Nirvâṇa*, etc. keine absoluten, völlig von inander geschiedenen Begriffe sind, sondern zwei Seiten derselben Wirklichkeit.

VI

DIE FÜNF DHYÂNI-BUDDHAS UND DIE FÜNF WEISHEITEN

Die Welt wird somit weder in Bausch und Bogen verdammt, noch in unversönliche Gegensätze zerrissen, sondern es wird eine Brücke gezeigt, die von der alltäglichen Welt zeitlicher Sinneswahrnehmung zum Reiche zeitloser Erkenntnis führt, – ein Weg, der nicht durch Verachtung und Verneinung, sondern durch Veredlung und Sublimierung gegebener Bedingungen und Eigenschaften über diese hinausführt.

Vom Gesichtspunkt der fünf Gruppen (*skandha*) oder Aspekte individuellen Daseins betrachtet, bedeutet dies, wie wir bereits gesehen haben, daß die Prinzipien der Körperlichkeit (*rûpa*), der Empfindung (*vedanâ*), der Wahrnehmung (*saṃjñâ*), der geistigen Gestaltungen oder willensbedingten Bildekräfte (*saṃskâra*) und des Bewußtseins (*vijñâna*) sich im Zustande der Buddhaschaft, beziehungsweise auf dem Wege zu ihr, in die entsprechenden Qualitäten des Erleuchtungsbewußtseins verwandeln.

Das beschränkte, Ich-gebundene individuelle Bewußtsein wird durch die Erkenntnis des universellen Gesetzes (*dharma*) zum kosmischen Bewußtsein, wie wir es in der Gestalt *Vairocanas*, des «Strahlenden» (Tib.: *rnam-par-snaṅ-mdzad*) symbolisiert finden. Und mit ihm wird das Prinzip der individuellen Körperlichkeit zum potentiellen Allkörper, in dem die Formen aller Dinge beschlossen liegen und zugleich ihrer wahren Natur nach als die Exponenten der «Großen Leere» (*śûnyatâ*) erkannt werden durch das Bewußtsein der Spiegelgleichen Weisheit, welche die Formen aller Dinge reflektiert, ohne an ihnen zu haften, ohne von ihnen berührt oder erschüttert zu werden. Dies ist dargestellt in der Gestalt *Akṣobhyas,* dem «Unerschütterlichen» (Tib.: *mi-bskyod-pa*).

Er berührt zum Zeugnis seiner Unerschütterlichkeit mit den Fingerspitzen der rechten Hand die Erde (*bhûmisparśa-mudrâ*), das Unerschütterlich-Feste, den Inbegriff des Materiellen, Geformten, Konkreten, Dinghaften und ist dennoch eins mit der «Weisheit des Großen Spiegels», die seine *«Prajñâ»*, seine unlöslich mit ihm verbundene Erkenntnis ist und die, als die ihn umarmende göttliche Mutter (Tib.: *yum*) *Locanâ,* der «Sehenden», im Tibetischen «das Buddha-Auge» (*saṅs-rgyas-spyan-ma*) genannt wird. Sie ist der «Spiegel der Großen Leere», in dem die Dinge weder «sind» noch «nicht-sind», in dem die Dinge erscheinen, ohne daß man sagen könnte, daß sie innerhalb oder außerhalb des Spiegels sind.

In ebensolcher Weise wird durch die Erkenntnis der Wesensgleichheit aus dem selbstischen Fühlen das Mitgefühl mit allem

Lebenden, wie wir es verkörpert finden in der Gestalt *Ratnasambhavas* (Tib.: *rin-chen-ḥbyuṅ-gnas*[14]), dem «Ursprung der Juwelen», nämlich der Ursache für das Erscheinen der Drei Kostbarkeiten (*triratna*) in der Welt: des Buddha, seiner Lehre (*dharma*) und seiner Gemeinde (*saṅgha*). Auch *Ratnasambhava* berührt den Boden, aber in umgekehrter Geste, mit der Handfläche nach außen: als Gebender. Er gibt der Welt die Drei Kostbarkeiten, in der die von *Akṣobhya* verkörperte Erkenntnis der *Ŝûnyatâ*, der Nicht-Selbstheit, zur Grundlage der Verbundenheit aller Wesen wird. Er ist darum unzertrennbar vereint mit seiner *«Prajñâ»*, der «gleichmachenden Weisheit», die ihn in Form der göttlichen Mutter *Mâmakî* («Meinheit») umschlungen hält. Ihr Name deutet an, daß sie auf alle Wesen wie auf ihre eigenen Kinder, d. h. als mit ihr selbst identisch, blickt.

Dieses Gefühl der Identität in der Erkenntnis innerer Einheit ist, wie es im *Vijñapti-siddhi-ŝâstra* heißt, «die besondere Grundlage (*âŝraya*) des untersuchenden Wissens (*pratyavekṣaṇa-jñâna*)». Das heißt, nur auf der Grundlage und unter völliger Bewußthaltung der großen Synthese können wir uns der analytischen Erkenntnis des Einzelnen widmen, ohne die großen Zusammenhänge zu verlieren.

So wird aus der Sinneswahrnehmung und intellektuellen Unterscheidung die übersinnliche Wahrnehmungs- und Unterscheidungskraft meditativer Schauungen, was die besondere Funktion *Amitâbhas*, des «Unbegrenzten Lichtes» (Tib.: *ḥod-dpag-med*) oder «Unendlichen Glanzes» (Tib.: *snaṅ-ba-mthâ-yas*) ist. Seine Hände ruhen in der Geste der Meditation (*dhyâna-mudrâ*). Er ist eins mit der «Weisheit unterscheidender Klarschau», seiner *«Prajñâ»*, die ihn in Form der göttlichen Mutter Pâṇḍaravâsinî (Tib.: *gos-dkar-mo*) der «Weißgekleideten», umschlingt.

In *Indrabhûtis «Jñânasiddhi»* heißt es, daß diese Weisheit *pratyavekṣaṇajñâna* genannt wird, weil sie von Anbeginn rein, unerschaffen, in sich selbst leuchtend und alldurchdringend ist.

[14] oder «rin-chen-ḥbyuṅ-ldan», «der Juwelenbesitzende».

Diese Definition zeigt, daß es sich hier nicht um intellektuelle Analyse, sondern um *intuitiven* Klarblick handelt, unbeeinflußt von logischen oder gedanklichen Unterscheidungen. Es ist die *reine* Spontaneität des schauenden Bewußtseins, ohne Vorurteile und künstliche Schlußfolgerungen. Auch im Pâli ist der Ausdruck *«paccavekkhaṇa-ñâṇa»* mit den Schauungen der Meditation (*jhâna*) verbunden und zwar als «retrospektives Wissen», in dem die Erinnerungsbilder geistiger Vorstellungen oder innerer Erfahrungen wachgerufen werden.

Wenn wir also die Weisheit *Amitâbhas* als «analytische Weisheit» bezeichnen, im Gegensatz zur «reflektiven Weisheit des Großen Spiegels» oder zur «synthetischen Weisheit der Wesensgleichheit», so beziehen sich Ausdrücke wie «analytisch», «unterscheidend», «forschend», «untersuchend», mit denen *pratyavekṣaṇa* wiedergegeben wird, hier also nicht auf eine logische «reductio ad absurdum» der Erscheinungswelt auf dem Wege philosophischer oder naturwissenschaftlicher Analyse, deren Unzulänglichkeit der Buddha bereits erkannte und aus welchem Grunde er die Spekulationen der Metaphysiker und Philosophen seiner Zeit ablehnte, – eine Tatsache aus der einige Indologen des vorigen Jahrhunderts den Schluß zogen, daß der Buddhismus eine rein verstandesmäßige Lehre, ohne jeden metaphysischen Hintergrund, sei[15]. Der Buddha war gewiß kein Feind der Logik,

[15] «Wenn man die scholastische Literatur des alten Buddhismus kennenlernt», bemerkt Rosenberg (in seinem Werk «Die Probleme der Buddhistischen Philosophie»), «wird die Behauptung, er habe sich den metaphysischen Fragen gegenüber ablehnend verhalten, ganz undenkbar.» – Er hat «die Fragen nicht abgelehnt, weil sie *metaphysisch sind, sondern weil* es, unter dem metaphysischen Gesichtspunkte Buddhas betrachtet, *logisch unmöglich ist, sie zu beantworten.*

Es fragt sich, wie es zu erklären ist, daß die europäischen Autoren mit solchem Nachdruck die Metaphysik des ursprünglichen Buddhismus bestreiten. Teilweise läßt sich diese Erscheinung durch eine zweifache Tendenz erklären. Einerseits haben die christlichen Missionäre in ihren Arbeiten unwillkürlich und mitunter wohl auch absichtlich die Metaphysiklosigkeit des Buddhismus betont, um seine Unvollkommenheit als religiöses System zu beweisen, da die wichtigsten Elemente religiösen Charakters nicht vorhanden sind.

sondern machte im Gegenteil vollsten Gebrauch von ihr; aber er erkannte ebensowohl ihre Grenzen und lehrte darum, was darüber hinausging: die unmittelbare Schauung (*dhyâna*), die über bloßes Wortdenken hinausgeht (*avitarka-avicâra*). Dies ist in der Gestalt *Amitâbhas* und seiner *«Prajñâ»*, im reinen, unberührten, fleckenlos weißen Gewand der Intuition, zum Ausdruck gebracht.

Aus der Basis solcher Schauungen wird aus dem Ich-gebundenen, Karma-wirkenden Wollen und den durch dieses geformten Bildekräften das Karma-freie Wirken des Heiligen, d. h. die Verwirklichung des heiligen Pfades im Bodhisattva-Wandel im Leben eines zur Erleuchtung Strebenden oder eines Buddha, – ein Leben, das seinen zureichenden Grund und seine Ursache nicht mehr im Daseinsdurste, im Haften oder Begehren hat, sondern im Allerbarmen. Dies ist in der Gestalt *Amoghasiddhis* (Tib.: *don-yod-grub-pa), des* «Zielverwirklichers» verkörpert. Seine *«Prajñâ»* ist die «alles vollendende Weisheit», die ihn in der Form der göttlichen Mutter *Târâ* (Tib.: *sgrol-ma*), der «Erretterin», umschlungen hält, während er selbst in der Geste der Furchtlosigkeit *(abhaya-mudrâ)* alle Wesen segnet.

Wenn wir hier und in anderen Zusammenhängen das Wort «göttlich» gebrauchen, so ist dies nicht im theistischen Sinne gemeint, sondern im Sinne von «erhaben», über den Bereich menschlicher Sinneswahrnehmung hinausgehend, der höchsten geistigen Erfahrung angehörend. Wir geben daher das tibetische Wort *«yum»* oder *«yum-mchog»*, womit der weibliche Aspekt der *Dhyâni-Buddhas* bezeichnet wird, als «göttliche Mutter»

Andererseits wies man auf die Abwesenheit der Metaphysik im Buddhismus als auf einen *Vorzug* hin, wobei der Buddhismus als ein System hingestellt wurde, welches eine Religion ersetzen könnte, ohne der modernen wissenschaftlichen Weltanschauung zu widersprechen. Man darf nicht vergessen, daß der Beginn der Erforschung des Buddhismus in Europa mit dem Verfall der metaphysischen Philosophie und mit dem Aufblühen materialistischer Systeme zusammenfällt.» (Op. cit. p. 56.)

Leider hat die buddhistische Forschung und die von ihr abhängige europäisch-buddhistische Literatur bis zum heutigen Tage an den Folgen dieser Einstellung zu leiden.

wieder. In ähnlicher Weise wenden die Tibeter das Wort «*lha*», was im gewöhnlichen Sinne dem indischen Begriff «*deva*» entspricht, d. h. Bewohner höherer Daseinsebenen (den christlichen Engelhierarchien vergleichbar), auch auf *Dhyâni-Buddhas* etc. an. Das Wort «*lha*» läßt sich also nie mit dem westlichen Begriff «Gott» gleichsetzen, denn nichts wäre grotesker als die verschiedenen Buddhas als «Götter» zu bezeichnen, wie dies leider immer wieder geschieht. Die Bedeutung des Wortes «*lha*» richtet sich nach dem jeweiligen Zusammenhang und kann diesem entsprechend folgende Definitionen haben:

1. Bewohner höherer Daseinsebenen (*deva*), die zwar dem Menschen überlegen, aber den Gesetzen der Welt unterworfen sind;
2. erdgebundene Geister, Dämonen und Genien gewisser Orte oder Elemente;
3. geistgeschaffene Erscheinungsformen, wie *Dhyâni-Buddhas* und dergleichen.

VII

TÂRÂ, AKṢOBHYA UND VAIROCANA IM TIBETISCHEN MEDITATIONSSYSTEM

Târâ nimmt unter den «*Prajñâs*» eine Sonderstellung ein, insofern sie nicht nur, wie die anderen, als weiblicher Aspekt des mit ihr vereinten *Dhyâni-Buddha* von Bedeutung ist, sondern kraft ihrer besonderen Qualitäten, auch von *Amoghasiddhi* getrennt, eine wichtige Rolle im religiösen Leben Tibets spielt. Sie repräsentiert die aller religiösen Praxis – vom einfachen Huldigungsritus bis zum hochentwickelten Meditationstraining – zugrundeliegende Hingabe und ist darum eine der populärsten, zugänglichsten und anziehendsten Figuren des tibetischen Pantheons, in der alle menschlichen und göttlichen Züge einer Madonna, die sich der Guten wie der Bösen, der Klugen, wie der Törichten erbarmt, vereint sind.

Sie wird darum im Tibetischen als *«dam-tshig sgrol-ma»*, die «hingebungsvolle *Dölma»* bezeichnet. Sie ist die Verkörperung der gläubigen Hingabe (*dam-tshig;* Skt.: *bhakti*), der «kein Ding unmöglich ist». Es ist «der Glaube, der Berge versetzt», die Weisheit des Herzens. In den theistischen Religionen Indiens ist «*bhakti*» Gottesliebe, völlige Hingabe und Selbstidentifizierung mit Gott. Es ist somit mehr als *«śraddha»*, mehr als gläubiges Vertrauen, weil es von der Kraft der Liebe getragen ist. Ein «*bhakta*» ist sowohl ein «devotee», ein Gläubiger, wie ein Liebender.

Das tibetische Wort *«dam-tshig»* ist die Hingabe an den Buddha im eigenen Herzen. Die Silbe «*dam*» bedeutet «gebunden, befestigt, fest». *«Dam-tshig»* kann darum auch ein Gelübde, einen Eid, ein feierliches Versprechen sowie ein Übereinkommen (Skt. *samaya*) bedeuten. Aber es ist ein Gebunden- oder richtiger Verbunden-sein durch die Kraft liebender Hingabe, durch die der Meditierende sich mit dem Buddha, der das Zentrum seines *Maṇḍalas* oder den Gegenstand seiner Devotionspraxis (Skt.: *sâdhanâ)*, bildet, identifiziert und sich dem Werke der Erleuchteten, dem Dienste aller Wesen, weiht. In diesem Sinne ist «*dam-tshig»* sowohl Hingabe wie Gelübde.

«Dam-tshig» ist im wahrsten Sinne das religiöse Moment (die innere Bindung im Sinne des lateinischen Wortes «religio»), ohne die keine Meditation und keine Kulthandlung Sinn und Wert hat. Es ist die Ehrfurcht vor dem Unerklärbaren, ohne welche die Symbole ihre Kraft verlieren und bedeutungslos werden würden.

Der Begriff *«dam-tshig»* spielt im religiösen Leben Tibets eine geradezu zentrale Rolle und ist unter anderem der Hauptgrund für die Verschwiegenheit der Eingeweihten betreffs der Initiationsriten und meditativer Erfahrung. Der *Sâdhaka* wird ermahnt, nicht mit Uneingeweihten oder bloß Neugierigen über diese Erfahrungen zu sprechen, – nicht, weil sie Geheimnisse sind, – sondern weil er sein *«dam-tshig»*, die Kraft seiner inneren Hingabe verlieren würde, wenn er das Heiligste durch Worte entwerten und auf die Ebene des Profanen herabziehen würde.

Durch das «Zerreden» des Mysteriums zerstören wir die Reinheit der inneren Haltung, die Ehrfurcht, die der Schlüssel zum Tempel der Offenbarungen ist. So wie das Mysterium der Liebe sich nur entfalten kann, wenn es den Blicken der Menge entrückt ist, und so wie ein Liebender die Geliebte nicht mit Außenstehenden diskutiert, so kann das Mysterium der inneren Verwandlung sich nur vollziehen, wenn die verborgene Kraft seiner Symbole den profanen Blicken und der Geschwätzigkeit der Welt entzogen sind.

In tibetischen Meditationssystemen werden die in der Schaubildfaltung erscheinenden «göttlichen» Gestalten, welche die konzentrischen Kreise des *Maṇḍala* füllen, in *«ye-ŝes-pa»* und *«dam-tshig-pa»* eingeteilt, d. h. in «Wissende» (Skt.: *jñânî*) und «Hingebungsvolle» (*bhakta*). Sie repräsentieren die beiden Hauptkräfte der Versenkung, Gefühl und Erkenntnis, Ethos und Logos, durch deren Vereinigung Erlösung und Erleuchtung verwirklicht werden.

Die vier äußeren *Dhyâni-Buddhas* können dementsprechend in zwei Gruppen eingeteilt werden: *Akṣobhya-Amitâbha* (Ost-West-Achse) als die Erkenntnisbetonten (*ye-ŝes-pa*), *Amoghasiddhi-Ratnasambhava* (Nord-Süd-Achse) als die Gefühlsbetonten (*dam-tshig-pa*). *Vairocana* im Zentrum stellt ihre Kombination dar: ihren Ursprung oder ihre Verschmelzung, je nach dem Gesichtspunkt, von dem wir bei der Betrachtung der *Dhyâni-Buddhas* ausgehen.

Da es nach der Auffassung der *Vijñânavâdins* im Grunde genommen nur einen *Skandha* gibt, nämlich *vijñâna,* so wurden die übrigen vier *Skandhas* als Modifikationen *vijñânas* aufgefaßt, und die vier (oder acht) Bewußtseinsarten als Erscheinungsformen des universellen Bewußtseins. Aus diesem Grunde ist im *Vijñaptimâtra-siddhi-ŝâstra* nur von vier Weisheiten die Rede; denn mit der Umwandlung der vier Bewußtseinsarten oder der durch sie bedingten vier *Skandhas* ist die Verwandlung des ihnen allen zugrundeliegenden Bewußtseinsprinzips vollzogen. Mit anderen Worten: die fünfte Weisheit, das reine transzendente Buddhawissen, die Erkenntnis des universellen Gesetzes (*dharma-dhatu-jñâna*) ist die Summe sowohl wie der Ursprung der vier Weisheiten. Sie kann sowohl an den Anfang wie an das Ende der Reihe gesetzt werden, je nachdem wir die vier Weisheiten als eine Entfaltung des Buddhawissens aus dem Zentrum des undifferenzierten Soseins (*tathatâ*) zum aktiven, differenzierten Dasein auffassen, oder als eine fortschreitende Annäherung an das erleuchtete Bewußtsein durch rückläufige Integrierung von den aktiven Aspekten der Erkenntnis – der alles vollendenden und (schöpferisch-) schauenden Weisheit – bis zur höchsten Verwirklichung der vollkommenen Buddhaschaft.

Im ersteren Falle repräsentiert *Akṣobhya* den ersten Schritt der Entfaltung des Buddhawissens, in dem alle Dinge aus dem Zustand der «Leere» in sichtbare Erscheinung treten, ohne ihren Zusammenhang mit der Natur ihres Ursprunges (*śûnyatâ*) zu verlieren. Im zweiten Falle repräsentiert *Akṣobhya* die höchste Stufe der Integrierung im Bereiche menschlicher Erfahrungsmöglichkeit, in der sich die Wirklichkeit der *Dharma*-Sphäre, die leer ist von allen Begrenzungen und Begriffen, wiederspiegelt. In diesem Falle wird *Akṣobhya* zum Reflex *Vairocanas,* d. h. zum Erlebnis der *Śûnyatâ* auf der höchsten Ebene individuellen Bewußtseins.

Es heißt daher in *Indrabhûtis «Jñânasiddhi»* betreffs der Spiegelgleichen Weisheit (*âdarśa-jñâna*): «Ebenso wie man sein eigenes Spiegelbild im Spiegel sieht, so wird der *Dharmakâya* im Spiegel der Weisheit gesehen.»

Akṣobhya erweist sich somit als der dem transzendenten Zentrum (*Vairocana*) am nächsten stehende, geheimnisvollste aller *Dhyâni-Buddhas*, der, ebenso wie sein Emblem, der *Vajra,* beide Seiten der Wirklichkeit umfaßt: das Gestaltete und das Ungestaltete. Denn wenn die «Weisheit des Großen Spiegels» der Dingwelt zugewandt ist, so wird die Natur aller Dinge, seien sie materiell oder immateriell, formhaft oder formlos, als Ausdrucksformen der *Śûnyatâ* erkannt. Wenn aber der Spiegel der Erkenntnis der *Dharma*-Sphäre zugewandt ist, so wird die *Śûnyatâ* selbst zum Erlebnis.

So reflektiert *Akṣobhya* in seinem der Welt zugewandten

Aspekt die wahre Natur der Dinge jenseits von Sein und Nichtsein (*dharma-nairâtmya*); in seinem dem *dharma-dhâtu* zugewandten Aspekt aber reflektiert er die Natur *Vairocanas.*

In jenen Schulen des *Vajrayâna,* die den mystischen Weg, den «inneren Pfad *Vajrasattvas»*, des «Diamantenen Wesens» (dem *Dhyâni-Bodhisattva* oder aktiven Reflex *Akṣobhyas*) gehen, der von den integrierten Strahlungen der vereinigten Weisheiten ausgeht, werden darum die Rollen *Akṣobhyas* und *Vairocanas* vertauscht, d.h. *Vajrasattva-Akṣobhya* wird zum Inbegriff aller verwandelten *Skandhas,* indem ihm die Gesamtheit des reinen Bewußtseinsprinzips (Tib.: *rnam-par-ṡes-paḫi-phuṅ-po gnas-su dag-pa*) zugeschrieben wird, während *Vairocana* die Gesamtheit des Prinzips der Gestaltung körperlicher Erscheinungsform (Tib.: *gzugs-kyi phuṅ-po gnas-su dag-pa),* d.h. das Prinzip räumlicher Ausdehnung, des Raumes als Vorbedingung alles Körperlichen, zugeordnet wird. Dadurch wird *Vairocana* mehr oder weniger in die Rolle des latenten Aufbewahrungsbewußtseins, des universellen Urgrundes aller Gestaltung – vor aller Gestaltung, – versetzt, während *Vajrasattva-Akṣobhya* die bewußte Erkenntnis dieses Zustandes ist. Die Subtilität dieser Unterscheidungen ist solcher Art, daß es schwer ist, sie in Worte zu fassen, ohne über das Ziel hinauszuschießen oder sie zu vergröbern, da die Gründe solcher Akzentverlegung nicht von logischen Notwendigkeiten ausgehen, sondern von dem jeweiligen Ausgangspunkt der Meditation und der daraus resultierenden geistigen (und gefühlsmäßigen) Haltung.

Eine Meditation zum Beispiel, welche die Figur, die Idee oder das Erlebnis *Amitâbhas* zum Ausgangspunkt nimmt, steht unter einem anderen Vorzeichen und kann *Amitâbha* an die Stelle *Vairocanas* setzen[16] und dementsprechend das ganze *Maṇḍala* unter einem verschiedenen Gesichtspunkt und in einer anderen Perspektive sehen. Musikalisch ausgedrückt: dieselbe Komposition kann in verschiedenen Tonarten gesetzt werden.

Die *Nyingmapas,* die Anhänger der ältesten Schule des tibe-

[16] Wie dies in der Titelzeichnung dieses Teiles dargestellt ist, deren Zentrum die Keimsilbe *Amitâbhas* enthält.

tischen Buddhismus, die auf *Padmasambhava,* den Urheber des *Bardo Tödol* (*bar-do-thos-grol*) zurückgeht, vertreten die den *Vijñânavâdins* näher stehende Tradition, in der *Vairocana* der Exponent des unqualifizierten universellen Bewußtseinselementes ist, dessen *«Prajñâ»* als die ihn umschlingende, unzertrennlich mit ihm vereinte «Mutter des Himmelsraumes» (Tib.: *nam-mkhaḥi-dbyiṅs-dbaṅ-phyug-ma;* Skt.: *âkâśadhâtîśvarî)* dargestellt wird: die Versinnbildlichung der All-umfassenden Großen Leere.

Die *Kargyüdpas* hingegen neigen der anderen obenbeschriebenen Auffassung zu, nach der *Vairocana* mit der «Gesamtheit des in seinen Urzustand aufgelösten Stoffes» assoziiert wird, und nach der *Akṣobhya* die führende Rolle zugeschrieben wird. Dies erklärt die Abweichung in Lama Dawa Samdups Manuskript von der in Tibet allgemein anerkannten, von Holzstöcken gedruckten, autorisierten Ausgabe des *Bardo Thödol,* die sich an die ältere Tradition hält und *Vairocana* die Gesamtheit des reinen Bewußtseinsprinzips zuschreibt, aus der, gemäß der ursprünglichen Lehren der *Vijñânavâdins,* ja erst die reinen Prinzipien der Form, des Gefühls, der Wahrnehmung und des Wollens hervorgehen. Auf der anderen Seite müssen wir uns darüber klar sein, daß es sich bei der Tradition der *Kargyüdpas* keineswegs um eine willkürliche «Neuerung» handelte, sondern nur um eine stärkere Betonung des metaphysischen Aspektes der *Śûnyatâ,* wie sie aus der Tradition der *Śûnyavâdins* vom frühen *Vajrayâna* übernommen und als wesentliche Unterströmung lebendig erhalten wurde.

VIII

SYMBOLIK DES RAUMES, DER FARBEN, DER ELEMENTE, GESTEN UND GEISTESQUALITÄTEN

Wir können die Erscheinungsformen der *Dhyâni-Buddhas* mit den durch ein Prisma fallenden Sonnenstrahlen vergleichen, in denen die Eigenschaften des Lichtes in Form verschiedener

Farben sichtbar werden. Dieser Vergleich ist um so angebrachter, als in den Erscheinungsformen der *Dhyâni-Buddhas* Farben eine wichtige Rolle spielen: sie sind die Repräsentanten gewisser Eigenschaften und geistiger Assoziationen, für die der Eingeweihte ebenso empfänglich ist, wie der musikalisch Geschulte für Töne. Sie übermitteln die jeder Erleuchtungsform oder jedem Erkenntnis- oder Weisheitsaspekt eigentümliche Schwingung, die im Hörbaren durch die entsprechende Schwingung des Mantras, im Körperlichen durch die Geste (*mudrâ*) und die ihr entsprechende Geisteshaltung ausgedrückt ist.

Das Netz der Beziehungen dehnt sich auf alle Gebiete geistiger und sinnenhafter Wahrnehmung und Vorstellung aus, so daß aus dem Chaos des mundanen Bewußtseins langsam ein wohlgeordneter, klarer, beherrschbarer Kosmos entsteht.

Das grundlegende Element dieses Kosmos ist der Raum. Der Raum ist das Allumfassende, das Prinzip der Einheit. Seine Natur ist Leere, und weil er leer ist, kann er alles umfassen und enthalten. Im Gegensatz zum Raum ist das Prinzip der Substanz, der Differenzierung, der Dingheit. Aber nichts kann ohne Raum existieren. Raum ist die Vorbedingung alles Daseins und alles Daseienden, sei es materieller oder immaterieller Art, denn wir können uns kein Objekt und keine Existenz ohne Raum vorstellen. Somit ist der Raum nicht nur eine conditio sine qua non aller Existenz, sondern eine grundlegende Eigenschaft unseres Bewußtseins.

Unser Bewußtsein bestimmt die Art des Raumes, in dem wir leben. Die Unendlichkeit des Raumes und die Unendlichkeit des Bewußtseins sind identisch. In dem Augenblick, in dem ein Wesen sich seines Bewußtseins bewußt wird, wird es sich des Raumes bewußt. In dem Augenblick, in dem es sich der Unendlichkeit des Raumes bewußt wird, wird es der Unendlichkeit des Bewußtseins inne.

Wenn also der Raum eine Eigenschaft unseres Bewußtseins ist, dann kann mit gleichem Recht gesagt werden, daß das Erlebnis des Raumes das Kriterium geistiger Aktivität und höherer Bewußtheit ist. Die Art des Raumerlebnisses oder der Raumwahrnehmung ist charakteristisch für die Dimension unseres Bewußtseins. Der dreidimensionale Raum, den wir mit unserem Körper und seinen Sinnen wahrnehmen, ist nur *eine* unter den vielen möglichen Dimensionen. Wenn wir vom «Zeitraum» sprechen, deuten wir bereits eine höhere Dimension an, d. h. einen Raum, der nicht mehr körperlich-sinnlich empfunden wird, sondern als eine Bewegungsmöglichkeit in einer völlig anderen Richtung.

Und wenn wir vom Raumerlebnis der Meditation sprechen, so haben wir es hier mit einer gänzlich anderen Dimension zu tun, der die uns bekannte «dritte Dimension» als bloßer Ausgangspunkt dient und in der das zeitliche Nacheinander zum Nebeneinander, das räumliche Nebeneinander zum Ineinander, das Ineinander zum lebendigen Kontinuum wird, jenseits von Sein und Nichtsein in der Einschmelzung von Raum und Zeit in jene letzte inkommensurable «punktförmige» Einheit, die im Tibetischen als *«Thig-lé»* (Skt.: *bindu*) bezeichnet wird. Dieses Wort, das viele Bedeutungen hat, wie «Punkt», «Null» (*ṡûnya*), «Tropfen», «Keim», «Same» (auch «Sperma»), etc., spielt in der tibetischen Meditationsterminologie eine wichtige Rolle. Es bezeichnet den konzentrativen Ausgangspunkt der Raumentfaltung jeder Meditation, wie auch den letzten Punkt ihrer Einschmelzung. Es ist jener Punkt, von dem Innen- und Außenraum ihren Ausgang nehmen und in dem sie wieder eins werden.

Wenn die Menschen zum Himmel aufschauen und den «Himmel» anrufen oder eine Macht, die in diesem wohnend vorgestellt wird, dann erwecken sie in Wirklichkeit Kräfte ihres eigenen Innern, die nach außen projeziert und als Raum, Himmel oder Weltraum veranschaulicht und sichtbar gemacht werden. Wenn wir die geheimnisvolle Tiefe und Bläue des Firmamentes betrachten, so kontemplieren wir die Tiefe unseres eigenen Wesens, unseres eigenen rätselhaften, allumfassenden Bewußtseins in seiner urtümlichen ungetrübten Reinheit: ungetrübt von Gedanken und Vorstellungen, ungeteilt durch Unterscheidungen, Begehrungen oder Verwerfungen. Hierin liegt die unbeschreibliche und unerklärliche Glückseligkeit, die uns bei solcher Kontemplation erfüllt.

Aus solchem Erleben heraus wird uns die Bedeutung des tiefen Blau als Zentrum und Ausgangspunkt meditativer Symbolik und Schauung verständlich: es ist das Licht der transzendenten Weisheit des *Dharmadhâtu,* – des Ursprungs aller Bewußtheit und aller Erkenntnis, undifferenziert, potentiell, allumfassend wie der unendliche Raum, – das leuchtend blau aus dem Herzen *Vairocanas* hervorgeht, des zentralen *Dhyâni-Buddha* (der das Zentrum des *Maṇḍala,* den Blütenboden des vierblätterigen Lotos des Geistes einnimmt).

Darum heißt es im *Bardo Thödol,* daß «aus dem tief-blauen mittleren Bereich potentieller (wörtlich ‚expandierender': *brdal-ba*) Keimkraft (*thig-le*) der Erhabene *Vairocana,* von weißer Körperfarbe, auf dem Löwenthron sitzend, mit dem achtspeichigen Gesetzesrad in der Hand, und von der Mutter des Himmelsraumes umarmt» in Erscheinung tritt. Das tief-blaue Licht der *Dharma-dhâtu*-Weisheit, das mit der Urform oder dem reinen Element des Bewußtseins (*rnam-par-śes-paḥi phuṅ-po gnas-su dag-pa*) identifiziert wird, symbolisiert zugleicherzeit die Potentialität der «Großen Leere», die in dem schönen, allgemeinverständlichen Gleichnis des Sechsten Patriarchen (Hui-Neng) zum Ausdruck kommt:

«Wenn ihr mich von der Leere sprechen hört, so laßt euch nicht zu der Auffassung verleiten, daß ich die Leerheit (eines bloßen Vakuums) meine. Es ist von größter Wichtigkeit, daß wir nicht einer solchen Auffassung verfallen; denn wenn beispielsweise ein Mann dasitzt und seinen Geist völlig leer hält, so würde er nur in einen Zustand der Leere im Sinne völliger Gleichgültigkeit oder Indifferenz verharren. Die unendliche Leere des Universums aber ist fähig, Myriaden von Dingen verschiedenster Form und Gestalt zu bergen: Sonne und Mond, Sterne und Welten; Berge, Flüsse, Bäche und Quellen; Wälder und Sträucher; gute Menschen und schlechte Menschen; Gesetzmäßigkeit im Guten wie im Schlechten; himmlische und höllische Welten; die tiefsten Weltmeere und die höchsten Berge. Der Raum umfaßt alle diese, und in gleicher Weise tut dies die ‚Leere' unserer eigenen Natur. Wir sagen, daß das wahre Wesen unseres Geistes groß ist, weil es alle Dinge umfaßt, weil *alle Dinge in unserer Natur beschlossen liegen*[17].»

Aber so wie der Raum, obwohl wir augenscheinlich in ihm leben, von ihm erfüllt und umgeben sind und seine ganze Unendlichkeit im Herzen tragen, als Ganzes nicht beschrieben, erklärt oder definiert werden kann, sondern nur in seinen Teilaspekten und in bezug auf das *erlebende Individuum,* – so kann die Natur des Bewußtseins und der Buddhaschaft nur durch Auseinanderlegung ihrer Qualitäten und durch Individualisierung ihrer verschiedenen Aspekte dem Verständnis näher gebracht werden. So wie wir, um uns im Raume zu orientieren, von einer östlichen, südlichen, westlichen oder nördlichen Himmelsrichtung sprechen und mit jeder dieser Himmelsrichtungen eine Phase des Sonnenumlaufs verbinden, ohne damit die Einheit des Raumes oder der Lichtquelle in Frage zu stellen, so unterscheiden wir im Raume unseres seelischen Erlebens, entsprechend den Phasen seiner Entfaltung, eine östliche, südliche, westliche oder nördliche Richtung, Anschauungsform, Haltung oder Ausdrucksform, ohne damit die Einheit, das gleichzeitige In- und Miteinanderbestehen sämtlicher Phasen und Raumaspekte zu leugnen. Im Samenkorn sind Wurzel, Stamm, Blätter, Blüten und Früchte in undifferenzierter Einheit potentiell vorhanden. Erst wenn sie zeitlich und räumlich auseinandertreten, werden sie für uns Wirklichkeit.

Darum erheben sich aus dem tiefen Blau des Raumes, d. h. aus der Tiefe des undifferenzierten Bewußtseins, die Gestalten und leuchtenden Strahlungen der *Dhyâni-Buddhas.* Im Osten erscheint der raumfarbene (tief-blaue) *Akṣobhya,* aus dessen Herzen, das noch unqualifizierte, farblose, reine, weiße (der Körperfarbe *Vairocanas* gleichende) Licht der Spiegelgleichen Weisheit, bricht, in der die Formen aller Dinge *(rûpa)* sozusagen zum ersten Mal (um im zeitlichen Gleichnis der «Entfaltung» zu bleiben) auseinandertreten und mit der Klarheit, Unerschütterlich-

[17] *«Sûtra des Sechsten Patriarchen»* (Hui-Neng), nach Wong Mou-lams englischer Übersetzung in der von Dwight Goddard herausgegebenen «Buddhist Bible».

keit und Unparteilichkeit eines von den Objekten selbst unberührten Spiegels reflektiert werden.

Es ist die Haltung des unparteilichen Beobachters, das reine, spontane Innewerden (die Unmittelbarkeit des *«satori»* im Zen-Buddhismus) unter Ausschaltung gewohnheitsmäßigen, d. h. voreingenommenen Denkens sowohl wie jener scheinbar objektiven, in Wirklichkeit aber meist willkürlichen Isolierung zeitbedingter oder organischer Gegebenheiten, durch die Einzelerscheinungen aus ihrem lebendigen Zusammenhang gerissen und verdinglicht werden.

Im Lichte der Spiegelgleichen Weisheit aber werden die Dinge entdinglicht, ohne ihrer Form beraubt zu werden, ihrer Materialität entkleidet, ohne aufgelöst zu werden, indem das aller Materialität und aller Gestaltung zugrundeliegende Prinzip des schöpferischen Bewußtseins, des *âlaya-vijñâna* erkannt wird, auf dessen Oberfläche Formen entstehen und vergehen, wie die Wellen auf der Oberfläche des Meeres, und dessen Oberfläche bei völliger Stille die reine Leere (*śûnyatâ: Vairocana* in seinem weiblichen Aspekt) und das reine Licht (*Vairocana* in seinem männlichen Aspekt, als Erleuchter) des Himmelsraumes wiederspiegelt.

Daher heißt es im *Bardo Thödol* am zweiten Tage des «Erlebens der Wirklichkeit»: «Am zweiten Tage leuchtet die reine Form des Elementes Wasser als ein weißes Licht. Zu gleicher Zeit erscheint aus dem blauen östlichen Reiche der Glückseligkeit der Erhabene *Vajrasattva-Akṣobhya* von tief-blauer Körperfarbe, in der Hand einen fünfzackigen *Vajra* haltend, auf einem Elephantenthron sitzend, umarmt von der Mutter *Locanâ* (Tib.: *saṅs-rgyas-spyan-ma:* ‚Das Buddha-Auge'). – Das reine Prinzip materieller Erscheinungsform (*gzugs-kyi phuṅ-po gnas-su dag-pa*), das reine, weiße, hellstrahlende Licht der Spiegelgleichen Weisheit, bricht aus dem Herzen *Vajrasattvas* im Vater-Mutter-Aspekt ...»

Der *Dhyâni-Buddha* der südlichen Richtung ist wie die Sonne am Mittag das Symbol des Gebens aus der Fülle geistiger Kraft. *Ratnasambhava,* dessen Farbe dem warmen Licht der Sonne entspricht, erscheint in der Geste des Gebens (*dâna-mudrâ*) der drei Kostbarkeiten (*triratna*). Aus seinem Herzen bricht das goldene Licht der Weisheit von der essenziellen Gleichheit aller Wesen. Das reine Urprinzip des Gefühls, das ihm zugeordnet ist, ist in ihm zum Mitgefühl, zur allumfassenden Wesensliebe, zum Gefühl der Identität gesteigert.

Auf der Ebene des Elementaren entspricht *Ratnasambhava* der Erde, die alle Wesen trägt und nährt mit der Gleichmut und Geduld einer Mutter, vor der alle aus ihr geborenen Wesen gleich sind. Die traditionell-symbolische Farbe des Erdelementes ist gelb. In seiner reinsten Form stellt es sich dar im Edelmetall (Gold) oder im Edelstein (*ratna*), in der Mystik der Alchemie als «prima materia» oder als «Stein der Weisen» (*cintamaṇi*).

Darum heißt es im *«Bardo Thödol»*: «Am dritten Tage leuchtet die reine Form des Elementes Erde als ein gelbes Licht. Zu gleicher Zeit erscheint aus dem gelben südlichen Reiche der Glorie der Erhabene *Ratnasambhava,* von gelber Körperfarbe, mit einem Juwel in der Hand, auf einem Pferdethron sitzend, umarmt von der göttlichen Mutter *Mâmakî* (*yum-mchog mâma-ki*)...

Das reine Urprinzip des Gefühls (*tshor-baḥi phuṅ-po dbyiṅs su dag-pa*) leuchtet als das gelbe Licht der Weisheit der Gleichheit...»

Amitâbha, der *Dhyâni-Buddha* der westlichen Richtung, erscheint in der Farbe der sinkenden Sonne (rot) und, entsprechend der kontemplativsten Stunde des Tages, ruhen seine Hände in der Geste der Meditation. Das tief-rote Licht unterscheidender Klarschau bricht aus seinem Herzen und der geöffnete Lotos (*padma*) der entfaltenden, schöpferischen Meditation erblüht aus seinen Händen. Die Fähigkeit der intuitiven Schauung geht aus dem sublimierten Prinzip der Wahrnehmung, die *Amitâbha* zugeordnet ist, hervor. Auf der Ebene des Elementaren entspricht ihm das Feuer, das in der traditionellen Symbolik dem Auge und der Funktion des Sehens zugeordnet ist.

Im *«Bardo Thödol»* heißt es dementsprechend: «Am vierten Tage leuchtet die reine Form des Elementes Feuer als ein rotes

Der Lotos der fünffachen Schaubildentfaltung

Maṇḍala der fünf Dhyâni-Buddhas, ihrer weiblichen Aspekte, Qualitäten und Symbole, nach den Lehren des Bardo Thödol

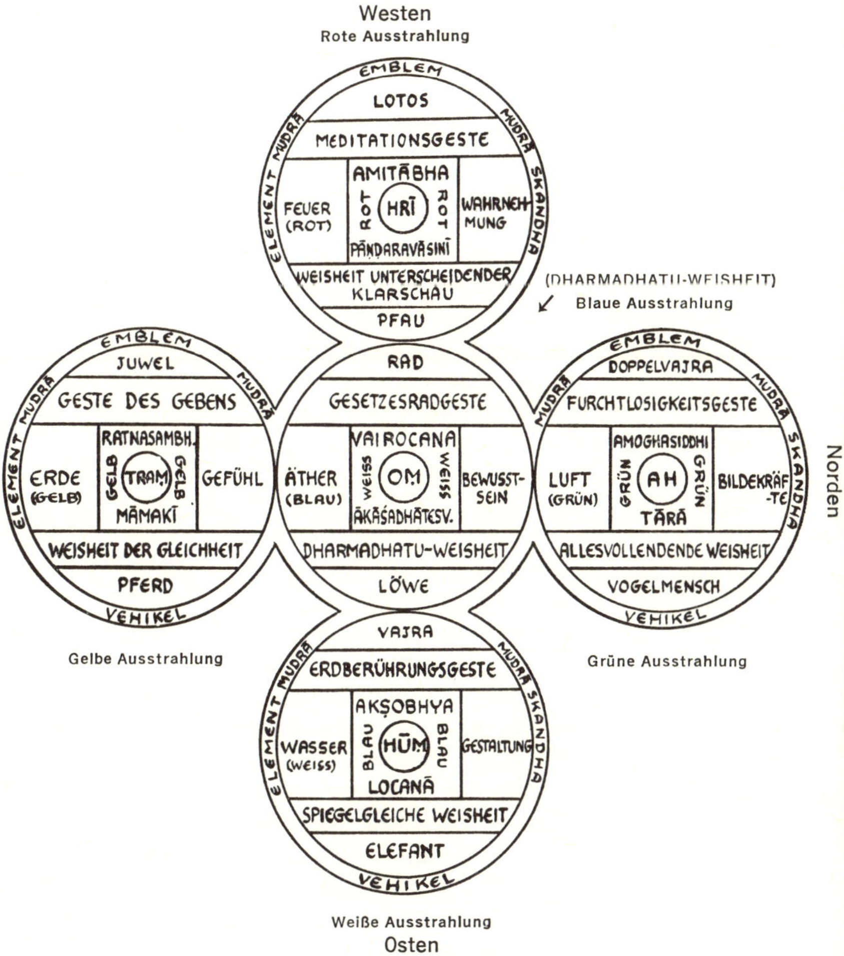

Die in den Zentren der Kreise befindlichen Keimsilben werden im folgenden (IV.) Hauptteil behandelt.

Licht. Zu gleicher Zeit erscheint aus dem roten westlichen Reiche der Glückseligkeit der Erhabene *Amitâbha,* von roter Körperfarbe, mit einem Lotos in der Hand, auf einem Pfauenthron sitzend, umarmt von der göttlichen Mutter im Weißen Gewande (*gos-dkar-mo*). – Das reine Prinzip der Wahrnehmung *(ḥdu-šes-kyi phuṅ-po gnas-su dag-pa)* leuchtet als das rote Licht der Unterscheidenden Weisheit...»

Amoghasiddhi, der *Dhyâni-Buddha* der nördlichen Himmelsrichtung, repräsentiert gewissermaßen «die Sonne um Mitternacht», d.h. die geheimnisvolle Aktivität geistiger Kräfte, die den Sinnen entrückt, unsichtbar und im Verborgenen am Werke sind, die Wesen zur Reife der Erkenntnis und zur Erlösung zu bringen. Das gelbe Licht einer den Blicken entzogenen (inneren) Sonne (*bodhi*), verwoben mit dem tiefen Blau des Nachtraumes (Weltraumes, Universums), bilden das ruhevolle mystische Grün *Amoghasiddhis.* Das grüne Licht der aktiven, Alles Vollendenden Weisheit, das aus seinem Herzen bricht, vereinigt die Universalität des blauen Lichtes *Vairocanas* mit der gefühlsbetonten Wärme des Lichtes der Wesensgleichheit, das *Ratnasambhava* entströmt.

So wird die Erkenntnis von der essenziellen Gleichheit und Einheit aller Wesen verwandelt in die universelle, vergeistigte Aktivität zum Heile aller Wesen durch Selbsthingabe: durch die Macht allumfassender Liebe (*maitrî)* und unbegrenzten Mitgefühls (*karuṇâ*). Diese zwei Kräfte bilden, wenn sie in den vorherbeschriebenen Weisheiten verankert sind, das unzerstörbare Doppelzepter (*viŝva-vajra;* Tib.: *rdo-rje rgya-gram*) *Amoghasiddhis,* das in diesem Sinne eine Steigerung des von *Akṣobhya* geführten *Vajra* ist, und hier das von allem Selbstischen gereinigte Prinzip des Wollens, die magische Geisteskraft (*siddhi*) eines Buddha darstellt. Dieser allesdurchdringenden Kraft entspricht auf der Ebene des Elementaren die Luft, das Sichausdehnende, Bewegte und Bewegende, das Prinzip des Lebens, des lebendigen Odems (*prâṇa*).

Im *«Bardo Thödol»* heißt es daher: «Am fünften Tage leuchtet die reine Form des Elementes Luft als ein grünes Licht. Zu gleicher Zeit erscheint aus dem grünen nördlichen Reiche Erfolgreicher Werke der Erhabene *Amoghasiddhi,* von grüner Körperfarbe, mit einem gekreuzten Doppel-*Vajra* in der Hand, auf einem im Himmelsraum schwebenden Harpienthron sitzend, umarmt von der göttlichen Mutter, der hingebungsvollen *Dölma* (*dam-tshig sgrol-ma*). Das reine Prinzip des Wollens (*ḥdu-byed-kyi phuṅ-po gnas-su dag-pa*) leuchtet als das grüne Licht der alle Werke vollendenden Weisheit...»

IX

DIE BEDEUTUNG DES BARDO THÖDOL ALS LEITFADEN DER SCHAUBILDENTFALTUNG

Die Beschreibung dieser im «Zwischenzustand» (*bar-do*), unmittelbar nach dem Tode erscheinenden Visionen des «*Bardo Thödol*» sind weder als primitiver Volksglaube noch als «theologische» Spekulationen aufzufassen, denn wir haben es hier nicht mit Erscheinungen übernatürlicher Wesen, wie von Göttern, Geistern oder Genien zu tun, sondern mit den, in der Schaubildentfaltung der Meditation *(dhyâna)* geschaffenen, sichtbaren Reflexen innerer Vorgänge und Geisteszustände, die durch lebenslange Schulung in den Methoden geistiger Versenkung erworben wurden. Die Erscheinungen dieser leuchtenden Formen sind wie ein Schutzwall, die den Adepten vor den Schrecken des Todes und der Gefahr des Abgleitens in niedere Zustände der Wiedergeburt schützen, indem sie alles Edle, Aufstrebende, Lichte in seinem Geiste zum Widerstand aufrufen.

Ein solches Aufrufen der inneren Bilder und geistigen Kräfte ist, was mit dem Ausdruck «*thos-grol*», «Hörbefreiung» oder «Befreiung durch Hören» gemeint ist. Nur wer Ohren hat zu hören, d.h. wer sich für den Ruf der Erlösung im Leben vorbereitet und die Organe dafür ausgebildet hat, kann den Ruf hören und ihm folgen. Nur wer das innere Auge entfaltet hat, kann die rettenden Visionen sehen. Denen aber, die weder die

Fähigkeit des inneren Hörens noch die des inneren Sehens ausgebildet haben, kann das bloße Anhören des Bardo Thödol nichts nützen.

Darum sagt der Text, daß «diejenigen, die über die Große Vollkommenheit (*rdzogs-chen;* Skt.: *sampannakrama,* die Stufe der Vollkommenheit, die auf dem Wege völliger Einschmelzung [*layakrama*] erreicht wird) und über das Große Symbol (*phyag-rgya chen-po;* Skt.: *mahâmudrâ,* die große geistige Haltung der Ganzwerdung) *meditiert* haben, werden das klare Licht (der Erleuchtung) im Augenblick des Todes erkennen und werden den *Dharmakâya* (den Zustand völliger Befreiung) verwirklichen und somit nicht das Lesen dieses *Thödol* brauchen.»

Im gleichen Sinne heißt es an einer anderen Stelle, daß, wenn man über die Darstellungen dieser göttlichen Erscheinungsformen *meditiert hat, während man in der Menschenwelt war,* (*mi-yul-du . . sku-ḥdi-rnams mṅon-rtogs sgom-pa*), man beim Erscheinen derselben im *Bardo,* infolge ihres Wiedererkennens, zur Befreiung gelangen würde. – «Wenn man sich aber auf dieser Stufe nicht solcher Lehren erinnert, nützt auch das Anhören [des Bardo Thödol] nichts.»

Der *Bardo Thödol* ist somit in erster Linie ein Buch für die Lebenden zur Vorbereitung, nicht nur auf die Gefahren des Todes, sondern um die großen Gelegenheiten, die in diesem Augenblick des «Loslassens der Körperlichkeit» sich bieten, zu nutzen, – entweder zu besserer Wiedergeburt oder zur Befreiung.

Für jeden, der mit buddhistischer Philosophie vertraut ist, ist es klar, daß Geburt und Tod nicht einmalige Phänomene des menschlichen Lebens sind, sondern etwas, das sich ununterbrochen in uns vollzieht. In jedem Augenblick stirbt etwas in uns und wird etwas in uns wiedergeboren. Die verschiedenen Bardos sind nichts anderes als die verschiedenen Bewußtseinszustände unseres Lebens: der Zustand des Wachbewußtseins (das normale Bewußtsein eines in der Menschenwelt geborenen Wesens; Tib.: *skyes-nas bar-do*), der Zustand des Traumbewußtseins (*rmi-lam bar-do*), der Zustand des Versenkungsbewußtseins (*bsam-gtan bar-do*), der Zustand des Todeserlebnisses (*ḥchi-kha bardo*), der Zustand des Erlebnisses der Wirklichkeit (*chos-ñid bar-do*), der Zustand des Wiedergeburtsbewußtseins (*srid-pa bar-do*).

Alles dies ist klar in den *«Wurzelversen der Sechs Bardo»*, die zusammen mit den *«Pfaden der Guten Wünsche»* den ursprünglichen Kern des *Bardo Thödol* bilden (um den die Prosateile sich als Kommentare kristallisierten), beschrieben, – was beweist, daß wir es hier mit der Wirklichkeit des Lebens und nicht nur mit einer Anweisung zum Sterben oder gar einer Totenmesse, zu der spätere Zeiten das Werk degradierten, zu tun haben.

Es richtet sich nicht nur an solche, die das Ende ihres Lebens herannahen sehen oder unmittelbar vor ihm stehen, sondern ebenso an die, die das Leben noch vor sich haben und denen zum ersten Mal die volle Bedeutung ihres Daseins – insbesondere ihres Menschseins – zum Bewußtsein kommt. In menschlicher Daseinsform geboren zu sein, ist ein Privileg, das schon der Buddha als solches anerkannte, da es die seltene Gelegenheit der Schicksalsentscheidung, der «Umkehr», und damit der Befreiung bietet. Darum heißt es:

«O daß ich jetzt, wo mir der *Bardo* des Lebens [18] aufgeht,
Müßiggang aufgebe – da das Leben keine Zeit zum Verschwenden hat –
Den Pfad des Hörens, des Nachdenkens und der Meditation beschreite,
Auf dem Wege der Erscheinungsformen und des Geistes den ‚Dreifachen Körper' verwirkliche
Und – nachdem ich nun einmal die menschliche Gestalt erlangt habe –
Keine Zeit auf dem Wege wertloser Zerstreuungen verschwende.»

[18] Lama Kazi Dawa Samdup übersetzt hier «Geburtsort»-Bardo. Augenscheinlich enthielt seine Handschrift *«skye(s)-gnas»* anstatt *«skyes-nas»*, wie die autorisierte von Holzstöcken gedruckte Ausgabe es wiedergibt und was wörtlich «der Bardo des Geboren-worden-seins», d. h. des Lebens, bedeutet. Der Ausdruck «Geburtsort-Bardo» würde zu dem Mißverständnis

Hören, Nachdenken und Meditieren sind die drei Stufen der Jüngerschaft. Daß das tibetische Wort für «Hören» in diesem Zusammenhang *(thos)* – ebenso wie in dem Ausdruck *«Thödol»* (*thos-grol*) – nicht mit der bloß physischen Sinneswahrnehmung verwechselt werden darf, kann auch aus dem Beispiel des Ausdrucks *«ñan-thos»* ersehen werden, der dem Sanskrit-Terminus *«śrâvaka»* entspricht und einen *Jünger*, und zwar einen direkten Jünger des Buddha, bezeichnet – also nicht einen bloßen Hörer der Lehre, sondern einen, der sich völlig dieser Lehre hingibt in gläubigem Vertrauen (*śraddha*), sie «mit dem Herzen hört» und innerlich erfaßt. Dies ist die erste Stufe der Jüngerschaft. Auf der zweiten Stufe wird das intuitive Gefühl gedanklich verarbeitet und von der prüfenden Vernunft bestätigt, während auf der dritten Stufe das gefühlsmäßig Geahnte und intellektuell Erkannte durch direktes Erleben zur Wirklichkeit wird. Aus verstandesmäßigem Wissen wird innere Gewißheit, in dem der Wissende eins wird mit dem Gewußten.

Dies ist die Stufe des *Bardo-Thödol,* die den Jünger über den Bereich des Todes hinaushebt und ihn befähigt, die Illusion des Sterbens zu durchschauen und sich von seiner Furcht zu befreien. Denn im Sterben durchlaufen wir die gleichen Stufen, die wir in den fortgeschrittenen Stadien der Meditation erleben. Schon Plutarch sagt: «Im Augenblick des Todes erlebt die Seele das gleiche, wie die in die großen Mysterien Eingeweihten.»

Der *Bardo Thödol* ist ein solches «Mysterien»-Buch, das dem Eingeweihten unter dem Bilde des Sterbens das Geheimnis des Lebens eröffnet. Er muß durch das Erlebnis des Todes gehen, um zur inneren Befreiung zu gelangen. Er muß seiner Vergangen-

führen, daß es sich hier um den Mutterschoß, die «Stätte»*(gnas)* der Geburt handelte und somit um den im 6. Vers erwähnten Bardo der Wiedergeburt *(srid-pa bar-do)* – in welchem Falle man nur von fünf Bardos sprechen könnte, nicht aber von sechs. – Selbst wenn das Wort *«gnas»* von gewissen Traditionen gebraucht wird, so müssen wir uns darüber klar sein, daß*« gnas»* vielerlei Bedeutungen hat. Es kann einen Ort, eine Sphäre, ein Gebiet, einen Bereich, die Zugehörigkeit zu einer gewissen Ordnung oder Klasse, die empirische Welt, die Welt oder den Zustand menschlicher Erfahrung, die Welt des Lebens und des Todes und dergleichen bedeuten.

Tafel I

AVALOKITEŠVARA

dem die heilige Formel OṂ MAṆI PADME HŪṂ gewidmet ist

Tafel II

VAIROCANA

der die Weisheit des universellen Gesetzes verkörpert

Tafel III

RATNASAMBHAVA
der die Weisheit der Wesensgleichheit verkörpert

Tafel IV

AMITÂBHA

der die Schauende Weisheit verkörpert

Tafel V

AKṢOBHYA
der die Weisheit des Großen Spiegels verkörpert

Tafel VI

Der tausendarmige, elfköpfige
AVALOKITEŠVARA

Tafel VII

AMOGHASIDDHI

der die Allesvollendende Weisheit verkörpert

Tafel VIII

AMOGHASIDDHIS
Geste der Furchtlosigkeit

heit und seinem «Ich» sterben, bevor er in die geistige Gemeinschaft der Erleuchteten aufgenommen werden kann. Nur wer jeden Augenblick seines Lebens so betrachtet und wertet, als wenn es sein letzter wäre, kann die Bedeutung des *Bardo Thödol* erfassen: als ein Vademekum für Eingeweihte, ein Führer für den Meditationsbeflissenen (den *Sâdhaka*), ein unvergleichlicher Leitfaden zur Schaubildentfaltung. Hierin besteht für uns der Wert dieses zu den ältesten Werken tibetischer Sprache gehörenden Buches, das als Vermächtnis Padmasambhavas betrachtet wird und dessen Richtlinien allen späteren *Maṇḍalas* oder Systemen der Schaubildentfaltung zugrunde liegen. Aus diesem Grunde haben wir es zur Basis dieser und der folgenden Betrachtungen gemacht.

Vierter Teil

HÛṂ

DER WEG INTEGRIERENDER EINSCHMELZUNG

I

«OṂ» UND «HŪṂ» ALS KOMPLEMENTÄRE ERLEBNISWERTE UND METAPHYSISCHE SYMBOLE

Um uns nicht im Labyrinth der Einzelheiten zu verlieren, ist es notwendig von Zeit zu Zeit auf die Hauptlinien unseres Themas zurückzukommen. Wir gingen aus von der Idee des mantrischen Wortes, der Urlaute, in denen die Macht des Geistes, die Quintessenz alles urtümlichen Erlebens enthalten ist. Als ersten dieser Urlaute verfolgten wir die Ursprünge und Schicksale der heiligen Silbe OṂ.

Im Erlebnis des OṂ öffnet sich der Mensch, geht sozusagen «aus sich heraus», befreit sich, bricht durch die enge Hülle der Ichheit, der Selbstbegrenzung und wird eins mit dem All, mit dem Unendlichen. Wenn er in diesem Zustande verharren würde, so wäre seinem lebendigen Dasein ein Ende gesetzt. Er hätte die vollkommene Selbstauslöschung, die vollkommene Ruhe, aber auch die vollkommene Unbeweglichkeit, Regungslosigkeit, Passivität und Gefühlslosigkeit allem Einzelnen und Individuellen gegenüber, d. h. gegenüber allen lebenden und leidenden Wesen, verwirklicht.

Ist dies aber das Ideal, das sich uns in der Figur des Buddha darstellt? Was ist es, das uns an der Gestalt des Buddha so unbeschreiblich anzieht? – Seine Ruhe? Seine Weisheit? Seine Abgeklärtheit? Der tiefe Frieden seines Wesens? – Gewiß, alle diese Eigenschaften bilden einen Teil seiner Anziehungskraft. Aber so hoch wir diese Eigenschaften auch bewerten mögen, keine einzige von ihnen für sich und auch nicht sie alle vereint, machen das Wesen eines Buddha aus. Sie würden ihn bestenfalls zu einem Weisen oder zu einem Heiligen machen, aber nicht zu einem Buddha. Was ihn zum Buddha, zum Erleuchteten stempelt, ist die Leuchtkraft seines Wesens, dessen Strahlen in jedes einzelnen Wesens Herz dringen, kraft seines unbegrenzten Mitleides, seiner unbegrenzten Fähigkeit, die Leiden und Freuden aller lebenden Wesen mitzufühlen und an ihnen teilzunehmen –

ohne von ihnen zerteilt, in sie verstrickt, von ihnen begrenzt oder beengt zu werden. Dies ist es, was ihn innerlich mit jedem Wesen verbindet und weshalb jeder Einzelne, der sich ihm nähert, sich ihm verbunden und angesprochen fühlt. Er ist nicht wie eine ferne, unberührbare Gottheit, zu der man geblendet aufschaut, sondern ein weiser Freund und gütiger Führer im Labyrinth der Wandelwelt, des *Saṃsâra.*

Es ist das *menschliche* Element, das der Vollkommenheit des Buddha die Schärfe und Erdferne nimmt. Denn sein Mitleid ist ebenso groß wie seine Weisheit, sein Menschtum ebenso allumfassend, wie seine Universalität von warmer Menschlichkeit durchdrungen ist.

Er ist aus dem Erlebnis der Allheit – aus der heiligen, alles Selbstische verzehrenden Flamme des OṂ – auf die Ebene des Menschlichen zurückgekehrt, ohne das Bewußtsein der Ganzheit, das Wissen um die Einheit von Mensch und Kosmos zu verlieren. Und so wandelt sich in der Tiefe seines Herzens der Urton der Wirklichkeit in den durch Leid und Mitleid geläuterten Laut des kosmisch-menschlichen Mysteriums, das durch alle Schriften des *Mahâyâna,* durch alle Zeugnisse des Großen Weges klingt und in der Keimsilbe HÛṂ zum Ausdruck kommt.

OṂ ist der Aufstieg zur Allheit, HÛṂ der Herabstieg der Allheit in die Tiefe des Herzens. HÛṂ kann nicht sein ohne OṂ. Aber HÛṂ ist mehr als OṂ: es ist der Mittlere Weg, der sich weder im Endlichen noch im Unendlichen verliert, sich weder dem einen noch dem anderen Extrem verhaftet. Darum heißt es:

«In Dunkelheit weilen sie, die die Welt verehren (d. h. sich nur um die Erkenntnis des Endlichen bemühen), in noch größerer Dunkelheit aber verweilen jene, die das Unendliche allein verehren. Derjenige, der beides in sich aufnimmt, erlöst sich vom Tode durch die Erkenntnis des Endlichen und erlangt Unsterblichkeit durch die Erkenntnis des Unendlichen.» *(Îsâ Upaniṣad*[1]*)*

[1] Diese Interpretation, die ich Rabindranath Tagore verdanke, scheint dem ursprünglichen Sinn des Originals näher zu kommen als viele der mehr wörtlichen Übersetzungen, die, wie so oft in solchen Fällen, weit voneinander abweichen. «Diejenigen, welche die Welt verehren», nämlich den

OṂ in seinem dynamischen Aspekt ist der Durchbruch des individuellen zum überindividuellen Bewußtsein, der Durchbruch zum «Absoluten», die Befreiung vom Ichsein, von der Ich-Illusion. Im «Absoluten» zu verharren aber ist für ein lebendes Wesen ebenso unmöglich wie im luftleeren Raum zu schweben, denn Leben und Bewußtsein sind nur möglich, wo Beziehungen sind. Das Erlebnis des OṂ muß darum geborgen werden in dem des HÛṂ.

OṂ ist das Unendliche, – aber HÛṂ ist das Unendliche im Endlichen, das Zeitlose im Zeitlichen, das Ewige im Augenblick, das Zuständliche im Gegenständlichen, das Formlose im Formhaften, das Überweltliche im Weltlichen: die Weisheit des Großen Spiegels, der sowohl die Leere (*śûnyatâ*) wie die Dinge wiederspiegelt, der die Leere in den Dingen und die Dinge in der Leere reflektiert.

Wir müssen durch das Erlebnis des OṂ gegangen sein, um das des HÛṂ zu verstehen. Darum steht OṂ am Anfang, HÛṂ hingegen am Ende eines Mantras. Im OṂ öffnen wir uns, im HÛṂ geben wir uns hin. OṂ ist das Tor der Erkenntnis, HÛṂ das Tor der Verwirklichung im Leben. HÛṂ ist ein Opferlaut. Die Sanskrit-Silbe *«hu»* bedeutet «opfern, ein Opfer darbringen, eine Opferhandlung ausführen». Das einzige Opfer aber, das der Buddha anerkennt, ist das Opfer des eigenen

saṁsâra, den Zustand des Nichtwissens *(avidyâ),* sind die, denen diese Welt die einzige Realität bedeutet (daher: *avidyâm-upasate);* während diejenigen, die Wissen *(vidyâ)* erworben haben, aber nicht Weisheit, in das andere Extrem fallen, nämlich, sich bloß dem abstrakten, begrifflichen Wissen zu widmen *(vidyâyâm ratâh):* «das Unendliche verehrend» und das Endliche verachtend. Derjenige aber, dem es klar wird, daß beide — das Unendliche sowohl wie das Endliche — nur die zwei untrennbar verbundenen Seiten derselben Wirklichkeit sind, «überwindet den Tod», indem er die Natur des Nichtwissens durchschaut, welche die Illusion des Todes hervorbringt dadurch, daß sie nicht erkennt, daß das Leben ununterbrochen weitergeht und nur seine Formen wechselt. Und er «erlangt Unsterblichkeit» durch Anerkennung der relativen Natur alles begrifflichen Wissens, indem er über die Zwiespältigkeit der Subjekt-Objekt-Beziehung hinausgeht und zum unmittelbaren, spontanen Erlebnis der Wirklichkeit im eigenen Innern vordringt.

Selbstes. «Ich schichte kein Holz für Feuer auf Altären», antwortet der Buddha den brahmanischen Feueranbetern, «ich entzünde eine Flamme in mir selbst. Mein Herz ist der Altar, die Flamme das bezähmte Selbst.» (*Saṃyutta-Nikâya I, 169.*)

HÛṂ ist in der Erdberührungsgeste des Buddha versinnbildlicht, in der er die Erde zum Zeugen seiner in unzähligen Existenzen dargebrachten Selbstopfer anruft. Es ist diese Macht des höchsten Opfers, die den Bösen *(Mâra)* und alles Übel in die Flucht schlägt, nicht aber die Haltung herausfordernden Trotzes, der Drohung oder des Zornes.

Es wäre eine grobe Verkehrung von Ursache und Wirkung, den Laut HÛṂ als einen Ausdruck des Zornes, der Herausforderung oder der Drohung aufzufassen, oder gar als ein Mittel der Dämonenbeschwörung. Solche Erklärungsversuche beruhen auf weitgehender Unkenntnis mantrischer Praxis und Tradition, wie sie aus dem religiösen Leben Tibets als auch aus den zahlreichen mantrischen Formelsammlungen tibetischer Klosterbibliotheken hervorgehen. Diese Formelbücher sind ihres rein esoterischen und unübersetzbaren Inhaltes wegen von der Forschung unbeachtet geblieben, ergeben jedoch bei sorgfältiger Analyse eine Menge wertvoller Aufschlüsse über die Entwicklung, Struktur und innere Gesetzmäßigkeit dieser scheinbar willkürlichen Lautformen, die weder grammatikalischen Regeln noch philologisch erfaßbaren Wortbedeutungen unterliegen und dennoch nicht sinnlos sind, da sie nicht nur gewissen gefühlsmäßigen und geistigen Haltungen, sondern klar umrissenen inneren Schaubildern entsprechen, die der Eingeweihte mit ihrer Hilfe in sich aufzurufen imstande ist. Abgesehen hiervon sind sie ein wertvolles Hilfsmittel tibetischer Ikonographie.

Wäre das HÛṂ ein Ausdruck des Zornes und der Drohung, so würde es nur in den Mantras der «zornigen» oder furchterregenden Erscheinungsformen der *Dhyâni-Buddhas* oder *-Bodhisattvas* verwandt. Dies ist aber, wie aus jenen mantrischen Formelsammlungen zu ersehen ist, nicht der Fall, sondern im Gegenteil HÛṂ findet sich ebenso in den Mantras der milden oder friedlichen Erscheinungsformen, wie der des *Avalokiteśvara,* des Allerbarmenden, dessen Mantra OṂ MAṆI PADME HÛṂ der höchste Ausdruck jener Weisheit des Herzens ist, die mutig in die Tiefen der Welt hinabsteigt, um das Gift des Todes in das Elixier des Lebens zu verwandeln – nimmt doch *Avalokiteśvara* selbst die Gestalt *Yamas,* des Totengottes und Richters der Toten an – und um das Endliche, zum Gefäß des Unendlichen zu machen, es in seinem Lichte zu verklären, zu heiligen und es aus der Totenstarre der Vereinzelung zu erlösen.

Bevor wir uns mit den metaphysischen Aspekten der Silbe HÛṂ und mit den abstrakten Prinzipien, die mit ihr verbunden sind, beschäftigen, haben wir ihren rein klanglichen Symbolismus zu betrachten. Wir müssen uns jedoch von vornherein darüber klar sein, daß alles, was wir hier in Worten und Begriffen aussagen (und das gilt für alle Definitionen mantrischer Laute und Formeln), nichts Endgültiges und Erschöpfendes ist, sondern nur ein Annäherungsversuch, der gewisse Aspekte, die im Erlebnis dieses heiligen Lautes aufleuchten verdeutlichen soll.

Die Silbe HÛṂ besteht aus einem Hauchlaut (*h*), einem langen Vokal (*û*) und dem nachtönenden Verschlußlaut (*ṃ*), der im Sanskrit als *Anusvara* (*anu-svara,* wörtlich «Nach-laut») bekannt ist und sich einem nasalen «ng» annähert. Der Hauchlaut ist der Laut des Atems, des Inbegriffs alles Lebenden, der Laut des *Prâṇa* (Tib.: *ṡugs*), des lebendigen Odems, des *«Âtman»* in seiner ursprünglichen, noch nicht zum Ichbegriff erstarrten Bedeutung: die fließende, ein- und ausströmende, mit allem verbundene Lebenskraft.

Der Vollvokal *U* ist der Laut der Tiefe, der im *Anusvara* ausklingt, bzw. ins Unhörbare übergeht. *U* ist die untere Grenze in der Skala menschlicher Stimmlaute, die Schwelle des Schweigens oder, wie es im Tibetischen heißt, «das Tor zum Unhörbaren» (*«u-ni thos-pa-med-paḥi-sgo»* [*bKaḥ-ḥgyur, myaṅ-ḥdas, K. 206*]).

Der tönende, nach innen gerichtete und im Innern weiterschwingende Endlaut des *Anusvara* steht seiner Natur nach gewissermaßen zwischen den Konsonanten und den Vokalen, d. h. er ist eine unlösliche Vereinigung beider. Er wird daher im Sanskrit sowohl wie im Tibetischen durch ein diakritisches Zeichen in Form eines Punktes, eines Tropfens oder eines kleinen Kreises (Skt.: *bindu;* Tib.: *thig-le*) dargestellt, d. h. durch das Symbol der Einheit, des Ganzen, des Absoluten, des Unveränderlichen, Unzerstörbaren (Skt.: *akṣara*), der Leere (*śûnyatâ*), der Übergegensätzlichkeit, des *Dharmadhâtu,* etc. Jeder Laut, der mit ihm verbunden ist, wird dadurch zum Mantra, zur verinnerlichten Schwingung, zum inneren Laut. (Auf diese Weise wird aus dem naturhaften Laut O der mantrische Laut OṂ.) Aus diesem Grunde werden die Buchstaben des Sanskrit-Alphabetes, das nach indischer Tradition göttlichen Ursprungs ist (und auf dem das ebenso sakrosankte tibetische Buchstabensystem aufgebaut ist), wenn ihre mantrische Natur betont werden soll, mit dem *Anusvara* versehen, wie z. B. in den Darstellungen der psychischen Zentren (*cakra*) des menschlichen Körpers, in denen jedes Zentrum durch eine Anzahl von Keimsilben gekennzeichnet und von einer Hauptkeimsilbe regiert wird, welch letztere einem Element (oder Aggregatzustand) und der ihm zugehörigen Farbe entspricht.

II

DIE LEHRE VON DEN PSYCHISCHEN ZENTREN IM HINDUISMUS UND IM BUDDHISMUS

Obwohl die physiologischen Grundlagen der Lehre von den psychischen Zentren im hinduistischen und buddhistischen Tantrismus die gleichen sind, so müssen wir uns darüber klar sein, daß der Gebrauch, der im buddhistischen Meditationssystem davon gemacht wird, trotz gewisser technischer Ähnlichkeiten wesentliche Verschiedenheiten aufweist. Es ist daher nicht statthaft, wie dies bisher in fast allen Büchern, die sich mit diesem Thema befaßt haben, zu finden ist, diese zwei Systeme zusammenzuwerfen und die buddhistische Meditationspraxis aus den Lehren und dem Symbolismus der hinduistischen *Tantras* ableiten zu wollen. Hieraus ist der völlig falsche Eindruck entstanden, daß es sich im Buddhismus um Übernahme fremden Geistesgutes handle, das erst nachträglich dem eigenen System angepaßt und nutzbar gemacht wurde.

Der Hauptunterschied der beiden Systeme liegt in der verschiedenartigen Behandlung derselben Grundtatsachen. So wie Reisende verschiedener Temperamente oder verschiedener Interessen und Weltanschauungen dieselben Landschaften gänzlich verschieden beschreiben würden, ohne deswegen einander oder den gegebenen Tatsachen zu widersprechen, so erfüllen die buddhistischen und hinduistischen Tantriker dieselben Landschaften des menschlichen Geistes mit verschiedenartigem Erleben.

Das hinduistische System betont mehr die naturhaft-statische Seite der Zentren, indem sie dieselben mit den Grundelementen und Kräften des Universums identifiziert und den *Cakras* dementsprechend einen «objektiven» Inhalt in Form festgelegter Keimsilben und der sie regierenden Gottheiten verleiht.

Das buddhistische System ist weniger mit der statisch-objektiven Seite der *Cakras* beschäftigt, sondern mit dem, was sie durchströmt, mit ihren dynamischen Funktionen, d. h. der Verwandlung jenes Strömenden, jener naturhaft-kosmischen Energien in geistige Potenzen [1a]. Die mantrischen Symbole der durch das Alphabet dargestellten Urlaute werden daher nicht ein für alle Mal mit bestimmten Zentren identifiziert und festgelegt, sondern dem lebendigen Strom der Kräfte eingefügt, die sich als polare Energieströme darstellen, von deren Wechselwirkung, Durchdringung und Vereinigung der Erfolg des geistigen Trainings abhängt.

[1a] «Alle Methoden, die unter dem gemeinsamen Namen Yoga zusammengefaßt werden, sind besondere psychologische Vorgänge, die auf einem feststehenden Naturgesetz begründet sind und die sich aus normalen Funktionen, Kräften und Wirkungen entwickeln, die immer latent vorhanden waren, die aber normalerweise sich nicht leicht oder oft manifestieren.»
(Śrî Aurobindo: *«The Synthesis of Yoga»*, p. 6).

Die Bahnen, in denen diese psychischen Energien den menschlichen Körper durchströmen, werden *Nâḍî* (Tib.: *rtsa*) genannt und folgen der Grundstruktur des Körpers ebenso wie das Nervensystem, obwohl sie mit diesem nicht identifiziert werden können, wie dies des öfteren fälschlich behauptet und vergeblich nachzuweisen versucht wurde. Erfahrungen der Yoga-Praxis können nicht mit den Maßstäben «exakter» (d.h. physikalischer) Wissenschaften oder experimenteller Psychologie und sezierender Anatomie gemessen werden.

Während nach westlicher Anschauung das Gehirn der ausschließliche Sitz des Bewußtseins ist, erweist die yogische Erfahrung, daß unser «Hirnbewußtsein» nur ein Sonderfall unter einer Anzahl möglicher Bewußtseinsformen ist, und daß diese je nach ihrer Funktion und ihrer Natur in verschiedenen Organen des Körpers lokalisiert oder konzentriert werden können. Diese auf der Vertikalachse des Körpers liegenden «Organe», welche die durchströmende Energie sammeln, transformieren und verteilen, werden als *«Cakras»* oder Kraftzentren bezeichnet, von denen strahlenförmig, den Speichen eines Rades oder den Rippen eines Schirmes, oder den Blütenblättern eines Lotos (*padma*) vergleichbar, zahlreiche sekundäre Ströme psychischer Kraft ausgehen oder in das Zentrum zurückführen.

Diese *Cakras* sind in anderen Worten die Punkte, in denen Seelisches und Körperliches ineinander übergehen, einander durchdringen. Sie sind die Punkte, in denen das Seelische sich zum Körperlichen kristallisiert und in denen das Körperliche sich wiederum in Seelisches auflöst, oder richtiger, zurückverwandelt. «Der Sitz der Seele ist da, wo sich Innenwelt und Außenwelt berühren. Wo sie sich durchdringen, ist er in jedem Punkte der Durchdringung» (Novalis). Wir können daher sagen, daß jedes der psychischen Zentren, in dem wir uns dieser geistigen Durchdringung bewußt werden, zum Sitz der Seele wird, oder daß wir, indem wir die verschiedenen Zentren zur Aktivität aufrufen, unseren Körper beseelen, vergeistigen und verwandeln.

In diesem Zusammenhang mögen wir uns auch eines anderen

hierhergehörigen Ausspruchs von Novalis erinnern: «Der tätige Gebrauch der Organe ist nichts als magisches, wundertätiges Denken», – aber nicht im gewöhnlichen Sinne: «Denken im gewöhnlichen Sinne ist Denken des Denkens.» Das Denken, das hier gemeint ist, ist gleichbedeutend mit schöpferischer Tätigkeit. «Denken ist machen», dies ist das Grundprinzip aller Magie, insbesondere aller Mantrik. Durch das Festhalten, durch rhythmische Wiederholung eines schöpferischen Gedankens, einer Idee, einer Vorstellung oder eines Bildes, summiert sich dessen Wirksamkeit, gleich der eines steten Tropfens, bis es alle Tätigkeitsorgane mitreißt und zur geistigen und materiellen Tat wird.

«Wir wissen etwas nur, insofern wir es ausdrücken, i. e. machen können. Je fertiger und mannigfacher wir etwas produzieren, ausführen können, desto besser wissen wir es. Wir wissen es vollkommen, wenn wir es überall und auf alle Art mitteilen, erregen können, einen individuellen Ausdruck in jedem Organ desselben bewirken können.» (Novalis)

Das große Geheimnis des tantrischen Yoga ist also das Erlebnis der Wirklichkeit auf den Ebenen verschiedener – oder sämtlicher uns zugänglichen – psycho-physischen Zentren. Hierdurch allein gewinnt unser Wissen jene Tiefenperspektive, die das früher bloß Wahrgenommene zum Erlebten und somit unmittelbar Wirklichen (und Wirkenden) macht. Ähnlich wie bei einem stereoskopischen Bilde ein höherer Wirklichkeitsgrad erreicht wird, indem es zwei Bilder des gleichen Objektes von einem etwas verschiedenen Gesichtspunkt miteinander verschmilzt und wie durch eine auf ähnlichem Wege hergestellte Tonwiedergabe, durch Kombinierung räumlich verschiedener Aufnahmen desselben Tones eine im musikalischen Sinne plastischere, raumwirklichere Klangwiedergabe entsteht, so wird ein Erlebnis höherer Dimensionalität durch die Integrierung der Erlebnisse verschiedener Bewußtseinszentren erreicht. Daher die Unbeschreibbarkeit gewisser Meditationserlebnisse auf der Ebene dreidimensionalen Denkens und einer diesem angepaßten und es einschränkenden Logik.

Die stillschweigende Voraussetzung, daß die Welt, die wir uns in unserem Denken aufbauen, identisch sei mit der unseres Erlebens (gar nicht zu reden von der Welt als solcher) ist eine der Hauptquellen unserer irrigen Weltauffassung. Die Welt, die wir erleben, schließt die Welt unseres Denkens ein, nicht aber umgekehrt; denn wir leben in verschiedenen Dimensionen, von denen die des Intellektes, der Fähigkeit diskursiven Denkens, nur *eine* ist. Wenn wir intellektuell Erfahrungen reproduzieren, die ihrer Natur nach anderen Dimensionen angehören, so tun wir damit etwas ähnliches wie der Maler, der dreidimensionalen Raum im Rahmen einer zweidimensionalen Oberfläche darstellt. Er tut dies unter bewußtem Verzicht auf gewisse der höheren Dimension angehörigen Qualitäten und durch Einführung einer neuen Ordnung von tonalen Werten, Proportionen und optischen Verkürzungen, die nur in der künstlichen Einheit seines Bildes und von einem gewissen Gesichtspunkt gültig sind.

Die Gesetze dieser Perspektive entsprechen in wesentlichen Punkten den Gesetzen der Logik. Beide opfern Qualitäten einer höheren Dimension; sie wählen willkürlich und beschränken sich auf einen Blickpunkt, so daß ihre Objekte jeweils nur von einer Seite gesehen werden und in einer diesem Blickpunkte entsprechenden Verkürzung und Proportion. Während jedoch der Künstler bewußt seine Eindrücke aus der einen Dimension in die andere überträgt und nicht die Absicht hat, eine objektive Wirklichkeit nachzuahmen oder zu reproduzieren, sondern seine Reaktion dieser «Wirklichkeit» gegenüber zum Ausdruck zu bringen, fällt der Denker für gewöhnlich der Illusion anheim, im eigenen Denken die Wirklichkeit erfaßt zu haben, indem er die «verkürzende» Perspektive seiner einseitigen Logik für ein universelles Gesetz hält.

Der Gebrauch der Logik im Denken ist ebenso notwendig und berechtigt wie der Gebrauch der Perspektive in der Malerei, – jedoch nur als ein Ausdrucksmittel und nicht als ein Kriterium der Wirklichkeit. Wenn wir uns also in der Beschreibung meditativer Erlebnisse und der mit ihnen verbundenen Bewußtseinszentren so weit als möglich logischer Definitionen bedienen, so dürfen wir diese nur als das notwendige Sprungbrett zum Verständnis andersgearteter Bewußtseinsdimensionen betrachten, in denen die von verschiedenen Gesichtspunkten gesammelten Einzeleindrücke und die Erlebnisse verschiedener Bewußtseinsebenen sich zu einem organischen Ganzen abrunden.

III

DIE PRINZIPIEN DES RAUMES UND DER BEWEGUNG

Nach altindischer Anschauung offenbart sich das Universum in zwei grundlegenden Eigenschaften: als *Bewegung* und als das, worin diese Bewegung stattfindet, nämlich *Raum*. Dieser Raum wird als *Âkâśa* (Tib.: *nam-mkhaḥ*) bezeichnet und ist das, wodurch Dinge in Erscheinung treten, d. h. Ausdehnung, Körperlichkeit besitzen. Als das alle Dinge Umfassende entspricht *Âkâśa* dem drei-dimensionalen Raum unserer Sinneserfahrung und wird als solcher *«mahâkâśa»* genannt. Das Wesen des *Âkâśa* erschöpft sich jedoch nicht in dieser Dreidimensionalität; es umfaßt *alle* Möglichkeiten der Bewegung, nicht nur der körperlichen, sondern auch der geistigen, d. h. unendliche Dimensionen.

Auf der Ebene geistiger Aktivität wird *Âkâśa* als «Bewußtseinsraum» oder Dimension des Bewußtseins *«cittâkâśa»*, bezeichnet, während er auf der höchsten Stufe geistigen Erlebens, auf der die Dualität von Subjekt und Objekt aufgehoben ist, «*cidâkâśa*» genannt wird.

Âkâśa kommt von der Wurzel *kâś*, «leuchten», «strahlen» und hat daher auch die Bedeutung «Äther», der als Medium der Bewegung dient. Das Prinzip der Bewegung aber ist *Prâṇa* (Tib.: *śugs*), der lebendige Odem, der allgewaltige Rhythmus des Universums, in dem Weltentstehungen und Weltvergehungen einander folgen wie Einatmung und Ausatmung im menschlichen Körper, und in dem der Lauf der Sonnen und Planeten ebenso beschlossen ist wie der Umlauf des Blutes und die Ströme psychischer Energien. Alle Kräfte des Universums wie des menschlichen Geistes, vom höchsten Bewußtsein bis in die Tiefen des Unterbewußten sind Modifikationen des *Prâṇa.* Das Wort «*prâṇa*» kann daher nicht mit dem körperlichen Atem gleichgesetzt werden, obwohl der Atem (*prâṇa* im engeren Sinne) eine der vielen Funktionen ist, in denen diese universelle Urkraft sich manifestiert.

Obwohl im höchsten Sinne *Âkâśa* und *Prâṇa* nicht voneinander zu trennen sind, sondern sich wie «oben» und «unten» oder «rechts» und «links» gegenseitig bedingen, ist es möglich, das Vorwiegen des einen oder des anderen Prinzips im Gebiete praktischer Erfahrung zu beobachten und zu unterscheiden.

Alles Geformte, Ausgedehnte, in räumliche Erscheinung Tretende offenbart die Natur des *Âkâśa.* Daher werden die vier groben Elemente (*mahâbhûta;* Tib.: *ḥbyuṅ-ba*) oder Aggregatzustände des Festen («Erde»), des Flüssigen («Wasser»), des Flammenden oder Hitzenden («Feuer») und des Gasförmigen («Luft») als Modifikationen des *Âkâśa,* des Raumäthers aufgefaßt.

Alles Bewegende, Dynamische, Veränderung-Hervorrufende, Verwandelnde offenbart die Natur des *Prâṇa.* Alle körperlichen und seelischen Vorgänge, alle physischen und psychischen Kräfte, von den Funktionen der Atmung, des Blutkreislaufs und des Nervensystems bis zu denen des Bewußtseins, des Denkens und aller höheren Geistesfunktionen sind Modifikationen des *Prâṇa.*

Âkâśa stellt sich in seiner gröbsten Form als Materie dar; in seinen feinsten Formen geht er unmerklich ins Energetische über. Der Aggregatzustand z. B., den wir als «Feuer» oder «feurig» bezeichnen, ist sowohl materiell als energetisch. *Prâṇa* auf der anderen Seite erscheint in solchen körperlichen Funktionen, wie der des Atems, der Verdauung etc. und ist die Ursache physischer und psychischer Wärme (Tib.: *gtum-mo*).

Wäre dies nicht so, so wäre eine Einwirkung von Geistigem auf Körperliches und von Körperlichem auf Geistiges nicht möglich; und diese Wechselwirkung ist es ja gerade, die der Yogin (gleichgültig, ob er Buddhist oder Hindu ist) sich zunutze macht und auf der die Technik der Meditation aufgebaut ist. «Wenn die indische Maxime wahr ist, daß der Körper das Instrument darstellt, das der Erfüllung des wahren Gesetzes unserer Natur dient, dann muß jede endgültige Flucht vor dem physischen Leben ein Sichabwenden von der Vollkommenheit göttlicher Weisheit sein und ein Verzicht auf ihr Ziel in der irdischen Manifestation. Es kann daher keinen integralen Yoga geben, der den Körper ignoriert, oder der seine Vernichtung oder Ablehnung zur unentbehrlichen Vorbedingung einer vollkommenen Geistigkeit macht.» [1b] Die psychischen Kraftzentren des menschlichen Körpers und ihre Organe entsprechen demnach den Modifikationen des *Âkâśa,* bzw. der Elemente, während die Kraftströme, die sie durchfließen oder in ihnen gestaut, verwandelt und verteilt werden, die Modifikationen des *Prâṇa* darstellen.

Die vier unteren Kraftzentren repräsentieren in aufsteigender Folge die immer feiner werdenden Aspekte des *Âkâśa* in Form der «Elemente» Erde, Wasser, Feuer und Luft. Das unterste, an der Basis der Wirbelsäule befindliche, dem Sakralplexus (plexus pelvis) entsprechende, *Mûlâdhâra* genannte Zentrum, das die noch unqualifizierte vitale Urenergie enthält, die entweder der physischen Fortpflanzung und Erneuerung dient oder der Sublimierung dieser Kräfte in geistige Potenzen, repräsentiert das Element «Erde».

Die latente Energie dieses Zentrums wird als die schlummernde Kraft der Göttin *Kuṇḍalinî* vorgestellt, die als das schöpferische Prinzip des Universums oder als *Śakti Brahmâs,* eine Naturpotenz von überwältigender Macht darstellt, die ebensowohl göttlich wie dämonisch wirken kann, indem sie den Weisen, der sie beherrscht, zur höchsten geistigen Macht und Vollendung verhilft, während sie den Toren, der sie unwissend entfesselt, vernichtet.

Ebenso wie die im Atom beschlossene Urkraft sowohl zum Segen wie zur Vernichtung der Menschheit verwandt werden

[1b] Śrî Aurobindo: *«The Synthesis of Yoga»,* p. 10.

kann, so können die im menschlichen Körper beschlossenen Kräfte sowohl zur Befreiung wie zur Versklavung führen, zum Licht sowohl wie zur Finsternis. Nur bei völliger Selbstbeherrschung und klarer Erkenntnis der Natur dieser Kräfte kann der Yogi es wagen, sie zu erwecken. Die Anweisungen zu ihrer Erweckung werden daher in der religiösen Literatur in solcher Form gegeben, daß nur der Eingeweihte unter der Leitung eines kompetenten Guru und nach den Regeln der durch Jahrtausende erprobten Meditationspraktiken, sie ausüben kann. Die Geheimhaltung oder Verschleierung gewisser esoterischer Texte durch eine nur dem Adepten verständliche Sprache, hat also ihren Grund nicht in dem Bestreben, andere an der Erlangung solcher Kräfte und Erkenntnisse zu verhindern oder über andere Macht zu gewinnen, sondern um Unwissende vor den Gefahren zu schützen, die ein Mißbrauch oder ein leichtfertiges Experimentieren mit diesen Praktiken heraufbeschwören würden.

In den buddhistischen Meditationspraktiken werden diese Gefahren weitgehend vermieden, indem sie den Meditierenden weder direkt auf die *Śakti,* noch auf die unteren Zentren konzentrieren lassen, sondern, wie wir später sehen werden, auf jene Bewußtseinsqualitäten und psychischen Zentren, die den Fluß dieser Kräfte regulieren und transformieren. An Stelle der *Śakti* steht im Buddhismus die *Ḍâkinî* d. h. an Stelle des Machtprinzips das Erkenntnisprinzip in seiner intuitiv-spontanen Form: an Stelle der Naturkraft, die einende Kraft der Inspiration. (Hierüber mehr im XIII. Kapitel.)

IV

DIE PSYCHISCHEN ZENTREN DES KUṆḌALINÎ-YOGA UND IHRE PHYSIOLOGISCHEN ENTSPRECHUNGEN

So wie das Wurzelzentrum *Mûlâdhâra* das Element «Erde» darstellt, repräsentiert das nächsthöhere, dem Plexus hypogastricus entsprechende Zentrum, das die inneren Organe der Ausscheidung und der Fortpflanzung beherrscht, das Element «Wasser». Es wird als *Svâdhiṣṭhâna-cakra* bezeichnet.

In tibetischen Meditationssystemen wird dieses Zentrum für gewöhnlich nicht gesondert erwähnt oder als selbständiges Zentrum betrachtet (und dies trifft wohl für die buddhistische Auffassung von den psychischen Zentren im Allgemeinen zu, wie auch aus dem spätceylonesischen Pâli-Werk «*Yogâvacara*» ersichtlich ist), sondern mit dem *Mûlâdhâra-cakra* unter dem Namen «Sang-Nä» (*gsaṅ-gnas*), der «geheime Ort» («geheim» im Sinne von «sakral», unserem «Sakralplexus» entsprechend) zusammengefaßt. Dieser Sakralplexus steht somit für den gesamten Bereich reproduktiver Kräfte, sexueller wie präsexueller Art, während diejenigen Funktionen des *Svâdhiṣṭhâna-cakra,* die der negativen Seite des Ernährungssystems zugehören (wie die der Zersetzung, Auflösung und Scheidung der Nahrungsstoffe in aufzunehmende, assimilierbare, und auszustoßende, unassimilierbare Substanzen) dem nächsthöheren Zentrum, dem Plexus epigastricus oder Solarplexus, zugeordnet werden.

Das dem Solarplexus entsprechende, *Maṇipûra* oder *Nâbhipadma,* d. h. Nabel-Lotos (Tib.: *lte-baḥi pa-dma*) genannte Zentrum repräsentiert das Element «Feuer» und die Kräfte der Verwandlung im physischen wie im psychischen Sinne (Verdauung, Assimilation, Überführung anorganischer in organische Stoffe, sowohl wie Verwandlung organischer Stoffe in psychische Energien, etc.).

Das dem Herzen entsprechende Zentrum, *Anâhata-cakra,* repräsentiert das Element «Luft». Dieses Zentrum ist nicht notwendigerweise identisch mit dem Herzen. Es reguliert und beherrscht die Atmungsorgane ebenso wie das Herz und liegt nach traditioneller Anschauung auf der vertikalen Zentralachse des Körpers.

Die drei höchsten Zentren sind: – das dem Plexus cervicus entsprechende Kehl-Zentrum, *Viśuddha-cakra,* – das zwischen den Augenbrauen liegende Stirnzentrum, *Âjñâ-cakra* (das nach Anschauung moderner Physiologen der Medulla oblongata entsprechen soll), – und das Scheitelzentrum, das auch als *Sahasrâra-padma,* der «tausendblättrige Lotos» bezeichnet wird und mit der zum Großhirn gehörigen Zirbeldrüse assoziiert wird.

Diese drei letztgenannten, höchsten Zentren entsprechen jenen Formen des *Âkâśa,* die jenseits der groben Elemente liegen und höhere Raumdimensionen darstellen, in denen schließlich die Qualität des Lichtes identisch wird mit der des Raumes und damit in den psychisch-energetischen Zustand des *Prâṇa* und in die Region höherer Bewußtheit übergeht. Ebenso wie die beiden untersten Zentren, so sind auch die beiden höchsten Zentren in tibetischen Meditationssystemen zu einem Zentrum verschmolzen: *Âjñâ-cakra* wird nicht gesondert aufgezählt, sondern als dem «Tausendblättrigen Lotos» *(ḥdab-stoṅ)* zugehörig betrachtet [1c].

[1c] Um den in westlicher Physiologie geschulten Lesern einen leichteren Zugang zum Verständnis dieser spezifisch indischen Lehre von den psychischen Zentren zu geben, dürften die folgenden Definitionen der sieben Systeme des menschlichen Körpers aus dem Buche «Health and Meditation» von A. M. Curtis von Nutzen sein:

«Nennen wir nun die verschiedenen Systeme, wie sie der Reihe nach vom Ende der Wirbelsäule aufwärts nach dem Gehirn liegen, so bekommen wir folgende Aufstellung:

I. *Das Fortpflanzungssystem,* dargestellt durch den *Sakralplexus* des Zerebrospinalen Nervensystems, das die unteren Gliedmaßen und die äußeren Fortpflanzungsorgane beherrscht.

II. Das *negative Ernährungssystem,* dargestellt durch den *prävertebralen, hypogastrischen Plexus* des sympathischen Nervensystems, der die Ausscheidungsorgane, Blase, Darm, Harnröhre und die inneren Fortpflanzungsorgane versieht.

III. Das *positive Ernährungssystem,* dargestellt durch den *prävertebralen Solar-* oder *epigastrischen Plexus* des sympathischen Systems (Sonnengeflecht), das Magen, Gedärm, Galle, Blase, Gallenleiter, Harnwege, Samenleiter und die Drüsengebilde der Leber, Niere, Milz und Bauchspeicheldrüse regiert.

In den sieben Zentren des menschlichen Körpers ist sozusagen die elementare Struktur und Dimensionalität des Universums dargestellt: von der Stufe größter Dichtigkeit und Materialität bis zur Stufe immaterieller, vieldimensionaler Ausdehnung (Raumgestaltung); von den Organen dunkler, unterbewußter, aber kosmisch-gewaltiger Urkräfte bis zu denen lichter Bewußtheit. Daß die Formpotenzen des ganzen Universums in diesen Zentren latent vorhanden sind, wird dadurch angedeutet, daß sämtliche Laute des Sanskrit-Alphabetes in Form von Keimsilben auf die sieben Zentren verteilt werden.

Jedes dieser Zentren wird als eine Lotosblüte dargestellt, deren Blütenblätter die ihr zugehörigen Keimsilben (*bîja*) tragen und in deren Mitte das Symbol des sie beherrschenden Ele-

IV. Das *Gefäß-* oder *Kreislaufsystem*, dargestellt durch den Herzplexus des Sympathikus, der Herz- und Blutgefäße reguliert.

V. Das *Atemsystem*, dargestellt durch den Halsplexus oder Plexus cervicus des zerebrospinalen Systems, das, zusammen mit dem Brachialplexus, die oberen Gliedmaßen regiert.

VI. Das *unwillkürliche Nervensystem*, das im Schädel durch die Medulla oblongata dargestellt wird, die verbreitete Fortsetzung des Rückenmarks, welches die Basis des Gehirns bildet und die speziellen Sinnesorgane, Augen, Ohren, Nase, Zunge, Haut, beherrscht.

VII. Das *willkürliche Nervensystem*, dargestellt durch die Zirbeldrüse, einen kleinen kegelförmigen Körper in der Tiefe des mittleren Großgehirngewebes, dessen physiologische Funktion noch nicht entdeckt ist. — Zu beachten ist der enge natürliche Zusammenhang der Zirbeldrüse mit den Sehnerven im Hinblick auf die höhere Deutung dieses Organs als ein unentwickelter Träger des Bewußtseins siebenter Ordnung.»

Zu I: «Das Fortpflanzungssystem drückt das Verlangen nach Dauer des Bewußtseins aus. Dem Durchschnittsmenschen erfüllt dies Verlangen sein Weiterleben in seinen Kindern, aber auf einer höheren Entwicklungsstufe wird seine physische Energie zum Teil in seelische umgewandelt, die für sich eine entsprechende Ausdrucksform findet, und mit dieser zwiefachen Erfüllung begnügt sich die Mehrzahl. Aber einer wachsenden Menge wird es heute klar, daß dieses System der Wiedererzeugung die Kraft andeutet, den letzten oder Geistmenschen hervorzubringen, und daß Körper und Seele nur der Stoff sind, aus dem durch Wandlung die übermenschliche Stufe hervorgehen wird.»

(Deutsch unter dem Titel «Versenkung und Heilung» [pp. 23 ff.], Niels Kampmann Verlag, Heidelberg, 1928.)

mentes und seiner ihm entsprechenden Keimsilbe (*tattva-bîja*) wiedergegeben werden. Jeder dieser Elementar-Keimsilben ist ein Tiersymbol als Träger oder «Vehikel» (*vahana*) beigegeben, durch die der Charakter der Elemente verdeutlicht wird. Ohne hier auf die mit den Zentren verbundenen Gottheiten einzugehen, was eine eingehende Kenntnis des hinduistisch-tantrischen Pantheons voraussetzen würde, wollen wir uns auf diese elementaren Aspekte der Zentren beschränken.

Das Wurzelzentrum *Mûlâdhâra* wird als ein vierblättriger Lotos mit den Keimsilben *Vaṃ, Śaṃ, Ṣaṃ, Saṃ,* dargestellt, dessen Fruchtboden ein gelbes Quadrat mit der Keimsilbe *«LAṂ»* als Symbol des Erd-Elementes enthält. Als Tiersymbol (*vahana*) ist ihm Indras Elephant *Airâvati* mit sieben Rüsseln zugeordnet.

Das nächste, dem Plexus hypogastricus entsprechende Zentrum *Svâdhiṣṭhâna* wird durch einen sechsblättrigen Lotos mit den Keimsilben *Baṃ, Bhaṃ, Maṃ, Yaṃ, Raṃ, Laṃ* dargestellt. dessen Fruchtboden einen weißen Halbkreis, bzw. eine weiße Mondsichel mit der Hauptkeimsilbe *«VAṂ»* als Symbol des Wasserelementes enthält. Als Tiersymbol ist ihm das Krokodil (*makara*) zugeordnet.

Das dem Solarplexus entsprechende Zentrum *Maṇipûra* wird als zehnblättriger Lotos dargestellt, mit den Keimsilben *Ḍaṃ, Ḍhaṃ, Ṇaṃ, Taṃ, Thaṃ, Daṃ, Dhaṃ, Naṃ, Paṃ, Phaṃ,* Sein Fruchtboden enthält ein rotes, auf die Spitze gestelltes Dreieck mit der Keimsilbe *«RAṂ»* als Symbol des Feuerelementes. Sein Tiersymbol ist der Widder.

Das Herzzentrum *Anâhata* ist ein zwölfblättriger Lotos, dessen Blütenblätter die Keimsilben *Kaṃ, Khaṃ, Gaṃ, Ghaṃ, Ṅaṃ, Caṃ, Chaṃ, Jaṃ, Jhaṃ, Ñaṃ, Ṭaṃ, Ṭhaṃ* tragen und dessen Fruchtboden ein rauchfarbenes (grau-blaues) Hexagramm mit den Keimsilben *«YAṂ»* als Symbol des Luft- oder Windelementes. Sein wesentliches Charakteristikum ist die Bewegung, weshalb die Gazelle, der Inbegriff der Schnelligkeit, ihm als «Vehikel» zugeordnet ist.

Diese vier Zentren stellen also die vier grobstofflichen Elemente dar, und in ihnen sind sämtliche Konsonanten des

VEREINFACHTES SCHEMA DER ZENTREN PSYCHISCHER KRAFT NACH DER TRADITION DES KUṆḌALINÎ-YOGA

LAGE DER PSYCHO-PHYSISCHEN KRAFTZENTREN UND DER DREI HAUPTSTRÖME PSYCHISCHER KRAFT IM MENSCHLICHEN KÖRPER

Die der Wirbelsäule entsprechende, durch eine einfache Linie angedeutete Vertikalachse stellt *«Suṣumṇâ-Nâḍî»*, die gewundene Doppellinie *«Iḍâ-Nâḍî»*, und die gegenläufig gewundene, ihr entsprechende einfache Linie, *«Piṅgalâ-Nâḍî»* dar. Näheres hierüber in den folgenden Kapiteln.

Psychische Zentren
(*Cakras*)

Physiologische Entsprechungen

SAHASRÂRA-PADMA
Scheitel-Zentrum
Keimsilbe: «OṂ»

Im tibetischen System als *ein* Zentrum (ḥdab-stoṅ) aufgefaßt

GEHIRN
(Zirbeldrüse)
Willkürliches Nervensystem

Zerebrospinales Nervensystem

ÂJÑÂ-CAKRA
Stirn-Zentrum
(zwischen den Augenbrauen)
Keimsilbe: halbes oder kurzes «A»

MEDULLA OBLONGATA
Unwillkürliches Nervensystem

VIŚUDDHA-CAKRA
Hals-Zentrum
Element: «Äther»
Als Träger des Lautes (śabda)
Keimsilbe: «HAṂ»
Farbe: Weiß
Form: Kreis

PLEXUS CERVICUS
Atmungs-System

ANÂHATA-CAKRA
Herz-Zentrum
Element: «Luft» (Bewegung)
Keimsilbe: «YAṂ»
Farbe: Grau-Blau
Form: Hexagramm

PLEXUS CARDIACUS
Gefäß-System

Psychische Zentren:
(*Cakras*)

MAṆIPÛRA-CAKRA
Nabel-Zentrum
Element: «Feuer»
Keimsilbe: «RAM»
Farbe: Rot
Form: Dreieck

CAKRA SVÂDHIṢṬHÂNA-
Unterleibs-Zentrum
(4 Fingerbreiten unterhalb des Nabels)
Element: «Wasser»
Keimsilbe: «VAṂ»
Farbe: Weiß
Form: Mondsichel

Im tibetischen System zusammengefaßt als «Sang-nä» (gsaṅ-gnas)

MÛLÂDHÂRA-CAKRA
Wurzel-Zentrum (im Perineum), dessen latente Urkraft durch die um den Lingam gewundene Schlange «Kuṇḍalinî» im Zentrum des Dreiecks (yonî) dargestellt wird.
Element: «Erde»
Keimsilbe: «LAṂ»
Farbe: Gelb
Form: Quadrat

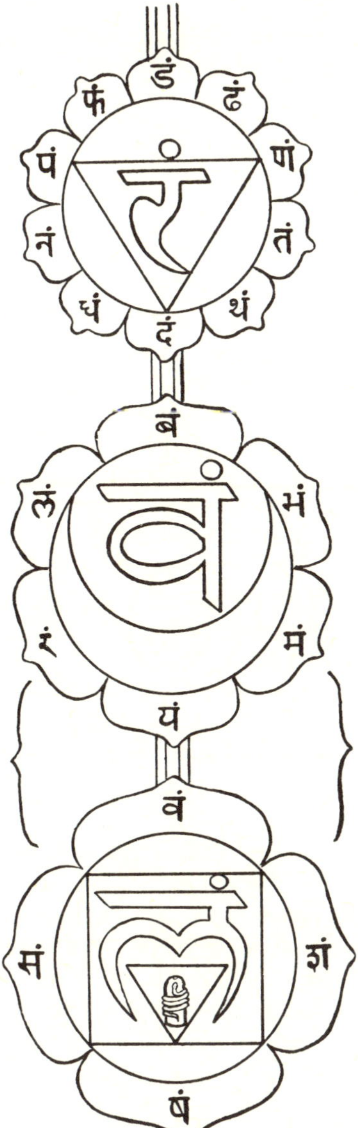

Physiologische Entsprechungen:

PLEXUS EPIGASTRICUS
(Solarplexus)
Ernährungs-System

PLEXUS HYPOGASTRICUS
Innere Organe der Ausscheidung und der Fortpflanzung

Fortpflanzungs-System

PLEXUS PELVIS
(Sacralplexus)
der die äußeren Fortpflanzungsorgane beherrscht (dargestellt durch «Lingam», das männliche, und «Yonî», das weibliche Symbol schöpferischer Kraft (der «Libido» vergleichbar).

Sanskrit-Alphabetes enthalten. Wie aus der zunehmenden Anzahl der Blütenblätter und Keimsilben zu ersehen ist, weisen die aufeinanderfolgenden Zentren zunehmende Differenzierung auf, d. h. eine höhere Schwingungszahl oder einen höheren Aktivitätsgrad, was im geistigen Sinne einer höheren Dimension entspricht. Es vollzieht sich hier die Entwicklung von der relativen Undifferenziertheit des Unterbewußten zur Differenziertheit des Vollbewußtseins, das dementsprechend als «tausendblättriger Lotos» (*Sahasrâra-padma*) bezeichnet wird.

Das Kehlzentrum *Viśuddha,* aus dem die Sprache und die Macht des mantrischen Lautes geboren wird, enthält sämtliche im Sanskrit gebräuchlichen *Vokale* auf sechzehn Blütenblättern und ist dem feinstofflichen Element des Raumäthers (*âkâśa*), dem Träger des Lautes, dem Medium der Vibration zugeordnet. Seine zentrale Keimsilbe ist *«HAṂ»*. Sie wird auf einem weißen Tropfen oder einer weißen kreisförmigen Scheibe innerhalb eines auf die Spitze gestellten Dreiecks vorgestellt und wird getragen von einem weißen Elephanten mit sechs Stoßzähnen.

Das zwischen den Augenbrauen liegende Zentrum *Âjñâ,* das dem Bereiche des «Tausendblättrigen Lotos» angehört und darum nach tibetischer Tradition nicht als ein gesondertes Zentrum betrachtet wird, besitzt nur zwei Blütenblätter mit den Keimsilben *Haṃ* und *Kṣaṃ,* und als Hauptkeimsilbe das kurze oder halbe «A». Wir werden später hierauf zurückkommen.

Das Scheitelzentrum, der Tausendblättrige Lotos (*sahasrâra-padma)* hat «OṂ» zur zentralen Keimsilbe, während seine Blütenblätter die unendliche Vielfalt und Summe aller Keimsilben und *Cakra*s darstellen. Aus diesem Grunde wird der Tausendblättrige Lotos als den übrigen sechs Zentren *über*geordnet betrachtet und der Ausdruck *«cakra»* im engeren Sinne nur auf sie angewandt: daher der Titel des den *Kuṇḍalinî-Yoga* behandelnden Werkes *«Ṣaṭcakranirûpaṇam»* (Betrachtung oder Darstellung der *Sechs* Zentren), auf dem Arthur Avalons fundamentales Werk «The Six Centres and the Serpent Power» aufgebaut ist, das auch den gegenwärtigen Ausführungen, soweit sie die hinduistische Tradition betreffen, zur Grundlage diente.

V

DIE LEHRE VON DEN PSYCHISCHEN ENERGIEN UND VON DEN FÜNF HÜLLEN DES BEWUSSTSEINS

Die unsichtbaren Kanäle und fein-materiellen Gefäße, welche den Kräften, die den menschlichen Körper durchströmen, als Leiter dienen, werden, wie bereits erwähnt, als *Nâḍîs* (Tib.: *rtsa)* bezeichnet.

Es ist besser, dieses Wort unübersetzt zu lassen, um Mißverständnisse zu vermeiden, die sich unfehlbar aus der Wiedergabe desselben durch Begriffe wie «Nerven», «Adern», «Arterien» und dergl. ergeben. Die mystische Anatomie und Physiologie des Yoga ist nicht auf objekt-isolierender Forschung, sondern auf subjektiver (aber ebenso unvoreingenommener) Beobachtung innerer Vorgänge begründet, d. h. nicht auf Sezierung toter Körper oder auf von außen betrachteten Vorgängen des menschlichen oder tierischen Organismus, sondern auf Selbstbeobachtung und auf dem unmittelbaren Erlebnis der Vorgänge und Empfindungen des eigenen Körpers.

Die Entdeckung des Nervensystems und des Blutkreislaufes gehört einer gänzlich anderen Epoche an; und selbst wenn das Wort *Nâḍî* von der späteren medizinischen Anatomie Indiens als nächstliegender Ausdruck übernommen und auf Adern und Nerven angewandt wurde, so besteht dennoch keine Berechtigung diese Bedeutung dem ursprünglichen Yogaterminus zu unterschieben.

Was die meisten Darsteller des *Prâṇâyâma* (des Yoga zur Beherrschung des *Prâṇa*) bisher übersehen haben, ist, daß dieselbe Energie (*prâṇa*) nicht nur dauernder Verwandlung unterworfen ist, sondern sich, ohne ihren Lauf zu unterbrechen, verschiedener Fortbewegungsmedien bedienen kann. So wie ein elektrischer Strom durch Kupfer, Eisen, Wasser, Silber, etc. fließen und, wenn die Spannung hoch genug ist, selbst ohne einen Leiter durch den Luftraum springen oder als Radiowellen sich fortpflanzen kann, so kann der Strom psychischer Kraft sich sowohl des Atems, des Blutes, wie der Nerven bedienen und, bei genügender Intensität, auch ohne oder über diese Medien hinaus sich dem Raum mitteilen und in unendliche Fernen wirken. Denn *Prâṇa* ist mehr als Atem, mehr als Nervenenergie oder die Lebenskräfte des Blutstroms. Es ist mehr als die zeugende Kraft des Samens oder die Kraft der motorischen Nerven, mehr als die Denkfähigkeit des Gehirns oder die Kraft des Willens. Alles dieses sind nur die Modifikationen des *Prâṇa,* so wie die *Cakras* Modifikationen des *Âkâśa*-Prinzips sind.

Obwohl also die *Nâḍîs* zum Teil mit den Bahnen des Nerven- und Gefäßsystems und des Atems zusammenfallen mögen und oft in ihren Funktionen mit ihnen verglichen wurden, sind sie *nicht* mit ihnen identisch, sondern verhalten sich zu ihnen ähnlich wie die *Cakras* zu den Organen und körperlichen Funktionen, mit denen sie assoziiert werden. In anderen Worten: wir haben es hier mit einem Parallelismus körperlicher und seelischer Funktionen zu tun.

Dieser Parallelismus kommt anschaulich in der Lehre von den fünf Hüllen (*kośa*) des menschlichen Bewußtseins zum Ausdruck, die sich in stets wachsender Verdichtung um oder aus dem innersten Kern – nach buddhistischer Anschauung um das inkommensurable von allen Bestimmungen leere Bezugszentrum – unseres Wesens kristallisieren. Die dichteste und äußerste dieser Hüllen ist der aus Nahrung gebildete physische Körper (*anna-maya-kośa*), die nächste ist die diesen Körper durchdringende, atemgenährte, aus dem *Prâṇa* gebildete, feinstoffliche Hülle (*prâṇa-maya-kośa*), die wir als *prâṇischen* oder ätherischen Körper bezeichnen können. Die nächst-feinere Hülle ist die durch unser aktives Denken gebildete Persönlichkeit: unser Gedankenkörper (*mano-maya-kośa*). Die vierte Hülle ist der über unser aktives Denken hinausgehende, die Gesamtheit unserer geistigen Fähigkeiten umfassende, potenzielle Bewußtseinskörper (*vijñâna-maya-kośa*).

Die letzte und feinste, alle vorhergehenden durchdringende und zugleich «innerste» Hülle, ist der von Freude *(ânanda)* genährte, aus Freude gewobene Körper des höchsten, universellen

Bewußtseins (*ânanda-maya-koṡa*), das nur im Zustand der Erleuchtung oder in den höchsten Stufen der Meditation (*dhyâna*) erlebt wird und in der Ausdrucksweise des *Mahâyâna* dem «Körper der Entzückung», dem *Sambhoga-Kâya*, entspricht.

Diese «Hüllen» sind also nicht als aufeinanderfolgende, getrennte Schichten, die sich um einen festen Kern ansetzen, zu verstehen, sondern als sich gegenseitig durchdringende Prinzipien – vom feinsten «allseitig leuchtenden», alles durchstrahlenden Bewußtsein bis zum «materialisierten Bewußtsein», das als Körper in sichtbare Erscheinung tritt. Die jeweils feineren Hüllen erfüllen und schließen die gröberen in sich ein.

So wie der materielle Körper durch Nahrung aufgebaut und von den vitalen Kräften des *Prâṇa*, des lebendigen Odems durchdrungen und belebt wird, so durchdringt das aktive Bewußtsein die Funktionen des *Prâṇa* und bestimmt die Form der körperlichen Erscheinung. Denken, Atmung und Körper aber sind ihrerseits durchdrungen von dem noch tieferen Bewußtsein vergangener Erfahrung, in dem das unendliche Material, aus dem das Denken schöpft, beschlossen liegt und das wir mangels eines besseren Ausdrucks als Unterbewußtsein oder Tiefenbewußtsein bezeichnen.

Im Zustande der Meditation aber werden alle diese bewußten und unterbewußten, feinmateriellen, vitalen und grobmateriellen Funktionen von der Flamme der Inspiration und Beseligung (*ânanda*) durchdrungen und verwandelt, bis die universelle Natur des Bewußtseins offenbar wird. Hierauf beruht der «Yoga des Inneren Feuers» (Tib.: *gtum-mo*), mit dem wir uns im VIII. Kapitel beschäftigen werden.

Es ist also nur der aus Inspiration geborene Geisteskörper (Nr. 5 in beistehendem Diagramm; Skt.: *ânanda-maya-koṡa*) der alle fünf Schichten durchdringt und somit alle Organe und Fähigkeiten des Individuums vereint und zu einem Ganzen zusammenschmilzt. In dieser Ganzwerdung liegt das Geheimnis der Unsterblichkeit. Solange wir diese Ganzheit nicht erreicht haben und uns mit «Teilen», mit Geringerem, identifizieren,

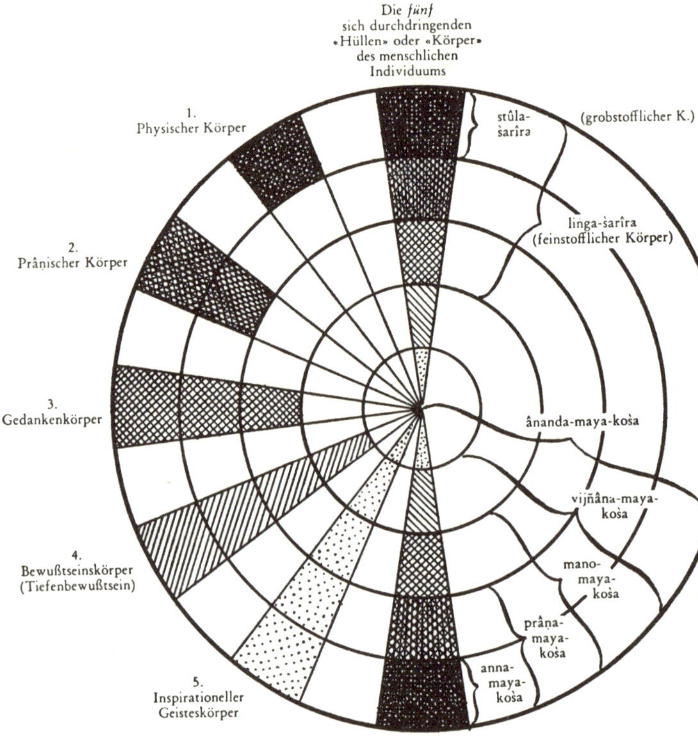

sind wir dem Gesetz der Materie und alles Zusammengesetzten unterworfen: dem Gesetz der Sterblichkeit.

Dennoch wäre es falsch, die Bedeutung des aus Nahrung gebildeten (*anna-maya*) grobstofflichen Körpers (*stûla śarîra*) zu unterschätzen, denn wenn er auch seiner Natur nach am beschränktesten ist, indem er nicht die Fähigkeit hat, die anderen «Körper» zu durchdringen und zu erfüllen, so ist er dennoch selbst von *allen* anderen «Körpern» durchdrungen und wird dadurch notwendigerweise zum Schauplatz aller seelischen Vorgänge und Entscheidungen. Der Körper ist sozusagen die zwischen Himmel und Erde errichtete Bühne, auf der das seelisch-kosmische Drama sich abspielt. Er ist für den Wissenden die geweihte Bühne eines unerschöpflich tiefen Mysterienspieles. Und eben deshalb ist die Kenntnis und, was mehr ist, die Bewußtwerdung, das Erleben dieses Körpers, von solch überwältigender Bedeutung für den Yogin und für jeden, der den Pfad der Meditation beschreiten will. Die Bewußtwerdung des Körpers aber geschieht durch die Verbewußtung des *Prâṇa* in seiner zugänglichsten Form: im Atem.

VI

DIE KÖRPERLICHEN UND PSYCHISCHEN FUNKTIONEN DES PRÂṆA UND DIE PRINZIPIEN DER BEWEGUNG (VÂYU) ALS AUSGANGSPUNKT DER MEDITATION

Schon in den Pâli-Texten wird die Verbewußtung des Atems zur Grundlage der meditativen Praxis gemacht. Die bewußte Beobachtung der Ein- und Ausatmung bringt, wie der Buddha in der 118. Rede des *Majjhima-Nikâya* sagt, erst die vierfache Vergegenwärtigung der Achtsamkeit (*sati-paṭṭhâna*), dann die sieben Faktoren der Erleuchtung und endlich das vollkommene Wissen und die völlige Befreiung zur Reife.

Der Text sagte, daß der Meditierende, nachdem er sich an einen einsamen Ort zurückgezogen und die traditionelle Meditationshaltung eingenommen hat, *bewußt* ein- und ausatmet. «Wenn er lang einatmet, so weiß er: ‚Ich atme lang ein'. Wenn er lang ausatmet, so weiß er: ‚Ich atme lang aus'. Wenn er kurz einatmet, so weiß er: ‚Ich atme kurz ein'. Wenn er kurz ausatmet, so weiß er: ‚Ich atme kurz aus'.»

Dies ist das erste Stadium: die einfache Beobachtung des Atmungsvorganges, ohne Einmischung oder Beeinflussung, ohne Zwang, ohne Vergewaltigung des Körpers. Hierdurch wird der Atem bewußt und mit ihm die von ihm durchströmten Organe.

Wenn wir es hier nur mit einer analysierenden intellektuellen Beobachtung des Atmungsvorganges zu tun hätten, so würde diese Übung sich mehr oder weniger in diesem Stadium erschöpfen. Der Zweck der Übung aber ist gerade das Gegenteil, nämlich die Synthese: das Erlebnis des Körpers als Ganzes.

«,Den *ganzen Körper* (*sabba-kâya*) empfindend, will ich einatmen. Den ganzen Körper empfindend, will ich ausatmen', so übt er sich.»

Ob mit dem «ganzen Körper» hier der «Atem-Körper» (*prâṇa-maya-kośa*) oder der physische Körper gemeint ist, ist von sekundärer Bedeutung, da der erstere den letzteren in seiner Ganzheit durchdringt, d. h. sich nicht nur auf die Atmungsorgane beschränkt.

Der nächste Schritt ist die Beruhigung sämtlicher Körperfunktionen durch den bewußten Rhythmus des Atems. Aus diesem Zustand völligen geist-körperlichen Gleichgewichtes und der daraus resultierenden inneren Harmonie, erwächst jene innere Heiterkeit und Beseligung, die – ebenso wie eine Quelle in einem Bergsee das ganze Wasser mit erfrischender Kühle durchdringt – den ganzen Körper mit Glücksgefühl erfüllt.

«,Heiterkeit empfindend will ich einatmen. Heiterkeit empfindend will ich ausatmen', so übt er sich. ,Glückseligkeit empfindend will ich einatmen. Glückseligkeit empfindend will ich ausatmen', so übt er sich.»

Hier wird also der Atem zum Träger seelischer Empfindung, zum Vermittler zwischen Psychischem und Physischem und somit der Körper zu einem Organ seelischen Erlebens. Dies ist der erste Schritt zur Erhebung des Körpers aus dem Zustand eines mehr oder weniger passiven, unbewußt funktionierenden grobstofflichen Organismus zu einem Vehikel und Werkzeug vollkommener Geistesentfaltung, wie es in der Vollkommenheit des strahlenden Buddhakörpers anschaulich demonstriert wird.

Die nächsten Schritte sind der Einbeziehung geistiger Funktionen gewidmet: «Das Denken, den Geist empfindend, erkennend, erfreuend, sammelnd, befreiend will ich einatmen und ausatmen», so übt er sich. – In anderen Worten: was immer das jeweilige Meditationsobjekt sein mag, sei es der Körper, das Empfinden, der Geist oder das, was den Geist bewegt (die Phänomene oder Ideen), es wird mit dem Atem verbunden, in den Atem projiziert, wird im Atem erlebt, vom Atem getragen, wird eins mit dem Atem-Körper. Es ist ein Vorgang, der sich nicht erklären, sondern nur erleben läßt, der nur dem in der Meditation Erfahrenen verständlich ist. Daher die Formelhaftigkeit der Darstellung in den heiligen Texten.

Jedem, der mit indischer Tradition vertraut ist, muß es klar sein, daß diese Formeln eine allem indischen Denken und der mit ihm verbundenen religiösen Praxis gemeinsame Kenntnis voraussetzen. Trotz ihrer lakonischen Kürze konnten daher diese Formeln dem mit der ihnen entsprechenden Tradition Vertrauten einen klar umrissenen Inhalt vermitteln. Erst mit der Verpflanzung des Buddhismus in Länder, in denen diese Tradition nicht lebendig war, verkümmerten diese meditativen Praktiken zu bloßen Äußerlichkeiten, zu bloßem Wortwissen, wie die allem geistigen Erleben entfremdete Kommentarliteratur späterer Theravâdins zur Genüge beweist. Um so erfreulicher ist es, daß neuere Strömungen im südlichen Buddhismus den Geist dieser Übungen wiederzubeleben versuchen[2].

Die wichtigste Erkenntnis, die sich für uns aus der Ausübung des *«ânâpâna-sati»* ergibt, ist die Tatsache, daß die Atmung das Bindeglied zwischen bewußten und unbewußten, grobstofflichen und feinstofflichen, automatischen und willentlichen Funktionen ist und damit der vollkommenste Ausdruck der Natur alles Lebendigen. Darum beginnen jene Übungen, die zur Tiefenmeditation führen (*dhyâna* und *samâdhi*), mit der Beobachtung, Regelung und Bewußtmachung des Atems, der so aus einem automatischen Vorgang zu einem Träger und Werkzeug des wachen Bewußtseins und schließlich zu einem Medium geistiger Kräfte – des *Prâṇa* im tieferen Sinne – wird.

Im tibetischen Buddhismus, der nie seinen Zusammenhang mit der im indischen Boden wurzelnden Tradition verlor, blieb die

[2] Siehe Nyanaponika *«Satipaṭṭhâna,* der Heilsweg buddhistischer Geistesschulung» (Verlag Christiani, Konstanz, 1950).

Technik des *Prâṇâyâma,* der Beherrschung des *Prâṇa,* bis zum heutigen Tage lebendig. Um die ganze Tiefe und Tragweite dieses Begriffes zu verstehen, dürfen wir *Prâṇa* jedoch nicht mit dem Atem im gewöhnlichen, streng physiologischen Sinne des Wortes gleichsetzen, obwohl auch dieser eine seiner Funktionen ist.

Obwohl *Prâṇâyâma* vom Atem ausgeht und sich des Atems bedient, so ist es dennoch weit mehr als eine bloße Übung zur Beherrschung des Atems oder, wie vielfach angenommen wird, eine Art Atemgymnastik. Es ist ein Mittel zur Beherrschung vitaler psychischer Energien in *allen* ihren Erscheinungsformen, von denen der Atem die augenfälligste ist. Unter allen physischen Auswirkungen des *Prâṇa* ist der Atem die zugänglichste, die am leichtesten beeinflußbare und darum der geeignetste Einsatzpunkt der Meditation. Der Atem ist der Schlüssel zum Geheimnis des Lebens, des körperlichen wie des geistigen.

Wenn alle Sinnesfunktionen und selbst das Bewußtsein außer Tätigkeit gesetzt sind, wie im Zustande des Schlafes oder der Ohnmacht, so geht dennoch der Atem weiter. Solange der Atem da ist, ist Leben. Wir können auf alle bewußten Funktionen des Geistes und der Sinne auf längere Zeit verzichten, nicht aber auf den Atem. Der Atem ist daher der Inbegriff der Lebenskraft und steht unter den körperlichen Funktionen des *Prâṇa* an erster Stelle.

Diese körperlichen Funktionen, welche die «negative», d. h. grobstoffliche Seite der «feinstofflichen» vitalen Energie, des unsichtbaren psychischen *Prâṇa* darstellen – so wie der grobstoffliche Körper die reaktive, rückwirkende und in diesem Sinne «negative» Seite des Bewußtseins darstellt – werden unter dem Begriff *«vâyu»* zusammengefaßt.

Dieser Begriff spielt in den tibetischen Meditationstechniken insbesondere bei den *Kargyütpas* (im Zusammenhang mit *rluṅ-sgom* und der Hervorbringung von *gtum-mo,* des «inneren Feuers») eine so wichtige Rolle, daß wir, wenn auch noch so kurz, darauf eingehen müssen.

Vâyu, ebenso wie das tibetische Wort *«Lung»* (*rluṅ*), bedeutet im gewöhnlichen Sinne «Luft» oder «Wind» und wird in den meisten Übersetzungen mit diesen Ausdrücken wiedergegeben, selbst dort, wo sie augenscheinlich allen physiologischen Tatsachen widersprechen, wie z. B., wenn es heißt, daß die «Luft» (des Atmens) bis in die Zehen und Fingerspitzen dringt, oder durch die Höhlung des Rückgrates bis zum Gehirn aufsteigt.

So wie das Wort *«inspiration»* im Englischen sowohl «Einatmung» wie «Inspiration» im geistigen Sinne bedeuten kann, oder wie das griechische *«pneuma»* sowohl «Geist» wie «Luft» bedeutet, so kann *Vâyu* sowohl auf den elementaren Aggregatzustand, wie auch auf die den menschlichen Organismus belebenden und bewegenden Kräfte angewandt werden. Sein Wesen ist in beiden Fällen *Bewegung* (die Wurzel *«vâ»* drückt Bewegung aus: «Wehen» etc.), und darin besteht seine innere Verwandtschaft mit dem umfassenderen Begriff *«prâṇa»*.

Dies kommt auch in der tibetischen Definition des Wortes *«rLuṅ»* zum Ausdruck, das, wenn es auf psycho-physische oder meditative Vorgänge angewandt wird, die folgenden, mit der indischen Tradition übereinstimmenden Funktionen ausdrückt:

1. *srog-ḥdzin:* das Lebenserhaltende; das, was die Stütze (*ḥdzin-pa:* halten, stützen) der Lebenskraft (*srog*, Leben), des lebendigen Odems ist und die Einatmung verursacht (Skt.: *prâṇa,* im engeren, stricktesten Sinne des Wortes).
2. *gyen-rgyu:* das, was die Ursache (*rgyu*) der Aufwärtsbewegung (*gyen*) der Ausatmung und der Fähigkeit des Sprechens ist. (Im Sanskrit: *udâna-vâyu.*)
3. *thur-sel:* das, was nach unten drängt oder preßt (*thur*) und die Ursache der verschiedenartigen Ausscheidungen (*sel*) ist. (Im Sanskrit: *apâna-vâyu.*)
4. *me-mñam:* das alles-gleichmachende (*mñam-pa byed-pa*) Feuer (*me*), die Fähigkeit der Assimilation, der Verdauung sowohl wie der Atmung, die beide Wärme-erzeugende Verbrennungsprozesse sind. (Im Sanskrit: *samâna-vâyu.*)

5. *khyed-byed:* das den Körper Durchdringende (das Durchdringung [*khyed*] Verursachende [*byed*]), d. h. die Ursache der Muskelbewegung, des Blutkreislaufes, der metabolischen Funktionen des Stoffwechsels. (Im Sanskrit: *vyâna-vâyu.*)

Der französische Gelehrte Réné Guénon, der sich mit der Natur dieser fünf Funktionen im Lichte der Sanskrittradition in tiefschürfender Weise auseinandersetzt[3], definiert den ersten, als *«prâṇa»* im engeren Sinne bezeichneten *Vâyu,* als das in der ersten Phase der Atmung aufsteigende Bestreben («aspiration»), die noch unindividualisierten Elemente der kosmischen Umgebung anzuziehen und sie auf dem Wege der Assimilation am individuellen Bewußtsein teilhaben zu lassen.

Apâna-vâyu, was im Tibetischen als die Ursache der Ausscheidungen betrachtet wird, definiert Guénon als die nächstfolgende, nach unten gerichtete und mit der Einatmung verbundene Funktion, durch welche jene, noch unindividualisierten Elemente die Individualität durchdringen.

Vyâna-vâyu wird als eine zwischen den beiden vorhergehenden Funktionen vermittelnde Phase beschrieben, sie besteht auf der einen Seite in den gegenseitig sich bedingenden Aktionen und Reaktionen, die aus dem Kontakt des Individuums mit den es umgebenden Elementen hervorgehen, – auf der anderen Seite in solchen vitalen und kontinuierlichen Vorgängen, wie sie im Blutkreislauf zum Ausdruck kommen.

Udâna-vâyu ist, nach Guénon, die Funktion, welche den Atem, indem sie ihn verwandelt, über die Grenzen der beschränkten Individualität hinausprojiziert in die Sphäre überindividueller Ausdehnungsmöglichkeiten. Der Atem wird hier zum Träger des Geistigen, nämlich des Wortes und der Sprache, und somit in gewissem Sinne zu einer erweiterten Individualität.

[3] Cfr. Réné Guénon «Man and his Becoming», pp. 77/78. – Guénon, gleich Avalon, Coomaraswami, Heinrich Zimmer und Richard Wilhelm, versuchte die Weisheit des Ostens als *lebendiges* Geistesgut dem Westen näher zu bringen.

Samâna-vâyu endlich, wird als die Funktion der inneren substanziellen Assimilation (der Verdauung) erklärt, durch welche die Elemente ein integraler Teil der Individualität werden.

Es handelt sich in diesen Vorgängen, wie Guénon hervorhebt, nicht nur um die Tätigkeit eines oder mehrerer körperlicher Organe, nicht nur um analog-korrespondierende physiologische Funktionen, sondern um lebendige Assimilation im tiefsten und umfassendsten Sinne.

Es ist daher im Grunde genommen nicht wichtig, wie wir diese zum Teil sich überschneidenden Funktionen abgrenzen. Worauf es ankommt, ist die Tatsache des Ineinandergreifens physischer und psychischer, individueller und universeller, materieller und geistiger Funktionen zu begreifen. Erst nachdem wir dies völlig klar gemacht und begründet haben, können wir die vielfältige Natur und Wirkensweise der *Cakra*s und *Nâḍî*s verstehen und einsehen, daß sie nicht Eigenschaften oder Organe des groben Körpers (*sthûla-śarîra*), sondern des energetisch-feinstofflichen Bewußtseinskörpers (*liṅga-śarîra*) sind, aus dem eben dieser sichtbare Körper erst hervorgegangen ist. Der feinstoffliche Körper (*liṅga-śarîra*) wird als die Kombination des *vijñâna-maya-*, *mano-maya-* und *prâṇa-maya-kośa,* d. h. des Tiefenbewußtseins, des Denkbewußtseins und des vitalen, prânischen Körpers, aufgefaßt.

Die organischen Ensprechungen zwischen den *Nâḍîs* und dem anatomischen Gefäßsystem, oder den *Cakra*s und den entsprechenden Nervenzentren, sind daher sekundärer Natur und brauchen uns somit in der Beschreibung der für die meditative Praxis und Erfahrung wichtigen *Nâḍîs* nicht weiter aufzuhalten.

VII

DIE DREI KRAFTSTRÖME UND IHRE BAHNEN IM MENSCHLICHEN KÖRPER

So wie *Âkâśa* zwischen den Polen immaterieller Räumlichkeit (einer rein geistigen Dimension) und materieller Körperlichkeit schwingt, so äußert sich *Prâṇa* in Form zweier Krafttendenzen, die einander bedingen und ergänzen wie der positive und der negative Pol eines magnetischen oder elektrischen Kraftfeldes. Entsprechend der Anschauung, daß der menschliche Körper ein Abbild des Universums, oder richtiger ein Universum im Kleinen, ein Mikrokosmos ist, werden die polaren Kraftströme, die im menschlichen Körper wirksam sind, als solare oder sonnenähnliche (*sûrya-svarûpa*) und lunare oder mondähnliche (*candra-svarûpa*) Kräfte bezeichnet.

Die solaren Energien repräsentieren die Kräfte des Tages, d. h. die zur Bewußtheit, zum Erkennen, zum Unterscheiden und damit zur Differenzierung und zum Intellekt strebenden, zentrifugalen Kräfte. Die lunaren Energien symbolisieren die Kräfte der Nacht, die in der Dunkelheit des Unterbewußten wirkenden, undifferenzierten, regenerativen, aus der Einheit des Lebens fließenden und zur Vereinigung strebenden (z. B. in den Impulsen der Liebe sich äußernden) zentripetalen Kräfte.

Diese beiden Kräfte durchströmen den menschlichen Körper als psychische Energien und verlaufen in zwei Hauptbahnen, die als die lunare *Iḍâ-Nâḍî* (Tib.: *rkyaṅ-ma rtsa*) und als die solare *Piṅgalâ-Nâḍî* (Tib.: *ro-ma rtsa*) bezeichnet werden und von denen unzählige sekundäre *Nâḍîs* ausgehen. Nach der auf Seite 157 dargestellten Tradition des *«Ṣaṭcakranirûpaṇam»*, winden sich *Iḍâ* und *Piṅgalâ* als gegenläufige Spiralen, von der linken und rechten Nasenöffnung ausgehend, um die *Suṣumṇâ-Nâḍî*, die als ein hohler Kanal durch das Zentrum der Wirbelsäule läuft und an ihrer Basis (im Perinäum) mit *Iḍâ* und *Piṅgalâ* zusammentrifft.

Die *Suṣumṇâ* (Tib.: *dbu-ma rtsa*), die mit dem Berg *Meru*, der mystischen Weltachse verglichen wird, stellt die direkte Verbindung zwischen den sieben Zentren dar und ist nicht nur imstande eine Synthese der solaren und lunaren Ströme zu bewirken, sondern auch die Kräfte des höchsten und des niedrigsten Zentrums zu vereinen, bzw. die synthetisierten solaren und lunaren Energien von Zentrum zu Zentrum zu sublimieren und auf die Ebene des «Tausendblättrigen Lotos», des vieldimensionalsten Bewußtseins zu erheben.

Wir haben es also hier mit der Integrierung einer doppelten Polarität zu tun, die sich im menschlichen Körper einmal als «Rechts» und «Links», d. h. als solare und lunare Formen des *Prâṇa* auf der Ebene des Irdisch-Menschlichen, – das andere Mal als «Oben» und «Unten», d. h. als immaterielle und materielle Formen des *Âkâśa* auf der Ebene, oder richtiger der «Vertikal-Achse» des Kosmisch-Geistigen, darstellt und in verschiedenen Bewußtseinsdimensionen in aufsteigenden Stufen (*cakras*) erlebt wird, ohne je in einer völligen Aufhebung zu enden.

In tibetischen Meditationsbeschreibungen werden *Piṅgalâ* und *Iḍâ* oft einfach als rechte und linke *Nâḍî (rtsa-g'yas-g'yon)* bezeichnet und ihre spiralische Bewegung um die *Suṣumṇâ* wird nicht erwähnt. Dies scheint der ursprünglichen Tradition zu entsprechen, die auch *Swâmi Vivekânanda* in seiner Darstellung des *Râja-Yoga* und im Zusammenhang mit *Patañjalis Yoga*-Aphorismen erwähnt. Er vergleicht die Struktur der Wirbelsäule mit einer Menge horizontal aufeinandergelegter Figuren von der Form einer 8 (∞), deren linke Hälfte *Iḍâ* und deren rechte *Piṅgalâ* enthalten würde, während der Berührungspunkt der beiden Hälften die Lage der *Suṣumṇâ* andeuten würde.

Die *Suṣumṇâ* ist an ihrem unteren Ende verschlossen, solange die latenten schöpferischen Kräfte der *Kuṇḍalinî* (oder des «Libido», wie der moderne Psychologe vielleicht sagen würde), die gleich einer zusammengerollten Schlange (das Bild latenter Energie!) den Zugang versperrt, nicht erweckt sind. Das Erwecken dieser Kräfte, die sich sonst in unterbewußten und rein körperlichen Funktionen auswirken, und ihre Inbeziehungsetzung, Überführung, Erhebung in höhere Zentren bis zu ihrer völligen Entfaltung und Verbewußtung im höchsten, ist der Zweck und das Ziel des *Kuṇḍalinî-Yoga*, des *Prâṇâyâma* und allen mit der Bewußtmachung der *Cakras* verbundenen Übungen.

Wenn wir «Genie» als die Fähigkeit bezeichnen, sich unmittelbar innerer Zusammenhänge zwischen Ideen, Gegebenheiten, Dingen oder Kräften bewußt zu werden, die der gewöhnliche Intellekt nur in mühsamer, langsamer Arbeit finden kann, so sind diese Übungen nichts anderes als die Herstellung des genialen Zustandes im Menschen. Der Yogin ist der, welcher die zentrale Achse seines Wesens gefunden, die *Suṣumṇâ* «geöffnet», den direkten Zugang zu den Kräften seines Inneren gefunden hat und dem es gelungen ist, den Kontakt zwischen den Extremen in sich herzustellen, das Tiefste mit dem Höchsten in unmittelbare Beziehung zu bringen.

Die *Suṣumnâ* ist die in jedem Menschen schlummernde Möglichkeit, die im Yogin verwirklicht wird. Alle Menschen werden mit den gleichen Organen geboren, aber nicht alle machen den gleichen Gebrauch von ihnen. «Wenn der Strom der *Suṣumṇâ* sich öffnet und aufzusteigen beginnt, überschreiten wir die Begrenzungen unserer Sinne; unsere Geistesfähigkeiten werden übersinnlich, überbewußt; wir gehen über unsere intellektuellen Fähigkeiten hinaus in einen Zustand, der dem verstandesmäßigen Denken unerreichbar ist.» (Vivekânanda.)

Nach dem tibetischen Text *«Chos drug bsdus-paḥi zin-bris»* [4], «Abriß der sechs Lehren», die *Naropa* zugeschrieben werden, soll der Meditierende sich zur Rechten der *Suṣumṇâ*, die *Nâḍî* der rechten Körperseite *(g'yas-rtsa)*, d. h. *Piṅgalâ-Nâḍî*, vorstellen und zur Linken die *Nâḍî* der linken Körperseite *(g'yon-rtsa)*, d. h. *Iḍâ-Nâḍî*. Noch einmal: hier ist keine Rede von einem spiralischen Verlauf der *Nâḍîs*, noch auch heißt es, daß diese notwendigerweise innerhalb oder außerhalb der Wirbel-

[4] Eine Übersetzung dieses Textes wurde von Lama Dawa Samdup hergestellt und von Dr. Evans-Wentz in «Tibetan Yoga and Secret Doctrines» als «Yoga of the Six Doctrines» veröffentlicht.

säule lokalisiert sind, sondern nur, daß der Meditierende sie so *vorstellen*, visualisieren, im Geiste veranschaulichen soll, *als ob* sie von den beiden Nasenöffnungen über das Gehirn und hinunter zur Basis der Zeugungsorgane (im Perinäum) führten. Zugleicherzeit soll sich der Meditierende diese *Nâḍîs* als hohl vorstellen und in die linke von ihnen die Keimsilben der Vokale, in die rechte die Keimsilben der Konsonanten projizieren.

Dies bedeutet, daß die Keime alles dessen, was in der Welt wirkt und in Erscheinung tritt, als ein lebendiger Strom vorgestellt wird, der im menschlichen Körper in zwei polare Kraftströme auseinandertritt, von denen der linke lunarer, der rechte solarer Natur ist. Die in sie projizierten Keimsilben werden als haarfeine, leuchtendrote Buchstaben vorgestellt, die in senkrechter Linie übereinander stehen und sich im Rhythmus der Atmung abwechselnd nach innen und nach außen bewegen.

Es ist jedoch nicht so, daß als ob diese Keimsilben mit der Luft eingezogen und mit der Luft wieder ausgestoßen würden, sondern als ob sie mit der Einatmung in die Öffnung des Zeugungsorganes einträten und ständig emporsteigend und, ohne ihre Richtung umzukehren, mit der Ausatmung den Körper verließen. Da es aber nicht möglich ist, sich zugleicherzeit auf zwei verschiedene Bewegungen zu konzentrieren, wird abwechselnd durch das rechte oder linke Nasenloch geatmet und somit abwechselnd der rechte oder der linke Strom bewußt gemacht und visualisiert.

Was ist nun der Zweck dieser Übung? Der Text gibt eine überraschende und sehr tiefsinnige Erklärung, die auf die Gesamteinstellung der buddhistischen Yoga-Praxis, die bisher allzu einseitig vom Standpunkt jüngerer hinduistischer Tantras [4a] betrachtet wurde, Licht wirft.

4a Der Text des *Ṣaṭcakranirûpana* ist seinem Kolophon zufolge nicht früher als das fünfzehnte oder sechzehnte Jahrhundert, d. h. es ist mehr als tausend Jahre jünger als die frühesten uns bekannten buddhistischen Tantras. Der Buddha selbst beschreibt gewisse Yoga-Übungen, was beweist, daß er nicht nur mit einer gewissen Art von *Nâḍî-Yoga* theoretisch vertraut war, sondern eine Zeit lang selbst ausübte. Das Alter des *Nâḍî-Yoga* ist durch eine

Der Text sagt, daß diese Übungen dem Ziehen eines Wassergrabens vergleichbar sind, d. h., daß sie dazu dienen, die Bedingungen zu schaffen, auf Grund derer die psychischen Energien in Fluß gebracht, bewußt geleitet und beherrscht werden können. Der buddhistische Tantriker setzt somit an Stelle der statischen, physiologisch festgelegten Definition der *Nâḍîs*, eine vergeistigte, dynamisch-psychologische. Er legt sich nicht darauf fest, ob die drei Haupt-*Nâḍîs* innerhalb oder außerhalb der Wirbelsäule verlaufen, oder in wie weit sich die *Cakras* mit gewissen Organen des Körpers decken, wieviele «Blütenblätter» jeder dieser Lotusse hat oder welche Qualitäten jedes dieser Blütenblätter darstellt und welche Gottheit das jeweilige *Cakra* beherrscht, – er weiß, daß dieses nur Hilfsmittel sind und, daß es sich hier nicht um ein für alle Mal Gegebenes und Feststehendes handelt, sondern um etwas, das gänzlich davon abhängt, was wir daraus machen, etwas, das wir selbst schaffen, so wie wir unseren eigenen Körper geschaffen haben, im Rahmen einer universellen (und immanenten) Gesetzmäßigkeit, entsprechend dem Niveau unserer Entwicklung, unserer karmischen Vorbedingungen.

Der tibetische Meditationslehrer stellt daher keine Behaup-

Anzahl von Upanischaden belegt, wie z. B. *Chândogya* 8, 6, 6; *Kathâ* 6, 16; *Maitrâyana* 6, 21; *Yogaśikhâ* 4—7; *Kṣurikâ* 8—16.

In *Majjhimanikâya* 36 beschreibt der Buddha, wie durch Atemkontrolle, oder, wie der Pâli-Text es beschreibt, durch Anhalten des Einatmens und des Ausatmens durch Mund, Nase und Ohren, heftige Winde (oder Luftströmungen: *vâta-vâyu)* in seinem Inneren entstanden, die seinen Kopf und seinen Unterleib durchstießen und das Gefühl eines brennenden *Feuers* in seinem Bauch hervorriefen. Daß diese inneren «Lüfte» nichts anderes sind als die Ströme vitaler Kraft der traditionellen *nâḍîs* erklärt sich schon aus der Tatsache, daß der Buddha, seiner eigenen Aussage nach, den normalen Atmungsprozeß unterdrückt, wenn nicht gänzlich aufgehoben hatte. Die bloße Tatsache, daß er so seinen Atem kontrollierte, zeigt, daß er die Bedeutung dieser Übung kannte. Seine Kenntnis präbuddhistischer Yogatradition und Yogapraxis ist weiterhin bewiesen dadurch, daß er der Schüler *Alâra Kâlâmas* und *Uddaka Râmaputtas* war, welche Beiden er selbst noch nach seiner Erleuchtung als die einzigen Menschen pries, die imstande gewesen wären, seine Lehre zu verstehen.

tungen auf, die der Schüler als objektive Tatsachen hinzunehmen hat; er sagt nicht «die *Nâḍîs* sind hier oder dort», sondern: «stelle dir anschaulich vor, daß ein Strom vitaler Kraft von hier nach dort fließt»; d. h. er richtet das Bewußtsein und das schöpferische Vorstellungsvermögen des Meditierenden auf gewisse Funktionen (wie Atmung) und die durch sie direkt oder indirekt beeinflußten oder zu beeinflussenden Organe und schafft auf diese Weise die psychischen und physischen Beziehungen und Vorbedingungen für das Strömen bewußter Kräfte. In anderen Worten, er schafft jene Kanäle, die das sensitive Nervensystem des vergeistigten oder «feinstofflichen» (Skt.: *sukṣmâ* oder *liṅga-śarîra*) Körpers ausmachen.

Es ist nicht wichtig, wo die *Suṣumṇâ* lokalisiert ist, denn sie ist dort, wohin wir (nach Bewußtmachung der polaren *Nâḍîs*) den Hauptstrom psychischer Kraft lenken; und sie kann so fein wie ein Haar sein oder so weit, daß der ganze Körper zu einem einzigen Kraftstrom wird, zu einer lodernden Flamme höchster Inspiration, die alle Grenzen verschlingend um sich greift, bis sie das ganze Universum erfüllt.

VIII

DER YOGA DES INNEREN FEUERS IM TIBETISCHEN MEDITATIONSSYSTEM (TAPAS UND GTUM-MO)

Als konkretes Beispiel des im vorhergehenden Abschnitt gesagten, möge folgender Abriß einer typischen, auf der Erzeugung und Betrachtung des «inneren Feuers» (*gTum-mo*) beruhenden Meditation, dienen:

Nachdem der Meditierende seinen Geist durch devotionelle Übungen gereinigt und in den Zustand innerer Hingabe versetzt hat; nachdem er den Rhythmus seines Atems geregelt, durch mantrische Worte vergeistigt und mit Bewußtsein erfüllt hat, richtet er seine Aufmerksamkeit auf das Nabelzentrum (*Maṇipûra;* Tib.: *lte-baḥi ḥkhor-lo*), in dessen Lotos er sich die Keimsilbe *«RAṂ»* vorstellt und über ihr die Keimsilbe *«MA»*, aus der *Dorje Naljorma* (Skt.: *Vajra-Yoginî*) eine *Khadoma*[5] von leuchtend roter Gestalt und von einer Flammen-Aureole umgeben, hervorgeht.

Sobald der Meditierende mit der göttlichen Gestalt der *Khadoma* eins geworden ist und sich selbst als *Dorje Naljorma* weiß, setzt er die Keimsilbe *«A»* in das unterste, die Keimsilbe *«HAṂ»* in das höchste Zentrum (den «tausendblättrigen Lotos», auf dem Scheitel des Kopfes).

Sodann erweckt er durch tiefe, bewußte Atmung und höchste Konzentration die Keimsilbe *«A»* zu feuriger Glut und facht diese mit jedem Atemzug anwachsende Glut, von der Größe einer feurigen Perle bis zur lodernden Flamme, die in der Mittel-*Nâḍî* (Tib.: *dbu-ma rtsa;* Skt.: *suṣumṇâ*), schließlich das Scheitelzentrum erreicht, von wo nun aus der dort vorgestellten Keimsilbe *«HAṂ»* der weiße Nektar, das Elixier des Lebens, tropft und herabfließend den ganzen Körper durchdringt.

Diese Übung kann in zehn Stadien dargestellt werden[6]: Im ersten wird die *Suṣumṇâ* mit der in ihr aufsteigenden Flamme als haarfeine Kapillare vorgestellt; im zweiten Stadium, von der Dicke des kleinen Fingers; im dritten, von der Dicke eines Armes; in der vierten, so weit wie der ganze Körper: als ob der Körper selbst zur *Suṣumṇâ,* zu einem einzigen feurigen Gefäß geworden sei. Im fünften Stadium erreicht die entfaltende Schauung (Skt.: *utsakrama;* Tib.: *bskyed-rim)* ihren Höhepunkt: der Körper hört für den Meditierenden auf zu existieren. Die ganze Welt wird zu einer feurigen *Suṣumṇâ,* zu einem unendlichen, sturmgepeitschten Feuer-Ozean.

Mit dem sechsten Stadium beginnt der rückläufige Vorgang der Einschmelzung der Gesichte, der Vervollkommnung und

[5] *mkhaḥ-ḥgro-ma rdo-rje rnal-ḥbyor-ma.* Khadomas (Skt.: *ḍâkinî*) die, nach volkstümlicher Auffassung, göttliche oder dämonische Wesen sind, stellen im tantrischen Buddhismus die inspirationelle Kraft des Bewußtseins dar. Hierüber mehr im XIII. Kapitel dieses Teiles.

[6] Cfr. Alexandra David-Neel: «With Mystics and Magicians in Tibet», p. 203 (Penguin).

«Voll-endung» (Skt.: *sampanna-krama;* Tib.: *rdzogs-rim*): Der Sturm läßt nach, und der feurige Ozean wird vom Körper absorbiert. Im siebenten Stadium schrumpft die *Suṣumṇâ* auf die Dicke eines Armes zusammen; im achten, auf die Dicke des kleinen Fingers; im neunten, auf die eines Haares; und im zehnten verschwindet sie vollkommen und geht mit allen Gedanken und Vorstellungen in die «Große Leere» (Skt.: *śûnyatâ;* Tib.: *stoṅ-pa-ñid*) ein, in der alle Dualität von Wissendem und Gewußtem aufgehoben und die große Synthese seelischer Ganzheit verwirklicht ist.

Das alle aus der Vereinzelung der Individuation geborenen Gegensätze einschmelzende Feuer geistiger Integrierung, ist somit, was das tibetische Wort *gTum-mo* im tiefsten Sinne bedeutet und was es zu einem der wichtigsten Meditationsgegenstände macht. Es ist die alles verzehrende, flammende Macht, die alles überwältigende innere Glut, die seit dem Erwachen des indischen Denkens das religiöse Leben der von ihm ergriffenen Menschen erfüllte: die Macht des *Tapas.*

Tapas, wie *gTum-mo,* ist das, was den Menschen emporreißt aus dem Schlummer weltlicher Zufriedenheit, aus dem Geleise des alltäglichen Daseins; es ist die Wärme geistiger Ergriffenheit, die zur Flamme der Inspiration, der «Be-*geist*-erung» und Vergeistigung wird, aus der, was von außen gesehen, als Entsagung, Weltverzicht, Askese erscheint, geboren wird. Für den geistig Ergriffenen und Inspirierten aber wird Entsagung und Weltverzicht und dergleichen zur natürlichen Lebensform, denn er verlangt nicht mehr nach den Spielzeugen der Welt, deren Reichtümer ihm als Armut, deren Vergnügungen ihm als banal und leer erscheinen.

Ein Buddha, der in der Fülle vollkommener Erleuchtung lebt, fühlt nicht, daß er auf irgend etwas verzichtet hat, und für ihn gibt es nichts mehr, dem er «entsagen» könnte. Das Wort *«tapas»* bedeutet daher unendlich mehr als Askese oder Kasteiung, die der Buddha mit Recht verwarf zugunsten jenes, aus schauender Erkenntnis geborenen, freudvollen Zustandes der Freiheit von den Dingen der Welt.

Tapas ist hier das schöpferische Prinzip, das sowohl im Materiellen wie im Geistigen wirkt. Im Materiellen ist es das Formende, Ordnende, Gestaltende. Darum heißt es schon im *Ṛgveda* 10, 190, 1: «Aus dem entflammten *Tapas* ward Ordnung und Wahrheit geboren [7].» – Im Geistigen aber ist es jene Kraft, die uns über das Gewordene hinaushebt, die Grenzen unserer engen Individualität und unserer selbstgeschaffenen Welt sprengt und alles Geformte und Gestaltete einschmilzt und verwandelt.

So, wie die Welten aus Feuer geboren, «durch die Macht innerer Erhitzung» (wie es im Schöpfungshymnus des *Ṛgveda* heißt) in Erscheinung treten und durch dieselbe Kraft des Feuers wieder aufgelöst werden, so ist *Tapas* sowohl schöpferisch wie befreiend und, in diesem Sinne, das, was sowohl *«kâma-chanda»* (Liebesbegehren) wie *«dharma-chanda»* (Wahrheitsstreben, Verwirklichungsstreben, Streben nach der Verwirklichung des *Dharma)* zugrunde liegt. Oder, um im Rahmen allgemeinverständlicher Ausdrücke zu bleiben: es ist «Begeisterung», die in ihrer niedrigsten Form ein von blinder Emotion genährtes Strohfeuer ist, in ihrer höchsten, die von unmittelbarer Erkenntnis genährte Flamme der Inspiration. Beide haben die Natur des Feuers.

Aber ebensowenig wie die Kurzlebigkeit und die geringe Wirkungskraft des Strohfeuers die Tatsache in Frage stellen, daß das gleiche Element, wenn in die richtigen Bahnen geleitet und mit der rechten Nahrung versehen, den härtesten Stahl zu schmelzen imstande ist, so soll uns das, was wir landläufig mit «Begeisterung» bezeichnen und was meist nicht mehr ist als eine kurzlebige Emotion, nicht daran hindern, das wirkliche Wesen geistiger Ergriffenheit zu erkennen als das, was uns zutiefst verwandelt, befreit und erlöst: das, was wir im religiösen Leben mit Ekstase, Versenkung, Schauung (*dhyâna*) und dergleichen bezeichnen.

Der Kälte des Begreifens und des Begriffes steht die Wärme

[7] Otto Strauß: «Indische Philosophie», p. 24 (Verlag Ernst Reinhardt, München, 1925).

des Ergriffenseins, der Ergriffenheit, gegenüber. «Begreifen» ist ein Von-außen-her-kommen und Außerhalb-bleiben. Das «Ergriffensein» ist ein Teilhaben, ein Darinnensein, ein Akt der Einswerdung mit dem Gegenstand der Betrachtung oder dem Ziel des Strebens, der Einswerdung von Subjekt und Objekt, und endlich: der Einswerdung des Menschen mit sich selbst. Darin besteht seine verwandelnde und befreiende Kraft. Die Wärme der Ergriffenheit aber wird in diesem höchsten Zustand zur Flamme der Inspiration.

Das Wesen der Inspiration ist von niemandem anschaulicher beschrieben worden als von Nietzsche:

«Hat jemand, Ende des neunzehnten Jahrhunderts, einen Begriff davon, was Dichter starker Zeitalter *Inspiration* nannten? Im anderen Fall will ich's beschreiben.

Mit dem geringsten Rest von Aberglauben in sich würde man in der Tat die Vorstellung, bloß Inkarnation, bloß Mundstück, bloß Medium übermächtiger Gewalten zu sein, kaum abzuweisen wissen. Der Begriff Offenbarung in dem Sinn, daß plötzlich, mit unsäglicher Sicherheit und Feinheit, etwas *sichtbar,* hörbar wird, etwas, das einen im Tiefsten erschüttert und umwirft, beschreibt einfach den Tatbestand. Man hört, man sucht nicht; man nimmt, man fragt nicht, wer da gibt; wie ein Blitz leuchtet ein Gedanke auf, mit Notwendigkeit, in der Form ohne zögern, – ich habe nie eine Wahl gehabt. Eine *Entzückung,* deren ungeheure Spannung sich mitunter in einen Tränenstrom auflöst, bei der der Schritt unwillkürlich bald stürmt, bald langsam wird; ein vollkommenes Außer-sich-sein mit dem distinktesten Bewußtsein einer Unzahl feiner Schauder und Überrieselungen bis in die *Fußzehen;* eine *Glückstiefe,* in der das Schmerzlichste und Düsterste *nicht als Gegensatz* wirkt, sondern als bedingt, als herausgefordert, als eine notwendige Farbe innerhalb eines solchen *Lichtüberflusses;* ein Instinkt rhythmischer Verhältnisse, der weite Räume von Formen überspannt – die Länge, das Bedürfnis nach einem *weitgespannten Rhythmus* ist beinahe das Maß für die Gewalt der Inspiration, eine Art Ausgleich gegen deren Druck und Spannung... Alles geschieht im höchsten Grade unfreiwillig, aber wie in einem Sturme von *Freiheitsgefühl,* von *Unbedingtsein,* von *Macht,* von *Göttlichkeit*... Die

Unfreiwilligkeit des Bildes, des Gleichnisses, ist das Merkwürdigste; man hat keinen Begriff mehr, was Bild, was Gleichnis ist, alles bietet sich als der nächste, der richtigste, der einfachste Ausdruck.» (Nietzsche; Kröners Taschenbuchausgabe Band 77, S. 275 f.)

Die von mir *gesperrt* wiedergegebenen Ausdrücke werden den Leser ohne weiteres an ähnliche Züge in den Beschreibungen buddhistischer Versenkungszustände erinnern:

1. die Versichtbarung, Bildhaftwerdung innerer Erlebnisse; die Unmittelbarkeit und Notwendigkeit des Symbols;
2. das den ganzen Körper «bis in die Fußzehen» erfüllende Gefühl der Entzückung und Glückseligkeit (in den *Pâli*-Texten *«pîti-sukha»,* im Tibetischen *«bde»;* wurde doch *Milarepa* beschrieben als «einer, dessen Körper von Glückseligkeit bis in die Zehenspitzen durchdrungen war», und im *Dîgha-Nikâya* sagt der Buddha, daß der im Zustand der Versenkung Befindliche «seinen Körper mit Glückseligkeit durchdringt und erfüllt, bis auch nicht der kleinste Teil seines Körpers davon undurchdrungen bleibt»);
3. die Überbrückung der Gegensätze durch Einbeziehung und Integrierung aller Qualitäten und aller Zentren, durch Verbindung des Höchsten mit dem Tiefsten;
4. die zunehmende Leuchtkraft des Geistes und Verklärung des Körpers;
5. das Gefühl der Gelöstheit und Freiheit; jenseits von persönlichem Wollen;
6. das Erwachen «göttlicher» Kräfte (der *«siddhis»*) durch Erweckung der psychischen Zentren und die Erlangung höchster geistiger Vollendung im Zustand völliger Erleuchtung.

Die Einbeziehung des Körpers in den Vorgang der geistigen Entwicklung, die vom Buddha in den Mittelpunkt der Meditationspraxis gestellt wurde, kommt nicht nur in der schon erwähnten Verbewußtung des Atems zum Ausdruck, sondern vor allem in der Tatsache, daß für ihn die Zweiheit von Körper und

Seele gar nicht existiert und daß darum zwischen Körperlichem und Geistigem nur ein gradueller, nicht aber ein essenzieller Unterschied besteht. Wenn der Geist leuchtend geworden ist, muß auch der Körper an dieser leuchtenden Natur teilhaben [7a]. Daher die Strahlung, die von allen Heiligen und Erleuchteten ausgeht, die Aura, die sie umgibt und die in allen Religionen beschrieben und dargestellt wird. Diese Strahlung (Pâli:

[7a] Eine interessante Beschreibung dieses Phänomens ist in den Tagebüchern von Baron Dr. von Veltheim-Ostrau gegeben, der es in der Gegenwart eines modernen Heiligen, des vor wenigen Jahren verstorbenen Ramana Masharshi von Tiruvannamalai, beobachtete. Er beschreibt die Wirkung dieses Mannes mit den folgenden Worten: «Ich fühlte um mich alle die Menschen und Geschöpfe, mit denen ich je in Berührung gekommen war — und in einem unsagbaren Frieden stand ich problem- und affektlos zu ihnen, unpersönlich und doch voll wärmender Liebe.

Es ist sicher deshalb nicht leicht, diesen Zustand anzudeuten, weil er so einfach, so unproblematisch und so ganz natürlich war. Ich wünsche nur, mich in meiner Todesstunde recht deutlich seiner zu erinnern.

Meine Augen in die goldenen Gründe des im Samadhi weilenden Maharshi getaucht, trat nun etwas ein, was ich nur mit größter Scheu in aller Bescheidenheit, der Wahrheit gemäß, ganz kurz und einfach zu sagen vermag. Die tiefe Schwärze seines Körpers verwandelte sich allmählich in Weiß. Dieser weiße Körper wurde hell und heller, als ob er von innen erleuchtet wäre, und begann zu scheinen! Über dieses Erlebnis war ich, als ich es mir denkerisch bewußt machte, derartig erstaunt, daß ich sofort an Suggestion, Hypnose und dergleichen dachte. Ich begann deshalb sogenannte Kontrollen zu machen, indem ich auf die Uhr sah, mein Notizbuch herausnahm und darin las, wozu ich die Brille erst suchen und aufsetzen mußte usw. Dann sah ich den Maharshi, der nicht von mir fortgesehen hatte, wieder an und sah ihn mit denselben Augen, die eben eine Tagebuchnotiz lesen konnten, wieder als Lichtgestalt auf seinem Tigerfell sitzen. Sah ich ihn so, Auge in Auge, dann war allerdings nichts mehr von Erstauntsein in mir über das Phänomen seiner Lichterscheinung, die er mir bot. Ruhig und logisch dachte ich nach und sagte mir, daß es doch dasselbe sei, als ob ich in der Eisenbahn, durch eine mir bisher unbekannte Gegend fahrend, wie jetzt in Indien, plötzlich etwas ganz Neues sähe, worauf ich weder durch Bilder oder Bücher, noch sonstwie vorbereitet war. Muß denn etwas bis dahin Unbekanntes immer so aussehen, wie wir es uns vorher in der Phantasie ausgemalt haben? Mir fiel der Goethe-Spruch ein: «Das schönste Glück des denkenden Menschen ist: das Erforschliche erforscht zu haben und das Unerforschliche ruhig zu verehren.» (Seite 264) (Aus «Der Atem Indiens», Claassen-Verlag, Hamburg, 1955).

«tejasâ», Skt.: *tejas*) ist die unmittelbare Auswirkung, die dem geistigen Auge sichtbare Erscheinungsform von *Tapas*, jener Flamme religiöser Hingabe und Ergriffenheit, in der das Licht der Erkenntnis und die Wärme des Herzens sich vereinen.

Darum heißt es vom Buddha:

«Divâ tapati âdicco, rattim âbhâti candimâ,
Sannaddho khattiyo tapati, jhayî tapati brâhmaṇo,
Attha sabbamahorattiṃ Buddho tapati tejasâ.»
(*Dhammapada, 387*)

«Die Sonne strahlt am Tage, der Mond strahlt in der Nacht;
In seiner Rüstung strahlt der Krieger,
In Selbstversenkung der Brahmane strahlt;
Bei Tag und Nacht jedoch erstrahlt die Aura des Erleuchteten.»

Wir haben es hier nicht nur mit dichterischen Metaphern zu tun, sondern – wie fast in allen buddhistischen weltanschaulich grundlegenden Ausdrucksformen und Meditationspraktiken – mit einer Tradition, deren Wurzeln tiefer liegen als irgendwelche klassifizierbaren Religionsformen.

«Sonne» und «Mond» entsprechen den Kräften des Tages und der Nacht, der nach außen gerichteten Aktivität des «Kriegers» und der nach innen gerichteten Aktivität des «Priesters» [8]. Der vollendete Mensch (der «Erleuchtete») aber vereinigt die beiden Seiten der Wirklichkeit: er vereint in sich die Tiefe der Nacht und die Helle des Tages, das Dunkel des allumfassenden Raumes und das Licht der Sonnen, die zeugende Urkraft des Lebens und die lichte allesdurchdringende Macht der Erkenntnis.

Solange jedoch diese Prinzipien getrennt bleiben, oder richtiger, getrennt oder einseitig entwickelt werden, bleiben sie unfruchtbar, d. h. unfähig, ihren Sinn und ihre Natur zu vollenden; – sind sie doch die zwei Seiten eines organischen Ganzen.

[8] Oder, in der Sprache der späteren Tantras, die Aktivität der «sonnenartigen» *Piṅgalâ* und der «mondartigen» *Iḍâ*. Die erstere enthält das Elixier des sterblichen Lebens, die letztere das Elixier der Unsterblichkeit.

Die zeugende Urkraft des Lebens ist blind ohne die Kraft der Erkenntnis (des erkennenden Bewußtseins) und wird zum endlosen Spiel der Triebe im Kreislauf der Wiedergeburten (*Saṃsâra*). Die Kraft der Erkenntnis ohne die einende Urkraft des Lebens wird zum zersetzenden Gift des Intellektes, zum lebensfeindlichen, dämonischen Prinzip.

Wo jedoch diese beiden Kräfte zusammenwirken, sich durchdringen und ergänzen, da entsteht die heilige Flamme des erleuchteten Geistes (*bodhi-citta*), die sowohl leuchtet wie wärmt: in der die Erkenntnis zu lebendiger Weisheit wird und der blinde Daseinsdrang stürmender Leidenschaften zur Kraft allumfassender Liebe.

Wir haben es also in den, mit der Erzeugung des «inneren Feuers» (*gtum-mo*) oder der «psychischen Wärme» beschäftigten Meditationen nicht mit körperlicher Wärme zu tun – obwohl diese als Nebenprodukt, ebenso wie eine Reihe anderer außergewöhnlicher Fähigkeiten, in Erscheinung treten – sondern mit der Erzeugung eines psychischen Zustandes völliger Einheit und Ganzheit, in dem alle in uns schlummernden Kräfte und Fähigkeiten wie durch ein Brennglas zusammengefaßt, eingeschmolzen und zur höchsten Wirksamkeit gebracht werden.

Dieser Vorgang vollkommener Integrierung wird durch das Symbol der Flamme oder des flammenden Tropfens (Skt.: *bindu;* Tib.: *thig-le*) dargestellt und in der Keimsilbe *HŪṂ* (über die wir in diesem Zusammenhang weiteres hören werden) zum Ausdruck gebracht. Das Bild der Flamme ist hier, wie wir nochmals betonen müssen, nicht nur Metapher, sondern Ausdruck wirklichen Erlebens und psycho-physischer Vorgänge, in denen alle Eigenschaften des Feuers in ihren elementaren (*tejas*) wie in ihren subtilen, feinstofflichen Auswirkungen (*taijasa*) gegenwärtig sind: Wärme, Erhitzung, Glut, Verbrennung, Läuterung, Einschmelzung, Entflammung, Aufsteigen, Ausstrahlung, Durchdringung, Erleuchtung, Verklärung.

IX

DIE PSYCHO-PHYSISCHEN VORGÄNGE IM YOGA DES INNEREN FEUERS

Das leuchtendste Beispiel eines vom Feuer des *gTum-mo* erfüllten Lebens ist das des größten tibetischen Dichters und Heiligen, *Milarepa* (*Mi-la-ras-pa;* 1052–1135 A. D.), des vierten Patriarchen [9] der Kargyütpa *(bkaḥ-rgyud-pa)* Schule. Seine Biographie (*rje-btsun-rnam-thar; rje-btsun-bkaḥ-ḥbum*) ist nicht nur eines der schönsten literarischen Denkmäler, das je einem Großen des Geistes zuteil wurde, sondern auch ein historisches Dokument ersten Ranges, das alles, was uns theoretisch über die Vorgänge des «Yoga des inneren Feuers» bekannt ist, in den Bereich lebendiger Wirklichkeit erhebt.

Der Leser mag sich beim Betrachten der hier beschriebenen Meditationssysteme und Geistespraktiken manchmal fragen, ob wir es hier mit geistreichen Spekulationen oder mit Produkten praktischer Erfahrungen zu tun haben und ob die Resultate die auf sie gesetzten Erwartungen rechtfertigen. Das Leben *Milarepas* (wie auch das seiner zahlreichen, meist unbekannten Nachfolger) ist die größte Rechtfertigung und der überzeugendste Beweis für die Durchführbarkeit, den praktischen Wert und die geistige Tragweite der *gTum-mo*-Übungen. Ohne sie wäre es *Milarepa* wohl kaum möglich gewesen, unter den unerbittlichsten Bedingungen das Ziel zu erreichen und der Nachwelt ein geistiges Vermächtnis zu hinterlassen, das bis zum heutigen Tage reiche Früchte trägt.

Wer, wie der Schreiber dieser Zeilen, das Glück hatte, die Stätten der Wirksamkeit dieses Heiligen zu besuchen, in den weltfernen Felshöhlen, in denen er jahrelang der Meditation pflegte, seine unauslöschliche Gegenwart zu verspüren und zu Füßen der Meister, die noch heute die Praktiken *Milarepas* aus-

[9] Die ersten drei Patriarchen waren: *Tilopa* (*Tailopâ,* ca. A. D. 975), *Naropa* (*Nâropâ*) und der tibetische Guru *Marpa,* «der Übersetzer».

üben und lebendig erhalten, einen Einblick in die Geisteswelt dieses Heiligen zu erlangen, der nur kann sich einen Begriff machen von den gewaltigen Möglichkeiten dieser Meditationsmethoden, die einen praktischen Weg zur geistigen (und körperlichen) Erneuerung des Menschen darstellen.

Wie aus *Milarepas* Biographie hervorgeht, erhielt er von seinem Guru *Marpa*, einem Schüler *Naropas*, die Initiation in die esoterischen Lehren und Praktiken des *Demchog Tantra* (Skt.: *Ŝrî Cakra Samvara* [*Mahâsukha*]; Tib.: *dPal ḥKhor-lo bDe-mchog*, das «*Maṇḍala* höchster Seligkeit») und in die «Sechs Lehren» (Tib.: *chos drug*) des *Naropa*, nämlich:

1. die Lehre vom «inneren Feuer» *(gtum-mo)*,
2. die Lehre vom illusorischen Körper *(sgyu-lus)*,
3. die Lehre vom Traumzustand *(rmi-lam)*,
4. die Lehre vom klaren Licht *(ḥod-gsal)*,
5. die Lehre vom Zwischenzustand *(bar-do)*,
6. die Lehre von der Bewußtseinsübertragung *(ḥpho-ba)*.

Die Grundlage dieser Lehren, die, wie diese Aufzählung zeigt, weitgehend mit denen des *Bardo Thödol* zusammenfallen, ist der *Yoga des inneren Feuers*, den *Milarepa* zum Hauptgegenstand seiner Übungen machte. Nach *Milarepas* eigenen Worten gab *Marpa* ihm als Abschiedsgabe (zusammen mit *Naropas* Mantel, als Symbol geistiger Autorität) einen Text über *gTummo*, da er überzeugt war, daß *Milarepa* auf diesem Wege die höchste Vollkommenheit erlangen würde [10].

Daß dieses der Fall war, wird uns von seinem Schüler und Biographen *Rechung* bestätigt, indem er von *Milarepa* sagt, daß sein ganzer Körper «von herabsteigender Glückseligkeit (*dgaḥ*) bis in die Zehen (*mthe-ba yan*) und von aufsteigender Seligkeit bis zum Scheitel des Kopfes (*spyi gtsug-tu*) erfüllt war, woselbst durch die Seligkeit der Verschmelzung beider, die Knoten der

[10] Vgl. W. Y. Evans-Wentz: «*Tibet's Great Yogî Milarepa*» (*rje-btsun-bkaḥ-ḥbum*), pp. 144, 156. Oxford University Press, London, 1928.

drei Haupt-*Nâḍîs* und der vier[11] psychischen Zentren (*rtsa gtso-mo gsum daṅ ḥkhor-lo bżiḥi mdud-pa)* gelöst wurden, bis alles in die Natur der Mittel-*Nâḍî* verwandelt war (*dbu-maḥi ṅo-bor gyur-pa*)[12].»

Das «Lösen der Knoten» ist ein außerordentlich tiefsinniges Gleichnis, das schon im *Śurâṅgama-Sûtra*[13] dem Buddha in den Mund gelegt wird, als er *Ânanda* an Hand eines geknoteten Seidentuches demonstriert, daß der Erlösungsvorgang eben nichts anderes sei, als ein Lösen der Knoten unseres eigenen Wesens, durch die wir uns selbst verstrickt und uns zu Sklaven unserer verworrenen Illusionen gemacht haben.

Um dies, wie auch den Weg zur Befreiung, anschaulich zu machen, nahm der Buddha einen seidenen Shawl, knüpfte einen Knoten hinein, hielt ihn empor und fragte *Ânanda:* «Was ist dies?»

Ânanda antwortete: «Ein seidenes Tuch, in das du einen Knoten geknüpft hast.»

Der Buddḥa knüpfte daraufhin eine Anzahl weiterer Knoten in das Tuch, bis er auf diese Weise sechs Knoten gemacht hatte. Und jedesmal fragte er *Ânanda*, was er sah, und jedes Mal antwortete Letzterer in der gleichen Weise.

Daraufhin sagte der Buddha: «Als ich den ersten Knoten knüpfte, nanntest du es einen Knoten und beim zweiten und dritten und allen folgenden, gabst du mir dieselbe Antwort.»

Ânanda, der nicht begriff, worauf der Buddha hinauswollte, wurde verwirrt und rief: «Ob du nun einen einzigen oder hundert Knoten knüpfst, sie bleiben immer Knoten, obwoḥl das

[11] Daß im *Yoga des Inneren Feuers* konsequent immer nur von den *vier* oberen Zentren gesprochen wird, dürfte allen, die noch immer dieses System mit dem *Kuṇḍalinî-Yoga* verwechseln, die Augen öffnen. Die *gTum-Mo*-Meditation vollzieht sich auf einer gänzlich anderen Ebene. Dies sind Unterschiede, die dem Außenstehenden unwichtig erscheinen mögen, die aber für den Ausübenden von grundlegender Bedeutung sind. Wir werden im XIII. Kapitel hierauf näher eingehen.

[12] *«rJe-btsun Mi-la-ras-paḥi rnam-thar»*, Blatt *Kha* 3a.

[13] Englische Übersetzung von Bhikshu Wai-tao und Dwight Goddard in *«A Buddhist Bible»*.

Seidentuch aus verschieden-gefärbten Seidenfäden gemacht und zu einem einzigen Stück zusammengewoben ist.»

Der Buddha gab dies zu, wies aber darauf hin, daß obwohl das Stück Seide eines war und alle Knoten Knoten waren – so bestand hier dennoch ein Unterschied, nämlich die Aufeinanderfolge, in der die Knoten geknüpft waren.

Um diesen subtilen, aber um so wichtigeren Unterschied zu demonstrieren, fragte der Buddha, wie diese Knoten aufzulösen seien. Und zugleicherzeit begann er, nach allen Richtungen an diesen Knoten zu ziehen, mit dem Erfolg, daß die Knoten, statt aufgelockert zu werden, immer fester wurden; woraufhin *Ânanda* antwortete: «Ich würde zunächst herauszufinden versuchen, in welcher Weise die Knoten geknüpft wurden.»

«Wohlgesprochen, *Ânanda!* Wenn du einen Knoten auflösen willst, mußt du erst herausfinden, wie er geknüpft wurde. Denn derjenige, der den Ursprung der Dinge kennt, kennt auch ihre Auflösung. Laß mich aber eine weitere Frage stellen: Können alle Knoten zugleicherzeit aufgelöst werden?»

«Nein, Gesegneter! Da die Knoten einer nach dem anderen geknüpft wurden, in einer gewissen Reihenfolge, können wir sie nicht auflösen, sofern wir dies nicht in der umgekehrten Reihenfolge tun.»

Daraufhin erklärte der Buddha, daß die sechs Knoten den sechs Sinnesorganen entsprechen, durch die wir mit der Welt in Berührung kommen.

Wenn wir verstehen, daß dasselbe für die sechs psycho-physischen Zentren gilt, die ja die *conditio sine qua non* für alle Sinnesorgane sind, dann haben wir bereits das grundlegende Gesetz des buddhistischen Yoga begriffen und damit auch den Grund, warum wir nicht unmittelbar die höchsten Zentren erwecken können (wie einige moderne «Mystiker» naiverweise glauben, indem sie sich einbilden, weiser zu sein als Jene, von denen sie ihr Wissen um die *cakras* nahmen, oder die Gesetze der menschlichen Natur umgehen zu können), ohne zuvor die Herrschaft über die niederen Zentren errungen zu haben.

Wir müssen den Abstieg des Geistes in die Materie – oder richtiger: die Verdichtung des Bewußtseins in den Zustand der Stofflichkeit – umkehren, indem wir seine Verknotungen und Verhaftungen, eine nach der anderen, auflösen, und zwar in der umgekehrten Reihenfolge, in der wir sie schufen. «Sie sind die Knoten, die in die wesentliche Einheit unseres Geistes geknüpft wurden», wie der Buddha in diesem schönen Zwiegespräche zu Ânanda sagt.

Daß der *Cakra-* und *Nâḍî-Yoga* zur Zeit des Buddha bereits ein Bestandteil der indischen religiösen Tradition war, erhellt aus der Tatsache, daß die Upanischaden sich mehrfach damit beschäftigen. In der *Kaṭhâ-* und der *Muṇḍaka-Upaniṣad,* wird der Ausdruck «Knoten» *(granthi,* von *granth,* befestigen, winden, umwinden) bereits in diesem Sinne gebraucht:

> «*Yadâ sarve prabhidyante hṛdayasyeha granthayaḥ*
> *Atha martyomṛto bhavatyetavaddhyanuśâsanam.*»
> (Kaṭhopaniṣad II, 3, 15)

> «Wenn alle Knoten des Herzens gelöst sind,
> Dann wird selbst hier, in diesem Menschenleben,
> Der Sterbliche unsterblich. Das ist aller Lehren Lehre.»

Im nächsten Vers wird auf die *Suṣumṇâ* angespielt, wenn es heißt, daß von den 101 *Nâḍîs* des Herz-*Cakras (hṛdayasya nâḍyastâsam)* nur eine, nämlich die *Suṣumṇâ,* zum Scheitel führt, d. h. zum Sahasrâra-Padma, zum «tausendblättrigen Lotos».

In der *Muṇḍaka-Upaniṣad* (II, 2, 9) lesen wir: «Wenn der Knoten des Herzens gelöst ist *(bhidyate hṛdaya granthiḥ)* und alle Zweifel abgeschnitten sind, und des Menschen Werk ist beendet, dann wird DAS gesehen, was sowohl oben wie unten ist *(tasmin dṛṣṭe parâvare).*»

Bei dieser Gelegenheit möchten wir auch auf den nächstfolgenden Vers aufmerksam machen, der eine augenfällige Ähnlichkeit mit jener Stelle aus dem *Udâna* (VIII) hat, die wir auf Seite 61 zitierten: «Dort (im höchsten Zustand, der mit dem Wort «Das» angedeutet wurde) scheinen weder Sonne noch

Mond, noch Sterne, noch leuchten Blitze auf, wieviel weniger irdisches Feuer!»[13a]

Es gilt also nicht, irgendwelche noch nicht vorhandenen Wunderkräfte zu erlangen oder zu erschaffen, sondern nur das gestörte Gleichgewicht unserer seelischen Kräfte wieder herzustellen, durch Aufhebung unserer inneren Verkrampftheit. Dies kann nur erreicht werden durch eine entspannte, heitere, beseligende Gemüts- und Körperverfassung, nicht aber durch Selbstquälerei, künstliche Abschreckungsmethoden (wie jene falsch verstandenen Leichenbetrachtungen, durch die Sinnlichkeit nicht überwunden, sondern nur unterbunden wird) oder durch Vergewaltigung des Körpers und des Geistes vermittels künstlicher Atemgymnastik und krampfhaftem Bemühen, den Geist an vorgefaßte Ideen zu fesseln. In den *«Hundertausend*

[13a] Einige Pâli-Gelehrte und besonders Anhänger des *Theravâda,* versuchen den Buddhismus so darzustellen, als ob er in einem geistigen Vakuum entstanden wäre, ohne irgendwelchen Zusammenhang mit der unmittelbar vorhergehenden und zeitgenössischen upanischadischen Tradition, während er sonderbarerweise einige der primitiv-pluralistischen Züge der frühesten vedischen Epoche bewahrt haben soll. Jeder, der die Upanischaden im Original liest, muß von der Ähnlichkeit gewisser Phrasen, technischer Termini, religiöser Begriffe, Gleichnisse und grundlegender Symbole mit denen der kanonischen Schriften des Buddhismus beeindruckt werden. Die Übereinstimmungen gewisser Gleichnisse und Symbole weisen nicht nur auf literarische Beeinflussung, sondern ebensosehr auf Ähnlichkeiten der geistigen Erfahrung hin, die weit wichtiger sind als solche intellektuelle Superstrukturen wie «Monismus» oder «Pluralismus», die im indischen Denken sich nie gegenseitig ausschlossen. Diese Ähnlichkeiten nehmen kein Yota von der Größe und Einmaligkeit des Buddha, sondern beweisen nur die objektive Wirklichkeit gewisser Erfahrungen und Gesetze. Der Buddha gab denselben durch seine dynamische Haltung eine gänzlich neue Richtung, die weder pluralistisch (wie die frühen Veden) noch monistisch (wie die Upanischaden) war, — denn beides sind statische Begriffe — sondern er betonte stattdessen das Prinzip des Werdens, die Idee des Weges, des Auf-dem-Wege-Fortschreitens, des In-den-Strom-Eintretens und die Verwirklichung der vollkommenen Erleuchtung, die sich von dem althergebrachten, statischen Begriff des *Nirvâṇa* unterschied. In seiner berühmten, programmatischen Predigt von Benares, in der der Buddha zum ersten Mal seine Lehre darlegte, spricht er nicht von *Nirvâṇa,* sondern von *«samyak sambodhi»* als dem höchsten Ziel.

Versen des Milarepa» (*mGur-ḥbum*)[14], die einen wesentlichen Bestandteil seiner Biographie bilden, heißt es:

«Sein ganzer Körper (*yoṅs lus*) ist beseligt (*bde*), wenn das innere Feuer (*gtum-mo*) aufflammt (*ḥbar-ba*). Er ist beseligt, wenn die *prâṇischen* Ströme (*rluṅ*) der *Piṅgalâ* (*ro-ma*) [der solaren Kraft] und der *Iḍâ* (*rkyaṅ-ma*) [der lunaren Kraft] in die *Suṣumṇâ (dhû-ti)* [die mittlere *Nâḍî*] eintreten. Er empfindet Beseligung in den oberen (*stod*) Zentren seines Körpers durch das Herabfließen (*rgyun-ḥbab*) des Erleuchtungsbewußtseins (*byaṅ-chub-sems*). Er empfindet Beseligung in den unteren *(smad)* Zentrum infolge des Vordringens *(khyab-pa)* der schöpferischen Energie (*thig-le*). Er empfindet Beseligung in der Mitte [d. h. im Herz-Zentrum] (*bar*), wenn liebendes Mitgefühl *(thugs-phrad-brtse-ba)* durch Vereinigung der weißen und roten (*dkar-dmar*) [Ströme sublimierter lunarer und solarer Kräfte] entsteht. Er empfindet Beseligung, wenn der Körper *(lus)* [als Ganzes] von ungetrübter Seligkeit *(zag-med-bde-ba)* gesättigt *(tshim-pa)* ist. Dies ist die sechsfache Beseligung des Yogi.»

Um diese Beschreibung zu verstehen, müssen wir noch ein-

Auf der anderen Seite würden wir dem Buddha Unrecht tun, in der Annahme, daß er von der größten geistigen Bewegung seiner Zeit nichts gewußt hätte, eine Annahme, die allen traditionellen Berichten über das Leben des Buddha widerspricht. Alle Chroniken stimmen darin überein, daß der Buddha in allen Künsten und Wissenschaften seiner Zeit geschult und vor allem mit der brahmanischen Literatur und Philosophie wohl vertraut war. Dies spiegelt sich auch in der Achtung, die der Buddha während seines ganzen Lebens dem Ideal des Brahmanentums (trotz aller Kritik an seinen Auswüchsen) entgegenbrachte, wie wir dies im *Brâhmaṇa-Vagga* des *Dhammapada* sehen, in dem der Ausdruck *«brâhmaṇa»* als ein Kennzeichen des vollkommenen Nachfolgers seiner Lehre, d. h. des idealen *Bhikkhu*, gebraucht wird. Durch Vernachlässigung der geistigen und historischen Gegebenheiten, aus denen der Buddhismus erwuchs, haben moderne Interpreten einen wurzellosen, intellektuellen Buddhismus geschaffen, der allen Zusammenhang mit dem Leben und alle metaphysische Tiefe verloren hat.

[14] «Die durch die ‚Hunderttausend Verse' erweiterte Biographie des ehrwürdigen Milarepa» *(rJe-btsun Mi-la-ras-paḥi rnam-thar rgyas-par-phye-ba mgur-ḥbum*). Der tibetische Text dieser Stelle wird in Jäschkes «Tibetan-English Dictionary» (S. 231) zitiert.

mal auf das erwähnte *«Traktat der Sechs Lehren»* zurückkommen. Es heißt dort, daß der Meditierende, nachdem er den Zustand völliger Konzentration und innerer Hingabe erreicht hat, sich mit dem illusorischen Körper der zum Symbol der Meditation aufgerufenen *Vajra-Yoginî* identifiziert, d. h. seinen eigenen Körper entpersönlicht und seiner wahren Natur nach als «leer» (*śûnya*), d. h. weder als «seiend» noch als «nicht-seiend» (sondern als reines Produkt seines Geistes) betrachtet. In diesem durchscheinenden, unsubstanziellen Körper erblickt er die vier Hauptzentren des Scheitels, des Kehlkopfes, des Herzens und des Nabels, den Rädern eines Wagens vergleichbar, durch deren Zentrum die *Suṣumṇâ* als Mittelachse läuft. Der Meditierende stellt sich sodann am unteren Ende der *Suṣumṇâ* (also im Wurzel-Zentrum), woselbst *Iḍâ* und *Piṅgalâ* in sie einmünden, die Keimsilbe des kurzen (oder halben) «A» vor, das den Urlaut der Sprache, der allen anderen Lauten, auch den Konsonanten, innewohnt und somit der Urstoff, die «materia», der Mutterschoß aller Laute ist. Dieser mantrische Laut erscheint – oder richtiger: wird vorgestellt – als ein haarfeiner, ein halber Finger hoher Buchstabe von rot-brauner Farbe, der wie aus einem glühenden, Hitze ausstrahlenden, vibrierenden Faden gebildet ist und einen Ton von sich gibt, der dem einer vom Winde getroffenen Saite gleicht.

Das mantrische Symbol muß also auf den Ebenen aller höheren Sinne in seiner ganzen Lebendigkeit in Erscheinung treten: im Bereich des Denkbaren, des Sichtbaren, des Hörbaren und des Fühlbaren. Es ist nicht eine tote Glyphe, sondern ein von Eigenleben erfülltes Wesen, eine lebendige, rätselhafte und überaus wirkliche Kraft.

In gleicher Weise muß der Meditierende am oberen Ende der *Suṣumṇâ,* im Scheitelzentrum, sich die Keimsilbe *HAṂ* vorstellen, jedoch von weißer Farbe (*lunar*) und wie erfüllt von Nektar. Während das kurze *«A»* weiblicher Natur ist, ist das *«Ha»* männlicher Natur. *«Ha»* ist der Hauchlaut, der den Atem, die wichtigste Funktion des lebendigen Organismus darstellt. Beide zusammen bilden das Einheitserlebnis des Individuums. Das Wort *«aham»* (Skt.) bedeutet «Ich». Dieses «Ich» aber ist nicht eine statische, permanente Einheit, sondern etwas, das wir wieder und wieder herstellen müssen, etwas das dem durch stete Bewegung aufrecht erhaltenen Gleichgewicht eines Radfahrers vergleichbar ist. In dem Augenblick, in dem wir dieses Einheitserlebnis festzuhalten, abzugrenzen oder zu substanzialisieren versuchen, zerbricht es, wird zum inneren Widerspruch, zum tötlichen Gift. Wenn wir es jedoch im Lichte einer höheren Erkenntnis auflösen, in der Flamme überindividueller Bewußtheit zerschmelzen und überströmen lassen, dann wird es zum Vehikel einer allumfassenden, unverlierbaren Ganzheit, in der die Grenzen individueller Ichheit nicht mehr existieren. Dies wird demonstriert durch die Vorstellung, daß in dem Augenblick der Vereinigung des *«A»* und des *«HAṂ»* zum Symbol des *«AHAṂ»*, dieses sich auflöst, indem die Glut des flammenden *«A»* das *«HAṂ»* zerschmilzt, das nun als Elixier des Erleuchtungsbewußtseins (Skt.: *bodhi-citta;* Tib.: *byaṅ-chub-sems*) in alle psychischen Zentren des Körpers hinabströmt «bis auch nicht der kleinste Teil desselben davon undurchdrungen bleibt».

AHAṂ kann in der Sprache der Tantras nach der Formel des mystischen *EVAṂ*[15], eines ähnlichen Symbols innerer

E-kâras tu bhaven mâtâ	«E» ist die Mutter (Tib.: *yum*)
va-kâras tu pitâ smṛtaḥ	«VA» ist der Vater (Tib.: *yab*)
Bindus tatra bhaved yogaḥ	der Nasallaut (bindu) ist ihre Vereinigung,
sayogaḥ paramakṣaraḥ	diese Vereinigung ist der höchste Laut.
E-kâras tu bhaved prajñâ	E ist Weisheit (*prajñâ;* Tib.: *śes-rab*)
va-kâras suratâdhipaḥ	«VA» ist der liebende Gatte,
Bindus anâhataṃ tattvaṃ	der *bindu* ist die jungfräuliche Wirklichkeit,
taj-jatâny akṣarâni ca	aus der alle Laute geboren werden.

Ganzwerdung, folgendermaßen dargestellt werden: *«A»* ist die Keimsilbe des weiblichen Prinzips der «Mutter» (Tib.: *yum*), das in seiner vollen Entfaltung als Weisheit oder höchstes Wis-

[15] Das folgende Zitat aus dem *Subhâṣitasaṃgraha* (f. 76) des *Devendra-paripṛcchâ-Tantra,* das von H. V. Guenther in seinem sehr aufschlußreichen Werk *«Yuganaddha»* (Chowkhamba Sanskrit Series, Benares, 1952) wiedergegeben wird, mag hier als Beispiel dienen:

sen (*prajñâ*) zum Ausdruck kommt; «*HA*» ist die Keimsilbe des männlichen Prinzips (Tib.: *yab*), des «Vaters», der aktiven Verwirklichung (*upâya*) durch alldurchstrahlende Liebe und allumfassendes Erbarmen; der Nasallaut «*Ṃ*» (der Punkt, Skt.: *bindu;* Tib.: *thig-le*) ist das Symbol der Vereinigung, hier also der Verschmelzung von Erkenntnis und dem Mittel zu ihrer Verwirklichung (*prajñopâya*), der Verschmelzung von Weisheit und Liebe, denn Wissen ohne die befruchtende Kraft der Liebe oder des Erbarmens bleibt steril.

Das, was die latenten Qualitäten der Keimsilbe «*A*» zur Flamme entfacht, ist der Impuls der Inspiration. Die inspirierende Muse aber ist die Gestalt der *Vajra-Yoginî,* einer *Ḍâkinî* höchsten Ranges. Sie hebt die im Unterbewußten schlummernden Schätze äonenlanger Erfahrung in das Reich höherer, über den Intellekt hinausgehender Bewußtheit.

Nachdem wir uns über das Wesen der mantrischen Keimsilben und ihrer Funktionen klar geworden sind, fahren wir mit der Beschreibung der wesentlichsten Meditationssymptome fort.

Beim bewußten Einatmen dringt die psychische Lebensenergie (*prâṇa;* Tib.: *rluṅ* sowohl wie *ṡugs*) durch die rechte und linke *Nâḍî* in die Mittel-*Nâḍî* (*suṣumṇâ*), trifft das haarfeine kurze «*A*» und erfüllt es bis es seine volle Form annimmt.

Mit gesteigerter Konzentration, Visualisierung und regelmäßig fortgesetzer, rhythmisch-bewußter Ein- und Ausatmung wird die Keimsilbe «*A*» zu leuchtend-roter Glut entfacht, bis eine steile, spindelförmige, rotierende Flamme aus ihr aufschießt. Mit jedem Atemzug steigt die Flamme einen halben Finger höher. Mit acht Atemzügen (Ein- und Ausatmungen) erreicht sie das Nabelzentrum (8), mit zehn weiteren Atemzügen erfüllt sie das Nabelzentrum (18), mit weiteren zehn bewegt sie sich abwärts und erfüllt die unteren Teile des Körpers bis in die Zehenspitzen mit Feuer (28).

Mit je weiteren zehn Atemzügen erreicht sie sodann in aufsteigender Bewegung das Herz-Zentrum (38), das Kehl-Zentrum (48) und endlich das Scheitel-Zentrum (58).

Mit zehn weiteren Ein- und Ausatmungen wird die im Scheitel-Zentrum vorgestellte Keimsilbe *HAṂ* vom Feuer geschmolzen und in das Elixier des Erleuchtungsbewußtseins (Tib.: *byaṅ-chub-sems*) verwandelt, bis es das ganze Zentrum erfüllt (68).

Vom «Tausendfältigen Lotos» strömt es nun hinab in die unteren Zentren. Mit je zehn weiteren Atemzügen erreicht und erfüllt es das Kehl-Zentrum (78), das Herz-Zentrum (88), das Nabel-Zentrum (98) und den gesamten unteren Körper bis in die Zehenspitzen (108 [15a]).

X

DIE ZENTREN PSYCHISCHER KRAFT IM YOGA DES INNEREN FEUERS (GTUM MO)

Die im vorhergehenden Kapitel gegebene Beschreibung stellt selbstverständlich eine äußerste Vereinfachung und Schematisierung des Meditationsvorganges dar, aber eben deshalb eignet sie sich zur Veranschaulichung und graphischen Darstellung des buddhistischen *Cakra*-Systems und seiner Funktionen, wie wir es in beistehender Figur zu zeigen versuchen.

Das buddhistische System beschränkt sich, wie wir hier sehen, auf die jedem Menschen ohne weiteres erkennbaren und erfühlbaren fünf Hauptzentren, die nach tibetischer Definition in drei Zonen eingeteilt werden: eine obere (*stod*), zu der die Zentren des Hirnes und der Kehle gehören; eine mittlere (*bar*), der das Herz-Zentrum angehört; und eine untere (*smad*), welcher der Solarplexus und die regenerativen Organe angehören.

Diese drei Zonen stehen zueinander in einem ähnlichen Verhältnis *Idâ, Piṅgalâ* und *Suṣumṇâ* (Tib. *rkyaṅ-ma, ro-ma, dbu-ma*). So wie *Iḍâ* und *Piṅgalâ* sich als zeugendes und erkennendes, männliches und weibliches Prinzip gegenüberstehen, so stehen sich die unteren (zeugenden und nährenden) den oberen (erkennenden und formulierenden, sowohl wie unterscheidenden)

[15a] Es sei hier erwähnt, daß 108 eine symbolisch hochbedeutsame Zahl ist (9 x 12) und daß die von Hindus und Buddhisten zur Rezitation von Mantras verwandten Rosenkränze jeweils 108 Perlen haben.

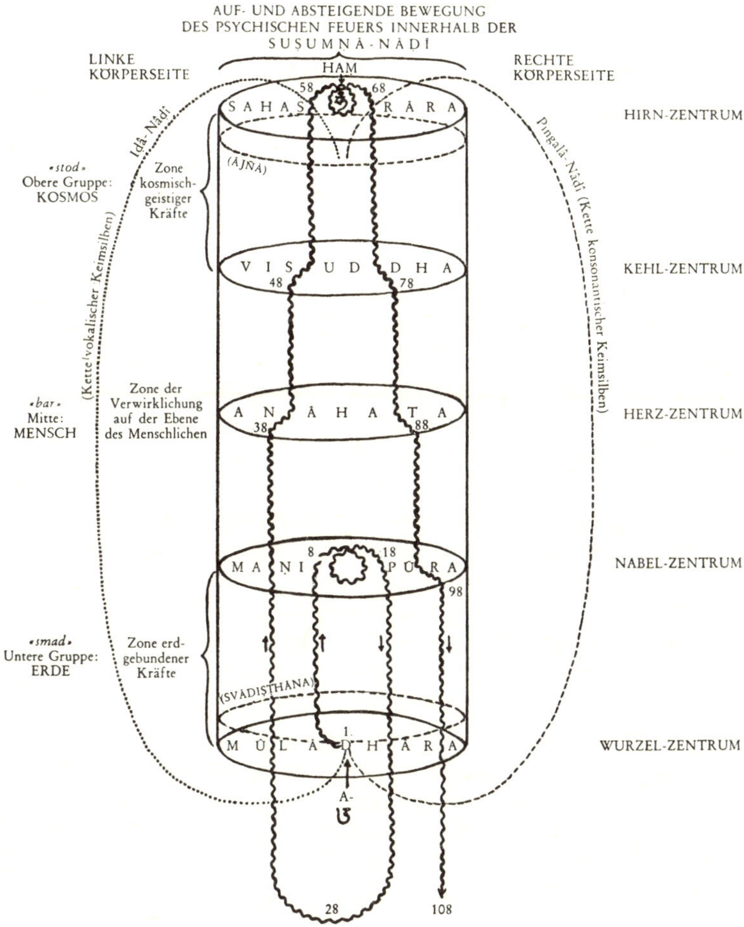
AUF- UND ABSTEIGENDE BEWEGUNG
DES PSYCHISCHEN FEUERS INNERHALB DER
SUṢUMṆÂ-NÂḌÎ
LINKE KÖRPERSEITE
RECHTE KÖRPERSEITE
HAM
58
68
SAHAS
RÂRA
HIRN-ZENTRUM
Iḍâ-Nâḍî
Pingalâ-Nâḍî (Kette konsonantischer Keimsilben)
(ÂJÑÂ)
«stod»
Obere Gruppe:
KOSMOS
Zone
kosmisch-
geistiger
Kräfte
(Kette vokalischer Keimsilben)
VIS
UD
DHA
48
78
KEHL-ZENTRUM
«bar»
Mitte:
MENSCH
Zone der
Verwirklichung
auf der Ebene
des Menschlichen
AN
ÂHA
TA
38
88
HERZ-ZENTRUM
8
18
MAṆI
PÛRA
98
NABEL-ZENTRUM
«smad»
Untere Gruppe:
ERDE
Zone erd-
gebundener
Kräfte
(SVÂDIṢTHANA)
1.
MÛLÂDHÂRA
WURZEL-ZENTRUM
A-
28
108

Zentren gegenüber. Und so wie die *Suṣumṇâ* in der Mitte steht, zwischen beiden vermittelt und beide in sich aufnimmt, so vermittelt das Herz-Zentrum zwischen den unteren und den oberen Zentren und wird, nachdem die Vereinigung der polaren Kräfte im höchsten Zentrum stattgefunden hat, zur Stätte der Verwirklichung auf der Ebene des Menschlichen.

Denn die drei Zonen stellen im letzten Grunde nichts anderes dar als:

1. die Ebene des Irdischen, d. h. erdhafter, erdgebundener, elementarer Kräfte der Natur, des Körpers, des Materiellen (formgewordener Vergangenheit);

2. die Ebene des Kosmischen, Universellen, der ewigen Gesetzmäßigkeit, des zeitlosen (vom menschlichen Standpunkt «zukünftigen») Wissens, der reinen in sich ruhenden Erkenntnis der Unendlichkeit, der Grenzenlosigkeit des Raumes und der in ihr beschlossenen Formmöglichkeiten, der Großen Leere (*śûnyatâ;* Tib.: *stoṅ-pa-ñid*);

3. die Ebene des Menschlichen, die Ebene individueller Verwirklichung, auf der Irdisches und Kosmisches seelisch bewußt, d. h. gefühlsdurchdrungen und zur lebendigen Gegenwart wird. Darum wird das Herz-Zentrum zum Sitz der Keimsilbe HÛṂ im Gegensatz zum OṂ des Scheitel-Zentrums [15b].

Bevor wir jedoch auf die mantrischen Beziehungen der Zentren eingehen, müssen wir ihre Natur näherer Betrachtung unterziehen. Wir haben es, wie bereits am Anfang dieses Teiles bemerkt, im buddhistischen *Tantra-Yoga* nicht mit statischen, ein für alle Mal festgelegten Größen und Begriffen zu tun, son-

[15b] Es ist interessant, zu beobachten, daß die Philosophie des *I-Ging*, des ältesten aller chinesischen Bücher, das von den «Prinzipien der Natur» und der Gesetzmäßigkeit der Veränderungen handelt, auf der ewigen Ordnung und gegenseitigen Beziehung von Himmel, Erde und Mensch aufgebaut ist. Indem der Mensch Himmel und Erde in sich vereint, gewinnt er höchste Harmonie und vollkommene Ganzheit. Die *Muṇḍaka-Upaniṣad* spricht ebenfalls von der Vereinigung von Himmel und Erde im Menschen: «Er, in dem Himmel und Erde und Mittelregion vereinigt sind, zusammen mit dem Geist und allen Lebensströmen — wisse ihn als das eine Selbst; gib alle andere Rede auf: dies ist die Brücke zur Unsterblichkeit.» (II, 2, 5).

dern mit einem System dynamischer Wechselbeziehungen, deren Werte von der jeweiligen Position des zum Ausgangspunkt gewählten Symbols oder Zentrums oder der jeweiligen geistigen Einstellung des Meditierenden, seinem Niveau und seiner Blickrichtung (welche die Richtung seiner inneren Fortbewegung bestimmt) abhängen.

Das Scheitel-Zentrum ist nicht von Natur aus der Sitz des kosmischen oder transzendenten Bewußtseins, oder wie immer wir seine höchste Funktion bezeichnen mögen, ebensowenig wie das Herz-Zentrum von Natur aus der Sitz des intuitiv-geistigen Bewußtseins ist oder das Wurzel-Zentrum der Sitz seelisch-schöpferischer und körperlich heilsamer Kräfte. Sie *werden* erst zu diesen durch bewußte Transformierung ihrer Funktionen, von denjenigen animalisch-individueller Selbsterhaltung zu denen geistiger Selbstverwirklichung. Erstere sind auf materielles Dasein gerichtet, letztere auf die Befreiung von der Herrschaft der Materie.

So wie die solare, zentrifugale Kraft der *Piṅgalâ* (wie die nach außen gerichtete «Aktivität des Kriegers») das Prinzip individueller Bewußtheit und Differenzierung und damit zugleich das Gift der Sterblichkeit enthält – während die *Iḍâ*, die lunare zentripetale Kraft, das Elixier der Unsterblichkeit, aber damit zugleich den blinden Lebensdrang, der sich im ewigen Kreislauf der Wiedergeburten auswirkt, darstellt – so stellt das Hirn-Zentrum in seiner unsublimierten Form die mundane Tätigkeit des Intellektes dar, die uns mehr und mehr von den Quellen des Lebens und der inneren Einheit aller Wesen trennt.

Der nach außen gerichtete Intellekt verstrickt uns immer tiefer ins Werden, in die Welt des Gewordenen und in die Illusion gesonderter Selbstheit und somit des Todes. Und wenn er nach innen gerichtet ist, verliert der Intellekt sich im bloß Begrifflichen, im Vakuum seiner Abstraktion, im Tode geistiger Erstarrung.

Wenn es ihm aber gelingt, gelegentliche Einblicke in die wahre Natur der Dinge zu erhaschen, dann bricht seine Welt zusammen und endet in Chaos und Vernichtung. Darum erscheint dem geistig Unvorbereiteten das Wesen der Wirklichkeit, der unverhüllten Wahrheit, in furchtbarer Form und darum werden die Erlebnisse des Durchbruchs zur höchsten Erkenntnis in den furchterregenden Gestalten «bluttrinkender Gottheiten» dargestellt. Ihr *Maṇḍala* aber wird im Hirn-Zentrum vorgestellt, während das *Maṇḍala* der friedlichen Erscheinungsformen der *Dhyâni-Buddhas* im Lotos des Herzens vorgestellt wird. Das Blut, das die «furchtbaren Gottheiten» trinken, ist das Elixier der Erkenntnis (die Frucht vom Baum der Erkenntnis) das in seiner reinen, unvermischten Form, d. h. ohne von den Qualitäten des Erbarmens und der Liebe durchdrungen zu sein, dem Menschen zum tödlichen Gift wird.

Wenn somit das Hirn-Zentrum des unerweckten Menschen den Samen des Todes, das Prinzip der Sterblichkeit enthält, birgt das ihm entgegengesetzte Wurzel-Zentrum den Samen des Lebens und damit, wie wir bereits erwähnten, die Ursache des endlosen Kreislaufs der Wiedergeburten, des *Saṃsâra.* Das Bewußtsein des unerweckten Hirn-Zentrums hat die Fähigkeit des unterscheidenden Erkennens, aber ihm fehlt die einende Kraft des schöpferischen Lebens. Das Wurzel-Zentrum ist die Quelle der einenden, aber blind zeugenden Lebenskräfte, deren Funktion sich in bloßem Selbsterhaltungstriebe erschöpft. Ihm fehlt das unterscheidende Erkennen, das dieser blinden Kraft Sinn und Richtung geben könnte.

Somit muß das erkennende Bewußtsein des solaren Prinzips – das im wachen Zustand unserem Willen untersteht und durch die Atmung verstärkt und geleitet wird – zu den Quellen des Lebens hinabsteigen und seine reproduktiven Kräfte aus der Zone sexueller in das Gebiet seelischer und spiritueller Aktivität emporführen.

Darum wird die Keimsilbe *«A»*, die in der beschriebenen Meditationsübung das Erkenntnisprinzip darstellt und im hinduistischen *Cakra*-System charakteristischerweise dem Zentrum des inneren Sehens (*Âjñâ-Cakra*) zugehört, im untersten Zentrum vorgestellt, bzw. am unteren Eingang der *Suṣumṇâ* (dem Wurzel-Zentrum selbst wird hier keine Beachtung geschenkt), während die Keimsilbe HAṂ, die hier das schöpferische Prinzip, das Elixier des Lebens darstellt, im Scheitel-Zentrum vorgestellt wird. Letzteres ist eine symbolische Vorwegnahme des Zieles, was dadurch zum Ausdruck kommt, daß erst, wenn das Feuer oder die Hitze des entflammten, d. h. zur Erlebniswirklichkeit gewordenen *«A»* das *«HAṂ»* im fortgeschrittenen Stadium der Meditation erreicht, letzteres zur Aktivität erwacht und in seiner geschmolzenen, verflüssigten Form als vergeistigte, sublimierte Zeugungskraft, nämlich als erleuchtetes Bewußtsein (*bodhicitta*) den «tausendblättrigen Lotos» erfüllt und aus ihm überfließend in alle übrigen Zentren hinabsteigt. Dieses Hinabsteigen bedeutet die *zweite Transformation der Zentren:* die erste war ihre Verbewußtung oder Bewußtmachung durch die aufsteigende Flamme der Inspiration – des zur Glut entfachten Erkenntnisprinzips. Die zweite und wichtigste aber ist die, welche diese Zentren zu Werkzeugen des Erleuchtungsbewußtseins macht, in dem Erkennen und Fühlen, Wissen und Liebe, Licht und Wärme zu Eins geworden sind. Das Symbol dieser Einschmelzung ist die Keimsilbe *HŪṂ*.

Diese doppelte Transformation befreit die Zentren von ihren naturhaft-elementaren Qualitäten und befähigt sie, sich neuen Inhalten zu öffnen, neue Impulse und Kräfte in sich aufzunehmen, die von den auf- und absteigenden Bewußtseinsströmen (von denen der eine feuriger, der andere flüssiger Natur ist) ihnen zugetragen und durch ihre gegenseitige Wechselwirkung und Durchdringung entwickelt werden.

XI

DHYÂNI-BUDDHAS, KEIMSILBEN UND ELEMENTE IM BUDDHISTISCHEN CAKRA-SYSTEM

Aus dem Vorhergegangenen folgt, daß im buddhistischen *Cakra*-Yoga die Bedeutung der Zentren vom jeweiligen Meditations*vorgang* abhängt, vom Ausgangspunkt sowohl wie vom Ziel der jeweiligen Übung. Selbst die elementaren Qualitäten der Zentren werden durch diese Vorgänge modifiziert, je nach dem Bewußtseinsniveau des Meditierenden, der Richtung seiner inneren Fortbewegung, dem Schwerpunkt seiner Betrachtungsweise. Im buddhistischen *Tantra*-System werden die Elemente mehr und mehr von ihren materiellen Qualitäten, von ihren naturhaften Prototypen losgelöst. Ihr gegenseitiges Verhältnis ist wichtiger als die mit ihnen assoziierten organisch-körperlichen Funktionen oder irgendein mit ihnen verbundener objektiver Inhalt. Die fünf Zentren des buddhistischen Systems verhalten sich zueinander wie die fünf Elemente, aber es ist nicht so, daß dasselbe Zentrum notwendigerweise immer dasselbe Element darstellen muß, ebensowenig wie dasselbe Element notwendigerweise einunddieselbe Eigenschaft ausdrückt. Die Symbolik der Elemente bewegt sich auf vielen Ebenen: auf der des Naturhaften, des Abstrakt-Begrifflichen, des Sinnlich-Wahrnehmbaren, des Emotionellen, des seelisch Empfundenen, des Geistigen, etc.

Das Element «Feuer» ist nicht nur das Symbol für den ihm entsprechenden materiellen Aggregatzustand oder die aus ihm resultierende physische Hitze, sondern ebensowohl für Licht, solare Kraft, Sichtbarkeit, oder Zerstörung, Verwandlung, Verschmelzung, Integrierung, oder seelische Wärme, Begeisterung, Gemütsbewegung, Temperament, oder Leidenschaft, Erkenntnisdrang, Hingabe, Selbstopfer und dergleichen. In gleicher Weise steht «Wasser» nicht nur für die elementaren Eigenschaften der Kohesion, des Flüssigen, sondern ebenso für Assimilation, Ausgleich, Auflösung, Vereinigung, Vereinheitlichung, oder für das Elixier des Lebens, die lunare Kraft, das Fruchtbare, Weibliche, oder das Farblose, das Reflektive, Spiegelnde, oder das Tiefe, Abgründige, Unterbewußte und dergl.

Jedes System der Symbolik hat daher seine eigenen Assoziationen und diese Assoziationen sind entwicklungsbedingt, wachstumsbedingt. Sie sind nicht auf abstrakter Logik aufgebaut, sie sind nicht intellektuell ausgedacht, sondern reifen und entfalten sich im Laufe der Zeit. Sie sind wie Dinge, die sich in Bewegung befinden: die Aufeinanderfolge verschiedener Bewegungsphasen hängt von vielen Faktoren ab, von der anfänglichen Richtung, dem ursprünglichen Impetus, der Umgebung, den Widerständen oder neuen Bewegungsanstößen usw.

Der Ausgangspunkt des buddhistischen Yoga ist weder kosmologischer noch theologisch-metaphysischer Art, sondern im tiefsten Sinne psychologisch. Der Charakter der psychischen Zentren wird somit nicht durch die Eigenschaften der Elemente bestimmt, sondern durch die psychologischen Funktionen, die ihnen zugeschrieben oder bewußt übertragen werden.

Das intellektuelle Zentrum dient der Aufnahme der immateriellsten Ideen oder Prinzipien und wird in das Organ des universellen Bewußtseins verwandelt, dem als Element der Raum oder der Raumäther entspricht.

Das Zentrum der Sprache wird zum Organ des mantrischen Lautes, der verwandelten Atmung, des bewußten *Prâṇa*, der beseelten, vergeistigten Vibration, des lautlich und gedanklich formulierten Wissens. Sein Element ist das der Bewegung und wird dargestellt durch das Symbol des «Windes», der «bewegten Luft» (in Form eines zum Halbkreis gespannten Bogens).

Das Herz-Zentrum wird zum Organ des intuitiven Geistes, des vergeistigten Gefühls (des allumfassenden Mitgefühls) und zum Mittelpunkt, zum Zentral-Organ des meditativen Vorgangs, in dem das Kosmisch-Abstrakte zum menschlich Erlebbaren und Verwirklichungsfähigen wird. Aus der Sphäre des Absoluten wird das universell Gültige erst auf die Ebene der ideellen Vorstellung (*Sambhoga-kâya*), der mantrischen und visionären Formwerdung (im Sprach-Zentrum) und endlich auf die Ebene der menschlichen Verwirklichung (im Herz-Zentrum) übertragen.

Wenn daher dem Herz-Zentrum das Element «Feuer» zugeordnet wird, so haben wir es hier mit dem Feuer der Inspiration, mit dem psychischen, vergeistigten Feuer zu tun, dem Feuer innerer Hingabe, weshalb das Herz mit dem brahmanischen Opferaltar verglichen wurde.

Dem Nabel-Zentrum wird das Element «Wasser» zugeordnet. Dies bedeutet nicht, daß es, wie im Yoga des inneren Feuers, nicht auch zum Zentrum psychischer Wärme werden könnte, denn davon werden ja nach und nach alle Zentren erfaßt, wie wir gesehen haben. Es soll nur besagen, daß es zur Hauptsache als Organ der Umwandlung, Ausgleichung, Assimilierung unterbewußter, materieller und immaterieller Kräfte angesehen wird. Da im buddhistischen System die Funktionen des *Svâdhiṣṭâna*-Cakra teils mit denen des Nabel-Zentrums und des Wurzel-Zentrums identifiziert werden, so wird die Notwendigkeit, dem Element Wasser das Nabel-Zentrum zuzuweisen, offenbar.

Jedoch diese Begründungen sind nicht ausschlaggebend für die Yoga-Praxis und am wenigsten für die buddhistische, die, wie wir sahen, nicht vom Statischen, Einmalig-Gegebenen ausgeht, sondern vom dynamischen Prinzip psychischer Verwandlungsmöglichkeit. Der buddhistische Tantriker fragt nicht «Was ist?», sondern «was kann man daraus machen?».

Daß das Wurzel-Zentrum als Basis und Ausgangspunkt aller elementar-vitalen Kräfte, dem Erdelement zugeordnet wird, bedarf keiner weiteren Erklärung.

Es läge nun nahe, aus dieser Gruppierung elementarer Eigenschaften, den Schluß zu ziehen, daß die *Dhyâni*-Buddhas und Keimsilben, die diesen Elementen entsprechen, den betreffenden Zentren zugeordnet würden. Dies ist jedoch nicht der Fall, weil, wie bereits erklärt, die Elemente hier von einem ganz anderen Standpunkt gesehen werden, einer gänzlich anderen Symbol-Ordnung angehören. Das, was *Amitâbha* und das Element «Feuer» verbindet, ist nicht die Hitze, sondern die Qualitäten des Lichtes, des Sichtbarmachenden und des Roten. Das, was *Akṣobhya* mit dem Element «Wasser» verbindet, ist nicht der Begriff des Flüssigen oder der Kohesion, sondern die spiegelnde Oberfläche, die das reine farblose (weiße) Licht reflektiert – entsprechend der «Spiegelgleichen Weisheit» – und die metaphorische Beziehung zwischen dem *Âlaya*-Bewußtsein und dem Weltmeer.

In allen diesen Symbolreihen können wir nicht mit eindeutigen Größen rechnen, aus denen sich eindeutige Gleichungen ergeben, wie: «wenn A gleich X ist und B ist ebenfalls gleich X, dann folgt daraus, daß A gleich B ist». In der Symbolik haben wir es mit Assoziationsreihen zu tun und nicht mit Gleichungen. Diese Assoziationsreihen jedoch sind nicht willkürlich, sondern folgen einer eigenen, ihnen innewohnenden Gesetzmäßigkeit. Sie sind hierin lebenden Organismen vergleichbar, deren Bewegungen, trotz ihrer Abhängigkeit von gewissen Gesetzen, nicht voraussagbar sind.

In jeder vielseitigen Symbolik muß notwendigerweise *ein* Hauptgesichtspunkt vorherrschen, und je vielgliedriger ein System ist, desto mehr schränken sich die Bedeutungen der einzelnen Glieder ein.

In der Symbolik meditativer Vorgänge jedoch ist nicht ein theoretischer Gesichtspunkt, sondern die Praxis und die daraus entspringenden Erfahrungen, das leitende Prinzip, und darum hat jede Meditationsschule oder Sekte ihr eigenes System, das in der Tradition, in der lebendigen Weitergabe von Meister zu Schüler aufrechterhalten wird.

In der Verteilung der *Dhyâni-Buddhas* und ihrer Mantras auf die psycho-physischen Zentren des Körpers kann es darum kein ein für alle Mal festgelegtes System geben. Es hängt vom Meditierenden ab, welches Symbol er in den Mittelpunkt seiner Betrachtung stellen will, und von dieser Wahl hängt die Position aller übrigen Symbole des *Maṇḍala* ab. Der Körper selbst wird in der Meditation zum *Maṇḍala,* und in ihm sind unzählige kleinere *Maṇḍalas* – denn jedes Zentrum stellt ein solches dar. Die den Körper umgebende Außenwelt aber wird zu einem allesumfassenden *Maṇḍala,* dessen Kreise, wie die eines ins Wasser geworfenen Steines, ins Grenzenlose weiterschwingen.

Darum heißt es im *Demchog-Tantra,* daß man «sich selbst und alles Sichtbare (*bdag daṅ snaṅ thams-cad*) als göttliches *Maṇḍala* (*lhaḥi dkyil-ḥkhor*)» betrachten solle und jeden hörbaren Laut (*grags-paḥi sgra thams-cad*) als Mantra (*sṅags*) und jeden im Geiste erscheinenden Gedanken (*sems-kyi rtog-paḥi ḥdu-ḥphro thams-cad*) als magische Entfaltung der Großen Weisheit *(ye-śes chen-poḥi chos-ḥphrul).»*

In anderen Worten, der Meditierende muß sich selbst im

Mittelpunkt des *Maṇḍala* als die göttliche Gestalt vollendeter Buddhaschaft vorstellen, deren Verwirklichung er anstrebt. Hiermit verschwinden alle Zufälligkeiten. Es gibt nichts mehr, das nebensächlich oder willkürlich wäre. Die Dinge der Außenwelt schließen sich zum geweihten Kreise zusammen, in dessen Zentrum der Körper zum Tempel wird. Und die bloße Tatsache des *Bewußt*-seins und der geistigen Schöpferkraft wird zum unaussprechlichen Wunder. Das Sichtbare wird zum Symbol tieferer Wirklichkeiten, das Hörbare zum Mantra, das Stoffliche zur Verdichtung elementarer Kräfte und die psychischen Zentren des zum Tempel gewordenen Körpers zu den fünf Stockwerken, von denen jedes den Thron und das *Maṇḍala* eines *Dhyâni-Buddha* enthält.

So entspricht das unterste Stockwerk (das Wurzel-Zentrum), das als gelbes Quadrat oder Kubus dargestellt wird, dem Element Erde, in dessen dunkler Tiefe die Keime aller Taten reifen. Es ist die Zone karmischer Gesetzmäßigkeit, karmisch gebundener Aktivität. In dieser Gebundenheit liegt der Vergleichspunkt mit der Natur des Erd-Elementes, als des Formgebundenen, Starren. *Amoghasiddhi,* dem die «Allesvollendende», Karmabefreiende Weisheit eignet, wird darum zum Herrscher und Verwandler dieses Bereiches eingesetzt. Seine Keimsilbe ist *«ÂḤ».*

Der jeweilige Herrscher eines *Cakras* ist also nicht eine von Natur ihm innewohnende Gottheit oder die Personifizierung der natürlichen Qualitäten des Zentrums, sondern ein Symbol jener Kräfte, mit denen wir das entsprechende Zentrum erfüllen wollen. Die Wahl dieses Symboles aber hängt von seiner besonderen Eignung ab, auf die im *Cakra* vorhandenen Eigenschaften einzuwirken, sie zu steigern, zu verwandeln, zu sublimieren. Um dies zu erreichen muß das Symbol in gewissen Zügen mit den Eigenschaften des *Cakra* übereinstimmen, gewisse Ähnlichkeiten besitzen, so verschieden es auch in anderen Hinsichten von der elementaren Natur des *Cakra* ist. Letzteres zeigt sich vor allem auf mantrischem Gebiet: die Keimsilben der Elemente sind verschieden von denen der ihnen (in gewisser Hinsicht) entsprechenden *Dhyâni-Buddhas.* Ebensowenig stimmen in der Symbolik der *Cakras* die Farben der Elemente mit denen der *Dhyâni-Buddhas* überein, die im gleichen Zentrum mit ihnen vereint sind. Dies zeigt deutlich, daß die Beziehungen des einen Systems nicht mechanisch auf die eines anderen übertragen werden können. Und wenn dies innerhalb der engverbundenen buddhistischen Systeme zutrifft, wieviel mehr im Falle buddhistischer und hinduistischer Yoga-Systeme! Die Naivität, mit der diese Dinge bisher von westlichen Autoren vermischt wurden, hat eine unheimliche Begriffsverwirrung hervorgerufen, deren Folgen wir auf Schritt und Tritt zu beseitigen haben, bevor wir die Fundamente einer vertieften Betrachtungsweise legen können.

Kehren wir zum Gleichnis des zum fünfstöckigen Pagodentempel gewordenen Körpers zurück: Das zweite Stockwerk (das Nabel-Zentrum), das als weiße Scheibe oder Kugel (die Gestalt des Tropfens) dargestellt wird, entspricht dem Element Wasser, dem Assimilierenden, und wird durch den *Dhyâni-Buddha Ratnasambhava,* dem großen Angleicher und Ausgleicher sublimiert. Ihm eignet die «gleichmachende Weisheit», die Erkenntnis der fundamentalen inneren Einheit aller Wesen. Seine Keimsilbe ist *«TRAṂ»*.

Die assimilierende Funktion des Nabel-Zentrums kommt durch die im *Demchog-Tantra* ausgesprochene Vorstellung zum Ausdruck, daß die groben Elemente in ihm in vitale oder psychische Elemente verwandelt werden. Es heißt dort, daß man sich im Nabel-Zentrum einen vierblättrigen Lotos vorstellen solle, dessen Blütenblätter, vom Osten beginnend und in linker Richtung aufeinanderfolgend, die folgenden Qualitäten haben: die *prâṇische* Essenz oder das vitale Prinzip (*prâṇa,* Tib.: *rluṅ*) des Elementes «Erde» (*sa*), das vitale Prinzip des Elementes «Wasser» (*chu-rluṅ*), das vitale Prinzip des Elementes «Feuer» (*me-rluṅ*), und das vitale Prinzip des Elementes «Luft» (*rluṅ-gi-rluṅ*). Diesen Elementen entsprechend soll man sich die folgenden Keimsilben vorstellen: das gelbe *LA*(*Ṃ*), das weiße *VA*(*Ṃ*), das rote *RA*(*Ṃ*) und das grüne *YA*(*Ṃ*)[16]. Im Zentrum

[16] Der nasale Auslaut (ṃ) ist in der mir vorliegenden tibetischen Urschrift ausgelassen.

des Lotos aber hat man sich das vitale Prinzip des Raum-Äthers (*nam-mkhaḥ,* Skt.: *âkâśa*) als einen blauen Punkt (*thig-le,* Skt.: *bindu*) vorzustellen.

An einer anderen Stelle desselben Textes werden die vitalen Prinzipien der vier Großen Elemente als die vier Tore (*ḥbyuṅ-ba bžiḥi rluṅ rgyu-ba sgo bži)* zum heiligen Tempel des Körpers bezeichnet. Worauf es ankommt, ist zu verstehen, daß wir es in allen diesen Vorstellungsbildern nicht mit materiellen Elementen oder ihren physikalischen Prinzipien zu tun haben, sondern mit vitalen und psychischen Prinzipien oder Kräften, aus denen unsere Welt – gleichgültig, ob wir sie als «Innen-» oder «Außenwelt» bezeichnen – sich aufbaut.

Das dritte Stockwerk (das Herz-Zentrum), das als rotes Dreieck (auch als Kegel oder Pyramide) dargestellt wird und das Zentrum oder Mittelstockwerk des Pagoden-Tempels bildet, enthält den Feueraltar, die heilige, alles verwandelnde und läuternde Flamme integrierender Einschmelzung, der die Keimsilbe HÛṂ und die Gestalt *Vajrasattva-Aksobhyas* entspricht. Über HÛṂ als Symbol höchster Integrierung werden wir im Folgenden mehr erfahren, ebenso wie über die besondere Rolle *Vajrasattvas.*

Das vierte Stockwerk (das Kehl-Zentrum) ist dem Element Luft, das durch einen zum Halbkreis gespannten Bogen oder durch einen hemispherischen Körper grüner Farbe (mit der offenen Seite nach oben) dargestellt wird, gewidmet. Über die Vielseitigkeit des tibetischen Wortes *rLuṅ* und seiner Sanskrit-Äquivalente *prâṇa* und *vâyu* haben wir uns bereits eingehend ausgelassen. Der gespannte Bogen deutet auf den vorwiegend dynamischen Charakter dieses Elementes. Im Zusammenhang mit dem Kehl-Zentrum weist es nicht nur auf den lebengebenden und beseelten Atem, sondern auch auf seine Funktion als Träger des geheiligten Wortes, als Urheber aller Laute und der feinsten Schwingungen, durch die die Verschiedenheiten aller Dinge entstehen und alles unterscheidende Wissen, das in Mantra und Schauung zusammengefaßt und fruchtbar gemacht wird. *Amitâbha,* der Inbegriff «unterscheidender» und schauen-

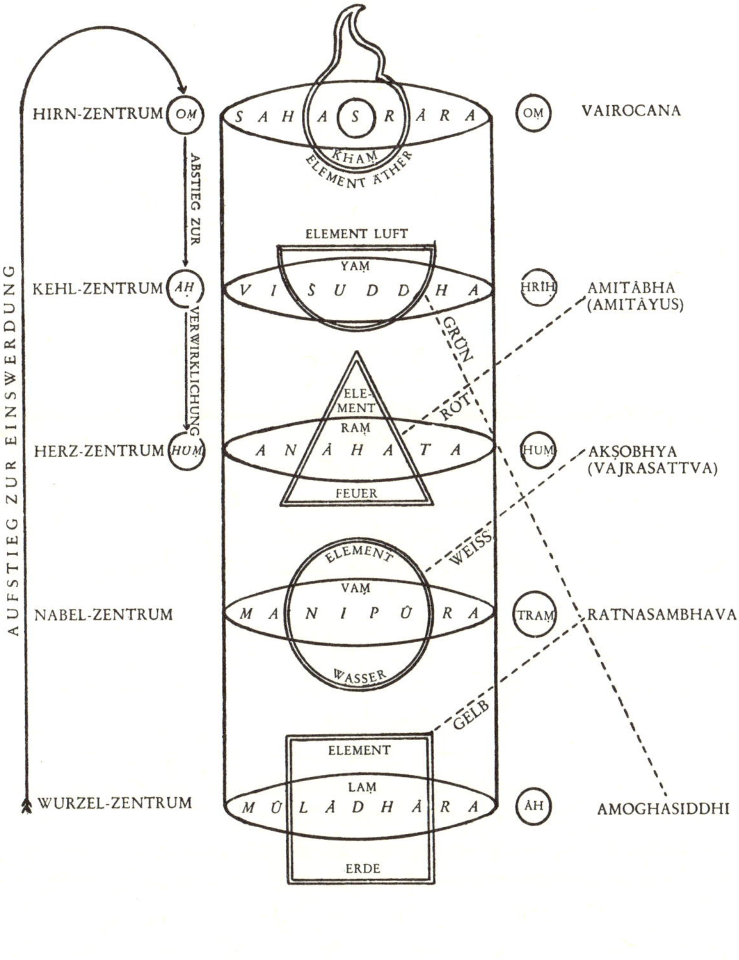

Beziehungen zwischen Zentren, Elementen, Keimsilben und Dhyâni-Buddhas

der Weisheit (oder auch sein aktiver Reflex, *Amitâyus*, der die Grenzenlosigkeit des Lebens verkörpert) wird darum zum Herrn dieses Zentrums eingesetzt. Seine Keimsilbe ist *«HRÎḤ»* [17].

Das fünfte und höchste Stockwerk (das Hirn- oder Scheitel-Zentrum), das durch einen blauen, flammenden Tropfen (*bindu*, Tib.: *thig-le*) dargestellt wird, entspricht dem Raum-Element oder Raum-Äther (*Âkâśa*, Tib.: *nam-mkhaḥ*). Sein Herr ist *Vairocana*, der die «Weisheit des universellen Gesetzes» verkörpert und von der «Mutter des Himmelsraumes» umarmt ist. Seine Keimsilbe ist *«OṂ»*.

Das *«OṂ-ÂḤ-HÛṂ»* auf der linken Seite des Diagrammes entspricht den drei Prinzipien «des Körpers (*kâya;* Tib.: *sku*), der Rede (*vâk;* Tib.: *gsuṅ*) und des Geistes (*citta;* Tib.: *thugs*)», die nach erfolgter Einswerdung aller psychischen Qualitäten und Kräfte des Meditierenden sich verwandeln in (1) das Prinzip des allumfassenden, universellen Körpers (*«OṂ»*), das im Scheitel-Zentrum verwirklicht wird, (2) das Prinzip der allumfassenden, d. h. mantrischen Rede (Tib. *gzuṅs*) oder des schöpferischen Lautes (*«ÂḤ»*) im Kehl-Zentrum und (3) das Prinzip der allumfassenden Liebe des erleuchteten Geistes (*bodhi-citta*, Tib.: *byaṅ-chub-sems*) aller Buddhas (*«HÛṂ»*), das im Herz-Zentrum verwirklicht wird. Hierüber mehr im letzten Kapitel dieses Hauptteiles.

Die gebrochenen Linien auf der rechten Seite des Diagrammes zeigen die Beziehungen zwischen *Dhyâni-Buddhas* und Elementen in einer auf der Gleichheit der Farben beruhenden Symbolordnung, wie wir sie im *Maṇḍala* der *Dhyâni-Buddhas* im vorigen Hauptteil kennen gelernt haben.

Wenn die den Zentren eingezeichneten Symbole der fünf Elemente in den ihnen entsprechenden dreidimensionalen Formen

[17] Das *«H»* ist der Hauchlaut des Odems, Symbol alles Lebendigen, das *«R»* der Laut des Feuers (*«RAṂ»*). Das *«Î»*, als Vokal der höchsten Schwingungsintensität, steht für höchste geistige Aktivität und Differenzierung. Der ihm folgende Aushauch (*visarga*) wird im Tibetischen zwar geschrieben, aber in der Aussprache unbeachtet gelassen, so daß die Keimsilbe phonetisch mit *HRÎ* wiedergegeben werden kann, wie dies in vielen Werken geschieht.

aufeinander gestellt werden, ergeben sie die wesentliche Struktur tibetischer Monumentalbauten *(mchod-rten)*, die sich aus den indischen *Stûpa*s, in denen ursprünglich die Reliquien des Buddha und seiner Hauptjünger aufbewahrt wurden, entwickelt haben[17a]. Sie sind in Tibet reine Symbolbauten: plastische *Maṇḍala*s.

Das schönste und großartigste Beispiel eines solchen *Maṇḍala* ist der zu einem imposanten Pagodentempel ausgebaute Chorten der «Hunderttausend Buddhas» (*sku-ḥbum*, gesprochen: *«Kumbum»*) in Gyantse, der etwa hundert Einzelkapellen enthält, von denen jede wiederum in sich selbst ein *Maṇḍala* darstellt. Die größeren Kapellen enthalten *Maṇḍalas*, in denen tausende von Figuren vereint sind (in einem derselben über 8000!).

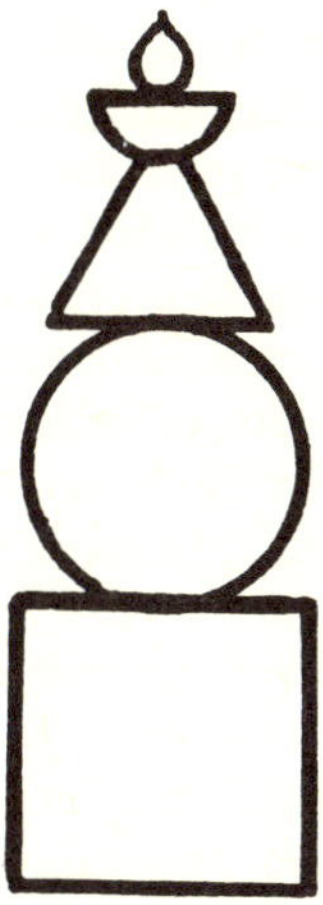

Die kubischen Formen der unteren Stockwerke entsprechen dem Element Erde, der Rundteil dem Wasser-Element, der konische (vergoldete) Überbau dem Feuer-Element, der Schirm

[17a] Über die Entwicklung und Symbolik des *Stûpa*, cf. meine Monographie *«Some Aspects of Stûpa Symbolism»* (Kitabistan, Allahabad und London, 1940) sowie meine in «Marg» (Bombay, 1950) erschienene Studie *«Solar and Lunar Symbolism in the Development of Stûpa Architecture»*.

dem Element Luft [17b]. Der flammende Tropfen des Äther-Elementes ruht auf dem Gefäß mit dem Elixier des Lebens, das den Schirm krönt.

XII

SYMBOLIK DER KEIMSILBE HŪṂ ALS INBEGRIFF DER FÜNF WEISHEITEN

Wie wir im Yoga des Inneren Feuers sahen, vollzieht sich das meditative Erleben in verschiedenen Phasen. Die erste ist gekennzeichnet durch die Erfüllung und Durchdringung des *Maṇipûra-Cakra* mit der Glut des Inneren Feuers, wodurch alle körperlichen, elementaren oder «erdgebundenen» Kräfte der unteren Regionen (Tib.: *smad*) zusammengefaßt und sublimiert werden. (Aus diesem Grunde wird das Nabel-Zentrum oft als eigentlicher Ausgangspunkt oder Hauptorgan der psychischen Wärme [*gtum-mo*] betrachtet.) Nachdem somit die Hindernisse in den niederen Bereichen beseitigt sind, kann die Meditation auf sicherem Fundament fortschreiten und sich ungehindert dem Hauptziel zuwenden: der Einswerdung im Geiste.

Diese vollzieht sich in der zweiten Phase, in der Erreichung

[17b] Die Symbole der «vier großen Elemente» spielen in *Milarepas* Biographie eine besondere Rolle. Sein Guru, *Marpa,* befahl ihm, zur Buße früherer Missetaten und zur Überwindung ihrer karmischen Auswirkungen, mit seinen eigenen Händen vier Häuser zu bauen und jedes von ihnen unmittelbar nach der Vollendung, mit Ausnahme des letzten, niederzureißen. Der Grundriß des ersten Hauses war kreisförmig, der des zweiten halbkreisförmig (oder in der Form des zunehmenden Mondes), der des dritten dreieckig und der des vierten quadratisch. In anderen Worten, der Guru ließ Milarepa auf die psychischen Zentren der Elemente Wasser, Luft, Feuer und Erde konzentrieren, die, wie der Text sagt, die vier Arten geistiger Aktivität (und ganz besonders der mantrischen) darstellen, nämlich: die friedvolle *(ẑi-ba),* die grandiose oder weitreichende *(rgyas-pa)* die machtvolle oder bannende *(dbaṅ)* und die strenge oder furchterregende *(drag-pa).* Er mußte somit alle seine früheren Taten aufheben, indem er sie erst «rekonstruierte», d. h. bewußt machte, und sie dann auflöste, bis hinunter zum Fundament des *Mûlâdhâra,* des Wurzel-Zentrums, dem das Element «Erde» zugehört. Erst dann wurde ihm gestattet, das bleibende Gebäude seines neuen geistigen Lebens aufzubauen.

des universellen Bewußtseins, in dem alle «Ich»-Beschränkung, alle Dualität von «Ich» und «Nicht-Ich» ausgelöscht ist.

Die dritte Phase aber besteht in der Rückkehr auf die Ebene des Menschlichen und Irdischen, in der nun das Erreichte ins Leben und in die Tat umgesetzt wird. Der Sitz dieses Erlebens ist das menschliche Herz, in dem das «Demantene Wesen», d. h. *Vajra-Sattva,* verwirklicht und in der Keimsilbe *HŪṂ* bewahrt wird.

Er ist die der Welt zugekehrte Seite, der aktive Reflex *Akṣobhyas*, in dem die höchste Wirklichkeit der Dharma-Sphäre gespiegelt und *bewußt* wird. Er ist der aktive Strahl der Weisheit des Großen Spiegels, der sowohl die Leere wie die Dinge widerspiegelt, der die Leere in den Dingen und die Dinge in der Leere reflektiert. Er ist das Wissen um das Ganze in jeder Erscheinungsform, das Wissen um das Unendliche im Endlichen und um das Zeitlose im Zeitlichen. Er ist der *Vajra* des Herzens, das Unerschütterliche, Unzerstörbare, die aus unmittelbarem Erleben der Wirklichkeit geflossene Gewißheit, in der alle Weisheiten durch die Flamme All-umfassenden Gefühls (nennen wir es Liebe oder wie immer wir wollen) zusammengeschmolzen sind und im Mitgefühl für alle Wesen zur Tat werden.

Wenn wir *OṂ* als den Aufstieg zur Allheit bezeichneten, so ist *HŪṂ* der Herabstieg der Allheit in die Tiefe des Herzens. Und so wie das *OṂ* dem *HŪṂ* vorausgeht und das *OṂ* (als Mittelpunkt des *Maṇḍalas*) alle anderen Keimsilben potentiell in sich enthält und nur erlebt werden kann, nachdem diese Keimsilben im Vorgang der Meditation aktuell geworden sind, so enthält das *HŪṂ* das Erlebnis des *OṂ* und der zu ihm führenden Keimsilben, d. h. die aktuell gewordene, zur lebendigen Gegenwart gewordene Synthese aller fünf Weisheiten. Diese ist nicht mehr eine in Worten ausdrückbare Erkenntnis, sondern ein Geistes*zustand* (nicht bloß ein «Gegenstand» des Geistes) [18].

[18] «Yoga ist Aufhebung des Gewahrwerdens zugunsten des Innewerdens. Alle wesentliche Erfahrung kann nichts anderes sein als Selbstergründung des Lebens. Das Lebendig-Ganze der Welt mag sich als ein Äußeres erfassen und ordnen, sein Spiel-in-sich als ein Gegenüber begreifen, die Beziehungen,

Im *Demchog-Tantra* heißt es daher, daß *HÛṂ* den von allen Vorstellungsinhalten freien Geist darstelle *(ḥdzin-daṅ-bral-paḥi sems)*. Die fünf Teile aber, aus denen sich das *HÛṂ* als sichtbares Symbol (in tibetischer, wie auch in indischer Schreibweise) zusammensetzt, entsprechen den fünf *Dhyâni-Buddhas* und ihren Weisheiten.

Das Vokalzeichen *«û»*, das den unteren Teil des *HÛṂ* bildet, entspricht, wie der Text sagt, der Weisheit *Amoghasiddhis,* die «alle Werke vollendet» (*bya-ba grub-paḥi ye-śes*). Der Körper des Buchstaben *«H»* entspricht der «unterscheidenden Weisheit» (*so-sor-rtogs-paḥi ye-śes*) *Amitâbhas,* der Kopf des Buchstaben *«H»* (der horizontale Querbalken, der allen Buchstaben gemeinsam ist und den Thron der jedem mantrischen Laut innewohnenden «Gottheit» oder schöpferischen Kraft darstellt) entspricht der Weisheit der Gleichheit (*mñam-pa-ñid-kyi ye-śes*) *Ratnasambhavas.* Die Mondsichel entspricht der Spiegelgleichen Weisheit (*me-loṅ lta-buḥi ye-śes*) *Akṣobhya*s und der flammende Tropfen (*thig-le*) der *Dharmadhâtu*-Weisheit (*chos-kyi-dbyiṅs-gyi- ye-śes*) *Vairocanas.*

Jeder dieser Teile besitzt die dem *Dhyâni-Buddha* entsprechende Farbe. Das Vokalzeichen ist grün, der Körper des «H» rot, der Kopf gelb, die Mondsichel weiß und der flammende Tropfen blau.

Dies ist ein Beispiel für die Verlebendigung des mantrischen Symbols, das nicht nur hörbar und sprechbar, d. h. innerer und äußerer Laut ist, sondern auch sichtbare Erscheinungsform ist und schließlich zur göttlichen Gestalt wird, die dem *Sâdhaka* als räumlich-gegenständliche Wesenheit gegenübertritt.

die zwischen seinen Kräftegestalten spielen, als geltende Regeln fassen, – so entsteht Wissenschaft. Durch Innewerden entsteht Wissen. Hinsichtlich der Mitteilbarkeit, somit der allgemeinen Anerkennung seiner Erfahrungen steht das Wissen ungünstiger da als die Wissenschaft. Mit der Aufhebung des Gegenüber ist die konventionell gültige Gestalthaftigkeit aufgehoben und die Welt der Namen um ihre gewohnte Geltung gebracht, denn sie gilt von der Gestaltenwelt im Stile der Wahrnehmung, nicht des Inneseins. Von ihm gilt sie nur gleichnishaft, d. h. sie gilt und gilt nicht.» (Heinrich Zimmer «Ewiges Indien», S. 111.)

Symbolik der Keimsilbe HŪṂ als Inbegriff der fünf Weisheiten

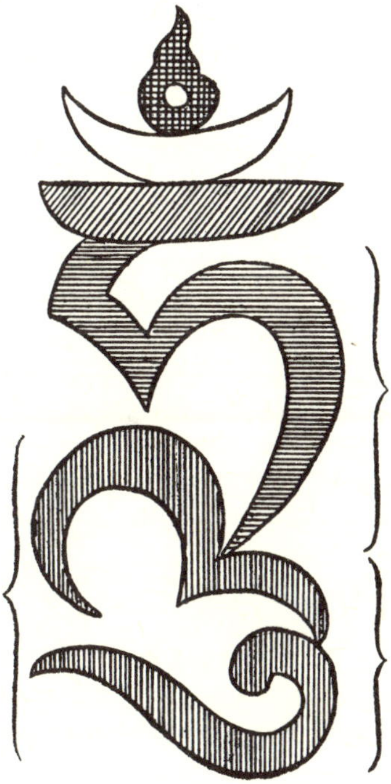

Weiterhin heißt es im selben Text, daß die Keimsilbe *HŪṂ* Strahlen, blauen, grünen, roten und gelben Lichtes aussendet und, daß diese Strahlen, als von den vier Gesichtern der zentralen Gottheit (*bde-mchog*, Skt.: *Mahâsukha,* die Verkörperung höchster Seligkeit, in dessen Gestalt das *HŪṂ* sich wandelt) ausgehend, zu betrachten sind und allmählich das ganze Universum (*ḥjig-rten-gyi-khams thams-cad*) erfüllen. Es ist zu bemerken, daß die weiße Strahlung ausgelassen ist. Die Ursache hierfür ist, daß diese das *innere* Wesen *Mahâsukhas* darstellt, der sich somit als eine Erscheinungsform *Vajrasattvas*, der immanenten, alles durchdringenden Wirklichkeit der demantenen Leere enthüllt.

Zu dieser demantenen Leere muß der Meditierende, nachdem er in innerer Schaubildentfaltung das mantrische Symbol verlebendigt und mit seinem eigenen Körper und Geist identifiziert hat, zurückkehren, indem er rückläufig, in der durch Einschmelzung vollendenden Phase (*rdzogs-rim*) der Meditation, das Vokalzeichen «*û*» in den Körper des «*H*» sinken läßt, den Körper des «*H*» in den Kopf, den Kopf des «*H*» in die Mondsichel, und die Mondsichel in den flammenden Tropfen, – bis auch der Tropfen im leeren Raum verschwindet oder als reiner mantrischer Laut in der unendlichen Stille ausschwingt.

Hier stehen wir an der Grenze des durch Worte Ausdrückbaren, und deshalb ist es sicherer, in der Symbolsprache der Tantras zu bleiben und an Hand ihrer tiefen Gleichnisse in die Mysterien ihrer Geisteswelt einzudringen.

XIII

DIE KEIMSILBE «HÛṂ» UND DIE BEDEUTUNG DER ḌÂKINÎ IM MEDITATIONSVORGANG (ḌÂKINÎ VERSUS KUṆḌALINÎ)

Um die Bedeutung der Keimsilbe *HÛṂ* in der in der mantrischen und meditativen Praxis des *Vajrayâna* in ihrer vollen Tiefe zu ergründen, müssen wir auf einen Aspekt dieses Systems eingehen, der dem westlichen Denken und Gefühl am fremdesten ist und der deshalb mehr als alle anderen Züge des tantrischen Buddhismus mißverstanden wird. Ich meine hier eine Klasse von Wesen, Kräften oder Symbolgestalten, deren Natur eng mit der Keimsilbe *HÛṂ* verknüpft ist und denen gewisse, für den Außenstehenden dämonisch erscheinende Züge eignen. In ihnen kommt alles das zum Ausdruck, was wir in unserem wohlgeordneten Gedankenkosmos nicht unterbringen können und was uns daher bedrohlich, gefährlich und furchterregend erscheint.

Es ist jener Aspekt der Erkenntnis, der in der nicht mehr formulierbaren, inkommensurablen Seite des *HÛṂ* zum Ausdruck kommt und der nur dann erlebt werden kann, wenn wir die Grenze des Denkens überschreiten – wie im ekstatischen Moment einer blitzartigen, unmittelbaren Einsicht in die Natur der Dinge oder unserer selbst, die aus der übermächtigen Spannung unseres Innern hervorbricht und die uns zwingt, den Sprung ins Unbekannte zu wagen.

Das Paradox *Vajrasattva*s besteht ja in der Gleichzeitigkeit, dem Ineinandersein des Ganzen und des Einzelnen, des Zeitlosen und des Zeitlichen, der Leere und des Geformten, des Individuellen und des Universellen, des Seins und des Nichtseins. Der Weg aber zur Verwirklichung dieses Paradoxes führt zum Sprung über den Abgrund, der zwischen den polaren Gegensätzen gähnt.

Um diesen Sprung zu wagen, bedarf es mächtiger Impulse, innerer Stimuli und Erfahrungen, wie sie in den *Ḍâkinîs* der tantrischen Geheimlehren zum Ausdruck kommen, jenen weiblichen Gestalten wissenskundiger, zaubermächtiger Mahnerinnen, die im Leben der *Siddhas* eine so große Rolle spielten.

In der Lebensbeschreibung *Padmasambhava*s, die ganz in der symbolischen Sprache der *Siddha*-Literatur abgefaßt ist, befindet sich die Schilderung seiner Initiation in die Geheimnisse des buddhistischen *Cakra-Yoga* durch eine *Ḍâkinî* [19].

Sie wohnte, so heißt es, in einem Sandelbaumgarten inmitten einer Verbrennungsstätte in einem Palast aus Menschenschädeln. Als *Padmasambhava* an das Tor des Palastes kam, fand er es verschlossen. Da sah er eine Dienstmagd, die Wasser in den Palast trug. *Padmasambhava* versetzte sich daraufhin in einen Zustand tiefer Meditation, und durch die magische Kraft seiner

[19] «*U-rgyan gu-ru pa-dma ḥbyuṅ-gnas gyi rnam-thar*», in Auszügen übersetzt von S. W. Laden La, herausgegeben von W. Y. Evans-Wentz im «The Tibetan Book of the Great Liberation» (Oxford University Press, 1954) – S. 131 f.

Versenkung war es der Magd unmöglich an ihm vorbeizuschreiten, so daß ihr Wassertragen zu einem plötzlichen Ende kam[20].

Als die Magd solchermaßen gebannt vor ihm stand, zog sie ein Kristallmesser hervor und schnitt ihre Brust auf. *Padmasambhava* aber erblickte im oberen Teil derselben die zweiundvierzig friedlichen und im unteren die achtundfünfzig furchtbaren Erscheinungsformen der *Dhyâni*-Buddhas. Sie sagte sodann zu *Padmasambhava:* «Ich sehe, daß du ein außergewöhnlicher Yogi bist und große Macht besitzest. Schau mich an! Hast du kein Vertrauen zu mir?»

Padmasambhava verneigte sich und bat um Verzeihung und um Belehrung. Sie aber antwortete: «Ich bin nur eine Dienstmagd.» Und sie öffnete die Tür des Palastes und forderte ihn auf einzutreten.

Als *Padmasambhava* eintrat, erblickte er die *Ḍâkinî* auf einem Sonnen- und Mond-Thron sitzend. In ihren Händen hielt sie eine Doppeltrommel[21] und eine Schädelschale und war umgeben von zweiunddreißig dienenden *Ḍâkinîs,* die ihr Gaben brachten und sie baten, ihnen die esoterischen und exoterischen Lehren zu enthüllen.

Die hundert friedlichen und furchteinflößenden Erscheinungsformen der *Dhyâni-Buddha*s (die *Padmasambhava* in der Brust der Magd gesehen hatte) erschienen sodann im Raume über ihnen. Die *Ḍâkinî* aber wandte sich zu *Padmasambhava* mit den Worten: «Erblicke die Gottheiten, und bitte um die Weihe!» Und *Padmasambhava* anwortete: «So wie alle Buddhas durch die Weltzeitalter Gurus hatten, so bitte ich dich, mein Lehrer zu sein und mich als deinen Schüler anzunehmen.»

Daraufhin ließ die *Ḍâkinî* die Erscheinungsformen aller *Dhyâni-Buddhas* (der milden sowohl wie der furchtbaren) in

[20] Dies ist ein Motiv, das sich bereits im *Lalitavistara* findet, woselbst beschrieben wird, wie der Knabe *Siddhârtha* unter einem Rosenapfel-Baum in einen Zustand tiefer Meditation verfiel und wie fünf zaubermächtige Asketen, die gerade über jener Stelle durch die Luft flogen, von der Macht seiner Konzentration gebannt, zum Stillstand kamen und erst nachdem sie dem zukünftigen Buddha gehuldigt hatten, ihre Reise fortsetzen konnten.

[21] *Ḍamaru,* eine stundenglasartige kleine Ritualtrommel.

ihren Körper eingehen und *verwandelte Padmasambhava in die Silbe HŪṂ*. Und während das *HŪṂ* auf ihren Lippen ruhte, verlieh sie ihm die Weihe *Amitâbhas*. Dann verschluckte sie das *HŪṂ*, und im Inneren ihres Magens erhielt *Padmasambhava* die geheime *Avalokiteśvara*-Initiation. Und als er die Region des Wurzel-Zentrums erreichte, verlieh sie ihm die Weihe des Körpers, der Rede und des Geistes.

Diese Geschichte enthält eine Menge wertvoller Aufschlüsse. Um ihren Sinn zu verstehen, müssen wir uns aber zunächst klar sein über die Rolle, welche die *Ḍâkinîs* im tibetischen Meditationssystem spielen. Im klassischen Sanskrit wurden *Ḍâkinîs* als vorwiegend menschenfeindliche Wesen dämonischer Art aufgefaßt, die unheimliche und einsame Orte, wie Leichenverbrennungsstätten, unsicher machten.

Aber diese, für den Weltmenschen unheimlichen Orte, waren gerade die dem Yogi geheiligten Stätten einsamer Betrachtung und religiöser Erhebung. Hier sprach zu ihm die Stimme der Stille, der Weltüberwindung, der Befreiung. Was den Weltmenschen mit Furcht erfüllte, erfüllte den Yogi mit Ruhe und Zielbewußtsein, wurde ihm zur Stärke und zum Antrieb.

So wurden die *Ḍâkinîs* zu Genien der Meditation, zu geistigen Helfern, die den Meditierenden inspirierten und ihn aufrüttelten aus der Illusion weltlichen Behagens. Sie wurden zu Erweckerinnen der in ihm schlummernden Kräfte.

Dieser Wandel in der Auffassung der *Ḍâkinîs* unter dem Einfluß buddhistischer Meditationsschulen (insbesondere derer des sechsten und siebenten Jahrhunderts n. Chr.) kommt zum Ausdruck in der tibetischen Wiedergabe des Wortes *Ḍâkinî* als *«Khadoma»* (*mkhaḥ-ḥgro-ma*): *«mkhaḥ»* bedeutet den Raum (Skt.: *âkâśa*) sowohl wie «Raum-Äther», als fünftes Element buddhistischer Auffassung, d. h. das, was Bewegung (Symbol «Wind», Tib.: *rluṅ*) und Erscheinung (Tib.: *snaṅ-ba*) möglich macht, ohne selbst Bewegung oder Erscheinung zu sein. Sein Zahlensymbol ist die Null, sein philosophisch-metaphysisches Äquivalent die *Śûnyatâ* (Tib.: *stoṅ-pa-ñid*), die «Große Leere», sein psychologisches Äquivalent das höchste geistige Bewußtsein, der Geist (Tib.: *sems*), von dem es heißt, daß man ihn sich als dem Himmelsraume (Tib.: *nam-mkhaḥ*) gleich vorstellen soll.

«ḥgro» (gesprochen *«dô»*) hat die Bedeutung des Gehens, der Fortbewegung. Eine *Khadoma* ist daher nach volkstümlicher Auffassung ein himmlisches Wesen weiblicher Gestalt (wie das Suffix *«ma»* andeutet), das an der lichten Natur des Raumäthers, in dem es sich bewegt, teilhat, mit höherem Wissen begabt ist und den Suchenden, dem sie in menschlicher oder göttlicher, dämonischer oder feenhafter, heroischer oder lieblicher, erschreckender oder jugendlich-sanfter Form erscheint, auf den Weg höherer Bewußtwerdung und Erkenntnis führt.

Im Sinne der Meditation und in der Sprache des Yoga aber, haben wir es nicht mit irgendwelchen außerhalb unserer selbst existierenden Wesen zu tun, sondern mit geistigen Impulsen im Vorgange der Meditation, die zur Bewußtwerdung aller jener Kräfte und Inhalte führen, die bisher in der Verborgenheit des Unterbewußten schlummerten. Der dieser Bewußtwerdung innewohnende Impetus wächst im Maße seines Fortschreitens; er treibt unaufhaltsam weiter, bis das Verborgene im Licht der Erkenntnis seine Geheimnisse preisgibt. Diese Erkenntnis ist erschreckend für den, der noch der Dingwelt verhaftet ist, erlösend für den, der die Kraft hat, der Wahrheit ins Auge zu schauen.

Um die Unverhülltheit dieser Wahrheitserkenntnis anzudeuten, werden *Khadomas* in ihrer höchsten Form nackt dargestellt, und um die Furchtlosigkeit, die zur Erkenntnis unverhüllter Wahrheit notwendig ist, zum Ausdruck zu bringen, werden sie in heroischer Haltung vorgestellt. Sie sind nicht blinde Naturgewalten, sondern das, was sich ihrer bedient, sie leitet und nutzbar macht. Sie vereinen die Macht der Natur, des Ursprünglichen, Spontanen, mit der Bewußtheit des Erkennens. Sie sind die Impulse der Inspiration, die naturhafte Kraft in schöpferischen Genius verwandeln.

Der Schwerpunkt im buddhistischen Yoga liegt also nicht auf dem Macht-Aspekt, der *Śakti,* sondern auf dem Erkenntnis-Aspekt, der *Prajñâ;* und aus diesem Grunde wird die Śakti

Kuṇḍalinî im buddhistischen System überhaupt nicht erwähnt, geschweige denn zum Gegenstand der Meditation gemacht. Es ist daher nicht zulässig das buddhistische System aus dem hinduistischen *Kuṇḍalinî-Yoga* ableiten zu wollen oder als *Kuṇḍalinî-Yoga* zu bezeichnen. Im *«Yoga der Sechs Lehren»* des *Naropa* wird der Sitz der *Kuṇḍalinî* vom Vorstellungsbilde ausgeschlossen, indem dem Meditierenden empfohlen wird: «Meditiere über die vier Cakras von denen jedes wie ein Schirm geformt ist, oder wie das Rad eines Wagens [21a]» Die vier *Cakras* aber, welche die vier Räder des feurigen Geisteswagens (wer dächte hier nicht an den feurigen Wagen in dem der Prophet Elias gen Himmel fuhr!) bilden, sind das Scheitel-Zentrum und das Kehlzentrum als vorderes Paar, und das Herz-Zentrum und das Nabel-Zentrum als hinteres Paar.

Statt der *Kuṇḍalinî Śakti* steht das ihr entgegengesetzte Prinzip der *Ḍâkinî*, in diesem Falle der *Khadoma Dorje-Naljorma* (*rdo-rje rnal-ḥbyor-ma;* Skt.: *Vajra-Yoginî*) im Mittelpunkt der Meditation. Dieses soll nicht besagen, daß der buddhistische Tantriker die Wirksamkeit oder die Wirklichkeit der mit der *Kuṇḍalinî* verbundenen Kräfte leugnet oder unterschätzt, sondern nur, daß seine Methode und der Gebrauch, den er von diesen Kräften macht, ein anderer ist. Er nähert sich ihnen von einer anderen Seite. Er macht von ihnen nicht in ihrem Naturzustand Gebrauch, sondern durch Vermittlung eines anderen Mediums.

Die Kraft des Wassers, die im Wasserfall in ihrer rohen, ungestümen Macht in Erscheinung tritt, kann durch Kanäle gezähmt, geleitet, verteilt und auf verschiedenen Niveaux verwandt werden. Im buddhistischen *Tantra-Yoga* wird daher nicht auf die *Kundalinî* oder das Wurzel-Zentrum konzentriert,

[21a] Die klassische Definition eines *Cakra* findet sich in der *Muṇḍaka-Upaniṣad* 2, 2, 6: *«Arâ iva rathanabhau saṁhatâ yatra nâdyaḥ.»* «Wo die *Nâḍîs*, wie Speichen in der Nabe eines Wagenrades zusammentreffen.» — Hundert sekundäre *Nâḍîs* treffen sich von allen Seiten herkommend im Herz-Zentrum, während die *Suṣumṇâ* senkrecht durch die Mitte des *Cakras* geht.

sondern auf die Kanäle, die Bahnen der Hauptkraftströme, deren «Gefälle» durch zeitweise Stauung und Modifizierung ihres Inhaltes in den oberen vier Zentren reguliert wird.

Statt der Naturkraft (*śakti*) der *Kuṇḍalinî* wird der inspirationelle Impuls (*prajñâ*) des Bewußtseins in Form der *Khadoma* und der mit ihr verbundenen Mantras zum leitenden Prinzip gemacht, das den Zugang zur *Suṣumṇâ* öffnet, die Hindernisse beseitigt und den einströmenden Kräften die Bahn weist.

Khadomas, wie alle weiblichen Erscheinungsformen der *Vidyâ,* der Erkenntnis, haben die Eigenschaft die Kräfte, deren sie sich bedienen, zu intensivieren, zusammenzufassen, zu integrieren, bis sie wie durch ein Brennglas in einem Punkt konzentriert, zu höchster Glut entfacht und zur heiligen Flamme der Inspiration werden, die zur vollkommenen Erleuchtung führt. Die *Khadomas,* die als Visionen oder bewußt geschaffene Schaubilder der Meditation auftreten, werden daher mit einer flammenden Aura dargestellt und mit der Keimsilbe *HÛṂ,* dem mantrischen Symbol der Integrierung, aufgerufen. Sie sind die Verkörperung des Inneren Feuers, das in *Milarepas* Biographie als «der wärmende Atem der *Khadomas*» bezeichnet wird, der wie «ein reines weiches Gewand» den Heiligen einhüllt [22].

So wie jedoch Erkenntnis viele Grade und Formen hat, so nehmen die *Khadomas* vielerlei Gestalt an, von der menschlichen *Jigten-Khadoma* (*ḥjig-rten,* die Welt unserer Sinneswahrnehmung) bis zu den weiblichen Formen der *Dhyâni*-Buddhas, die als *Prajñâs* im *Yab-Yum*-Aspekt mit letzteren vereint sind.

Im Vorgang der Meditation können die *Khadomas* solchen preliminären Erlebnissen entsprechen, wie dem der Bewußtwerdung des Körpers auf der ersten Stufe der vier (im *Pâli* als *Satipaṭṭhâna* bekannten) grundlegenden Meditations-

[22] In Lama Kazi Dava-Samdups englischer Wiedergabe:

«The warming breath of angels wear
As thy raiment pure and soft»

(W. Y. Evans-Wentz: «*Tibet's Great Yogi Milarepa*», Oxford University Press, 1928, p. 170.)

übungen; weshalb es im *Demchog-Tantra*[23] heißt, daß man die *Khadoma* als die Vergegenwärtigung des Körpers betrachten soll (*mkhaḥ-ḥgro-ma ni lus-rjes-su dran-paḥo*), so wie alle göttlichen Erscheinungsformen Symbole seien für die Erlebnisse, die den Pfad der Meditation bilden (*lha-rnams lam-gyi ṅo-bor dran-par byaḥo*).

In eben diesen Erlebnissen – und nicht in irgendeiner äußeren Gegebenheit – liegt ihre Wirklichkeit: eine Wirklichkeit, die nach buddhistischer Auffassung größer ist als die der sogenannten materiellen Objekte, da sie unmittelbar der geistigen Erfahrung entspringt und nicht erst auf dem Umwege über die peripherischen Sinne und ihre Organe.

Die höchste, bzw. vollkommenste Form der *Khadoma* aber ist diejenige, welche die Synthese aller Buddha-Weisheiten in der demantenen Sphäre der *Śûnyatâ* darstellt, wie in den verschiedenartigen Aspekten der *Vajra-Ḍâkinîs*, insbesondere der *Vajra-Yoginî* (*rdo-rje rnal-ḥbyor-ma*), in der das meditative Erleben seinen Höhepunkt erreicht. Eine solche *Ḍâkinî* steht im Mittelpunkt der Initiation *Padmasambhava*s.

XIV

PADMASAMBHAVAS INITIATION

Was ist nun die esoterische Bedeutung von *Padmasambhava*s Initiation durch eine *Ḍâkinî?*

Der Sandelbaumgarten inmitten einer Leichenstätte ist die saṃsârische Welt: lieblich in ihrer Erscheinung, aber umgeben von Tod und Verfall. Die *Ḍâkinî* lebt in einem Palast aus Menschenschädeln: der menschliche Körper, der die Erbschaft von

[23] Vgl. A. Avalon, *Tantric Texts*, London, 1919, Vol. VII. Alle Zitate aus dem «*dpal-ḥkhor-lo-bde-mchog*» entstammen einer handschriftlichen Kopie des tibetischen Textes. Hinweise auf gedruckte Exemplare konnten daher nicht gegeben werden. Der von Avalon herausgegebene Text ist seit Jahren vergriffen.

Millionen vergangener Lebensformen ist, die Materialisierung vergangener Gedanken und Taten, das Karma der Vergangenheit.

Padmasambhava findet die Tore des Palastes verschlossen: er hat noch nicht den Schlüssel zum Wesen der Körperlichkeit gefunden. Die wahre Natur des Körpers ist ihm verborgen.

Da erscheint eine Dienstmagd, die Wasser in den Palast trägt. «Wasser» bedeutet Lebenskraft, *prâṇa*. – *Padmasambhava* unterbricht den normalen Strom dieser Kraft durch die Macht seiner Konzentration, d. h. er bringt ihn unter seine Kontrolle durch *prâṇâyâma*, durch Beherrschung des Atems. Darum heißt es, daß das Wassertragen der Magd durch die yogische Kraft *Padmasambhavas* aufgehalten wurde.

Die Magd schneidet daraufhin mit einem Kristallmesser (der unerbittlich-scharfe und tiefdringende Klarblick analytischer Betrachtung und Erkenntnis) ihre Brust auf, d. h. sie enthüllt die verborgene innere Natur der Körperlichkeit (wie jene *Khadoma* im *Demchog-Tantra*, welche die Einsicht in den Körper repräsentiert), und *Padmasambhava* erblickt die *Maṇḍalas* der friedlichen und der furchteinflößenden Formen der *Dhyâni-Buddhas*. Er erkennt nun, daß der Körper trotz seiner Vergänglichkeit der Tempel höchster Kräfte und Erreichungen ist.

Er verneigt sich vor der Magd, die sich durch ihre Handlung als eine *Ḍâkinî* offenbart hat, und bittet sie um Belehrung; woraufhin sie ihn auffordert, in den Palast ihrer Herrin einzutreten. Demut und Unvoreingenommenheit, d. h. die Bereitschaft, die Dinge zu sehen, wie sie wirklich sind, öffnet das ihm bisher verschlossene Tor des Palastes: den Zugang zu den Geheimnissen seines eigenen Körpers und den in ihm wirkenden Kräften.

Er erblickt nun die Haupt-*Ḍâkinî* (eine Form der *Vajrayoginî*), die auf einem Sonnen- und Mond-Thron sitzt. «Sonne» und «Mond» stellen, wie wir kaum zu erwähnen brauchen, die in *Piṅgalâ* und *Iḍâ* polarisierten psycho-kosmischen solaren und lunaren Kräfte dar, die sie beherrscht. Die stundenglasartige Handtrommel (*ḍamaru*) in ihrer rechten Hand ist das Sinnbild des ewigen Rhythmus des Universums und des All-durchdringenden transzendenten Lautes der höchsten Wirklichkeit – des *Dharma* – worauf der Buddha in den feierlichen Worten nach seiner Erleuchtung anspielte, als er von der «Trommel der Unsterblichkeit» (Pâli: *amatadundubhin*) sprach, die er in der Welt ertönen lassen wolle.

In ihrer Linken hält die *Ḍâkinî* eine mit Blut gefüllte Schädelschale, das Symbol des Wissens, das nur um den Preis des Todes gewonnen werden kann.

Und so, wie der Körper eines Erleuchteten durch die zweiunddreißig Kennzeichen physischer Vollendung ausgezeichnet ist, so ist die Haupt-*Ḍâkinî* durch zweiunddreißig ihr dienende *Ḍâkinîs* ausgezeichnet.

Als *Padmasambhava* sie um Belehrung bittet, erscheinen die zwei bereits erwähnten *Maṇḍalas* der «milden und zornigen Gottheiten» in ihrer vollen Wirklichkeit im Raume über dem Haupte der *Ḍâkinî.* Aber im Augenblick der Initiation verschmelzen sie mit der *Ḍâkinî,* die sich solchermaßen als die Verkörperung der Weisheit aller Buddhas offenbart (und daher als *Sarvabuddha-Ḍâkinî* bezeichnet wird).

Padmasambhava aber wird in die Keimsilbe *HÛṂ* verwandelt und wird eins mit dem Objekt seiner Hingabe. In anderen Worten, der *Sâdhaka,* der sich vollkommen mit dem Mantra, als der Pfeilspitze seiner Meditation identifiziert, wird eins mit der inspirationellen Kraft, dem Erleuchtungsdrange aller Buddhas und verleiht auf diese Weise allen Bewußtseinszentren seines Körpers den Segen der Buddhaschaft, indem er sie in Gefäße der Erleuchtung verwandelt.

Die Zentren, welche hier angedeutet werden, sind:

1. das, in dem *Amitâbha* verwirklicht wird (wenn das *HÛṂ* «auf den Lippen ruht»), d. h. im Kehl-Zentrum (*viśuddhacakra*), von dem der mantrische Laut ausgeht;
2. das, in dem *Avalokiteśvara* verwirklicht wird (symbolisiert durch das «Juwel» *maṇi*), das Nabel-Zentrum (*maṇipûracakra*);

3. das Wurzel-Zentrum (*mûlâdhâra-cakra*), bzw. der Treffpunkt der drei *Nâḍîs* («trijunction», Tib.: *gsum mdo*), in dem die schöpferischen Kräfte des Körpers in geistige Potenzen umgewandelt werden und so die Regeneration des Körpers, der Rede und des Geistes vollbringen.

Dies sind die drei Initiationen, welche die *Ḍâkinî* in den drei Zentren psychischer Kraft verleiht.

Die dreifache Potenz und die alle Buddha-Weisheiten umfassende Natur der höchsten *Ḍâkinî* kommt auch in der ältesten uns bekannten mantrischen Formel der *Vajra-Yoginî,* die uns in dem buddhistisch-tantrischen Sanskritwerk *Sâdhanamâlâ* überliefert ist, zum Ausdruck.

Die Formel lautet:

«OṂ OṂ OṂ Sarva-buddha-ḍâkinîye Vajra-varṇanîye Vajra-vairocanîye HŪṂ HŪṂ HŪṂ PHAṬ PHAṬ PHAṬ Svâhâ[24] *!»*

Das dreifache *OṂ, HŪṂ* und *PHAṬ* entspricht den drei Haupt-Erscheinungsformen der *Vajra-Yoginî* auf drei verschiedenen Ebenen des Erlebens oder, vorsichtiger ausgedrückt (falls «Ebene» mit der Idee des «Höheren» oder «Niederen» im Sinne eines Werturteiles oder ihrer größeren oder geringeren Wirklichkeit verstanden würde, was in diesem Falle nicht zutrifft), in drei verschiedenen Zusammenhängen, von drei verschiedenen Blickpunkten meditativen Erlebens.

Als *Sarva-buddha-ḍâkinî,* d. h. als «Genius» (daimon) aller Buddhas, verkörpert sie den inspirationellen Impuls, der die Buddhas zur Verwirklichung der Buddhaschaft, zur vollkommenen Erleuchtung treibt und der allen Aspekten der Weisheit zugrunde liegt.

Als *Vajra-varṇanî* stellt sie die Eigennatur (*varṇa,* wörtlich «Farbe») des *Vajra* dar, dessen Wesen durchsichtig, klar, ob-

[24] *Sâdhanamâlâ,* p. 453 (Gaekwads Oriental Series, No. XLVI); cfr. Benoytosh Bhattacharyya «An Introduction to Buddhist Esoterism» p. 160.

jektfrei, unzerstörbar und unwandelbar ist, wie die Große Leere, weshalb es zu Beginn der *gTum-mo*-Meditation heißt, daß man sich den Körper der *Vajra-Yoginî* als leer, durchsichtig und dergleichen vorstellen soll, als ein Symbol der Wirklichkeit, die ihrer wahren Natur nach Leere sei.

Als *Vajra-vairocanî* stellt sie die nach außen wirkende, strahlende Natur des *Vajra* dar: das aktive Bewußtsein der demantenen Sphäre, der *Dharma*-Wirklichkeit.

Allen Erscheinungsformen der *Vajra-Yoginî* und der mit ihnen im *Yab-Yum*-Aspekt vereinten Verkörperungen männlicher Buddhaqualitäten, die als *Herukas* bekannt sind, ist die Keimsilbe *HÛṂ* gemeinsam. Dieses *HÛṂ* ist die Quintessenz der *Vajra-Ordnung,* in ihren friedvollen, milden (*śânta,* Tib.: *żi-ba)* sowohl wie in ihren furchterregenden *(bhairava,* Tib.: *drag-po*) Erscheinungsformen.

Die Mantras der letzteren fügen dem *HÛṂ* vielfach den onomatopoetischen Ausruf *Phaṭ* hinzu, der, je nach dem Zusammenhang und den Umständen, der Abwehr feindlicher Einflüsse, der Vernichtung oder Beseitigung innerer Hindernisse dient oder der Konzentrierung der eigenen Kräfte, als ein Ausruf zur Aktivierung des Geistes.

Svâhâ ist ein Ausdruck wohlwollender Gesinnung, wie «Heil», «Möge es zum Segen, zum Guten gereichen!», ein Ausdruck, mit dem Opfergaben und Lobpreisungen dargebracht werden. Ähnlich dem christlichen «Amen», steht es am Ende mantrischer Formeln.

PHAṬ Svâhâ ist also zugleich eine Abwehr des Feindlichen und ein Willkommenheißen segensreicher Kräfte: ein Hinwegräumen der Hindernisse und ein Sichöffnen zum Licht.

Wenn es aber am Schlusse von *Padmasambhavas* Initiation heißt, daß er die Weihe des «Körpers, der Rede und des Geistes» erhielt, so bedeutet das, daß sein Körper zum Körper aller Buddhas wurde, seine Rede zum heiligen Wort aller Buddhas und sein Geist zum *bodhi-citta* (Tib.: *byaṅ-chub-sems*) zum Geist aller Buddhas, – weshalb es im *Demchog-Tantra* heißt: «Indem wir das Wort *«kâya»* aussprechen, denken wir an den Körper aller (Buddhas und ihrer göttlichen Gestalten) (Tib.: *kâ-ya śes brjod-pas thams-cad-kyi sku);* indem wir *«vâk»* sagen, denken wir an die Rede aller (Buddhas); indem wir *«citta»* sagen, denken wir an den Geist aller (Buddhas) und, daß alle diese voneinander untrennbar sind» (*vak-yis gsuṅ daṅ tsi-tta-yis thugs rnams dbyer mi-phyed-par bsams*).

XV

DIE EKSTASE DES DURCHBRUCHS IM MEDITATIVEN ERLEBNIS UND DIE WISSENSHALTENDEN GOTTHEITEN

So wie die *Ḍâkinîs* die inspirationellen Impulse des erkennenden Bewußtseins darstellen, so stellen die auf der männlichen Seite der Buddhanatur ihnen gegenüberstehenden *Herukas* den aktiven Aspekt der *Karuṇâ* dar, des unbegrenzten Erbarmens, im ekstatischen Durchbruch der Ichheit zur allumfassenden Wesenheit (*Vajrasattva*). In diesem Aspekt werden alle Hindernisse vernichtet: das eigene illusorische Ich sowohl wie alle Sonderheitsvorstellungen und Begriffe, kurz alles intellektuelle Denken. Das intuitive Wissen und das spontane Gefühl fließen hier zu untrennbarer Einheit zusammen, – so untrennbar, wie die Einheit von *Ḍâkinî* und *Heruka* im *Yab-Yum*-Aspekt, der nur verdeutlicht, was in jedem Erleuchtungsvorgange gegenwärtig ist und in jedem Symbol der Buddhaschaft, auch wenn es den männlichen Aspekt allein darstellt, als selbstverständlich vorausgesetzt wird.

Während die milden (*śânta,* Tib.: *zi-ba*) Formen der *Dhyâni-Buddhas* das höchste Ideal der Buddhaschaft als abgeschlossenen, in seiner Vollendung ruhenden, also statischen Zustand, retrospektiv gesehen darstellen, sind die *Herukas*, wie alle ekstatischen Emanationen des tantrischen Pantheons des *Vajrayâna,* die als «bluttrinkende» (Tib.: *khrag-ḥthuṅ),* «zornige» *(krodha,* Tib.: *khro-ba) oder* «furchtbare» *(bhairava,* Tib.: *drag-pa)* Gottheiten beschrieben werden, nichts anderes als der dynamische

Aspekt der Erleuchtung, die Buddha-*werdung*, der *Vorgang* der Erleuchtung, wie er in der Lebensgeschichte des Buddha als der Kampf mit *Maras* Heerscharen symbolisiert wird.

In diesen ekstatischen Gestalten kommt der Durchbruch zum Undenkbaren, Unvorstellbaren (Skt.: *acintyâ*), dem Verstandeswissen Unerreichbaren (*anupalabdha*) zum Ausdruck, wie es schon im *Prajñâpâramitâ-Sûtra,* in der Antwort des *Subhûti,* ausgesprochen wurde, als der Buddha ihn fragte ob die höchste Erleuchtung (*anuttara samyak-sambodhi*) beschrieben werden könnte, und ob der Buddha je etwas derartiges gelehrt habe: «So wie ich die Lehre des Erhabenen verstehe, gibt es kein solches Ding wie *«Anuttara-samyak-sambodhi»,* und ebensowenig ist der *Tathâgatâ* imstande einen festgelegten Dharma zu lehren. Und warum? – Weil die Dinge, die der *Tathâgatâ* gelehrt hat, ihrer wesentlichen Natur nach unbegreifbar und unerforschbar sind; sie sind weder seiend noch nicht-seiend, weder «phaenomena» noch «noumena». Was soll dies besagen? – Es besagt, daß Buddhas und Bodhisattvas nicht durch festgelegte Lehren erleuchtet werden, sondern durch einen *intuitiven* Vorgang, der spontan und natürlich ist [25].

Es ist die kompromißlose Verwirklichung und Weiterbildung dieser *Prajñâpâramitâ*-Tradition, die in den ekstatischen Gestalten des *Vajrayâna* und besonders im mystischen Pfade *Vajrasattvas* (dem aktiven Reflex *Akṣobhyas*), dem Pfade integrierender Einschmelzung und Verwandlung zum Ausdruck kommt. Die vielartigen Gestalten dieses Pfades, insbesondere die speziefisch tantrischen, asketisch-nackten, der unverhüllten Wirklichkeit dienenden Gestalten der *Ḍâkinîs, Vîras* und *Herukas* sind besonders wichtig vom Standpunkt des Yoga, da sie die Erlebnisse der Meditation, die Vorgänge auf dem Pfade der Verwirklichung und Befreiung darstellen.

Die wachsende Vielfalt der Gestalten des tantrischen Pantheons ist also nicht auf eine fortschreitend polytheistische Tendenz eines *«entartenden»* Buddhismus zurückzuführen, der im

[25] Englische Übersetzung von Bhikshu Wai-tao und Dwight Goddard in «A Buddhist Bible», S. 102.

Überschwange religiöser Gefühle nach immer neuen Objekten der Anbetung sucht und die Gebilde menschlicher Spekulation zu Göttern erhebt, – sondern sie beruht gerade auf der entgegengesetzten Tendenz, nämlich religiöse Spekulation durch praktische Erfahrung zu ersetzen. Und so wie jede Erfahrung der Wissenschaft nicht nur zur Vermehrung ihrer objektiven Inhalte und zur Erweiterung ihres Gebietes, sondern zu neuen Erkenntnissen und zur Reorientierung des früheren Wissens führt, so erschließt jede neue Meditationserfahrung neue Horizonte und Methoden der Verwirklichung.

Der menschliche Geist kann auf keinem Punkte seines Erkenntnisweges stehen bleiben. Stillstand bedeutet Tod – Erstarrung und Verfall. Dies ist das Gesetz alles Lebens, aller Bewußtheit: das Gesetz des Geistes, aus dem Leben und Bewußtheit fließen.

So wie im mathematischen Denken jede Dimension mit Notwendigkeit eine höhere Dimension fordert, bis wir zu der Schlußfolgerung einer unendlichen Serie von Dimensionen gezwungen werden, so weist jede Erweiterung unseres geistigen Horizontes auf neue, ungeahnte Bewußtseinsdimensionen hin.

Die Tatsache, daß jedes Erlebnis notwendigerweise über sich selbst hinausweist und somit nur in bezug auf andere Erlebnisse, nicht aber als in sich selbst existierend definiert und abgegrenzt werden kann, ist im Begriff der *Śûnyatâ*, der Leere von allen Bestimmungen, der Nicht-Absolutheit, der unendlichen Bezogenheit alles Erlebens, umschrieben. Und zugleich liegt in dieser Super-Relativität das einende Element des lebendigen Universums, indem die unendliche Bezogenheit zur All-Bezogenheit wird, zu einer metaphysischen Größe, die weder als Sein noch als Nichtsein beschrieben werden kann, weder als Bewegung noch als Stillstand.

Hier haben wir die Grenze unseres Denkens erreicht, ja die Grenze des Denkbaren und Vorstellbaren. So wie Bewegung in ihrem äußersten Extrem, ihrer höchsten Form, nicht von vollkommener Ruhe und Unbewegtheit unterschieden werden kann, so ist die Relativität im höchsten Sinne, die Allbezogenheit, nicht mehr unterscheidbar vom Absoluten. «Das Ewig Beharrliche ist nur im Veränderlichen darstellbar. Das ewig Veränderliche nur im Bleibenden, Ganzen, gegenwärtigen Augenblick» (Novalis).

Aus diesem Grunde sind *Śûnyatâ* und *Tathatâ* (Soheit) ihrem Wesen nach identisch. Erstere charakterisiert die negative, letztere die positive Seite derselben Wirklichkeit. Erstere geht aus vom Erlebnis der Vergänglichkeit, Augenblicklichkeit, der zeitlichen und räumlichen Relativität, – letztere vom Erlebnis des Zeitlosen, des Absoluten, der Ganzheit. Aber das soll nicht sagen, daß *Śûnyatâ* sich in den Qualitäten der Relativität erschöpft, noch, daß *Tathatâ* mit dem Absoluten gleichzusetzen ist. Wir bedienen uns dieser Ausdrücke nur als einer Brücke, die vom westlichen zum östlichen, oder besser, vom logisch-philosophischen zum intuitiv-metaphysischen Denken führt.

D. T. Suzuki verwehrt sich daher mit Recht gegen die intellektuelle Verflachung der *Śûnyatâ*-Idee durch eine rein logische Ableitung oder Gleichsetzung mit dem modernen Relativitätsbegriff. «Leere ist das Resultat einer Intuition und nicht das Resultat einer verstandesmäßigen Erwägung. Die Idee der Leere wächst aus dem Erlebnis, der inneren Erfahrung, und um ihr eine logische Begründung zu geben, wird die Premisse in der Relativität gefunden. Aber streng logisch gesprochen, ist ein Spalt zwischen Relativität und Leere. Und Relativität läßt uns nicht über diesen Spalt springen. Solange wir es mit der Relativität halten, befinden wir uns innerhalb eines Kreises. Zu erkennen, daß wir uns in einem Kreise befinden und daß es notwendig ist, aus ihm herauszukommen, um ihn in seiner Ganzheit zu sehen, setzt voraus, daß wir einmal über ihn hinausgegangen sein müssen [26].»

Dieser Sprung über den klaffenden Spalt, der zwischen unserem intellektuellen Oberflächenbewußtsein und dem intuitiven, überpersönlichen Tiefenbewußtsein gähnt, ist im ekstatischen Tanz der «bluttrinkenden» von *Ḍâkinîs* umarmten Gott-

[26] D. T. Suzuki «Essays in Zen Buddhism», III, S. 241.

heiten dargestellt. Der inspirationelle Impuls der *Ḍâkinîs* treibt uns aus dem gesicherten, aber engumschriebenen Kreis unserer illusorischen Persönlichkeit und unseres gewohnten Denkens, bis wir im ekstatischen Durchbruch die Grenzen dieses Kreises und der Ichheit zersprengen und zum Erlebnis der Ganzheit vordringen. In dieser Ekstase werden alle Bindungen, alle weltlichen Fesseln gesprengt, alle Vorurteile und Illusionen vernichtet, alle konventionellen Begriffe weggefegt, alles Haften an der Wurzel abgeschnitten, Vergangenheit und Zukunft ausgelöscht, die Macht des Karma gebrochen und die Große Leere als ewige Gegenwart und höchste Wirklichkeit oder Soheit erlebt. Die Gewalt und Macht dieses Durchbruchs kann nur in übermenschlich-dämonischer, vielarmiger und vielköpfiger Gestalt vorgestellt werden, als ein vieldimensionales, allseitig-bewegtes, in alle Richtungen zugleich vorstoßendes, vieläugiges (d. h. alle drei Zeiten in zeitlose Gegenwart verwandelndes) Wesen.

Ein solches Wesen kann auf der Ebene weltlichen Bewußtseins nicht anders als «furchtbar» erscheinen, denn in den Symbolen des (inneren) Kampfes, die es in seinen Händen trägt, sieht der Weltmensch nicht die Werkzeuge der Befreiung, sondern Waffen der Zerstörung, die alles, was zu seiner Welt gehört, vernichten.

In allen diesen ekstatischen oder «bluttrinkenden Gottheiten» (wie diese Gestalten genannt werden, weil sie, ebenso wie die zu ihnen gehörigen *Ḍâkinîs,* mit Blut gefüllte Schädelschalen halten) ist das Erkenntnisprinzip vorherrschend, denn Blut symbolisiert die rote solare Energie, die zur Bewußtheit führt und im Ich-Befangenen zum Gift der Sterblichkeit wird (gleich stagnierendem, in engem Gefäß eingeschlossenem Wasser), im Ich-Aufgebenden aber zur befreienden Erkenntnis wird. Die Bluttrinkenden sind darum vorwiegend im *Yab-Yum*-Aspekt, mit ihrer *Prajñâ* vereint, dargestellt. Ihr Ausgangspunkt ist das erkennende Bewußtsein, das solare Prinzip, das im Hirn-Zentrum seinen Sitz hat.

Die höchsten und dementsprechend furchtbarsten Aspekte der «Bluttrinkenden Gottheiten» gehören demnach dem Hirn-

Zentrum an und werden im *Bardo Thödol* als die fünf *Herukas* und ihre *Prajñâs* in den traditionellen Farben der Himmelsrichtungen dargestellt, während die ruhevollen, friedlichen Formen der Dhyâni-Buddhas dem Herz-Zentrum angehören und die zwischen diesen beiden Extremen stehenden «Wissenshaltenden Gottheiten» (*vidyâdhara;* Tib.: *rig-ḥdzin*) dem Zentrum des mantrischen Lautes, dem Kehl-Zentrum.

Diese «Wissenshaltenden» werden in menschlich-heroischer Gestalt in ekstatischem Tanze, mit erhobenen blutgefüllten Schädelschalen und von *Ḍâkinîs* umarmt, dargestellt. Sie sind ein milderer Aspekt der bluttrinkenden Gottheiten, sozusagen ihr Reflex auf der höchsten Stufe menschlich-individueller, oder im menschlichen Denken begreifbarer Erkenntnis, wie sie im Bewußtsein großer Yogis, genialer Denker und ähnlicher Geistesmächtiger und wegbereitender Heroen des Geistes (*vîra;* Tib.: *dpaḥ-bo*) erreicht wird. Es ist die letzte Stufe vor dem Durchbruch zum Allheitsbewußtsein – oder die erste auf der Rückkehr zur Ebene menschlicher Erkenntnis.

Daher folgen im *Bardo-Thödol* auf die Erscheinungen der friedvollen Gestalten der *Dhyâni-Buddhas* am siebenten Tage des Zwischenzustandes (*bardo*) die «Wissenshaltenden Gottheiten». Sie erscheinen in Form eines *Maṇḍalas,* in dessen Mittelpunkt, die in allen Farben des Regenbogens strahlende Gestalt des höchsten «Wissenshalters karmischer Auswirkungen» (Tib.: *rnam-par-smin-paḥi rig-ḥdzin*), d. h. dessen, der die Folgen (*smin* = Skt.: *vipâka*) aller Handlungen erkennt, sich befindet. Er wird als der «Herr des Tanzes» bezeichnet, d. h. als der Herr aller Bewegung und alles Bewegenden, denn das psychische Zentrum, dem er hier vorsteht, ist dem Element der Bewegung (Tib.: *rluṅ*) gewidmet, das als bewegte Luft, Wind, Odem, Träger des Lebens und des schöpferischen Lautes, des heiligen Wortes und Wissens, des geistigen Wirkens und Entfaltens bezeichnet wird.

Die Weisheit, welche die Folgen aller Handlungen erkennt und «alle Werke vollendet», ist ein Attribut *Amoghasiddhis,* ebenso wie das Element «Wind» (*rluṅ*) ihm zugeordnet ist. Aber die hier mit ihm vereinte *Ḍâkinî* ist von roter Farbe, und dem Titel «Herr des Tanzes» (*Padma-gar-gyi-dbaṅ-phyug*) ist das Wort «*Padma*» vorangesetzt, was beides darauf hindeutet, daß diese Gestalten hier der *Padma*- oder Lotos-Ordnung *Amitâbhas* zugeteilt werden und daß *Amoghasiddhis* und *Amitâbhas* Eigenschaften in ihnen vereint sind.

Amitâbha hat mit dem Lebens-Aspekt des Odems sowohl wie mit dem Wissensaspekt des mantrischen Lautes, der sich in schauendes und unterscheidendes Wissen entfaltet, zu tun, denn er ist der Inbegriff der unterscheidenden Weisheit innerer Schauung, und in seinem aktiven Aspekt oder Reflex als *Amitâyus* ist er der Herr des grenzenlosen Lebens (Skt.: *âyus* = Leben oder Lebensdauer). Dieses mögen die wesentlichen Gründe sein, warum *Amitâbha* (oder *Amitâyus*) mit dem Kehl-Zentrum assoziiert wird.

Die vier Blütenblätter des *Maṇḍalas* enthalten:

Im Osten den weißen, «das Erd-Element zur Stätte habenden Wissenshalter» (Tib.: *sa-la gnas-paḥi rig-ḥdzin*) [27], umarmt von der weißen *Ḍâkinî;*

im Süden den gelben «Wissenshalter, der Macht hat über das Leben (oder die Lebensspanne)» (Tib.: *tshe-la dbaṅ-paḥi-rig-ḥdzin*), umarmt von der gelben *Ḍâkinî;*

im Westen den roten «Wissenshalter des Großen Symbols» (Tib.: *phyag-rgya-chen-poḥi rig-ḥdzin*), umarmt von der roten *Ḍâkinî;*

im Norden den grünen «Wissenshalter Spontaner Erkenntnis» (Tib.: *lhun-gyis-grub-pa rig-ḥdzin*), umarmt von der grünen *Ḍâkinî.*

Wir haben hier ein transponiertes *Maṇḍala*, d. h. ein System, in dem zwei Symbolreihen kombiniert sind, von denen die eine durch Verschiebung ihrer Symbole um eine Stelle, mit der anderen Reihe eine neue Kombination eingeht. Dies ist nichts

[27] Dieser Ausdruck kann nicht mit «Auf Erden Weilender Wissenshalter» wiedergegeben werden (s. «*Das Tibetanische Totenbuch*», S. 134), da das tibetische Wort «sa» sich nicht auf den Planeten «Erde» oder «das Irdische» im landläufigen Sinne bezieht, sondern auf das «Element Erde».

Maṇḍala der wissenshaltenden Gottheiten nach dem Bardo Thödol

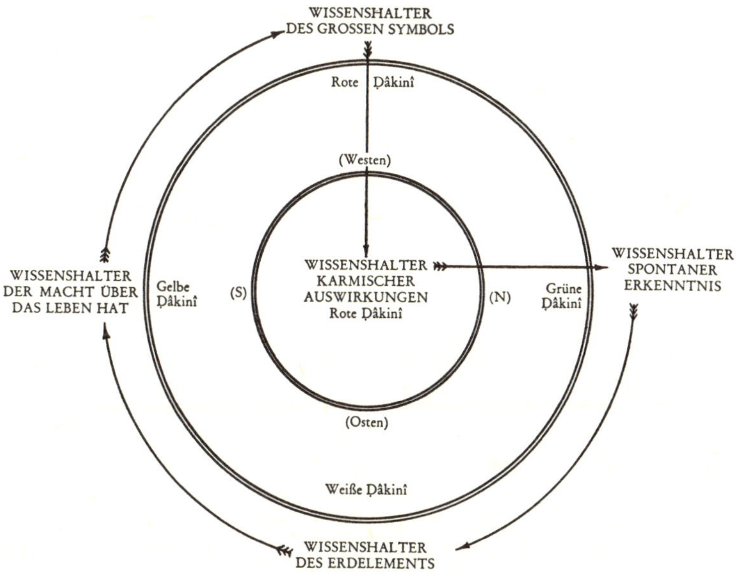

Die innerhalb des großen Kreises befindlichen *Ḍâkinî* und Farben entsprechen den Himmelsrichtungen, mit denen sie konventionellerweise verbunden werden.

Die außerhalb des großen Kreises befindlichen Wissenshalter (Tib. *rig-ḥdzin*) sind jeweils um eine Stelle verschoben. Die Pfeile weisen auf die Stellen, die sie konventionellerweise einnehmen würden und in denen wir sie in der folgenden Darstellung der drei *Maṇḍala*s des Herzens, des Kehlkopfs und Hirn-Zentrums zeigen.

außergewöhnliches in der tibetischen Meditationspraxis, sondern geschieht in vielen *Maṇḍala*s und verfolgt einen bewußten Zweck, der nicht leicht zu erklären ist, da er ein tieferes Eingehen in diese subtile Materie und eine Menge von Beispielen erfordern würde. Wir beschränken uns daher im vorliegenden Falle auf den Hinweis, daß in der *Bardo-Thödol*-Tradition

Amitâbha eine besondere Stellung einnimmt und daß *Padmasambhava,* der Urheber dieser Tradition, als irdischer Reflex (*Nirmâṇa-kâya*) *Amitâbhas* gilt, wie aus dem Huldigungsvers am Eingang des *Bardo Thödol* hervorgeht. Das vorliegende *Maṇḍala* ist somit durch die Augen oder vom Gesichtspunkt *Amitâbhas* aus gesehen, und so wie der Mittelpunkt des *Maṇḍalas* eine Kombination der Prinzipien *Amitâbhas* und *Amoghasiddhis* darstellt, so vereinen die Blütenblätter die Prinzipien *Ratnasambhavas* (Erd-Element) und *Vajrasattva-Akṣobhyas* (weiße Körberfarbe und weiße *Ḍâkinî*) im Osten, *Amitâbhas* (in Form von *Amitâyus* als «Herr des Lebens») und *Ratnasambhavas* (gelbe Körperfarbe und gelbe *Ḍâkinî*) im Süden, *Vairocanas* («das Große Symbol» der Einswerdung) und *Amitâbhas* (rote Körperfarbe und rote *Ḍâkinî*) im Westen, *Akṣobhyas* (spontane Erkenntnis) und *Amoghasiddhis* (grüne Körperfarbe und grüne *Ḍâkinî*) im Norden.

Diese Anordnung ist also den besonderen Bedingungen und Gesichtspunkten des *Bardo Thödol* angemessen, und in ähnlicher Weise bringt jede Meditationsschule die ihrem Ausgangspunkt entsprechenden Modifikationen im Grundschema der traditionellen *Maṇḍalas* an. Um diese Modifikationen zu verstehen, müssen wir also mit dem Grundschema vertraut sein und aus diesem Grunde halten wir uns in der folgenden Darstellung der drei *Maṇḍalas* des Herz-Zentrums, des Kehl-Zentrums und des Hirn-Zentrums an das allgemeine Schema, das allen Einzeltraditionen zugrunde liegt und den strengen Parallelismus und die innere Identität der diese Zentren bewohnenden göttlichen Gestalten anschaulich macht.

BEREICH DER EINSWERDUNG (OṂ) UND DES UNIVERSELLEN KÖRPERS:
MAṆḌALA DES HIRN-ZENTRUMS

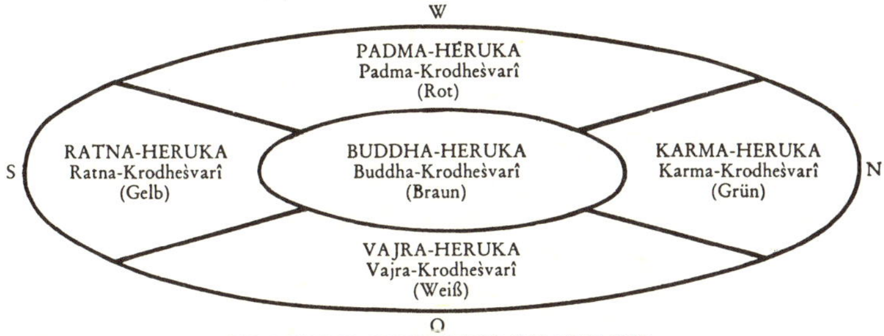

BEREICH DER ERKENNTNIS (ÂḤ) UND DES SCHÖPFERISCHEN LAUTES
MAṆḌALA DES KEHL-ZENTRUMS

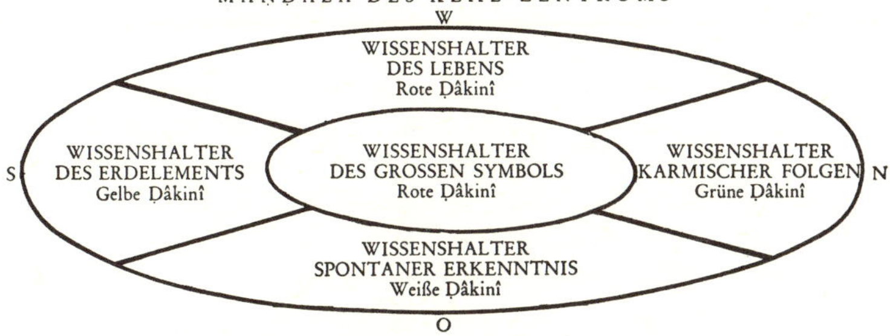

BEREICH DER VERWIRKLICHUNG (HÛṂ) UND DES ERLEUCHTETEN GEISTES:
MAṆḌALA DES HERZ-ZENTRUMS

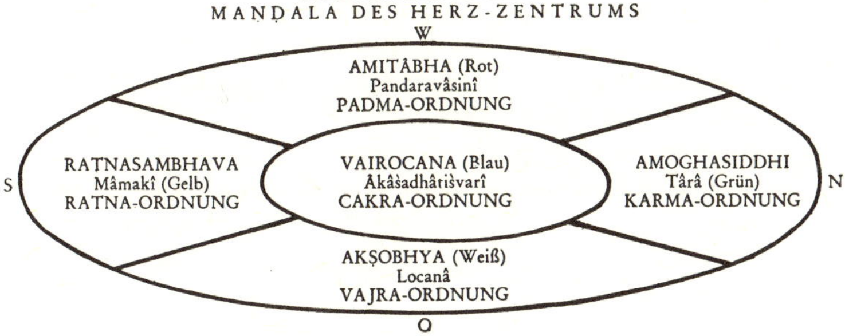

XVI

«DAS MYSTERIUM DES KÖRPERS, DER REDE UND DES GEISTES» UND DER MYSTISCHE WEG VAJRASATTVAS IM HŪṂ

Es sei hier nochmals darauf hingewiesen, daß alle jene Gestalten oder die durch sie geformten *Maṇḍala*s nicht naturgegebene Qualitäten der entsprechenden psychischen Zentren sind, sondern die Symbole meditativer Verwirklichungen und Erreichungen, durch die diese Zentren verwandelt und zu Exponenten höherer Bewußtseinszustände werden, in denen das Universum zum Körper, das universelle Wissen zum mantrischen Laut und das universelle Mitgefühl (als Anteilnahme an allem, was da lebt) zum beseelten Geist wird – zu jenem Geist, der alle Erleuchteten beseelte.

Dies ist das Mysterium des *«Körpers, der Rede und des Geistes»*, das sich in den oberen drei Zentren auf dem Wege der Erleuchtung vollzieht. Dieser Weg ist nicht nur ein milder Tugendpfad, wohlwollender Gefühle und friedlicher Verzichte, sondern ein Weg über «schreckensvolle Abgründe» (Tib.: *ḥjigs-paḥi phraṅ*), wie es im *Bardo Thödol* heißt, ein Weg, in dem wir allen Abgründen unseres Seins, unserer Leiden und Leidenschaften ins Auge blicken, ein Weg heroischen Kampfes und ekstatischer Befreiungen, ein Weg, auf dem nicht nur die friedlichen, sondern auch die heroischen und «bluttrinkenden Gottheiten» unsere Begleiter sind. Und sofern wir ihnen nicht unser eigenes Herzblut opfern, können wir nicht das Ende dieses Weges erreichen, und das Mysterium des Körpers, der Rede und des Geistes begreifen und verwirklichen.

Beim gewöhnlichen Menschen sind die psychischen Zentren nur von den elementaren Kräften des Körpers und des mundanen Bewußtseins erfüllt. Beim geistig Strebenden – über sich hinaus Strebenden – werden sie durch die leitenden Prinzipien der jeweils in diese Zentren eingesetzten Symbole der *Dhyâni-Buddha*s und dergleichen beeinflußt und veredelt; aber nur die völlige geistige Einswerdung kann ihre gänzliche Umwandlung zustande bringen. Darum finden wir auf tibetischen Rollbildern (*thaṅ-ka*), daß nur bei Buddhas, Bodhisattvas und Heiligen die Keimsilben «des Körpers, der Rede und des Geistes», *OṂ – ÂḤ – HÛṂ*, auf die den drei psychischen Zentren entsprechenden Stellen auf der Rückseite des Bildes geschrieben werden.

Die Bedeutung dieser drei Keimsilben geht hier also über diejenige individueller Symbolgestalten, wie der *Vairocana*s, *Amoghasiddhi*s oder *Akṣobhya*s hinaus, d. h. sie werden hier auf die höchste Ebene des Erlebens angewandt, in der alle Einzelaspekte der *Dhyâni-Buddha*s verschmelzen und verschwinden. Und in gleicher Weise übernehmen die drei oberen Zentren die psychischen Funktionen der übrigen Zentren: *Amoghasiddhi*s Funktionen verschmelzen, wie wir sahen, mit denen *Amitâbha*s im Kehl-Zentrum, so daß die Keimsilbe *ÂḤ*, die nun an die Stelle des *HRÎḤ* tritt, für das gesamte *Maṇḍala* der «Wissenshaltenden Gottheiten» steht. Das *HÛṂ* aber umfaßt alle Aspekte der Integrierung, von *Ratnasambhava*s synthetischer Weisheit von der Einheit aller Wesen (die sonst mit dem Nabel-Zentrum assoziiert wurde) und *Akṣobhya*s «Weisheit des Großen Spiegels», in der das Formlose und die Formen aller Dinge beschlossen liegen, bis zu *Vajrasattva*s Einschmelzung aller *Dhyâni-Buddha*s in der demantenen Wirklichkeit und Aktivität seines spontanen Weges.

Derselbe mantrische Laut kann also verschiedenartige Bedeutungen haben, je nach dem Zusammenhang, in dem er auftritt und je nach der Bewußtseinsebene auf der er gebraucht wird oder auf die er sich bezieht. Wir haben es sozusagen mit verschiedenen Intensitätsgraden oder Potenzen desselben Prinzips zu tun, und die Verdoppelung desselben Lautes (wie dies beim *HÛṂ* oft geschieht) drückt nicht nur seine Intensivierung oder seine Beziehung auf zwei verschiedene Aspekte derselben Symbolgestalt aus, sondern oft auch dasselbe Erlebnis auf zwei verschiedenen Ebenen der Wirklichkeit.

Wir haben also zu unterscheiden zwischen dem einfachen *HÛṂ Akṣobhya*s und dem *HÛṂ* in seiner höchsten Potenz als

Integrierung aller *Dhyâni-Buddhas,* sei es in der aktiven Form *Vajrasattva*s oder derjenigen *Samantabhâdra*s (der höchsten Buddhaform der *Nyingma*-Sekte) oder *Vajradhâras* (der höchsten Buddhaform der *Kargyütpas*). Die beiden lezteren sind, gleich *Vajrasattva,* die Essenz aller fünf *Dhyâni-Buddha*s, werden jedoch im passiven Aspekt des reinen «Soseins» dargestellt und als *«Âdibuddha*s*»* bezeichnet. Sie sind nichts anderes als der *Dharmakâya Vajrasattva*s oder die jedem Wesen innewohnende potentielle Buddhaschaft (nicht aber eine Art Gottschöpfer, aus dem das Universum hervorgegangen ist, wie einige Gelehrte zu glauben scheinen).

Um die Natur des Buddha oder die Qualität der Buddhaschaft menschlich begreiflich zu machen, mußten wir sie, wie das Sonnenlicht im Prisma, in ihre wesentlichen Aspekte zerlegen und anschaulich machen. Aus diesem analytischen Begreifen aber hatten wir auf dem Wege meditativer Schauung – dem Wege *Amitâbha*s – allmählich auf die Synthese zurückzukommen. Diese wird vollendet auf dem Wege integrierender Einschmelzung, dem Wege *Vajrasattva-Akṣobhya*s. Darum heißt es im *Bardo Thödol,* daß die Lichter der vereinigten Weisheiten den mystischen Pfad *Vajrasattva*s ausmachen.

Dieses Erlebnis innerer Einswerdung kommt in dem Streben aller Meditationsschulen zum Ausdruck, die fünf *Dhyâni-Buddha*s in *einer* Gestalt zusammenzufassen, sei es in der Form eines *Âdibuddha* oder einer ihm entsprechenden *Heruka*-Form (wie z.B. *Mahâsukha,* Tib.: *bDe-mchog*), in der der Durchbruch zur Vollendung, der Augenblick des Zurvollendungkommens dargestellt wird.

Nachdem im höchsten Zentrum sich dieser Durchbruch zur Einheit und Allheit (*OṂ*) vollzogen hat, strömt das Bewußtsein zurück auf die Ebene des Menschlichen und wird als *HŪṂ* im Herzen zur Tat. *HŪṂ* vereinigt somit beide Seiten der Wirklichkeit: lebendige, atmende Gegenwart individuellen Daseins und das überindividuelle, übergegensätzliche Zeitlose. Es ist das höchste Prinzip oder, besser gesagt, die höchste *Erlebnis*form der allen Wesen immanenten Wirklichkeit, von der es heißt:

«Der Geist aller Buddhas der drei Zeiten[28], der von Urbeginn rein (*ka-dag*) und spontan (*lhun-grub*) ist, und Worte, Denken und Rede übersteigt (*smra-bsam-brjod-med*)[29], erhebt sich als der unvergängliche (*ma-ḥgags*), leere, strahlende Körper der fünf Weisheiten in der Form des *HŪṂ*, das in allen seinen Organen und Wirkungsgebieten (*skye-mched* = Skt.: *âyatana*) klar und vollkommen ist[30].

Die fünf Gifte[31] verwandeln sich in die unvergänglichen selbstleuchtenden Weisheiten durch Ausübung meditativer Schaubildentfaltung (*bskyed*) und Einschmelzung (*rdzogs*) im Yoga des

[28] Die «drei Zeiten» sind Vergangenheit, Gegenwart und Zukunft. Um zu zeigen, daß die Buddhas die drei Zeiten und die drei Welten (nämlich die Sinneswelt, die Welt der Reinen [abstrakten] Form und die Welt des Formlosen) durchschauen, werden die Heruka-Formen der Buddhas mit drei Augen (in jedem der vier Gesichter) dargestellt: Tib.: *«khams-gsum-la gzigs-śiṅ dus gsum-gyi dṅos-po mkhyen-pas śal re-re śiṅ spyan gsum-gsum-pa»* (*dPal-ḥkhor-lo bDe-mchog*).

[29] *«brjod-med»* kann auch als «transzendent» wiedergegeben werden.

[30] Auf die Klarheit der Formvorstellung wird in allen tibetischen Meditationen großer Wert gelegt. Hier werden keine Verschwommenheiten geduldet, nichts dem Zufall überlassen. Jeder Ton, jede Farbe, jede Form muß klar umrissen und von Leben erfüllt sein. Die tibetische Mystik hat nichts mit dem «mystischen Dunkel» ungewisser individueller Visionen schwärmerischer Gemüter gemeinsam. Sie ist auf geistiger Disziplin begründet, die weder gefühlsmäßigen Überschwang noch verschwommenes Denken oder ungebändigte Phantasie ermutigt.

«Yoga ist», wie Heinrich Zimmer in *«Ewiges Indien»* so treffend sagt, «der Weg, dem spontanen Wandelspiel des Bewußtseins halt zu gebieten, den strudelnden Strom zum stehend-klaren Spiegel zu stauen, Spiegelungen der Welt von ihm fern zu halten und Macht zu gewinnen über Regungen, die von innen her seine Fläche verzerren, souverän zu bestimmen, was sich in seiner Stille als inneres Schaubild ruhevoll spiegeln soll, — ja, ob sich etwas spiegeln soll.» (S. 115.)

[31] Die traditionellen «fünf Gifte» des menschlichen Geistes sind:

Nichtwissen	(*avidyâ*,	Tib.: *ma-rig*)
Haß	(*dveṣa*,	Tib.: *że-sdaṅ*)
Stolz	(*mâna*,	Tib.: *ṅa-rgyal*)
leidenschaftliches Begehren	(*râga*,	Tib.: *ḥdod-chags*)
und Neid	(*îrṣâ*	Tib.: *phrag-dog*)

inneren Feuers[32]. Möge mit der Reife der vier Körper[32a] und der fünf Weisheiten der *Vajra* des Herzens (*thugs-kyi-rdo-rje*) noch in diesem Leben verwirklicht werden[33].»

So kehren wir zurück aus der Vielheit der Gesichte und Gestalten zur inneren Ganzheit, zur Einheit aller Buddhas und zur Verwirklichung der Buddhaschaft in uns selbst, hier und jetzt.

[32] Der Ausdruck *«zuṅ-ḥjug»*, der hier gebraucht wird, ist ein terminus technicus der *gTum-mo-Praxis*, d. h. des «Yoga des inneren Feuers», der die Vereinigung der psychischen Kraftströme (*Iḍâ* und *Piṅgalâ*) in der Mittel-Nâḍî (*Suṣumṇâ*) bedeutet.

[32a] Die «vier Körper» sind: der *Dharmakâya*, der *Sambhogakâya*, der *Nirmâṇakâya* und der *Vajrakâya*. Sie werden im folgenden Hauptteil näher behandelt.

[33] Eine photographische Wiedergabe des tibetischen Originaltextes, der meiner Übersetzung zugrunde liegt, befindet sich in W. Y. Evans-Wentz *«Tibetan Yoga and Secret Doctrines»*, Oxford University Press, London 1935, Tafel VIII.

Fünfter Teil

OṂ MAṆI PADME HŪṂ

DER WEG DES GROSSEN MANTRA

I

DIE LEHRE VON DEN «DREI KÖRPERN» UND DEN DREI EBENEN DER WIRKLICHKEIT

Wir haben das Allheitserlebnis des «OṂ», die Leuchtkraft des unsterblichen Geistes im «MAṆI», seine Entfaltung im Lotus der Bewußtseinszentren («PADMA») und seine Integrierung und Verwirklichung im «HÛṂ» kennengelernt.

Der Weg zum OṂ ist der Weg zur Universalität, der Weg des Großen Fahrzeugs, des *Mahâyâna.* Der Weg vom OṂ zum HÛṂ ist der Weg der Verwirklichung des Universellen im Individuellen, der Weg des *Vajrayâna* oder der innere (mystische) Pfad *Vajrasattva*s, der die Verwandlung des Irdischen in die tiefere Wirklichkeit des im Sichtbaren wirkenden Unsichtbaren, des im Hörbaren wirkenden Unhörbaren, des im Tastbaren wirkenden Ungreifbaren und des im Denkbaren wirkenden Undenkbaren vollendet.

Und so wie *Vajrasattva* die wirkende Kraft *Akṣobhya*s darstellt, so stellt *Avalokiteśvara* die wirkende Kraft *Amitâbha*s auf der Ebene menschlichen Erlebens und Handelns dar. Denn jeder Buddha stellt sich auf drei Ebenen der Wirklichkeit dar: der universellen, der ideellen und der individuellen; und dementsprechend unterscheiden wir in der Gestalt des Buddha drei «Körper» oder Prinzipien:

1. dasjenige, worin alle Erleuchteten sich gleich sind, das Erlebnis der Ganzheit, der Universalität, der tiefsten überpersönlichen Wirklichkeit des *Dharma,* des Urgrundes aller Gesetzlichkeit, aller Setzung, aus der alle physische, moralische, geistige und metaphysische Ordnung fließt: der *Dharma-kâya* (der «universelle Körper»);

2. dasjenige, worin der geistige oder ideelle Charakter eines Buddha besteht, die schöpferische Gestaltung jenes universellen Prinzips im Bereiche ideeller und inspirationeller Wirklichkeit: der *Sambhoga-kâya,* der «Körper geistiger Verzückung», aus dem alle tiefe Inspiration geboren wird;

3. dasjenige, in dem diese Inspiration in sichtbare Erscheinung verwandelt und zur Tat wird: der *Nirmâṇa-kâya,* der «Verwandlungskörper», die menschliche Verkörperung oder Individualität eines Erleuchteten.

Im *Dharmakâya,* dem universellen Prinzip allen Bewußtseins, ist die Gesamtheit alles Seins und Werdens potentiell beschlossen, – dem Raume vergleichbar, der alle Dinge umschließt und die *conditio sine qua non* aller Dinge ist, und von dem wir weder sagen können, daß er mit den Dingen identisch oder von den Dingen verschieden sei. Ebensowenig wie wir uns des Raumes bewußt werden können, ohne den Gegenpol der Gestaltung, so kann der *Dharmakâya* für uns nicht zur Wirklichkeit werden, ohne Gestalt anzunehmen.

Dies geschieht in zweifacher Weise: im Reiche der reinen Form oder der reinen Anschauung, d. h. des Ideellen, – und im Reiche des Handelns, der Individualität, der materiellen Erscheinung, d. h. der Verkörperung.

In Zuständen geistiger Verzückung und höchster Intuition, wie sie durch die Versenkungsstufen der Meditation (*dhyâna*) gekennzeichnet sind, erleben wir den *Dharmakâya* als die lichtgewobenen Formen rein-geistiger Anschauung, als reine, von allem Zufälligen befreite, ewige Formprinzipien oder als die erhabenen Schauungen höherer Wirklichkeit. In ihnen stellt sich der *Sambhogakâya,* der «Körper der Entzückung», dar. Aus ihm fließt alle unsterbliche Kunst, alles tiefe Wissen, alle fundamentale Wahrheitserkenntnis (*«dharma»* im Sinne der Verkündigung). Seine Entzückung ist zweifacher Art, wie die jedes großen Kunstwerkes: die Entzückung des schöpferischen Aktes und diejenige dessen, der das vollendete Kunstwerk genießt, indem er den schöpferischen Akt retrospektiv nachempfindet.

Eine der ersten Art vergleichbare Entzückung erleben alle Buddhas und *Bodhisattva*s in der Ausübung ihres heiligen Wandels, während eine der zweiten Art vergleichbare Entzückung von allen denen empfunden wird, welche die Auswirkungen dieses Wandels betrachten und im Geist nacherleben.

Darum spricht man von zwei Arten des *Sambhogakâya* der Buddhas: dem *«svâ-sambhoga-kâya»* und dem *«para-sambhoga-kâya»:* Der erste ist der Körper der «Reinen Form» (*rûpa-kâya*), «der äußerst vollkommen, rein, ewig und universell ist, der grenzenlose, wahre Attribute besitzt und der aus der von allen *Tathâgatas* in den durch unzählige *Kalpas* gesammelten Auswirkungen der unermeßlichen Tugend und des Wissens entstanden ist. Er besteht still fort bis zum Ende der Zeiten: er genießt selbst immer die Freude des Gesetzes (*dharma*).

Der zweite ist der *parasambhoga-kâya* (oder der Körper, der andere genießen läßt). Er ist der feine Körper, mit dem Attribut der Reinheit, den alle *Tathâgatas* durch ihr Wissen um die Gleichheit (*samatâjñâna*) zeigen [1]. – Solcherart ist die Verwirklichung des *Dharmakâya* im Geiste.

Da es aber der Geist ist, der sich den Körper schafft, so wird er, je mehr er den *Dharmakâya* reflektiert und vom *Dharmakâya* erfüllt ist, den materiellen Körper beeinflussen und verwandeln. Diese Verwandlung erreicht im völlig Erleuchteten seine höchste Vollkommenheit. Darum heißt es, daß der Körper des Buddha mit den 32 Zeichen der Vollkommenheit ausgestattet ist. Daher der Name *«Nirmâṇakâya»*, der «Verwandlungskörper».

Dieser *Nirmâṇakâya* (Tib.: *sprul-sku;* gespr. «Tulku») des Buddha wird oft als illusorischer Körper, ja als ein Phantom- oder Scheinkörper bezeichnet, eine Auffassung, die ebenso irreführend ist wie die landläufige Auffassung der *Mâyâ*-Lehre. Wenn der Inder die Welt als *mâyâ* bezeichnet, so bedeutet das nicht, daß die Welt jeglicher Wirklichkeit bar ist, sondern nur, daß sie nicht das ist, als was sie uns erscheint; in anderen Worten, daß ihre Wirklichkeit nur relativ ist, eine Wirklichkeit geringeren Grades darstellt, die, verglichen mit der höchsten (nur einem völlig Erleuchteten zugänglichen, für uns aber «transzendenten») Wirklichkeit, nicht mehr Bestand hat als die Gegenstände eines Traumes, eines Wolkengebildes oder der darin aufflammenden Blitze.

[1] *Vijñaptimâtra-siddhi śâstra;* cfr. Jiryo Masuda «Der individualistische Idealismus der Yogâcâra-Schule», p. 59 f.

In umgekehrter Richtung gesehen aber sind selbst die flüchtigsten dieser Gebilde nicht bloße Halluzinationen, d. h. sie sind nicht willkürlich oder sinnlos, sondern Ausdruck einer Gesetzmäßigkeit, deren Wirklichkeit unbestreitbar ist. Selbst wenn diese unsere Welt oder unsere Persönlichkeit geistgeschaffen und illusorisch ist, so bedeutet das nicht, daß sie unwirklich ist. Sie ist so wirklich wie der Geist, der sie schafft. Der Körper, den wir gestaltet haben, verschwindet nicht in dem Augenblick, in dem wir ihn als ein Produkt unseres Geistes erkennen oder seiner überdrüssig werden. Sobald die Produkte unseres Geistes materielle Form angenommen haben, gehorchen sie den Gesetzen der Materie, oder wie immer wir die ihnen innewohnende Eigengesetzlichkeit bezeichnen wollen. Selbst ein Heiliger kann die materiellen Eigenschaften und Funktionen des Körpers nicht willkürlich aufheben, sondern nur schrittweise transformieren, indem er sie an ihrem Einsatzpunkte beherrscht. Denn nur insoweit als die Materialisierung noch im Bildungsvorgang ist, können wir sie beeinflussen und modifizieren.

Die Theorie des «verwandelten Körpers» eines Buddha steht daher nicht im Widerspruch zu seiner Wirklichkeit, und der Realismus, sowohl der früheren wie der späteren Theravâdins, betreffs der historisch-menschlichen Persönlichkeit des Erleuchteten, widerspricht in keiner Weise ihrem Glauben an seine übermenschlichen Geisteskräfte und Vollkommenheiten. *Buddhaghosa* spricht von «jenem Erhabenen *(bhagavâ)*, der mit einem mit Schönheit begabten *rûpakâya* ausgestattet ist, geschmückt mit den achtzig geringeren und den zweiunddreißig größeren Kennzeichen eines großen Mannes, und der einen *dhammakâya* besitzt, der in jeder Weise geläutert und verklärt ist durch [die fünf *khandhas*] *sîla*, *samâdhi*, [*paññâ*, *vimutti*, und *vimuttiñânadassana*], voller Glanz und Tugend, unvergleichlich und vollerwacht.» *

In seiner Einführung zum *Atthasâlinî* beschreibt Buddhaghosa die vielfarbige Strahlung, die vom Körper des Buddha ausgeht.

* Zitiert von Nalinaksha Dutt in *«Aspects of Mahâyâna Buddhism and its Relation to Hînayâna»*, p. 101.

Die klassische Schönheit dieser Beschreibung könnte von keinem *Mahâyâna*-Text dieser Art übertroffen werden, obwohl dieses Thema für die Schaubildentfaltung der *Dhyâni-Buddhas* und der gesamten hierauf beruhenden Meditationspraxis des *Mahâyâna* von größter Bedeutung ist. «Strahlen von sechs verschiedenen Farbqualitäten – wie Indigo, Gold, Rot, Weiß, Ocker und ein (in allen Farben scintillierender) blendender Glanz – gingen vom Körper des Lehrers aus, als er in seiner Allwissenheit das subtile und tiefgründige Gesetz kontemplierte. Die Indigostrahlen gingen von seinem Haar und der Iris seiner Augen aus. Demzufolge erschien die Oberfläche des Himmels wie mit Collyriumpulver bestreut, oder bedeckt mit blauen Flachs- und Lotosblüten, oder wie ein hin- und her-schwingender juwelenbesetzter Fächer, oder wie ein weit-ausgespanntes dunkelblaues Tuch. Die goldenen Strahlen gingen von seiner Haut und den goldfarbenen Partien seiner Augen aus. Demzufolge erschienen die verschiedenen Weltviertel, wie wenn sie mit einer goldnen Flüßigkeit bespritzt wären, oder bedeckt von goldenen Platten, oder bestreut mit Saffranpulver und Bauhiniablüten. Die roten Strahlen gingen von seinem Fleisch und Blut und von den roten Partien seiner Augen aus. Demzufolge erschienen die vier Weltrichtungen, als ob sie mit rotem Bleipulver bemalt worden wären ... Die weißen Strahlen gingen von seinen Knochen, Zähnen und den weißen Partien seiner Augen aus. Demzufolge wurden die vier Weltrichtungen so hell, als ob sie von Milchströmen überflossen seien, die aus silbernen Töpfen gegossen würden, oder als ob sie von einem Baldachin aus Silberplatten überwölbt wären ... Die Ockerfarbenen und die (in allen Farben) scintillierenden Strahlen gingen von verschiedenen Teilen seines Körpers aus. In dieser Weise brachen die sechsfarbigen Strahlen hervor und erfüllten das ganze Erdenrund.»

Es folgt dann eine außerordentlich schöne Beschreibung, wie Erde, Wasser, Luft, der Weltraum und alle himmlischen Regionen und Millionen von Weltsystemen vom goldenen Licht des Buddha durchdrungen werden, und die Beschreibung endet mit den bedeutungsvollen, auf die Verwandlung oder Sublimierung des physischen Körpers hinweisenden Worten: «Aber das Blut des Herrn der Welt wurde klar, als er ein so subtiles und tiefgründiges Gesetz kontemplierte; und ebenso die physische Basis seines Denkens und seine Hautfarbe. Das Element der Farbe, hervorgebracht durch die Natur der Wärme und aus dem Geiste geboren, manifestierte sich stetig in einem Radius von achtzig Ellen.»

Nicht nur diese machtvolle Strahlung, sondern auch die Entstehung von *Nimmita-Buddhas,* d. h. von geistigen Projektionen seiner eigenen Gestalt oder Erscheinungsform (in der Art der *Dhyâni-Buddhas),* wird in der Pâli-Literatur dem Buddha zugeschrieben, und zwar während seiner Abwesenheit von der irdischen Welt, als er, wie es heißt, seiner Mutter im *Tusita*-Himmel den *Abhidharma* enthüllte.

Alles dies zeigt deutlich, daß, obwohl die Lehre von den «drei Körpern» im Pâli-Buddhismus noch nicht formuliert war, die Eigenschaften dieser Körper und die geistigen Qualitäten, auf denen sie begründet waren, selbst von denen anerkannt wurden, welche die historische und menschliche Persönlichkeit des Buddha betonten. Für sie war ein menschliches Wesen nicht nur eine physische Wirklichkeit, denn der Begriff des «Menschen» schloß die unbegrenzten Möglichkeiten des Geistes und die Unendlichkeit des Universums in sich. Der Gegensatz von Realismus und Idealismus war noch nicht in Erscheinung getreten.

II

MÂYÂ ALS SCHÖPFERISCHES PRINZIP UND DIE DIMENSIONEN DES BEWUSSTSEINS

Wir haben es hier also nicht mit einem subjektiven Idealismus zu tun, der auf logischen Begriffsspekulationen beruht, sondern mit einer Lehre, die auf der Wirklichkeit des Geistes, der Erfahrung im tiefsten Sinne, begründet ist.

Wenn wir *Mâyâ* als eine Wirklichkeit niederen Grades bezeichnen, so geschieht dies deshalb, weil Illusion auf einer falschen Deutung eines auf Wirklichkeit beruhenden Teilaspektes beruht. Im Vergleich zur höchsten oder «absoluten» Wirklichkeit sind alle Erscheinungsformen derselben illusorisch, weil sie nur Teilaspekte, d. h. etwas Unvollständiges, aus ihrem Zusammenhang gelöstes sind. Die «absolute» Wirklichkeit ist die des allumfassenden Ganzen. Jeder Teilaspekt ist notwendigerweise ein geringerer Grad von Wirklichkeit, – je weniger umfassend, desto illusorischer und unbeständiger.

Einem nur punktförmigen Bewußtsein ist die Kontinuität einer Linie oder einer Geraden unbegreiflich. Für ein solches Bewußtsein gibt es nur ein dauerndes beziehungsloses Entstehen und Vergehen von Punkten. Einem linearen Bewußtsein, – wir können es ein eindimensionales Bewußtsein nennen, im Vergleich mit dem dimensionslosen Punktförmigen, – ist die Kontinuität der Fläche unbegreiflich, denn es kann sich nur in *einer* Richtung fortbewegen, nur die lineare Beziehung aufeinanderfolgender Punkte begreifen.

Einem flächenhaften oder zweidimensionalen Bewußtsein ist die Kontinuität der Fläche, d. h. das gleichzeitige Bestehen von Punkten, Geraden, Linien und Figuren aller Art vorstellbar, nicht aber die räumliche Beziehung von Flächen, wie sie z. B. in einem Würfel bestehen.

In einem dreidimensional-räumlichen Bewußtsein aber wird die Beziehung mehrer Flächen koordiniert zum Begriff des Körpers, in dem das gleichzeitige Bestehen verschiedenartiger Flächen, Geraden und Punkten vorgestellt und in ihrer Gesamtheit erfaßt wird.

Das Bewußtsein einer höheren Dimension besteht somit in der koordinierten und gleichzeitigen Wahrnehmung mehrerer Beziehungssysteme oder Bewegungsrichtungen in einer umfassenderen Einheit, ohne die Vernichtung jener Einzelzüge, die das Wesen der so integrierten niederen Dimensionen ausmachten. Die Wirklichkeit einer niederen Dimension wird daher nicht durch die höhere aufgehoben, sondern nur relativiert, in ein anderes Wertverhältnis gesetzt.

Wenn wir die verschiedenen Phasen in der Bewegung eines

in einer Richtung fortschreitenden Punktes wahrnehmen und koordinieren, so kommen wir zur Vorstellung einer Geraden.

Wenn wir die verschiedenen Phasen in der Bewegung einer Geraden, in einer noch nicht in ihr enthaltenen Richtung, wahrnehmen und koordinieren, kommen wir zur Vorstellung der Fläche, der Ebene.

Wenn wir die verschiedenen Phasen in der Bewegung einer Fläche, in einer noch nicht in ihrer Dimension enthaltenen Richtung, wahrnehmen und koordinieren, so kommen wir zur Vorstellung eines Körpers.

Wenn wir die verschiedenen Phasen in der Bewegung eines Körpers wahrnehmen und koordinieren, so kommen wir zum Verständnis seiner Natur, d. h. wir werden uns seiner innewohnenden Gesetzmäßigkeit oder Seinsart bewußt.

Wenn wir die innere Bewegung (Wachstum, Entwicklung, Gemütsbewegung, geistige Bewegung, etc.) eines Wesens in ihrem organischen Zusammenhang wahrnehmen und koordinieren, so werden wir uns seiner Individualität, seines psychischen Charakters, bewußt.

Wenn wir die verschiedenen Daseinsformen eines Individuums in ihrer vielseitig bedingten, von vielen Faktoren abhängigen Entstehung wahrnehmen, so kommen wir zur Erkenntnis seines Karma, zur Erkenntnis des Gesetzes der Wirkenden Tat.

Wenn wir die verschiedenen Phasen einer karmischen Kette in ihren Beziehungen zu anderen karmischen Abläufen betrachten (wie dies vom Buddha berichtet wird), so werden wir uns der überindividuellen karmischen Verflechtungen bewußt, in der Völker, Rassen, Kulturen, die Menschheit als Ganzes, die Erde, die Planeten, ganze Sonnensysteme, ja der ganze Kosmos, einbegriffen sind. Kurz, wir gelangen zur Erkenntnis einer kosmischen Weltordnung, der unendlichen Wechselbeziehung alles Geschehens und zur Verwirklichung des kosmischen Bewußtseins *(Dharmakâya)* im Vorgange der Erleuchtung.

Vom Bewußtsein des *Dharmakâya* gesehen, ist alle Einzelerscheinung *Mâyâ*. *Mâyâ* im tiefsten Sinne aber ist Wirklichkeit im schöpferischen Aspekt, oder der schöpferische Aspekt der Wirklichkeit. Sie wird zur *Ursache* der Illusion, ist aber nicht selbst Illusion, solange sie im Fluß, in ihrer schöpferischen Funktion als Ganzes oder als unendliche Beziehung und Verwandlungskraft oder Schöpferkraft gesehen wird. Sobald wir aber bei irgendeiner ihrer Schöpfungen stehen bleiben und sie zum Sein abzugrenzen versuchen, verfallen wir der Illusion, indem wir die Auswirkung mit der Ursache verwechseln, den Schatten mit der Substanz, oder den Teilaspekt für das Letztwirkliche, das Momentane für das schlechthin Bestehende halten.

Es ist die Kraft der *Mâyâ,* welche die illusorischen Erscheinungsformen unserer mundanen Wirklichkeit hervorbringt. Sie selbst aber ist keine Illusion. Wer sie meistert, hat das Werkzeug zur Befreiung in der Hand, die Wunderkraft des Yoga, die Macht der Rückverwandlung, der Wiedereinschmelzung (Skt.: *laya-krama;* Tib.: *rdzogs-rim*).

«Unsere Kraft innerer Schau bringt in Yoga Gestalten und Welten hervor, deren inne zu werden, uns mit solchem Gefühl unerhörter Wirklichkeit erfüllen kann, daß vor ihm der Wirklichkeitsgehalt sinnlich-geistiger Alltagswelt verblaßt, verdampft. Hier wird erfahren (wie in der Lust der Liebe), was dem Denken nichts besagt und was doch wahr ist: daß Wirklichkeit Grade oder Stufen hat. Daß der Weg des Göttlichen auswärts und einwärts, zu Gestaltenfülle und zum Innesein aus verschiedenen Graden des Wirklichseins gestuft ist, Yoga aber die Kraft ist, diese Stufen auf- und niederzusteigen ... [2].»

Diejenigen, die glauben, daß die Form unwesentlich sei, gehen damit auch des Geistes verlustig, während diejenigen, die sich einseitig an die Form klammern, den Geist, den sie zu bewahren suchten, verlieren. Form und Bewegung sind die Quintessenz des Lebens und der Schlüssel zur Unsterblichkeit. Diejenigen, die nur die Vergänglichkeit des Lebens sehen und die Welt ihrer Vergänglichkeit willen verachten, sehen nur den Wechsel auf der Oberfläche der Dinge, haben aber noch nicht entdeckt, daß die *Form* des Wechsels, die Art, in der die Veränderung vor sich

[2] Heinrich Zimmer, «*Ewiges Indien*», S. 151.

geht, den Geist enthüllt, der alle Form inspiriert, die Wirklichkeit, die in allen Erscheinungsformen zum Ausdruck kommt. Mit unserem physischen Auge sehen wir nur den Wechsel. Nur unser geistiges Auge ist fähig, das Beständige im Wechsel zu sehen. Verwandlung ist das Gesetz des Geistes – seine innere Form; es ist das Leben selbst. Wenn die materielle Form, der Bewegung des Geistes nicht mehr zu folgen vermag, setzt Verfall ein. Der Tod (oder was uns als solcher erscheint) ist der Protest des Geistes gegen den Widerstand des Geformten, Gewordenen, das den Wandel, die Transformation, die Verwandlung nicht akzeptieren will: es ist der Protest gegen den Stillstand, die Stagnation.

Im *Prajñâpâramitâ-Sûtra* werden alle Phänomene ihrem Wesen nach als *Ŝûnyatâ* erklärt – und *Ŝûnyatâ* als nicht verschieden von Form, Empfindung, Wahrnehmung, Bildekräften und Bewußtsein; d. h. *Ŝûnyatâ* wird hier gleichgesetzt mit *Mâyâ,* und da *Ŝûnyatâ* nicht nur ein Leersein von allen Bestimmungen einer begrenzten Eigennatur, sondern ebenso Ausdruck letzter Wirklichkeit ist, so ist auch *Mâyâ* in diesem Sinne nicht nur das Negative, Verhüllende, in Erscheinungsform-tretende, sondern jenes dynamische Prinzip, das aller Erscheinung zugrunde liegt und nie im Einzelnen, in sich abgeschlossenen Produkt, sondern nur im Vorgang, im Werden, im lebendigen Fluß, in unendlicher Bewegung sich offenbart.

Mâyâ als Gewordenes, in Form und Begriff Erstarrtes, ist Täuschung, weil es ein aus dem lebendigen Zusammenhang Herausgerissenes, ein in Zeit und Raum Eingeschränktes ist. Die Individualität und Körperlichkeit des unerleuchteten Menschen, die sich in illusorischer Selbstheit zu behaupten sucht, ist *Mâyâ* in diesem negativen Sinne.

Auch der Körper eines Erleuchteten ist *Mâyâ,* aber nicht im negativen Sinne, denn er ist die bewußte Gestaltung eines von Täuschung freien, uneingeschränkten, nicht mehr «Ich»-begrenzten Geistes.

Nur für den unerleuchteten, in Unwissenheit befangenen Weltmenschen ist die Sichtbare Gestalt eines Buddha *Mâyâ* im gewöhnlichen Sinne des Wortes, und deshalb heißt es im *Mahâyâna-Śraddhotpâda-Śâstra:* «Die harmonisierende Aktivität des *Tathâgata,* die nicht Aktivität im weltlichen Sinne ist, ist von zwei Arten. Die erste kann vom Geiste gewöhnlicher Menschen wahrgenommen werden und ist als *Nirmâṇakâya* bekannt, – die andere kann nur vom geläuterten Geiste wahrgenommen werden, – es ist der *Dharmakâya* in seinem geistigen und prinzipiellen Aspekt als *Sambhogakâya,* der unermeßliche, grenzenlose Potenzialität besitzt.

Das, was vom Geiste gewöhnlicher Menschen vom *Dharmakâya* wahrgenommen werden kann, ist nur ein Schatten desselben und nimmt verschiedene Asepkte an, je nachdem er von den verschiedenen Gesichtspunkten der sechs Daseinsbereiche betrachtet wird. Ihre grobe Wahrnehmung gibt ihnen keinen Begriff von seinen Möglichkeiten für Glückseligkeit und Freude; sie sehen nur seine Spiegelung im *Nirmâṇakâya.*

Indem aber *Bodhisattva*s (auf dem Wege zur Erleuchtung) stufenweise fortschreiten, wird ihr Geist geläutert, ihre Auffassung (des *Dharmakâya*) tiefer und geheimnisvoller, ihre harmonisierende Aktivität mehr und mehr transzendent – bis alle Spuren ihrer individuellen Selbstheit verschwunden sind und nur die Verwirklichung der *einen,* undifferenzierten Buddhaschaft übrig bleibt[3].»

III

DER NIRMÂNAKÂYA ALS HÖCHSTE FORM DER VERWIRKLICHUNG

Der Körper des gewöhnlichen Menschen, ebenso wie der eines Erleuchteten ist *Mâyâ.* Aber der Körper eines gewöhnlichen Menschen ist deshalb noch nicht ein *Nirmâṇakâya.* Der Unterschied ist, daß der Körper eines Erleuchteten seine bewußte

[3] Nach der englischen Wiedergabe des *Mahâyâna Śraddhotpâda Śâstra* von Bhikshu Wai-tao and Dwight Goddard in «A Buddhist Bible», S. 383 f.

Schöpfung ist, der eines Unerleuchteten, die Schöpfung seiner unbewußten Triebe und Begehrungen. Beide sind *Mâyâ,* aber die eine ist unbewußt, die andere bewußt. Der eine ist der Knecht der *Mâyâ,* der andere ihr Herr. Der Unterschied besteht im Wissen (*prajñâ*).

Dasselbe gilt vom *Dharmakâya.* Er ist allumfassend und daher in allem gegenwärtig, ob wir uns dessen bewußt sind oder nicht. Aber erst wenn wir ihn aus dem unterbewußt-potenziellen Zustand in uns zur vollen Bewußtheit erheben, indem wir unser geistiges Auge seinem im *Sambhogakâya* sich offenbarenden Lichte öffnen, kann sein Wesen in uns wirksam werden, uns durchströmen und uns aus der Starre todbringender Isolierung befreien.

Dies aber ist gleichbedeutend mit der Verwandlung der Geistkörperlichkeit, d. h. unserer ganzen Persönlichkeit, zum *Nirmâṇakâya.* Nur im *Nirmâṇakâya* können wir den *Dharmakâya* verwirklichen, zur wirkenden Gegenwart verdichten, zum alles zerschmelzenden Brennpunkt unseres Erlebens konzentrieren. Der *Nirmâṇakâya* ist daher die höchste Form der Verwirklichung und darum die einzige, die selbst dem geistig blinden Weltmenschen die Augen zu öffnen imstande ist. Es ist die höchste Frucht der Vollendung, um derentwillen Buddhas sich durch Weltzeitalter bemüht haben. Seine innere Bedeutung mag aus des Buddha geheimnisvoller Andeutung (im *Mahâparinibbâna-Sutta* des *Dîgha-Nikâya*) erhellt werden, in der er sagt, daß er in diesem seinem Körper bis zum Ende des *Kalpa* weiterbestehen könne, falls er dies wünsche.

Von außen gesehen, d. h. vom Standpunkt des begrifflichen Denkens, sind der *Sambhogakâya* und der *Nirmâṇakâya* Manifestationen des *Dharmakâya* und in diesem, als dem höheren Prinzip, enthalten.

Von innen gesehen, d. h. vom Standpunkt des Erlebens, sind der *Sambhogakâya* und der *Dharmakâya* im *Nirmâṇakâya* enthalten (wie dies auch aus ikonographischen Beschreibungen gewisser *Nirmâṇakâya*-Formen, wie z. B. derjenigen des tausendarmigen *Avalokiteśvara,* auf die wir später zurückkommen, zu ersehen ist). Nur im *Nirmâṇakâya* können die anderen Körper erlebt und verwirklicht werden.

Der erste Standpunkt ist derjenige der Philosophie des *Mahâyâna,* der zweite derjenige der Praxis des *Yogacâra,* insbesondere des *Vajrayâna.* In letzterem steht darum der *Nirmâṇakâya* im Mittelpunkt des Interesses, sei es in Form *Vajrasattvas* oder *Avalokiteśvaras.*

Der *Nirmâṇakâya* als Erlebnisaspekt (und nicht als bloße, von außen gesehene Erscheinungsform), in dem alle drei Körper gleichzeitig bestehen und erfahren werden, wird auch als *Vajrakâya,* als vierter Körper[4], oder, wie wir mit gewisser Berechtigung sagen könnten, als Körper der vierten Dimension bezeichnet. Diese «Dimension» soll jedoch nicht im mathematischen, sondern im psychologischen Sinne verstanden werden, d. h. als vierte Bewußtseinsdimension auf dem buddhistischen Pfade der Verwirklichung, – indem sie der Dimension des Individuell-Körperlichen die Erfahrung der Unendlichkeit des *Dharmakâya* und der geistigen Gestaltung und Entzückung des *Sambhogakâya* einverleibt.

Das Erlebnis dieser Vierten Dimension als Integrierung des Universellen, Spirituellen und Individuellen, wird im *Gaṇḍavyûha,* im Gleichnis vom Turm des *Bodhisattva Maitreya,* den der fromme Pilger *Sudhana* besucht, überzeugend beschrieben, und deckt sich mit unserer Definition, daß jede höhere Dimension die Charakteristika aller vorhergehenden Dimensionen enthalten und zu höherer Einheit, d. h. in einer neuen Bewegungsrichtung zusammenfassen muß.

Maitreyas Turm ist das Symbol des *Dharmadhâtu,* der Dharmasphäre, in der alle Dinge enthalten sind und in der dennoch vollkommene Ordnung und Harmonie herrscht. Dies wird in folgenden Worten beschrieben: «Die Objekte sind solcherweise angeordnet, daß ihre Getrenntheit voneinander nicht mehr existiert und sie alle miteinander verschmolzen sind, ohne

[4] Daher: «Möge mit der Reife der *vier Körper* und der fünf Weisheiten der Vajra des Herzens noch in diesem Leben verwirklicht werden» (Cfr. Seite 235).

daß jedoch das einzelne Objekt hierdurch seine Individualität verlöre; denn das Abbild des *Maitreya*-Verehrers ([*Sudhana*], d. h. die Individualität des Erlebenden) ist in jedem dieser Objekte gespiegelt, und dies nicht nur an einzelnen Stellen, sondern überall im ganzen Turm, so daß er erfüllt ist von einer vollkommenen wechselseitigen Spiegelung und Wiederspiegelung von Bildern.»

Die tiefsinnige und dichterisch feine Beschreibung endet mit den Worten: «*Sudhana,* der junge Pilger, fühlte als ob sein Körper und sein Geist völlig hinwegschmolzen, er sah, daß alle Gedanken sein Bewußtsein verließen, sein Geist war frei von Hindernissen und alle Verblendung floh[5].»

Das vollkommene wechselseitige Sich-Durchdringen von Formen, Gegebenheiten, Dingen, Wesen, etc. und die Gegenwart des Erlebenden in ihnen allen, in anderen Worten, die Gleichzeitigkeit von Differenzierung und Einheit, von Individualität und Universalität, *Rûpa* und *Śûnyatâ,* Form und Leere, ist die große Entdeckung *Nâgârjuna*s in seiner Philosophie des Mittleren Weges, der jenseits von Sein und Nichtsein das Wesen der Wirklichkeit erfaßt.

Dieser Weg beruht auf einer Neuorientierung des Denkens, das sich von der Starre des Substanzbegriffes und eines statischen Universums befreit, in dem Dinge und Wesenheiten als mehr oder weniger unabhängig voneinander entstehend und vergehend gedacht wurden, so daß Begriffe wie «Identität» und «Nicht-Identität» die Basis des Denkens bilden konnten. Wo aber alles im Fluß ist, können solche Begriffe nicht zureichend sein, und daher kann auch das Verhältnis von *Rûpa* und *Śûnyatâ,* von Form und Leere, nicht als ein sich ausschließender Gegensatz aufgefaßt werden, sondern nur als die zwei Seiten derselben Wirklichkeit, die in ständigem Zusammenwirken miteinander existieren.

Wenn dem nicht so wäre, so müßte man die Frage aufwerfen, wie aus einer vollkommenen, homogenen, unterschiedslosen Leere Form, Differenzierung, Bewegung hätten entstehen können.

[5] D. T. Suzuki «*Essays in Zen Buddhism*», Vol. III, p. 138 f.

Aber wir haben es hier nicht mit einem Früher oder Später, einer höheren und einer niederen Wirklichkeit zu tun, sondern mit zwei Aspekten derselben Wirklichkeit. Form und Raum bedingen einander, und es ist daher nicht berechtigt, zu sagen, daß Formlosigkeit ein höherer und Form ein niederer Zustand der Wirklichkeit sei. Dies ist nur dann so, wenn wir Form im statischen Sinne auffassen, indem wir sie nicht als Ausdruck eines schöpferischen Vorgangs, einer anfanglosen und endlosen Bewegung, sondern als Gewordenes, Insichbegrenztes, Bestehendes sehen.

Aber wenn wir das Wesen der Form und alles Formhaften betrachten und es nicht mit Dinghaftigkeit oder Materialität verwechseln, dann werden wir die Untrennbarkeit von *Rûpa* und *Sûnyatâ* begreifen. Nur vom Erlebnis der Form können wir zum Erlebnis des Formlosen vordringen, und ohne das Erlebnis der «Leere» oder des Raumes verliert der Begriff der Form seine dynamische, lebendige Bedeutung.

Das Universum und alle Bewußtheit ist ausgespannt zwischen den beiden stets gegenwärtigen Polen der «Leere» und der «Form», des Raumes und der Bewegung; denn lebendige «Form» kann nur als Bewegung, nicht als Seiendes, Statisches definiert werden (andernfalls haben wir es mit bloßen Abstraktionen und nicht mit Wirklichkeit zu tun). Nur diejenigen, die das Formlose oder «das, was jenseits der Form liegt», im Geformten und die Form im Ungeformten erfahren können, – in anderen Worten, diejenigen, welche die Gleichzeitigkeit von «Leere» und «Form» erleben, – können sich der höchsten Wirklichkeit bewußt werden.

In dieser Erkenntnis liegt der überragende Wert des *Prajñâparamitâ-Sûtra,* dessen Quintessenz in den berühmten Worten des *Hṛdaya* (des zu memorierenden «Herz»-Teiles dieser Schrift, den auch wir uns nicht oft genug ins Gedächtnis rufen können) zum Ausdruck kommt: «Form ist Leere, und Leere ist nicht verschieden von Form, noch ist Form verschieden von Leere, in der Tat, Leere ist Form. – Indem allen Dingen die Natur der Leere eignet, haben sie weder Anfang noch Ende, – sie sind weder vollkommen noch unvollkommen (d.h. weder völlig selbstgenügsam noch auch völlig ohne Eigenbedeutung).»

Der *Dharmakâya* ist also nicht nur das Erlebnis undifferenzierter Leere, sondern das des Zusammenbestehens aller Formen in und vermittels jener Qualität, die in aller Form gegenwärtig ist und die wir mangels eines besseren Wortes als *Śûnyatâ,* Leere, Substanzlosigkeit, Bewußtseinsraum, Dimension, Unendlichkeit der Bewegungsmöglichkeiten, Unendlichkeit gegenseitiger Beziehungen aller Gestaltungen, Verwandelbarkeit und Dynamik aller Form und dergleichen, bezeichnen.

Durch Betonung der negativen Seite des *Dharmakâya* war schon im frühen *Mahâyâna* die Frage entstanden, wie sich die sichtbaren Erscheinungs- oder Erlebnisformen zu seiner essenziellen «Leere» verhalten: «Wenn der *Dharmakâya* frei von Formwahrnehmungen und Vorstellungen ist, wie können sie sich dann als Sichtbares und Formhaftes manifestieren? – Die Antwort ist, daß der *Dharmakâya* geradezu die Essenz alles Sichtbaren und Formhaften ist und sich darum im Sichtbaren und Formhaften manifestieren kann. Beide, der Geist und das von ihm wahrgenommene Sichtbare gehören zueinander, zu ein und derselben Einheit, seit anfangslosen Zeiten; denn die wesentliche Natur des Sehens und der Form ist nichts anderes als die alleinige Wirklichkeit des Geistes. Da das Wesen der Sichtbarkeit keine physische Form besitzt, so ist es dasselbe wie der *Dharmakâya:* formlos und dennoch alle Teile des Universums durchdringend [6].»

IV

DER DHARMAKÂYA UND DAS MYSTERIUM DES KÖRPERS

Der *Dharmakâya* ist also nicht ein bloßes abstraktes Prinzip, sondern lebendige Wirklichkeit, die sich auf verschiedenen Ebenen des Erlebens in verschiedener Weise gestaltet. *«Kâya»* ist hier «Körper» nur im übertragenen Sinne, nämlich im Sinne

[6] *Mahâyâna Śraddhotpâda Śâstra,* in «A Buddhist Bible», p. 385.

eines bewußten Wirklichkeitsbereiches, eines Bereiches geistiger Gestaltung, der so wie der materielle Körper eine organische Einheit bildet.

Die Persönlichkeit eines geistig unentwickelten Menschen beschränkt sich auf seine materielle Erscheinungsform, seinen physischen Körper. Die Persönlichkeit eines geistig fortgeschrittenen Menschen umfaßt nicht nur das Materielle seiner Erscheinungsform, sondern auch seine geistigen und seelischen Funktionen, seinen «Bewußtseinskörper», der weit über die Grenzen seines physischen Körpers hinausreicht. Dieser Bewußtseinskörper erweitert sich bei dem im Ideellen lebenden Menschen über den Bereich individueller Interessen und Erfahrungen hinaus in den Bereich allgemeingültiger Wahrheiten, Gesetze, in den Bereich des Schönen, der schöpferischen Gestaltung, des ästhetischen Genusses, des intuitiven Erlebens.

Der erleuchtete Mensch aber, dessen Bewußtsein das Universum umfaßt, hat das Universum zum «Körper», während sein physischer Körper zur Manifestation des universellen Geistes wird, seine Schauung zum Ausdruck höchster Wirklichkeit und seine Rede zum mantrischen Machtwort und heiliger Verkündung.

Hier vollendet sich das Mysterium des Körpers, der Rede und des Geistes und offenbart sich in seiner wahren Natur als die drei Ebenen des Wirkens, auf denen sich alles geistige Geschehen abspielt.

Das Mysterium des Körpers ist hier nicht das der Materialität, der physischen Verkörperung, sondern das der Unbegrenztheit, der allumfassenden Ganzheit, des universellen Körpers.

Das Mysterium der Rede ist mehr als das des bloßen Wortes oder Begriffes, es ist das Prinzip aller geistigen Vorstellung und Mitteilung, sei es in Form von hörbaren, sichtbaren oder denkbaren Symbolen, in denen höchste Erkenntnis sich darstellt und mitteilt. Es ist das Mysterium des schöpferischen Lautes, der mantrischen Rede, der heiligen Schauung, auf denen die Dharma-Verkündung eines Heiligen, eines Erleuchteten, eines Buddha beruht.

Das Mysterium des Geistes aber ist mehr als alles Ideelle oder gedanklich Vorstellbare und Erfaßbare: es ist das Prinzip der Vergeistigung, der Verwirklichung des Geistigen im Materiellen, des Unendlichen im Endlichen, des Universellen im Individuellen, die Verwandlung des Körpers in das kostbare Gefäß des *Nirmâṇakâya*, in eine Manifestation des *Dharmakâya*. Hierdurch ist die Dualität, der Zwiespalt zwischen Geist und Körper, Diesseitigem und Jenseitigem, weltlicher Form und überweltlicher Formlosigkeit, aufgehoben. Dann wird der Körper des Erhabenen zur strahlenden Erscheinung, zum unmittelbar Wirkenden und Überzeugenden, zur beseligenden Gegenwart, in der jedes Wort und jede Geste und selbst das Schweigen die überwältigende Realität des *Dharma* vermittelt. Es sind nicht die hörbaren Worte, durch welche Menschen überzeugt und im Tiefsten verwandelt werden, sondern das, was jenseits der Worte liegt, jene unmittelbare Gegenwart des verwirklichten Heiligen, von dessen Herzen der den Ohren nicht hörbare mantrische Laut ausgeht [7]. Der höchste Heilige wird daher als *Muni*, als «Schweigender» bezeichnet. Seine geistige Strahlung aber, die sich als innerer Laut und innere Schauung im Empfangenden manifestiert, durchdringt die Weite des Universums.

Hier mögen wir uns wiederum an die Worte des *Mahâyâna Śraddhotpâda Śâstra* erinnern, in denen es heißt: «Die einzelnen Schauungen, welche die Geistes-Essenz manifestiert, sind in ihrem Wesen frei von Begrenzungen oder Definitionen. Wenn die Bedingungen günstig sind, so können Erscheinungsformen sich in jedem Teil des Universums manifestieren, da ihr Erscheinen ausschließlich vom Geiste abhängt. So gibt es unzählige *Bodhisattva*s, unermeßliche *Sambhogakâya*s, unermeßliche Herrlichkeiten, die alle voneinander verschieden sind und

[7] Ramana Maharshi, der vor wenigen Jahren verstorbene Heilige von Tiruvannamalai, überzeugte durch seine schweigende Gegenwart, nicht durch Worte. Diejenigen seiner Aussprüche, die durch seine Schüler übermittelt wurden, erheben sich nicht über die traditionellen Formulierungen frommer Hindus und würden als solche nicht die ungeheure Wirkung seiner Persönlichkeit erklären. Dasselbe war bei Sri Ramakrishna der Fall.

dennoch frei von jeglichen Einschränkungen oder Definitionsmöglichkeiten, denn *Tathâgatas* sind imstande, sich an jedem Orte und zu jeder Zeit zu manifestieren, ohne durch die gleichzeitige Manifestation anderer *Tathâgatas* gestört oder gehindert zu werden. Diese wundervolle gegenseitige Durchdringung ist einem auf Sinnenerfahrung beruhenden Bewußtsein unbegreiflich, aber eine Selbstverständlichkeit für die die Sinne übersteigende, spontane Aktivität der Geistes-Essenz[8].»

In tibetischen Darstellungen von Buddhas im Zustande tiefer Meditation oder der Lehrverkündung, besteht die Aura, die den Körper des Erhabenen umgibt, aus unzähligen *Dhyâni-Buddhas*. Dies bedeutet, daß die wirkende Kraft höchster Erleuchtung (und, in geringerem Grade, in jeder schöpferischen Schauung im Vorgange konzentrativer Versenkung) nicht nur ein subjektiver Vorgang ist, sondern eine machtvolle geistige Ausstrahlung, eine geistige Projektion, in der die Verwirklichung des *Dharmakâya* im menschlich-individuellen Bewußtsein, die Schranken des Individuellen durchbricht und – das Universum in allen Richtungen durchdringend – in allen hierfür empfänglichen Bewußtseinszentren ähnliche Schwingungen und Gestaltungskräfte hervorruft.

Sie sind die machtvollen Vibrationen eines überindividuellen Wirklichkeitserlebnisses, die durch die «Maske» menschlicher Individualität «hindurchtönen» und darum mit den Eigenschaften oder Formsymbolen der «Persönlichkeit» («persona», die Maske des Schauspielers, die seinen Charakter darstellt und durch die seine Stimme tönt [«sonare» = tönen]) gezeichnet sind.

«Persönlichkeit» in diesem ursprünglichen Sinne[9] ist mehr als «Individualität», weil hiermit nicht die illusorische Unteilbarkeit und Einzigkeit eines in sich abgegrenzten Wesens postuliert wird, sondern die Erkenntnis, daß unsere augenblickliche Er-

[8] Op. cit. p. 385.

[9] Auf diese Unterscheidung zwischen Individualität und Persönlichkeit hat Guénon überzeugend hingewiesen, und D. T. Suzuki scheint eine ähnliche Auffassung zu vertreten, wenn er im *Dharmakâya* die Elemente der Persönlichkeit sieht.

scheinungsform nur wie eine angenommene «Maske» ist, durch die die Stimme einer höheren Wirklichkeit hindurchtönt.

Von diesem Gesichtspunkt wird D. T. Suzukis zunächst befremdende Bemerkung, daß der Begriff des *Dharmakâya* die Idee der Persönlichkeit in sich schließe, verständlich. «Die höchste Wirklichkeit», sagt er in diesem Zusammenhang, «ist keine bloße Abstraktion, sondern ist im höchsten Grade lebendig und erfüllt von Sinn, Wahrnehmung und Intelligenz, und vor allem von einer von menschlichen Schwächen und Fehlern geläuterten Liebe[10].»

In anderen Worten: es ist eine lebendige Kraft, die sich im Bereiche des Individuellen manifestiert und zur Form der Persönlichkeit wird. Aber sie geht über das individuelle Bewußtsein hinaus, da sie ihren Ursprung im universellen Reiche des Geistes, der Dharmasphäre, hat. Sie nimmt den Charakter der Persönlichkeit an, da sie im menschlichen Bewußtsein vergegenwärtigt wird. Wäre sie nur eine abstrakte Idee, so würde sie keinen Einfluß auf das Leben haben, und wäre sie eine *unbewußte* Lebenskraft, so würde sie keinen geistigen Wert haben, d. h. keinen formenden Einfluß auf den Geist.

Aus diesem Grunde betont Suzuki, daß selbst die *Dhyâni-Buddhas*, wie zum Beispiel *Amitâbha*, alle Eigenschaften einer Persönlichkeit, im Sinne einer lebendigen, sichselbsterhaltenden, bewußten Kraft besitzen, und nicht die «Personifikation» eines abstrakten Begriffes sind, der in dichterischer und symbolischer Weise mit menschlichen Attributen versehen ist. Die menschlichen Qualitäten *Amitâbhas* sind nicht willkürlich hinzugefügte Attribute, sondern Transformationen einer universellen Wirklichkeit in menschliche Erlebnisform. Nur auf diese Weise kann sie ihre Lebendigkeit und Wirksamkeit auf der Ebene des Menschlichen aufrechterhalten.

So wie Hochspannungs-Elektrizität für den normalen Gebrauch in eine Elektrizität niederer Spannung transformiert werden muß (ohne deshalb ihre ursprüngliche Natur einzubü-

[10] *«The Essence of Buddhism»*, S. 41.

ßen), so müssen universelle Werte in menschliche Werte verwandelt werden, um auf das menschliche Leben einwirken zu können.

Dieses Prinzip trifft nicht nur auf die Erscheinungsformen der *Dhyâni-Buddhas*, sondern auf alle derartigen Formen religiöser oder yogischer Erfahrung zu. Sie sind Urformen des menschlichen Geistes («Archetypen», wie Jung sagen würde). Deshalb sind sie *notwendig* für den inneren Entwicklungs- und Verwirklichungsvorgang und ein wirksamer Schutz gegen vorzeitige Abstraktion, Intellektualisierung und intellektuelle Vorwegnahme geistiger Endziele und Werte. (Hierin liegt die Gefahr einer oberflächlichen intellektuellen Übernahme tantrischer und zennistischer Paradoxe – wie sie in den Aussprüchen der Siddhas und der Zen-Meister zu finden sind – deren Gültigkeit nicht auf der Anfangs-, sondern auf der Endstufe des geistigen Weges liegt, auf der wir aller Tradition, allen religiösen Formen und allen denkerischen Definitionen entraten können.)

Eine abstrakte Idee ist in keiner Weise «höher» als ihr vermenschlichtes, «verpersönlichtes» oder geschautes Formsymbol, der formlose Zustand nicht notwendigerweise wertvoller oder wahrer als der formbesitzende. Es hängt ganz davon ab, ob wir imstande sind, durch die Form hindurchzublicken, sie zu durchschauen und die Relativität sowohl der formhaften wie der formlosen Erfahrung zu vergegenwärtigen. Beide haben ihre Gefahren: die eine, indem wir die Form als letzte Wirklichkeit nehmen, die andere, indem wir uns in Verallgemeinerungen verlieren und dadurch den Zusammenhang mit der anderen Seite der Wirklichkeit, der Welt der Gestaltung, einbüßen. In der Tat, solange wir ausschließlich auf irgendeiner der drei Wirklichkeitsebenen leben, können wir dieser Gefahr nicht entgehen. Daher die Notwendigkeit ihrer Integrierung, d. h. ihrer gleichzeitigen Bewußtwerdung im *Vajrakâya*.

V

DIE VIELDIMENSIONALITÄT DES GROSSEN MANTRA

Die Bedeutung und Wirksamkeit eines Mantra liegt in seiner Vieldimensionalität, in seiner Fähigkeit, nicht nur auf *einer,* sondern auf *allen* Ebenen der Wirklichkeit gültig zu sein und auf jeder dieser Ebenen einen neuen Sinn zu erschließen, – bis wir im wiederholten Durchlaufen aller dieser Erfahrungsstufen imstande sind, die Ganzheit des mantrischen Erlebniskörpers zu erfassen.

Darum heißt es im *Kâraṇḍa-Vyûha*[11], daß *Avalokiteśvara* sich weigerte, die heiligen Sechs Silben des OṂ MAṆI PADME HÛṂ zu lehren, ohne eine Einweihung in die Symbolik des damit verbundenen *Maṇḍala.* Und aus eben diesem Grunde hatten wir uns mit der Natur der *Maṇḍala*s und der *Cakra*s so eingehend zu befassen.

«Wenn *Avalokiteśvara* die sechs Silben ohne eine Beschreibung des *Maṇḍala* nicht mitteilen will, so hat das seinen Grund darin, daß die *Formel als Gebilde im Reich des Schalls unvollständig und unbrauchbar ist,* wenn nicht ihre Geschwister im Reiche inneren und äußeren Gesichts und in der Sphäre der Gesten hinzutreten. Soll diese Formel ein Geschöpf wandeln und zum Stand der Erleuchtung hinüberführen, so muß ihr Wesen, das wunderwirkende und vorbildliche Wesen *Avalokiteśvara*s, alle Sphären der Wirklichkeit und Aktivität im Eingeweihten besetzen können: Sprache, Vorstellungswelt, körperliche Haltung und Bewegung. Das *yantra* – im Falle des *Kâraṇḍavyûha* ein *maṇḍala* – steht eben funktional in keinem Falle für sich; es bedarf, um zu wirken, des Wissens und der Übung jener anders gearteten Manifestationen des «innersten Herzens», einer göttlichen Wesenheit, die es selbst in der Sphäre

[11] *Kâraṇḍa Byûha,* a work on the doctrines and customs of the Buddhists, edited by Satya Bratu Samasrami, Calcutta, 1873. Der volle Titel des Sanskrit-Textes ist: *Avalokiteśvara-guṇa-kâraṇḍa-vyûha.*

des Sichtbaren zur Anschauung bringt. Aber auch im Reiche des Sichtbaren steht es nicht als einzige Manifestation da [12].»

Diese «göttliche Wesenheit» aber ist niemand anders als der in tiefer Selbstversunkenheit und Selbstvergessenheit verweilende Meditierende, dessen Körper sich im Vorgang der Befreiung von den Illusionen und Verstrickungen seines «Ich-Bewußtseins» und den Hemmungen seiner beschränkten Individualität, zum Gefäß, zum Körper, zur sichtbaren Verkörperung *Avalokiteśvaras* wandelt, der in der Formel OṂ MAṆI PADME HŪṂ seinen mantrischen Ausdruck findet.

Ein solches Mantra kann sich darum nicht in der Bedeutung seiner einzelnen Bestandteile erschöpfen. Wie in allem Lebendigen und in allen Disziplinen schöpferischer Gestaltung, ist das Ganze mehr als die Summe seiner Teile. Die Kenntnis der Teile hilft uns nur dann zum Verständnis des Ganzen, wenn wir uns ihrer organischen Zusammenhänge bewußt bleiben. Der organische Zusammenhang ist so wichtig, daß es nicht genügt, jeden Teil für sich analytisch zu betrachten und dann nacheinander die einzelnen Teile zu verbinden, sondern daß wir die Gleichzeitigkeit des Ganzen in unmittelbarer Schauung erblicken müssen. Hierzu dient die Symbolik des *Maṇḍala* und die Verwirklichung, Verlebendigung, nein, *Verkörperung* des *Maṇḍala* in der «Person» und auf allen von ihr umfaßten Daseinsebenen des Meditierenden.

Dann stellt sich *Amitâbha* in der Keimsilbe OṂ im *Dharmakâya* dar, denn er steht nun an Stelle *Vairocanas* im Zentrum des *Maṇḍala*, bzw. im höchsten psychischen Zentrum.

Im MAṆI stellt er sich als die im Juwelenschmuck strahlende, rubinrote Gestalt des *Amitâyus*, d. h. im *Sambhogakâya* dar. Als solcher repräsentiert er die aktive Seite seines Wesens als «Spender unendlichen Lebens», in dem unendliches Licht zur Quelle wahren Lebens wird, eines grenzenlosen, nicht mehr Ichbefangenen Lebens, in der die Vielheit scheinbar getrennter Le-

[12] Heinrich Zimmer, «Kunstform und Yoga im Indischen Kultbild», S. 169.

bensformen in der Einheit des höchsten Lebens zusammengefaßt ist.

Im PADMA stellt sich *Amitâbha* im *Nirmâṇakâya* dar, in der Entfaltung unendlicher Wirkungsformen, wie sie der tausendarmige *Avalokiteśvara* versinnbildlicht.

Im HÛṂ aber wird *Avalokiteśvara* zum Diamantkörper des *Sâdhaka,* der die Gesamtheit seines Wesens umfaßt. Der Meditierende wird somit zur Verkörperung *Avalokiteśvara*s und zum *Nirmâṇakâya Amitâbhas.* Dies wird zum Ausdruck gebracht in der Zusammenfassung des Mantras im Siegel *Amitâbhas,* der heiligen Keimsilbe HRÎḤ. Die gesamte Formel wird somit zum «OṂ MAṆI PADME HÛṂ: HRÎḤ».

In der fortgeschrittenen Praxis der Meditation werden die einzelnen Erscheinungsformen *Amitâbha*s auf die entsprechenden Bewußtseinszentren (*cakra*s) des *Sâdhaka* übertragen. Der *Dharmakâya*-Aspekt *Amitâbha*s wird sodann im Scheitel-Zentrum (*sahasrâra-cakra*) vorgestellt, *Amitâyus* im Kehl-Zentrum, *Avalokiteśvara* (oder eine ihm entsprechende Vajraform) im Herz-Zentrum, und seine gegenwärtige Verkörperung als die Gesamtheit des Körpers und der Persönlichkeit des Meditierenden.

Unter Einbeziehung der drei Mysterien des Körpers der Rede und des Geistes aber stellt sich die Formel folgendermaßen dar:

Im OṂ erleben wir den *Dharmakâya* und das Mysterium des universellen Körpers;

im MAṆI den *Sambhogakâya* und das Mysterium des mantrischen Lautes als Erwecker des seelischen Bewußtseins, der Schauung, der Inspiration;

im PADMA den *Nirmâṇakâya* und das Mysterium des allesverwandelnden Geistes.

Im HÛṂ erleben wir den *Vajrakâya* als Synthese der transzendenten Körper und der drei Mysterien.

Im HRÎḤ weihen wir die Gesamtheit unserer zum *Vajrakâya* gewordenen Persönlichkeit dem Dienste *Amitâbha*s. Dies aber bedeutet die Verwirklichung des *Bodhisattva*-Ideals, wie es in der Gestalt *Avalokiteśvara*s versinnbildlicht ist.

Die Keimsilbe HRÎḤ ist nicht nur das Siegel *Amitâbhas* (so wie HŪṂ das Siegel *Vajrasattva-Akṣobhyas* ist), sondern hat eine ganz besondere Bedeutung für die Verwirklichung des Bodhisattva-Weges. HRÎḤ ist die innere Stimme, das moralische Gesetz in uns, die Stimme des Gewissens, des besseren Wissens[13], – nicht des ausgeklügelten, sondern des intuitiven, spontanen, – derzufolge wir das Gute um des Guten willen tun und nicht um irgendwelchen Vorteils willen. Es ist das Leitmotiv und die besondere Tugend des Bodhisattva, der auf die Erleuchtung Aller bedacht ist, gleich der Sonne, die «über Gerechten wie Ungerechten scheint».

Als Lautsymbol aber ist HRÎḤ weit mehr als durch seine sprachlichen Assoziationen angedeutet wird. Es besitzt nicht nur die Wärme der Sonne, d. h. das emotionelle Prinzip der Güte und des Erbarmens, – sondern auch die Leuchtkraft, die Qualität des Sichtbarmachens, der Erkenntnis, der unmittelbaren Schauung. HRÎḤ ist ein mantrisches Sonnensymbol, ein lichter, aufwärtsstrebender Laut, zusammengesetzt aus dem prânischen Hauchlaut (H), dem feurigen R (RAṂ ist die Keimsilbe des Elements «Feuer») und dem hohen i-Laut, der Aufwärtsbewegung, Intensität und dergleichen ausgedrückt.

Alle diese Licht- und Feuer-Assoziationen stimmen in der Sphäre des Universellen mit *Amitâbha* überein, dem Buddha unendlichen Lichtes, dem das Element «Feuer», die rote Farbe und die Richtung der untergehenden Sonne zugeordnet sind,

[13] Das, was uns erröten läßt: die Scham vor unserem eigenen besseren Wissen (Gewissen). Die Wortbedeutung von *«Hrî»* (Pâli: *«hirî»*) ist «erröten» (was der Farbe *Amitâbhas* entspricht), «sich schämen», «Scham», «Schamgefühl». – Die mantrische Bedeutung geht selbstverständlich weit über die Wortbedeutung hinaus. Sie ist sozusagen das Urerlebnis, das den Wortbedeutungen zugrunde liegt, der Quell aus dem die Worte des täglichen Gebrauches schöpfen. – Der als *Visarga* bezeichnete Aushauch (Ḥ), der, wie bereits erwähnt, in Tibet nur als geschriebenes Symbol verwandt, nicht aber gesprochen wird, unterscheidet die Silbe vom gewöhnlichen Wortgebrauch (ähnlich dem nasalen *Anusvara*) und betont ihren mantrischen Charakter.

während die ideellen und emotionellen Assoziationen in der Sphäre des Menschlichen auf *Avalokiteśvara* hinweisen.

Avalokiteśvara, «der gütig Herabblickende», der Große Barmherzige, ist der Inbegriff der Liebe eines Erleuchteten zu den leidenden Wesen, einer Liebe, die keine Besitzesansprüche hat, sondern in unbeschränktem und ungeteiltem, tätigem Mitgefühl besteht. Wo immer dieses Gefühl, diese Geisteshaltung sich offenbart und zur Tat wird, dort offenbart sich *Avalokiteśvara,* dort verkörpert er sich und wird zur Wirklichkeit. Darum heißt es, daß *Avalokiteśvara* sich in unendlich vielen Formen manifestiert und jede beliebige Gestalt annimmt.

So wie *Vajrasattva* das demantene Wesen aller Bewußtheit ist, das in jedem zur Befreiung Strebenden als das Unvergängliche, Todlose, Ewige erlebt wird, in dem das *Prajñâ-* oder Erkenntnis-Prinzip der Erleuchtung vorwiegt, – so ist in *Avalokiteśvara* das *Karuṇâ-* oder Gefühls-Prinzip der Buddhaschaft vorherrschend. Ihr Zusammenwirken stellt den vollkommenen Pfad der Erleuchtung dar. Die mantrische Formel *Avalokiteśvara*s ist darum mit der Keimsilbe *Vajrasattva*s (HUṂ) besiegelt.

«Solange wir auf der *Jñâna*-Ebene (der Ebene des transzendenten Wissens) verharren, scheint die Welt wenig Wirklichkeit zu besitzen, da die *mâyâ*-artige Existenz, in der sie sich diesem Wissen (*jñâna*) darstellt, zu nebelhaft ist. Wenn wir aber zum *Adhiṣṭhâna*-Aspekt der Bodhisattvaschaft kommen, haben wir das Gefühl, als ob wir etwas Solides, wirklich Gehaltvolles ergriffen hätten. Hier beginnt das Leben seinen eigentlichen Sinn zu finden. Es hört auf, nur blinder Selbstbehauptungstrieb zu sein, denn *adhiṣṭhâna* ist ein anderer Name für *praṇidhâna* (das ethische Prinzip der Bodhisattvaschaft: das *Boddhisattva*-Gelübde), das zusammen mit *jñâna* (dem höheren Wissen) das Wesen der Bodhisattvaschaft ausmacht. – Vermittels *jñâna* steigen wir empor und erreichen sozusagen den Gipfel der dreiunddreißig Himmel, von wo wir ruhevoll auf die Unterwelt und ihre Aktivitäten herabblicken, als wären es Wolken unter unseren Füßen, ruhelos wirbelnde Massen, die denjenigen, der über ihnen steht, nicht berühren. Die *Jñâna*-Welt (des transzendenten Wissens) ist transparent, leuchtend und ewig heiter. Aber der *Bodhisattva* würde nicht in diesem Zustand ewiger Kontemplation verharren, erhaben über die Welt der Einzelheiten und daher der Kämpfe und Leiden, denn sein Herz schmerzt bei ihrem Anblick. Er ist entschlossen, mitten in den Sturm des Daseins hinabzusteigen [14].»

Die Legende berichtet, das *Avalokiteśvara*, als er mit dem allesdurchdringenden Auge der Weisheit herabblickte auf die leidende Welt, von solch tiefem Mitleid erfüllt war, daß er, in seinem überwältigenden Wunsche, die Wesen zur Befreiung zu führen, sich vertausendfältigte: sein Kopf zersprang zu einer Unzahl von Köpfen [15], und aus seinem Leibe schossen tausend helfende Arme und Hände wie eine Strahlenaura hervor. In der Mitte jeder Hand aber öffnete sich ein Auge; denn das Mitleid eines *Bodhisattva* ist nicht blinde Gefühlsaufwallung, sondern Liebe, die mit Weisheit gepaart ist, – spontane Hilfsbereitschaft, die aus der natürlichen inneren Verbundenheit des *Bodhisattva* mit allem Lebenden quillt. Weisheit ist die Voraussetzung dieses Mitgefühls und insofern mit ihm identisch; denn Weisheit besteht in der Erkenntnis der inneren Verbundenheit aller Wesen, – und das Erlebnis einer solchen Verbundenheit ist gleichbedeutend mit der Erfahrung des fremden Leides als dem eigenen.

In dieser Erkenntnis ist Mitleid nicht auf dem Gefühl moralischer oder geistiger Überlegenheit begründet, sondern auf Gleichsetzung mit anderen: *«Attânaṃ upamaṃ katvâ»*, «sich selbst anderen gleichgemacht haben», wie es schon im *Dhammapada* (Pâli) heißt. In anderen Worten, sich selbst im Anderen zu erkennen, ist der Schlüssel gegenseitigen Verstehens, die Basis wahrer Ethik.

[14] D. T. Suzuki «Essays in Zen Buddhism», Vol. III, pp. 149/50. – Rider & Co., London 1953. (Die eingeklammerten Erklärungen sind von mir hinzugefügt.)

[15] Ikonographisch dargestellt in elf Köpfen.

«Das große Geheimnis der Moral ist Liebe oder ein aus unserer eigenen Natur Herausgehen und eine Identifikation unserer selbst mit dem Schönen, das in einem Gedanken, einer Handlung oder einer Person, außerhalb unserer selbst, besteht. Ein Mensch, um wirklich gut zu sein, muß eine intensive und umfassende Vorstellungsgabe haben; er muß sich selbst an die Stelle Anderer und vieler Anderer setzen; die Schmerzen und Freuden seiner Mitmenschen müssen seine eigenen werden.» (Shelley)

Der Mit-leidende setzt sich an die Stelle des Leidenden und erfährt seinen Schmerz, seine Sehnsucht, sein innerstes Verlangen, als das eigene. Und weil er ihn solchermaßen im tiefsten Wesen versteht, kann er ihm die Hilfe bieten, die seinem Wesen entspricht. Darum heißt es, daß *Avalokiteśvara* dem Hilfsbedürftigen, der seinen Beistand sucht und nach ihm verlangt, von Angesicht zu Angesicht erscheint, d. h. zum persönlichen Erlebnis wird und die den Umständen und dem zu Helfenden angemessene Form annimmt.

Die Hilfe eines *Bodhisattva* ist daher nicht etwas von außen Kommendes oder Aufgezwungenes, sondern die aus der inneren Natur jedes Wesens erweckte Kraft, vermöge deren wir furchtlos jeder Situation entgegentreten und sie zu einem positiven Wert machen, zu einem Mittel der Erlösung. Ja, wir gehen vielleicht nicht zu weit, diese Kraft direkt mit Furchtlosigkeit zu identifizieren.

An dieser Furchtlosigkeit zerschellt die Macht des Karma, oder – wie es in der Sprache der *Sûtra*s heißt: Selbst das Schwert des Scharfrichters bricht in Stücke, wenn der Gerichtete den Namen *Avalokiteśvara*s aus tiefstem Herzen anruft[16]. Der Scharfrichter ist niemand anders als die wirkende Tat des Gerichteten, sein eigenes Karma. In dem Augenblick aber, in dem er dies erkennt, in tiefster Seele anerkennt und bereitwillig auf sich nimmt im Lichte jener inneren Gewißheit, die aus der Botschaft, dem Beispiel und der Geistestat der Erleuchteten fließt,

[16] Cfr. D. T. Suzuki «The Essence of Buddhism», p. 64.

wird er aus dem passiven Opfer blinder (d. h. aus Unwissenheit verursachter) «Schicksalsfügungen» zum aktiven Gestalter dieses Schicksals. Indem er die Gestalt *Avalokiteśvaras* in sich vergegenwärtigt, erweckt er in sich die Kräfte des Lichtes und der geistigen Verbundenheit aller derer, die den Zustand der Erleuchtung verwirklichten. An diesem Wunder innerer Wendung zerbricht selbst das Schwert des Totenrichters (*Yama;* Tib.: *gśin-rje*), und er enthüllt sich als die Gestalt des Großen Erbarmenden: *Avalokiteśvaras*.

Und in der Tat sehen wir unter den elf Köpfen des tausendarmigen *Avalokiteśvara* das furchterregende Haupt des Totenrichters unmittelbar unterhalb des friedlichen Antlitzes *Amitâbhas*, der den *Dharmakâya*-Aspekt *Avalokiteśvaras* andeutet. Wie wir bereits aus der Vieldimensionalität des Großen Mantra ersahen, ist die Gestalt *Avalokiteśvaras* nicht nur die ausschließliche Erscheinungsform des *Nirmâṇakâya,* sondern umfaßt ebensowohl den *Dharmakâya* wie den *Sambhogakâya.*

Dies kommt auch in der ikonographischen Beschreibung des tausendarmigen *Avalokiteśvara* zum Ausdruck, in der es heißt: «Die tausend Arme werden eingeteilt in acht, die der *Dharmakâya*-Manifestation angehören, vierzig gehören dem *Sambhogakâya* an und neunhundertzweiundfünfzig dem *Nirmâṇakâya*[17].» Die Arme der *Dharmakâya*-Manifestation erfüllen den innersten Kreis, der den Körper umgibt, – die vierzig Hände (deren Arme nicht sichtbar sind) des *Sambhogakâya* den nächstfolgenden Kreis, – während die helfend ausgestreckten Hände des *Nirmânakâya* (die im Gegensatz zu den vorhergehenden keine symbolischen Enbleme halten) in stetig zunehmender Anzahl die fünf äußeren Kreise erfüllen. Je weiter die helfenden

[17] *«Tsao-Hsiang Liang-tu Ching»*, ein chinesisch-lamaistischer Text, der auf Befehl des Chang Chia Hu-t'u-k'e-t'u im 13. Jahre der Regierung des Kaisers Ch'ien-Lung (1748) gedruckt wurde. Zitiert von Dr. P. H. Pott in seiner «Introduction to the Tibetan Collection of the National Museum of Ethnology», Leiden, 1951.

Kräfte des *Bodhisattva* sich in die Tiefe der Welt stürzen, desto größer ist ihre Differenzierung [18].

VI

AVALOKITEŚVARAS ABSTIEG IN DIE SECHS BEREICHE DER WANDELWELT

Worin besteht nun jene Welt, in deren Tiefe sich die helfenden Kräfte des *Bodhisattva* stürzen? – Nach buddhistischer Auffassung ist das, was wir als die Welt erleben, das Resultat unseres Denkens, Fühlens und Handelns. Solange dieses Denken, Fühlen und Handeln von der Illusion unserer Gesondertheit, unserer individuellen Begrenztheit geleitet und motiviert wird, erleben wir eine dementsprechend begrenzte, einseitige und somit unvollkommene Welt, in der wir vergeblich versuchen, unsere Selbst-Identität, unser vermeintliches Ich aufrechtzuerhalten gegen den unaufhaltsamen Strom ewig wandelnder Formen und Ereignisse. Die Welt erscheint uns daher als eine Welt der Unbeständigkeit, der Unsicherheit, der Furcht; und es ist diese Furcht, die wie eine Mauer jedes Wesen umgibt und es von anderen trennt.

Indem der *Bodhisattva* die Wesen von dieser Furcht befreit durch das Beispiel seiner eigenen Furchtlosigkeit und schrankenlosen Hingabe, bricht er die trennenden Mauern nieder und eröffnet einen Blick in unerahnte Reiche der Freiheit, in denen die Solidarität der Wesen offenbar und zur natürlichen Grundlage gegenseitigen Verstehens wird. Dann werden Mitgefühl,

Innerster Kreis:	8 Arme	(*dharmakâya*)
Zweiter Kreis:	40 Arme	(*sambhogakâya*)
Dritter Kreis:	142 Arme	
Vierter Kreis:	166 Arme	
Fünfter Kreis:	190 Arme	(*nirmâṇakâya*)
Sechster Kreis:	214 Arme	
Siebenter Kreis	240 Arme	
Insgesamt:	1000 Arme	

Güte, Nächstenliebe, Barmherzigkeit und dergleichen nicht mehr als «Tugenden» empfunden, sondern als die selbstverständliche Haltung seelischer Freiheit. Darum sagt Laotse im *Tao Te Ching* (38): «Der wahrhaft Tugendhafte ist sich seiner Tugend nicht bewußt. Der Mensch geringerer Tugend aber ist stets um seine Tugend besorgt und ist darum ohne wahre Tugend. Wahre Tugend ist spontan und macht keine Ansprüche auf Verdienst.»

Wenn es darum heißt[19], daß *Avalokiteśvara* nach Erlangung der transzendenten Kräfte grenzenloser Freiheit und Furchtlosigkeit gelobt habe, alle lebenden Wesen von ihren Fesseln und Leiden zu befreien, so bedeutet dieses Gelübde den Ausdruck eines spontanen Dranges, der aus der Tiefe des Herzens aufquillt im Wissen um die Wesenseinheit alles Lebens. Mit der Auslöschung der Ich-Illusion, ja mit der bloßen Anerkennung der Tatsache, daß es ein separates «Ich» nicht gibt, wie kann es da so etwas wie die «eigene» Erlösung geben. Solange wir um das Leiden unserer Mitgeschöpfe wissen und es als das eigene erleben (oder richtiger: indem wir keinen Unterschied mehr machen zwischen «eigenem» und «fremdem»), kann unsere Erlösung nur gleichbedeutend sein mit der Erlösung Aller.

Dies bedeutet nicht einen Aufschub auf unbeschränkte Zeiten, sondern es bedeutet, daß der Erlösungsakt alle Wesen einschließt, ein Akt grenzenloser Hingabe ist, in dem keinerlei Zeitbegriff mehr besteht. Er ist ein Akt im Bereiche der *Dharma*-Wirklichkeit, jenseits von Zeit und Raum, d. h. in einer Sphäre, in der die Polarität von Zeit und Raum aufgehoben und als immanente, unmittelbare Gegenwart und Ganzheit erlebt wird. So wie es von Christus heißt, daß er sich der ganzen Menschheit zum Opfer darbrachte und für jeden einzelnen Menschen – ja selbst für noch ungeborene Generationen – starb, so kann vom Buddha gesagt werden (und das trifft für jeden Erleuchteten zu), daß seine Erleuchtung alle Wesen einschloß und bis zum Ende aller Zeiten in allen Wesen zur Wirkung kommt.

[19] Im *Śurâṅgama Sûtra.*

Dies muß dem Denken unbegreiflich bleiben, weil es über seine Dimension hinausgeht, – aber aus dem mystischen, d. h. aus Zeit und Raum herausgelösten Erleben, wie es von den Großen des Geistes aller Zeiten bezeugt wird, können wir eine Ahnung von der Tiefe dieses Mysteriums in uns wachrufen. Es ist das Mysterium von der über alle Zeiten und Räume wirkenden Kraft des erleuchteten Bewußtseins, das sich in der «alle Werke vollbringenden Weisheit» *Amoghasiddhis* offenbart und im Symbol des *Viśvavajra* dargestellt ist, – dem Doppelvajra, der die Dimensionen der Zeit und des Raumes zur höheren Wirklichkeit einer «vierten» Dimension zusammenfaßt. Es ist diese Bewußtseinsdimension, in der die transzendenten Kräfte der Erleuchteten wirken und in der alle *Bodhisattvas* ihr Wesen haben. Und es ist hier, daß *Avalokiteśvara* als Inbegriff tätiger Bodhisattvaschaft sich in unzähligen Formen verkörpert.

Um jener Kräfte teilhaftig zu werden, bedarf es aber des eigenen Mitwirkens, der eigenen Anstrengung oder zumindest der eigenen Bereitschaft. So wie die Blume sich der Sonne öffnet, so müssen wir uns diesen Kräften öffnen, uns ihrem Bereiche zuwenden, wenn wir an ihnen teilhaben wollen. Denn ebensowenig wie die Sonne die Macht hat, in eine Blume zu dringen, sofern diese sich nicht selbst ihr zuwendet und sich willig ihren Strahlen öffnet, so wenig kann die Erleuchtung eines Buddha auf uns wirken, wenn wir uns diesem Einfluß verschließen oder unsere Aufmerksamkeit ausschließlich auf die Befriedigung materieller Bedürfnisse und egozentrischer Wünsche und Begierden richten.

Schon im *Mahâyâna Śraddhotpâda Śâstra* ist dieses Problem beleuchtet worden: «Wenn alle Buddhas von den fernsten Zeitanfängen diese transzendenten Kräfte der Weisheit und des Mitleidens besaßen und über unbegrenzte Mittel verfügten, um allen lebenden Wesen zu helfen, wie kommt es dann, daß die Wesen ihren guten Willen und ihre wohltätigen Handlungen nicht anerkennen und wertschätzen und sich für sie empfänglich zeigen – und in gegebener Zeit Erleuchtung und Buddhaschaft erlangen? – Die Antwort ist, daß alle Buddhas, – indem sie sich mit dem reinen *Dharmakâya* identifizieren, alle Universums in gleicher Weise machtvoll und spontan durchdringen, während sie zu gleicher Zeit in ihrem reinen Wesen (ihrer innersten Natur) auch alle lebenden Wesen in sich schließen. Und da sie somit in ständiger Wechselbeziehung mit ihnen stehen und von gleicher Natur sind, so erwarten sie den willigen und unausbleiblichen Respons, der ein notwendiger Teil der vollkommenen Reinheit und Einheit des *Dharmakâya* ist [20].»

In allen Bereichen des Daseins erscheinen somit die Gestalten der Erleuchteten: in den tiefsten Höllen sowohl wie in den höchsten Himmelswelten, im Bereich der Menschen und Tiere sowohl wie in den Bereichen nicht-menschlicher Wesen.

In fast jedem tibetischen Tempel befindet sich eine anschauliche Darstellung der sechs Daseinsbereiche der Wandelwelt. Und entsprechend der Natur dieser Wandelwelt, in der sich der Kreislauf der Wiedergeburten vollzieht, wird sie dargestellt als ein Kreis, dessen sechs Segmente die sechs Haupttypen weltlichen, d. h. unerleuchteten Daseins darstellen. Diese Daseinsformen sind bedingt durch die Illusion getrennter Selbstheit, den «Ich»-Wahn, (asmimâna) der alles, was zur Befriedigung und Aufrechterhaltung seiner «Ichheit» dient, begehrt und alles das, was sich ihm oder seinem Begehren entgegensetzt, verabscheut, als hassenswert, «häßlich», betrachtet.

Diese drei Grundmotive oder Wurzelursachen (*hetu*) unerleuchteten Daseins bilden die Nabe des Rades der Wiedergeburten. Sie werden daher im Zentrum des Kreises dargestellt und zwar in Form dreier Tiere, in denen Gier, Haß und Wahn veranschaulicht werden: Ein roter Hahn, als Sinnbild leidenschaftlichen Verlangens und Verhaftetseins (*râga*, Tib.: *ḥdod-chags*); eine grüne Schlange als Verkörperung des lebenvergiftenden Hasses, der Feindschaft und Aversion (*dveṣa*, Tib.: *že-sdaṅ*); und ein schwarzer Eber, der den dunklen, wahnbetörten Daseinsdrang, den blinden Wahn der Ichsucht, verkörpert (*moha*, Tib.: *gti-mug*).

[20] Nach der englischen Übersetzung von Bhikshu Wai-tao und Dwight Goddard in «A Buddhist Bible», p. 396.

Die drei Tiere sind ineinander verbissen und solcherart angeordnet, daß sie wiederum einen Kreis bilden; denn Gier, Haß und Wahn bedingen sich gegenseitig und sind unlöslich miteinander verbunden. Sie sind nichts anderes als die extremen, willensbedingten Ausdrucksformen jenes Nichtwissens (*avidyâ*, Tib.: *ma-rig*) um die wahre Natur der Dinge, demzufolge die Wesen Vergängliches als unvergänglich, Unwirkliches als wirklich und begehrenswert betrachten. Im geistig unentwickelten trieb-beherrschten Wesen wird dieser Mangel an Erkenntnis zur Verblendung (*moha*), oder, wie der Tibeter sagt, zur geistigen Verdunkelung, Umnachtung (*gti-mug*), die es tiefer und tiefer in den Kreislauf des *Saṃsâra* verstrickt, im Jagen nach vergänglichem Glück, Flucht vor Leidvollem, Furcht vor dem Verlust des Ergriffenen, Kampf um den Besitz des Wünschenswerten oder die Erhaltung des Erworbenen. Der *Saṃsâra* ist die Welt des ewigen Zwiespaltes, unversöhnlicher Gegensätze, einer aus dem Gleichgewicht geratenen Dualität, in der die Wesen von einem Extrem ins andere fallen.

Zuständen himmlischer Freuden stehen Zustände höllischer Qualen gegenüber, dem Bereiche titanischer Macht und Kampfeslust, der Bereich tierischer Angst und Verfolgungsnot, dem Bereich menschlichen Tatendranges und Schaffensstolzes, der Bereich daseinshungriger *Pretas* (Tib.: *yi-dvags*), in denen die unbefriedigten Leidenschaften und unerfüllten Begierden weltverhafteter Wesen ein geisterhaftes, gespenstisches Dasein führen.

Vorstehende Reproduktion eines tibetischen «Lebensrades» (Tib.: *srid-paḥi ḥkhor-lo*, «der Zyklus weltlicher Daseinszustände») zeigt im obersten Sektor den Bereich der Götter (*deva*, Tib.: *lha*), deren sorgloses, ästhetischen Freuden hingegebenes Leben durch Musik und Tanz angedeutet wird. Durch diese einseitige Hingabe an ästhetischen Genuß vergessen sie die wahre Natur des Lebens, die Begrenztheit ihres Daseins, die Leiden anderer Wesen, sowie ihre eigene Vergänglichkeit. Sie wissen nicht, daß sie nur in einem Zustand zeitweiser Harmonie leben, der ein Ende nimmt, sobald die Ursachen (die moralischen Verdienste, nach buddhistischer Anschauung), die sie zu diesem

«Tibetisches Lebensrad»
(Umrißzeichnung eines tibetischen Tempelfreskos: Sankar Gompa, Leh.)

Zustand führten, erschöpft sind. Sie leben sozusagen vom Kapital vergangener guter Taten, ohne Neues hinzuzufügen. Sie sind mit Schönheit, Langlebigkeit und Schmerzfreiheit begabt, aber eben diese Schmerzfreiheit, dieser Mangel an Widerständen, beraubt die Harmonie dieses Daseins aller schöpferischen Impulse, geistiger Aktivität und des Strebens nach tieferer Erkenntnis und führt schließlich zu einem Absinken in niedere Daseinszustände. Wiedergeburt in himmlischen Welten gilt dem Buddhisten daher nicht als erstrebenswert. Es ist nur ein Aufschub aber keine Lösung des Daseinsproblems. Es führt zur Verstärkung der Ich-Illusion und zu tieferer Verstrickung in die Wandelwelt.

So sehen wir im untersten Sektor des Daseinsrades die Kehrseite jener himmlischen Freuden: den Bereich höllischer Qualen (*nirâya;* Tib.: *dmyal-ba*). Diese Qualen, die in Form drastischer Torturen dargestellt werden, sind nicht «Strafen», die von einem allmächtigen Gott und Schöpfer über die Wesen verhängt werden, sondern die unvermeidlichen Rückwirkungen ihrer eigenen Taten. Der Totenrichter verdammt nicht, sondern hält nur den Spiegel empor, den Spiegel des Gewissens, in dem jedes Wesen sich selbst das Urteil spricht. Dies Urteil, das aus dem Munde des Totenrichters zu kommen scheint, ist jene innere Stimme, die in der Keimsilbe «HRÎḤ», die im Zentrum des Spiegels sichtbar ist, zum Ausdruck kommt. Darum heißt es, daß *Yama,* der König des Gesetzes (Skt.: *Dharma-râja;* Tib.: *gšin-rje-chos-rgyal*), eine Emanation *Amitâbha*s sei, in Form von *Avalokiteŝvara,* der in seiner Barmherzigkeit in die tiefsten Höllen hinabsteigt und kraft des Spiegels der Erkenntnis (durch den die Stimme des Gewissens erweckt wird) die Qualen der Wesen in ein reinigendes Feuer verwandelt, aus dem sie geläutert zu besseren Daseinsformen aufsteigen. Um dies zu veranschaulichen ist *Avalokiteŝvara* in seiner Buddhagestalt nochmals neben der schreckenerregenden Form des Totengottes und Richters, *Yama,* dargestellt. Aus seiner Hand aber lodert die läuternde Flamme.

In ähnlicher Weise erscheint *Avalokiteŝvara* in allen anderen

Daseinsbereichen, – jeweils das Symbol seiner besonderen Sendung, das der Natur des betreffenden Daseinsbereiches entspricht, in Händen tragend.

Im Bereiche der *Devas* erscheint er mit der Laute, um durch die Klänge des Dharma die Götter aus ihrer Selbstzufriedenheit und aus den Illusionen vergänglicher Freuden zu höherer Wirklichkeit und zu einer tieferen, zeitlosen Harmonie zu erwecken.

Im Bereiche der Titanen, der «Gegengötter» oder *Asuras* (Tib.: *lha-ma-yin*), zur Rechten der Götterwelt aber erscheint er mit dem flammenden Schwert, denn die Wesen dieses Bereiches verstehen nur die Sprache des Kampfes. Statt um die Früchte des Wunschbaumes *(Kalpataru)*, der zwischen dem Bereich der Götter und dem der Titanen steht, zu kämpfen, lehrt der *Bodhisattva* den edleren Kampf um die Früchte der Erkenntnis und Wunschbefreiung. Das flammende Schwert ist das Symbol der die Dunkelheit des Nichtwissens und die Knoten der Verstrickung durchschneidenden, aktiven «Unterscheidenden Erkenntnis».

Als Kehrseite der Machttrunkenheit der Titanen, steht ihnen im linken unteren Sektor, der Bereich der Furcht gegenüber, – des Verfolgtseins und Ausgeliefertseins an ein blindes Schicksal naturgegebener Notwendigkeiten und unkontrollierbarer Instinkte – der Bereich der Tiere. Hier erscheint *Avalokiteśvara* mit einem Buche in der Hand. Denn den Tieren gebricht es an der Fähigkeit artikulierter Sprache und reflexiven Denkens, das sie aus der triebgebundenen Umnachtung ihres Bewußtseins, der Trägheit und Dumpfheit eines noch unentwickelten Geistes, befreien könnte.

Zur Linken der Götterwelt sehen wir die Welt der Menschen, den Bereich zielbewußten Strebens und Wirkens, in dem die Freiheit der Entscheidung eine wesentliche Rolle spielt, weil hier die Qualitäten aller Daseinsbereiche bewußt werden und alle ihre Möglichkeiten gleichermaßen offenstehen, - und darüber hinaus die Möglichkeit endgültiger Befreiung vom Kreislauf der Geburten durch Erkenntnis der wahren Natur der Welt.

Hier erscheint daher *Avalokiteśvara* als *Buddha Śâkyamuni* mit Almosenschale und Asketenstab, um denjenigen, «deren Augen mit nur wenig Staub bedeckt sind», den Weg zur Befreiung zu weisen. Aber nur Wenige sind bereit, den Weg zur endgültigen Erlösung zu beschreiten. Die Mehrzahl verstrickt sich in weltlicher Aktivität, im Jagen nach Besitz und Sinnenfreuden, Macht und Ruhm. Und so steht der Welt menschlichen Tatendranges und stolzer Selbstbehauptung der Bereich unbefriedigter Begierden und machtlosen Verlangens gegenüber.

Dies ist im rechten unteren Sektor des Lebensrades dargestellt. Hier zeigt sich die Kehrseite der Leidenschaften im impotenten Verhaftetsein an die Objekte des Begehrens ohne Möglichkeit der Befriedigung dieser Leidenschaften. Die Wesen dieses Bereiches, *Pretas* (Tib.: *Yi-dvags)* genannt, sind die ruhelosen Geister unbefriedigter Leidenschaften, bzw. leidenschafts-verhafteter Wesen, die in einer Welt imaginärer Wunschobjekte ein gespensterhaftes, ruheloses Dasein führen. Sie sind Wesen, die ihr inneres Gleichgewicht verloren haben und deren einseitig gerichteter Lebenswille eine dementsprechend unvollkommene, disharmonische Erscheinungsform hervorbringt, die weder die Kraft zu voller materieller Verkörperung noch zu irgendwelcher Art von «Vergeistigung» haben. Sie sind jene Wesen oder Bewußtseinskräfte, die mit den Gläubigen spiritistischer Sitzungen ihr Spiel treiben und die, nach volkstümlicher Vorstellung an die Stätten ihres früheren Daseins und ihrer unerfüllten Wünsche verhaftet (und darum der Gegenstand nekromantischer Beschwörungen) sind. Sie werden dargestellt als gespensterhafte Wesen mit spindeldürren Gliedern und aufgeschwollenen Leibern, die von unersättlichem Hunger und Durst geplagt sind, ohne imstande zu sein, genügend Speise und Trank zu sich zu nehmen. Das Wenige aber, das sie durch die winzige Öffnung ihres dünnen Halses zu sich nehmen können, bereitet ihnen unsägliche Qualen, denn Speise ist ihnen unverdaulich und läßt ihre Leiber aufschwellen und Trank verwandelt sich ihnen in Feuer: ein drastisches Gleichnis für die Natur alles leidenschaftlichen Begehrens (*râga;* Tib.: *ḥdod-chags*), deren

Leiden durch Nachgeben nicht gestillt, sondern vermehrt werden. In anderen Worten: Leidenschaften sind das, was Leiden schafft, weil sie ihrer Natur nach unstillbar sind und jeder Versuch, sie zu befriedigen, zu tieferer Verhaftung und größeren Qualen führt.

Befreiung von solchen leidenschaftlichen Begehren ist nur möglich, wenn es gelingt ihre unheilsamen Objekte durch heilsame zu ersetzen (d. h. *kâma-chanda,* sinnenweltliches Begehren, in *dharma-chanda,* in Verlangen nach Wahrheit und Erkenntnis zu verwandeln). Der Buddha, in dessen Form *Avalokiteśvara* im Reiche der *Preta*s erscheint, trägt daher ein Behältnis mit himmlischen Kostbarkeiten (oder himmlischer Speise und himmlischem Trank, die sich nicht in Feuer und Qual verwandeln), welche die Objekte weltlichen Begehrens wertlos erscheinen lassen und die Leiden brennenden Verlangens stillen.

VII

DIE FORMEL DES ABHÄNGIGEN ENTSTEHENS

Während in den «Sechs Bereichen» die Entfaltung der Welt auf Grund der im Zentrum des Lebensrades symbolisierten Motive dargestellt wurde, zeigt der äußere Rand des Lebensrades die Entfaltung dieser Prinzipien im individuellen Leben. Unwissenheit (*avidyâ;* Tib.: *ma-rig*) ist hier durch ein blindes Weib (denn *avidyâ* ist weiblichen Geschlechtes), das sich mit einem Stock tastend fortbewegt, dargestellt. Auf Grund seiner geistigen Blindheit irrt der Mensch durchs Leben und macht sich eine illusorische Vorstellung von sich selbst und der Welt, derzufolge sein Wollen auf Unwirkliches gerichtet ist und seinen Charakter, diesem Wollen, Begehren und Vorstellen entsprechend gestaltet.

Diese Gestaltungstätigkeit (*saṃskâra;* Tib.: *ḥdu-byed*) wird treffend veranschaulicht durch das Bild eines Töpfers. So wie der Töpfer die Formen der Töpfe gestaltet, so formen wir unseren Charakter und unser Schicksal, oder richtiger, unser Karma, durch unsere Taten in Werken, Worten und Gedanken. *Saṃskâra* ist hier wollendes Wirken, gleichbedeutend mit *cetanâ* (Wille) und *karma* (wirkende Tat) zum Unterschied von *Saṃskâra-skandha,* der Gruppe geistiger Gestaltungen, die als *Resultat* jener Willensakte zu neuem Wirken Anlaß geben und zum aktiven Prinzip, zum richtunggebenden Charakter eines neuen Bewußtseins werden.

Denn Charakter ist nichts anderes, als die durch wiederholte Taten gebildete Tendenz unseres Wollens. Jedes Tun hinterläßt eine Spur, einen durch den Vorgang des Gehens entstandenen Pfad, und wo immer ein solcher einmal begangener Pfad besteht, dort finden wir, wenn eine ähnliche Situation eintritt, unseren natürlichen Ausweg, die Richtung, die wir spontan einschlagen. Dies ist das Gesetz der fortwirkenden Tat, das Karma, das nichts anderes ist als das Gesetz der Bewegung in der Richtung des geringsten Widerstandes, d. h. des bereits ein- oder mehreremale eingeschlagenen und daher leichteren Weges: das, was wir im menschlichen Leben die «Kraft der Gewohnheit» nennen.

So wie der Töpfer aus dem gestaltlosen Lehm Gefäße formt, so schaffen wir durch Taten, Worte und Gedanken aus dem noch ungeformten Material unseres Lebens und unserer Sinneseindrücke die Gefäße unseres künftigen Bewußtseins, nämlich das, was diesem Bewußtsein Form und Richtung gibt.

Beim Abscheiden aus dem einen und dem Eintreten in ein anderes Leben ist es das so geformte Bewußtsein, das den Keim des neuen Wesens bildet. Dies, am Anfang eines neuen Lebens stehende Bewußtsein (*vijñâna;* Tib.: *rnam-ŝes*), ist im dritten Bilde dargestellt und zwar in der Gestalt eines an einem Zweige sich festhaltenden Affen. Denn so wie der Affe rastlos von Zweig zu Zweig springt, so springt das Bewußtsein von Objekt zu Objekt.

Bewußtsein kann aber nicht für sich allein bestehen. Es hat nicht nur die Eigenschaft unaufhörlich Vorstellungsobjekte zu ergreifen und das soeben Ergriffene um eines anderen willen zu

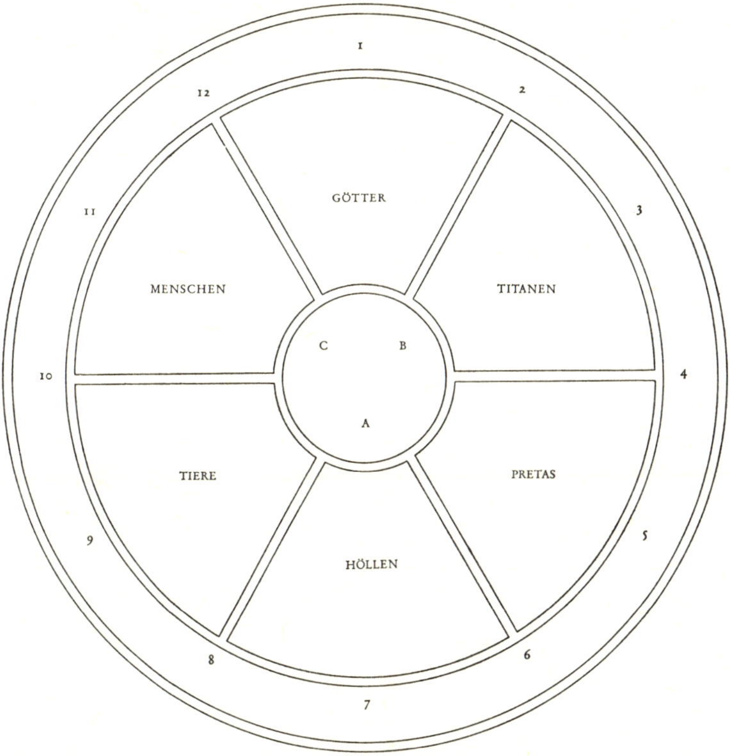

A. Verblendung *(moha)* B. Begierde *(lobha, rāga)* C. Haß *(dveṣa)*

1. Blindes Weib: «Unwissenheit» *(avidyā)*
2. Töpfer: «karmische Bildekräfte» *(saṃskāra)*
3. Affe: «Bewußtsein» *(vijñāna)*
4. Zwei Menschen in einem Boot: «Geistkörperlichkeit *(nāma-rūpa)*
5. Haus mit sechs Fenstern: «Sechs Sinne» *(ṣaḍāyatana)*
6. Liebespaar: «Berührung» *(sparśa)*
7. Pfeil, der das Auge eines Mannes durchbohrt: «Empfindung», «Gefühl» *(vedanā)*
8. Trinker, der von einer Frau bedient wird: «Begierde», «Durst» *(tṛṣṇa)*
9. Mann, der Früchte sammelt: «Haften» *(upādāna)*
10. Geschlechtsverkehr: «Werden» *(bhava)*
11. Gebärende Frau: «Geburt» *(jāti)*
12. Mann, der einen Leichnam auf dem Rücken trägt: «Tod» *(maraṇa)*

lassen, sondern es hat auch die Fähigkeit, sich dauernd zu kristallisieren und sich in materielle Form und geistige Funktionen zu polarisieren. Daher heißt es, daß Bewußtsein die Quelle der «Geist-Körperlichkeit» (*nâma-rûpa;* Tib.: *miṅ-gzugs*) ist, die Vorbedingung des geistigen und körperlichen Organismus, in dem die enge Beziehung zwischen Körperlichem und Geistigem, zwei im gleichen Boot fahrenden Menschen verglichen wird. Dies ist im vierten Bilde dargestellt, in dem wir einen Fährmann sehen, der zwei Leute in einem Boot übersetzt. (Der Fährmann gehört streng genommen nicht zum Bild.)

Die Geist-Körperlichkeit differenziert sich weiterhin und wirkt sich aus durch die sechs Sinne: (*ṣaḍâyatana;* Tib.: *skye-mched*) das Denken, das Sehen, das Hören, das Riechen, das Schmecken und das Fühlen (Tastsinn). Diese Fähigkeiten sind wie die Fenster eines Hauses, durch die wir in die Außenwelt blikken. Sie werden darum als ein Haus mit sechs Fenstern dargestellt. Der Künstler, der das hier wiedergegebene Lebensrad schuf, nahm sich jedoch die Freiheit, im fünften Bild die Front des Tempels abzubilden, in dessen Vorhalle sich dieses Fresko befindet.

Im sechsten Bilde wird der Kontakt der Sinne mit ihren Objekten (*sparŝa;* Tib.: *reg-pa*) als das erste Erblicken und die erste gegenseitige Berührung Liebender dargestellt.

Die aus dem Kontakt der Sinne mit ihren Objekten sich ergebende Empfindung (*vedanâ;* Tib.: *tshor-ba*) wird im siebenten Bilde als ein Mann dargestellt, der von einem Pfeil ins Auge getroffen ist.

Das achte Bild zeigt einen Trinker, der von einer Frau bedient wird. Es symbolisiert den Lebensdurst (*tṛṣṇâ;* Tib.: *sred-pa*), das Begehren, das durch angenehme Empfindungen hervorgerufen wird. (Der Pfeil im Auge soll nicht die Annehmlichkeit, sondern nur die Stärke der Empfindung und vielleicht auch ihre schmerzhaften Folgen in der Zukunft andeuten, die denjenigen, der sich von ihr überwältigen läßt, erwarten.)

Aus dem Lebensdurst entsteht das Ergreifen und Haften (*upâdâna;* Tib.: *len-pa*) an den begehrten Objekten. Dies wird im neunten Bilde dargestellt durch einen Mann, der von einem Baum Früchte pflückt und in eine Kiepe sammelt.

Aus der Verhaftung entsteht neues Werden (*bhava;* Tib.: *srid-pa*), was durch die Vereinigung von Mann und Weib im zehnten Bilde veranschaulicht wird.

Das Werden führt zur Wiedergeburt (*jâti;* Tib.: *skye-ba*) in einem neuen Leben. Das elfte Bild zeigt demgemäß ein gebärendes Weib. Der Tibeter, dessen Haltung gegenüber geschlechtlichen Dingen von entwaffnender Natürlichkeit und Sachlichkeit ist, scheut sich nicht, die Vorgänge des Zeugens und Gebärens unzweideutig und unverhüllt darzustellen. Er legt größeren Wert auf Lebensnähe als auf philosophische Abstraktionen. Dennoch gelingt es ihm in seiner Symbolik (des Sichtbaren sowohl wie der Worte) Nüancen des geistigen Erlebens mit erstaunlicher Feinheit und Präzision auszudrücken. Seine Mystik ist nie lebensfremd, seine Philosophie nicht Ausdruck spekulativen Denkens, sondern Resultat praktischer Erfahrung. Aus der gleichen Haltung heraus bemüht er sich, auch dem einfachsten Geist religiöse Ideen zu veranschaulichen und durch Bild und Wort in den Bereich des konkreten Lebens einzubeziehen. Um allen Mißdeutungen vorzubeugen, ist jedem der hier beschriebenen Symbolbilder eine kurze Inschrift beigegeben, wie «Affe: – Bewußtsein», «blindes Weib – Nichtwissen» und dergleichen.

Das zwölfte Bild stellt einen Mann dar, der einen Toten (nach tibetischem Brauch in hockender Stellung in Tücher gewickelt) auf seinem Rücken zur Leichenstätte trägt und illustriert das letzte der zwölf Glieder der Formel des «abhängigen Entstehens» (*pratîtyasamutpâda;* Tib.: *rten-ḥbrel-yan-lag-bcu-gñis*), das da sagt, daß alles Geborenwerden zu Alter und Tod (*jarâ-maraṇa;* Tib.: *rgas-ŝi*) führt.

Dank solcher bildlicher Darstellungen ist diese Formel, die zum ältesten Gedankengut des Buddhismus gehört, in Tibet volkstümlicher als in irgend einem anderen buddhistischen Lande[21]. Sie ist oft als zwölffacher «Kausalnexus» bezeichnet

[21] Schon in den Höhlentempeln von Ajanta (2. Jahrhundert v. Chr. bis 7. Jahrhundert n. Chr.) befand sich ein solches «Lebensrad», von dem Frag-

worden, und infolge dieser falschen Voraussetzung hat sich gar mancher Gelehrter den Kopf zerbrochen, wie diese «Kausalität» sich nach den Gesetzen der Logik oder der natürlichen Aufeinanderfolge erklären ließe. Ja, man glaubte eine Art kosmische Evolutionsreihe aus dieser Formel herauslesen zu können. *Avidyâ*, das Nichtwissen oder Nichterkennen der Wirklichkeit, ist aber nicht als eine «prima causa», eine metaphysische Daseinsursache oder ein kosmogonisches Prinzip aufzufassen, sondern als eine Bedingung, unter der unser gegenwärtiges Leben sich entwickelt, eine Bedingung, die für unseren gegenwärtigen Bewußtseinszustand charakteristisch ist.

Der Buddha sprach nur von einem *bedingten* oder *abhängigen* Entstehen, nicht aber von einem Kausalgesetz, in dem die einzelnen Phasen der Entwicklung mit mechanischer Notwendigkeit in immer gleicher Weise aufeinander folgen. Er ging von der einfachen Frage aus: «Was ist die Voraussetzung, die Altern und Sterben möglich macht?» Und die Antwort war: Auf Grund des Geborenseins erleiden wir Alter und Tod. Geburt aber ist bedingt durch den Vorgang des Werdens, und dieser Vorgang wäre nicht in Gang gesetzt worden, wenn nicht ein Lebenswille, ein Hängen an solcher Lebensform dagewesen wäre. Dieses Hängen ist eine Folge der Begierde, des unersättlichen Durstes nach den Objekten unserer Sinnenlust; diese aber ist durch die Empfindung bedingt. Empfindung wiederum ist nur möglich durch den Kontakt der Sinne mit den ihnen entsprechenden Objekten. Die Sinne setzen einen geist-körperlichen Organismus voraus, und ein solcher kann nur entstehen, wo Bewußtsein ist.

mente, wie ich selbst bei einem Besuch dieser Höhlen feststellen konnte, noch heute zu sehen sind. Sie wurden bisher fälschlich für eine Darstellung des Zodiakkreises angesehen. – Sarat Chandra Das erwähnt in seinem «Tibetan Dictionary» ein tibetisches Traktat (*rten-ḥbrel-gyi-ḥkhor-lo-mi-ḥdra-ba-bco-rgyad*), das, wie der Titel sagt, achtzehn verschiedene Beschreibungen des «Lebensrades» als Illustration des *Pratîtyasamutpâda* enthält, von denen das früheste von *Nâgârjuna* entworfen sein soll, wie aus *Bstan-ḥgyur*, go, 32 hervorgeht.

Bewußtsein aber, in der uns eignenden individuell begrenzten Form, ist bedingt durch individuelles, egozentrisches Wirken (in zahllosen früheren Daseinsformen), und ein solches ist nur möglich, solange wir in der Illusion unserer Ichheit, unserer Gesondertheit, befangen sind.

Die zwölfgliedrige Formel des bedingten Entstehens wird mit Recht als ein Kreis dargestellt, denn sie hat weder einen Anfang noch ein Ende. Jedes Glied stellt die Summe aller übrigen Glieder dar und ist sowohl Vorbedingung wie Wirkung aller anderen Glieder. Die Kommentare verteilen die Formel für gewöhnlich über drei aufeinanderfolgende Existenzen, wobei die ersten zwei Glieder, *avidyâ* und *saṃskâra,* der vergangenen, die letzten zwei Glieder, nämlich Geburt und Tod (11 und 12), der zukünftigen, und die dazwischen liegenden Glieder (3–10) der gegenwärtigen Existenz zugeschrieben werden. Dies zeigt, daß *avidyâ* und *saṃskâra* denselben Prozeß umschreiben, der in der gegenwärtigen Existenz in acht Phasen auseinandergebreitet ist und der wiederum in der zukünftigen Existenz mit den Worten «Geburt, Altern und Tod» angedeutet ist. Derselbe Vorgang wird somit einmal vom Gesichtspunkt höherer Erkenntnis (1 und 2), ein anderes Mal vom Gesichtspunkt einer psychologischen Analyse (3–10) und ein drittes Mal vom Gesichtspunkt eines physiologischen Phänomens (11 und 12) betrachtet. Um dies zu verstehen, müssen wir uns die ursprüngliche Fragestellung des Buddha gegenwärtig halten, die von der Ebene des konkreten körperlichen Daseins, d. h. vom Problem des Alterns, des Todes und der Geburt ausgehend, tiefer und tiefer vordringt: erst in das Gebiet des Psychologischen und schließlich in das der geistigen Wirklichkeit, das die Illusorität der Ichvorstellung und somit die Natur des Nichtwissens und des aus ihm entspringenden Karma enthüllt.

Es ist im Grunde genommen unwesentlich, ob wir die Formel des abhängigen Entstehens auf drei aufeinanderfolgende Existenzen verteilen oder als drei aufeinanderfolgende Augenblicke oder Perioden innerhalb ein und desselben Lebens auffassen, denn nach den Lehren des Abhidharma ist «Geburt und Tod» ein Vorgang, der sich in jedem Augenblick unseres Lebens vollzieht[22].

Wir haben es daher in dieser Formel weder mit einer abstrakt logischen, noch mit einer rein zeitlichen Kausalität zu tun, sondern mit einer gegenseitigen Abhängigkeit verschiedenartiger Bedingungen, mit einer lebendigen, organischen Wechselbeziehung, die sowohl als zeitliche Aufeinanderfolge wie als zeitloses oder gleichzeitiges Zusammen- oder Ineinander-Bestehen ihrer Faktoren und Erscheinungsformen aufgefaßt werden kann.

Alle Phasen sind Erscheinungsformen derselben Illusion, des Ich-Wahns. Mit der Überwindung dieser Illusion treten wir aus dem Kreislauf heraus und erkennen, daß kein Ding und kein Wesen in sich selbst oder für sich selbst besteht, sondern, daß jeder Erscheinungsform das Ganze zugrunde liegt und daß darum der Sinn des Einzelnen nur in seiner Beziehung zum Ganzen gefunden werden kann.

In dem Augenblick aber, in dem sich das Individuum jener Ganzheit bewußt wird, hört es auf, sich mit den Grenzen seiner zeitlichen Verkörperung zu identifizieren und wird durchflutet von der Fülle alles Lebens, in dem es keinen Unterschied von Vergangenem, Gegenwärtigem und Zukünftigem mehr gibt. Aus diesem Erlebnis heraus konnte *Milarepa* singen:

> *«Gewohnt, das jetzige und das zukünft'ge Leben*
> *Als eines zu betrachten,*
> *Hab' ich die Furcht vergessen vor Geburt und Tod!»*

Diese Furchtlosigkeit ist die charakteristische Eigenschaft des *Bodhisattva*, der – weil er selbst frei ist von der Illusion der

[22] Hierüber Näheres in meinem *«The Psychological Attitude of Early Buddhist Philosophy»*, Readership Lectures, Patna University, 1937/38. Deutsch: «Die psychologische Haltung der frühbuddhistischen Philosophie», Rascher-Verlag, 1962.

Das folgende Schema mag den Überblick der Formel des abhängigen Entstehens in ihrem zeitlichen und ursächlichen Zusammenhang, wie sie in der *Abhidharma*-Literatur aufgefaßt wird, erleichtern:

Geburt und des Todes – in die Welt des Leidens und Sterbens hinabzusteigen gewillt ist, um die Frohe Botschaft der Erlösung aus den Banden karmischer Versklavung den nach Freiheit schmachtenden Wesen zu bringen.

Zeitaspekt	Glieder des *Pratîtyasamutpâda*	Kausaler Aspekt
Vergangenheit	1. «Ich»-Illusion (*avidyâ*) 2. Karmisches Wirken (*saṃskâra*)	karmische Ursache
Gegenwart	3. Bewußtsein (*vijñâna*) 4. Geist-Leiblichkeit (*nâmarûpa*) 5. Sinnesorgane (*ṣadâyatana*) 6. Berührung (*sparśa*) 7. Empfindung (*vedanâ*)	karmische Wirkung
	8. Begierde (*tṛṣṇâ*) 9. Verhaftung (*upâdâna*) 10. Werden (*bhava*)	karmische Ursache
Zukunft	11. (Wieder)-Geburt (*jâti*) 12. Alter und Tod (*jarâmaraṇa*)	karmische Wirkung

So kehren wir von der Peripherie des Lebensrades zurück zum zentralen Problem unserer Betrachtung.

VIII

DAS PRINZIP DER POLARITÄT IN DER SYMBOLIK DER SECHS BEREICHE UND DER FÜNF DHYÂNI-BUDDHAS

Entsprechend seinen verschiedenen Funktionen nimmt *Avalokiteśvara* in jedem Bereich der Wandelwelt eine andere Buddhagestalt, mit anderen Attributen, anderem Namen und anderer Farbe an:

In der himmlischen Welt erscheint er unter dem Namen «der Mächtige der Hundert Segensspenden» (Tib.: *dbaṅ-po-brgya-byin*) als *weißer* Buddha;

im höllischen Bereich des Purgatoriums erscheint er unter dem Namen *Dharma-râja* (Tib.: *chos-kyi-rgyal-po*) als *rauchfarbener* Buddha;

in der Menschenwelt erscheint er unter dem Namen «der Löwe aus dem *Ŝâkyer*stamm» (Tib.: *ŝâ-kya-seṅge*) als *gelber* Buddha;

in der *Preta*-Welt erscheint er unter dem Namen «Flammenmund» (Tib.: *kha-ḥbar-ma*) als *roter* Buddha;

in der Welt der Titanen erscheint er unter dem Namen «der Heroisch-Gute» (Tib.: *thag-bzaṅ-ris* = Skt.: *vîrabhadra*) als *grüner* Buddha;

und in der Tierwelt erscheint er unter dem Namen «der standhafte Löwe» (Tib.: *seṅge-rab-brtan*) als *blauer* Buddha.

Die in dieser Aufzählung gegebenen Farben sind die der bestehenden ikonographischen Tradition, wie sie in jedem Thanka oder Tempelfresko (wie in dem oben reproduzierten) zu finden sind. Diese Tradition hat zu dem Mißverständnis Anlaß gegeben, daß die Farben dieser Buddhas den farbigen Ausstrahlungen entsprechen, die von jedem dieser Bereiche ausgehen [23]. Dies ist jedoch nicht der Fall. Ihre Farben sind völlig unabhängig

[23] Lama Kazi Dawa Samdup z. B. ist der Meinung, daß die Farben der sechs Bereiche den Farben der Buddhas dieser Bereiche entsprechen sollten: *deva-loka:* Weiß, *asura-loka:* Grün, Menschenwelt: Gelb, Tierwelt: Blau, *preta-loka:* Rot, Höllen: Rauchfarben oder Schwarz. Ohne eine Begründung für diese Ansicht zu geben, erklärt er: «Der Holzdruck ist darum falsch in allen Punkten, mit Ausnahme des ersten und des letzten, und das Manuskript ist falsch indem es ein trübes blaues Licht der Menschenwelt und Schwarz oder Rauchfarbe der Tierwelt zuschreibt.» («The Tibetan Book of the Dead», p. 124, n. 2.) – Von dieser willkürlichen Voraussetzung ausgehend, ersetzt Lama Dawa Samdup die Version des offiziell anerkannten Holzdrucks durch eine seiner Theorie entsprechende Farbensymbolik. Es ist daher notwendig, an Hand des Urtextes die ursprünglichen Prinzipien dieser Symbolik bloßzulegen, um zu einem tieferen psychologischen Verständnis ihrer Bedeutung zu gelangen.

und soweit als möglich verschieden von denen der Bereiche (mit Ausnahme des höchsten und des tiefsten, die keine Farbe im strengen Sinne des Wortes besitzen und im reinen Gegensatz von Licht und Finsternis, Weiß und Schwarz, die äußersten Grenzen weltlicher Daseinsmöglichkeiten darstellen).

Es besteht außerdem kein Zweifel, daß diese Buddhagestalten eine spätere ikonographische Entwicklung darstellen und dem ursprünglichen «Lebensrad» der sechs Daseinszustände nachträglich eingefügt wurden, um das Wirken *Avalokiteśvaras* in den sechs Bereichen der Welt zu illustrieren. Sie konnten daher nicht die fundamentalen Prinzipien des ursprünglichen Symbolismus der sechs Bereiche ändern. Es hieße das ganze System von Beziehungen und seine logische, ideelle und historische Entwicklung auf den Kopf stellen, wenn man die Farbgebung der Buddhas, die in den sechs Bereichen erscheinen, zum Ausgangspunkt oder zur Grundlage der Symbolik des «Lebensrades» machen wollte. Im Text des *Bardo Thödol* werden nur ihre Namen, nicht aber ihre Farben gegeben, was zeigt, daß diese ursprünglich nicht als wesentlich oder zum System gehörig betrachtet wurden.

Der grundlegende Symbolismus beruht auf dem Prinzip der Polarität, wie aus der im *Bardo Thödol* gegebenen Beschreibung der Farben, der psychologischen Ursachen, Bedingungen und Eigenschaften der sechs Bereiche und ihrer Beziehungen zu den Qualitäten und Strahlungen der fünf *Dhyâni-Buddhas* hervorgeht.

Der Text sagt, daß am ersten Tage des Erlebens der Wirklichkeit im Nachtodzustand (*chos-ñid bar-do*) das tiefblaue Licht der *Dharma-dhâtu*-Weisheit vom Herzen *Vairocanas* mit solcher Macht ausstrahlt, daß das Auge geblendet ist. «Zugleicherzeit scheint dir das trübe weiße Licht der Götter (*lhaḥi-ḥod dkar-po bkrag-med)* entgegen. Infolge der Macht schlechten Karmas verursacht das strahlende blaue Licht in dir Angst und Schrecken und den Wunsch zu fliehen, während das trübe weiße Licht dich erfreut.» – «Verhafte dich nicht; sei nicht schwach! Wenn du infolge überwältigender geistiger Verblendung (*gti-*

mug drag-po) dem Verlangen nachgibst, wirst du in den Bereich der *Devas* wandern und im Umherirren in den sechs Welten vom Pfad der Erlösung abgebracht werden.»

Am zweiten Tage des «Bardo der Wirklichkeit» heißt es, daß das strahlende weiße Licht der «Spiegelgleichen Weisheit» vom Herzen *Vajrasattva*(*-Akṣobhya*)s ausgeht und, daß zugleicherzeit das trübe, rauchfarbene Licht des Purgatoriums (*dmyal-bahi-ḥod du-kha bkrag-med*) erscheint. «Infolge der Macht des Hasses *(że-sdaṅ-gi dbaṅ-gis)* wirst du sodann von dem strahlenden weißen Licht abgeschreckt und von ihm zu fliehen wünschen, während du zu dem trüben rauchfarbenen Licht der Höllen Zuneigung faßt. – Wenn du dich von ihm anziehen läßt, wirst du in höllische Welten fallen und unerträgliche Qualen erleiden und auf lange am Pfad der Erlösung verhindert werden.»

Am dritten Tage strahlt das blendende gelbe Licht der «Weisheit der Wesensgleichheit» vom Herzen *Ratnasambhava*s, und zusammen mit ihm erscheint das trübe blaue Licht des menschlichen Daseinszustandes (*miḥi-ḥod sṅon-po bkrag-med*). «Durch die Macht des Stolzes (*ṅa-rgyal-gyi dbaṅ-gis*) wirst du sodann von dem strahlenden gelben Licht [der ‚gleichmachenden Weisheit'] abgeschreckt und es fliehen wollen, während du für das trübe blaue Licht der Menschen Zuneigung faßt. – Wenn du dich von ihm anziehen läßt, so wirst du im menschlichen Bereich (*miḥi-gnas*) wiedergeboren und die Leiden der Geburt, des Alterns, der Krankheit und des Todes zu ertragen haben.»

Am vierten Tage strahlt das blendende rote Licht der «unterscheidenden Weisheit» vom Herzen *Amitâbha*s, und zugleicherzeit erscheint das trübe gelbe Licht der *Preta*s (*yi-dvags-kyi ḥod ser-po bkrag-med-pa*). «Durch die Macht leidenschaftlichen Begehrens (*ḥdod-chags draṅ-poḥi dbaṅ-gis*) wirst du sodann von dem strahlenden roten Licht [der ‚unterscheidenden Weisheit'] abgeschreckt und es fliehen wollen, während du für das trübe gelbe Licht der *Preta*s Zuneigung faßt. – Wenn du dich von ihm anziehen läßt, so wirst du in den Bereich der *Preta*s (*yi-dvags-kyi-gnas*) fallen und unerträgliche Qualen durch Hunger und Durst erleiden.» (Dieser Bereich wird daher auch als die Welt «hungriger Geister» bezeichnet: Hunger und Durst als die Symbole unstillbaren Begehrens und Daseinsverlangens.)

Am fünften Tage strahlt das blendende grüne Licht der «allesvollendenden Weisheit» vom Herzen *Amoghasiddhi*s, und zugleicherzeit erscheint das durch Neid verursachte, trübe rote Licht der *Asura*s (*lha-ma-yin-gyi-ḥod dmar-po bkrag-med-pa*). «Infolge heftigen Neides (*phrag-dog-drag-pos*) wirst du sodann von dem strahlenden grünen Licht [der ‚alles-vollendenden Weisheit'] abgeschreckt und es fliehen wollen, während du für das trübe rote Licht der *Asura*s Zuneigung faßt. – Wenn du dich von ihm anziehen läßt, wirst du in den Bereich der *Asura*s (*lha-ma-yin-gyi-gnas*) fallen und unerträgliche Qualen von Kampf und Streit zu erdulden haben.»

Am sechsten Tage erscheinen die Strahlungen der vereinten fünf Weisheiten, der *Dhyâni-Buddha*s, der Schutzgottheiten (den Torhütern des *Maṇḍala*s) und der *Buddhas der Sechs Bereiche* (deren in diesem Text gegebenen Namen wir am Eingang dieses Kapitels erwähnten). «Zusammen mit den Weisheitsstrahlungen aber erscheinen die trüben Lichter der Sechs Bereiche (*rigs-drug*): «Weiß von den *Deva*s, Rot von den *Asura*s, Blau von den Menschen, Grün von den Tieren, Gelb von den *Preta*s und Rauchfarben von den Höllen.» – Diese nochmalige, ausdrückliche Erwähnung der den Sechs Bereichen zugeordneten Farben dürfte jeden Zweifel in dieser Hinsicht hinwegräumen.

Am siebenten Tage erscheinen die fünffarbigen Strahlungen der «Wissenshaltenden Gottheiten», während zugleicherzeit das trübe grüne Licht der Tierwelt (*dud-ḥgroḥi-ḥod ljaṅ-khu bkrag-med*) erscheint. «Durch die Macht illusorischer Neigungen (*chags-ḥkhrul-paḥi dbaṅ-gis*) wirst du sodann vom Glanz der fünffarbigen Strahlung abgeschreckt und sie fliehen wollen, während du dich von dem trüben Licht angezogen fühlst. – Wenn du dich von ihm anziehen läßt, wirst du in die geistige Dunkelheit (*gti-mug*) des Tierreiches (*dud-ḥgroḥi-gnas*) absinken und unendliche Qualen durch Versklavung, Stummheit und Stumpfheit erleiden.»

Wie wir aus diesem Résumé des tibetischen Urtextes ersehen,

erstreckt sich das Prinzip der Polarität nicht nur auf die Symbolik der Daseinsbereiche und ihrer Anordnung im «Lebensrade», sondern auch auf das Verhältnis der Qualitäten der *Dhyâni-Buddhas* und ihrer Weisheiten zu den psychologischen Ursachen der sechs Daseinszustände.

Die Wesen, welche nicht auf die geistigen Qualitäten der *Dhyâni-Buddhas* abgestimmt sind und somit vor dem Glanze ihrer Strahlungen zurückschrecken, tun dies auf Grund von Eigenschaften, die denen der *Dhyâni-Buddhas* entgegengesetzt sind und werden demgemäß von Daseinsbereichen angezogen, deren Eigenschaften in diametralem Gegensatz zu jenen der *Dhyâni-Buddhas* stehen. Die Symbolik der «Lichter» oder der farbigen Ausstrahlungen, die in jeder Phase (in unserem Text als «Tag» bezeichnet) des Erlebens der Wirklichkeit nebeneinander auftreten, kann sich daher nicht gleicher oder ähnlicher Farben bedienen (wie z. B. ein leuchtendes Grün neben einem trüben Grün – wie Lama Dawa Samdups Version es wahr haben will), sondern neben dem strahlenden Licht eines jeden *Dhyâni-Buddhas* erscheint jedesmal das trübe Licht einer entgegengesetzten oder möglicherweise verschiedenen Farbe (denn da nur *fünf Dhyâni-Buddhas sechs* Bereichen gegenüberstehen, ist eine absolute Polarität nicht möglich). Die Kräfte der *Dhyâni-Buddhas* sind somit die Gegenmittel zur Aufhebung der fünf Gifte – Verblendung, Haß, Gier, Neid und Stolz – die die Ursachen der weltlichen oder «samsarischen» Daseinszustände sind. Die Buddhas werden daher als die großen «Heiler» oder Seelenärzte bezeichnet (Tib.: *bcom-ldan-ḥdas-sman-bla,* was zu dem in europäischen Werken gebräuchlichen unschönen Ausdruck «Medizinbuddhas» geführt hat. Diese sind in Wirklichkeit nichts anderes als die in acht verschiedenen *Mudrâs* und Farben dargestellten *Dhyâni-Buddhas* als Exponenten höchster Heilkraft, als «Heilande» aller Wesen in den acht Himmelsrichtungen.)

Je nach dem Überwiegen des einen oder des anderen dieser fünf Gifte werden die Wesen im einen oder anderen Daseinsbereiche wiedergeboren. Das Nichtwissen (Skt.: *avidyâ*) um die eigene Vergänglichkeit und die illusorische Natur weltlichen Glückes – in wie immer verfeinerter Form es sich auch darstellen mag – ist das Charakteristikum der Götterwelt, während der in das entgegengesetzte Extrem ausschlagende Haß die Hauptursache (Skt.: *hetu*) höllischen Daseins ist. Die charakteristische Eigenschaft der menschlichen Daseinsform ist der Stolz, der «Ich»-Dünkel (Skt.: *asmi-mâna),* während das machtlose Hingegebensein an unstillbares Begehren (Skt.: *râga*) für die *Preta*-Welt kennzeichnend ist. Die überwiegende Eigenschaft der in ewigem Kampf verstrickten Titanen (*Asura*) ist der Neid (Skt.: *îrṣâ*), während in der Tierwelt Unwissenheit oder Verblendung, infolge mangelnder Bewußtheit oder Denkfähigkeit, vorherrscht (Skt.: *avidyâ, moha*).

Die Mittel zur Aufhebung dieser «fünf Gifte» sind die «fünf Weisheiten» der *Dhyâni-Buddhas*. Die *Dharmadhatu*-Weisheit, die den Bereich der höchsten Wirklichkeit enthüllt, hebt die Illusion der *Devas* auf und das Verlangen nach einer solchen Existenzform; der unerschütterliche und unparteiische Gleichmut der «Weisheit des Großen Spiegels», der die Dinge und Wesen in ihrer wahren Natur (Skt.: *yathâbhûtam*) zeigt, hebt den Haß auf, der zu höllischen Daseinsformen führt; die «Weisheit der Wesensgleichheit» hebt den «Ich»-Dünkel der menschlichen Daseinsform auf; die «Weisheit unterscheidender Klarschau» hebt das leidenschaftliche Begehren auf, das zur *Preta*-Welt führt; und die tiefe Barmherzigkeit und Güte der «allesvollendenden Weisheit» hebt den zur *Asura*-Welt führenden Neid auf.

Somit wirkt (1) *Vairocanas* dunkelblaue Strahlung dem trüben weißen Licht der *Devas* (–1) entgegen;

(2) *Vajrasattva-Akṣobhyas* weiße Strahlung wirkt dem schwärzlichen oder rauchfarbenen Licht der Purgatorien (–2) entgegen;

(3) *Ratnasambhavas* gelbe Strahlung wirkt dem trüben blauen Licht der Menschenwelt (–3) entgegen;

(4) *Amitâbhas* rote Strahlung wirkt dem trüben gelben Licht der *Preta*-Welt (–4) entgegen;

(5) *Amoghasiddhis* grüne Strahlung wirkt dem trüben roten Licht der *Asura*-Welt (–5) entgegen [24].

Der Geistesstumpfheit der Tierwelt (–6) aber, wird durch die fünffarbigen Strahlungen der Wissenshaltenden Gottheiten (Tib.: *rig-ḫdzin-gyi-lha-tshogs*) entgegengewirkt.

Das Prinzip der Polarität erstreckt sich somit auf alle Ebenen geistigen Wirkens: von der Gestaltung der Daseinsbereiche – in denen

(–1) himmlische Freude und höllische Qual (–2),
(–3) menschliche Aktivität und machtloses Verlangen (–4),
(–5) titanische Macht und tierische Furcht (–6)
sich gegenüberstehen wie
(–1) trübes Weiß und trübes Schwarz (Rauchfarbe) (–2),
(–3) trübes Blau und trübes Gelb (–4),
(–5) trübes Rot und trübes Grün (–6),

– bis zur Wechselwirkung transzendenter Weisheiten und psychologischer Faktoren, überweltlicher Schauungen und weltlicher Daseinszustände, Qualitäten und Farbenstrahlungen der *Dhyâni-Buddhas* und denen der Sechs Bereiche.

Alle diese Beziehungen werden im beistehenden Diagramm unmittelbar anschaulich gemacht; und mit ihnen enthüllt sich die innere Beziehung des Großen Sechssilbigen Mantras zu den Sechs Daseinsbereichen, worauf wir im nächsten Kapitel näher eingehen wollen.

[24] Die positiven Zahlen beziehen sich auf die Strahlungen der *Dhyâni-Buddhas* in der Reihenfolge ihres Erscheinens, den «Tagen» des *Bardo-Thödol* entsprechend. Die negativen Zahlen beziehen sich auf die gleichzeitig erscheinenden trüben Ausstrahlungen der Sechs Bereiche. Diejenige der Tierwelt (–6) erscheint im Bardo erst am siebenten Tage.

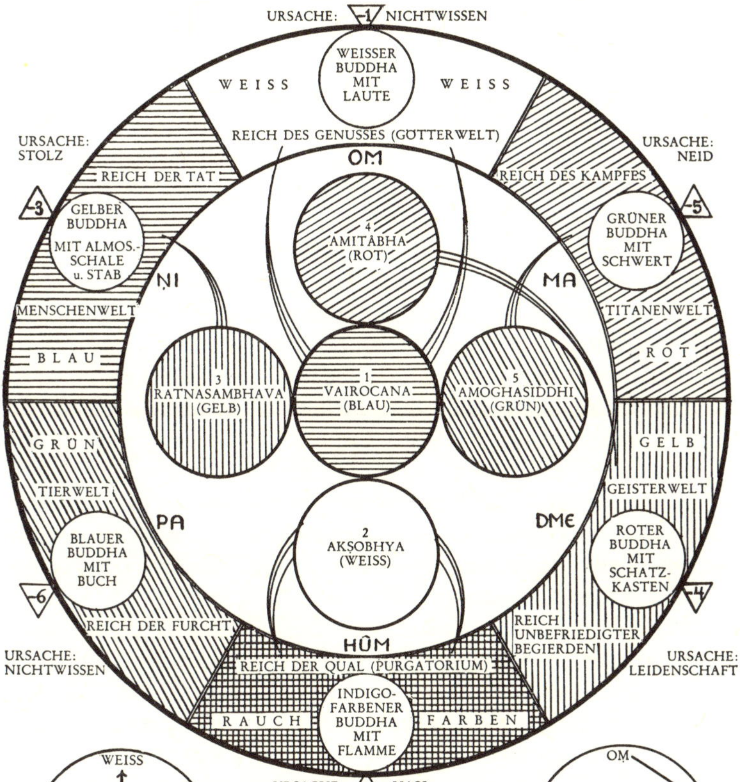

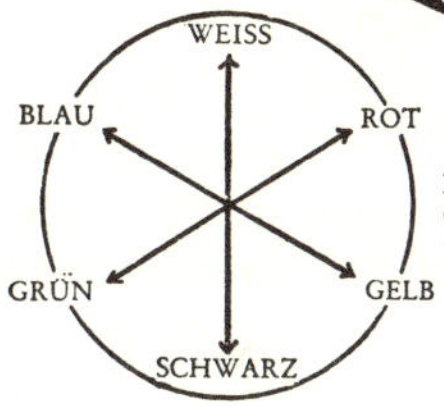

Komplementäre Anordnung der Farben der Sechs Bereiche.

Weg des Mantra durch die Sechs Bereiche.

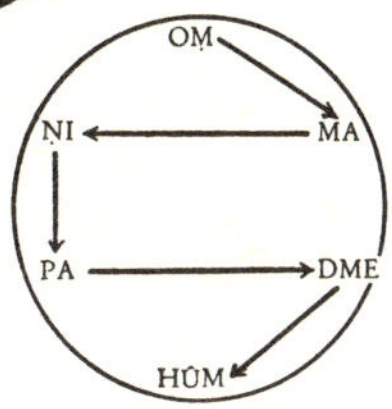

IX

DIE BEZIEHUNG DER SECHS HEILIGEN SILBEN ZU DEN SECHS BEREICHEN

Nichts hat der tibetologischen Forschung mehr geschadet und ihren Fortschritt verzögert, als die anmaßende Haltung jener Gelehrten, die im Tibeter nichts als einen von abergläubiger Furcht und primitivem Schamanismus geleiteten Menschen sahen, «dessen praktische Religion hauptsächlich in der Ausübung gewisser Riten und Zeremonien besteht» [25], «dessen Mystik ein alberner Mummenschantz sinnloser Worte und ‚magischer Kreise' ist» [26], «dessen Philosophie die Wahrheit zum Spott macht, indem sie sie mit einer Negation der Wirklichkeit identifiziert» [27] und «dessen Yoga ein Parasit ist, dessen monströses Krebsgeschwür, das Wenige was im *Mahâyâna* an reinem Buddhismus lebendig geblieben war, erstickte» [28].

Forscher, die sich mit solchen Vorurteilen an die Übersetzung und Interpretierung tibetischer Literatur machten, konnten trotz philologischer Gelehrsamkeit, der Wahrheit um keinen Schritt näher kommen und dem Publikum nichts vom geistigen Leben Tibets und vom lebendigen Geiste seiner Religion, seiner Kunst und seiner Philosophie übermitteln, gar nicht zu reden von solchen esoterischen (d. h. nur auf dem Wege religiöser Praxis erfahrbaren) Gebieten wie denen mantrischer Tradition.

Die Inbezugsetzung der sechs heiligen Silben des Mantras OṂ MAṆI PADME HŪṂ zu den sechs Bereichen der Wandelwelt wird selbst von einem so verdienten Forscher wie Jäschke mit folgenden Worten abgetan: «Die Tibeter selbst wissen nichts vom wirklichen Sinn dieser sechs Silben, wenn überhaupt irgendwelcher Sinn ihnen eignet, und es ist nicht unwahrschein-

[25] Jäschke, Tibetan-English Dictionary, p. 607.
[26] Waddell «Lamaism», S. 15.
[27] Jäschke, S. 271.
[28] Waddell, S. 14.

lich, daß irgendein schlauer Priester diese Gebetsform erfand, um das gewöhnliche Volk mit einem Symbol oder einer Formel zu versehen, die leicht im Gedächtnis zu behalten ist und deren häufiges Hersagen ihr religiöses Bedürfnis befriedigen würde. – Die zahlreichen Versuche, die gemacht wurden, um das Om-manipadmehûm befriedigend zu erklären und um in ihm einen tieferen Sinn oder gar eine verborgene Weisheit zu entdecken, haben sich als mehr oder weniger erfolglos erwiesen. Die einfachste und volkstümlichste, aber auch die flachste dieser Erklärungen ist aus dem rein äußerlichen Umstand abgeleitet, daß die Sanskrit-Worte des Gebetes aus sechs Silben bestehen, und dementsprechend wird angedeutet, daß jede dieser Silben, wenn sie von einem frommen Buddhisten ausgesprochen werden, Segen auf jede der sechs Klassen von Wesen herabbringen[29].

Um das Denken und Fühlen des Tibeters zu verstehen, müssen wir zunächst unsere eigenen Meinungen und Vorurteile beiseite stellen und uns bemühen, in die Sphäre des religiösen Erlebens einzudringen, aus denen die Worte der heiligen Texte, die Laute der Mantras, die sakralen Riten und die Haltung der Gläubigen ihren Sinn erhalten.

Dann werden wir sehen, daß die Logik syllogistischen Denkens, historischer und philologischer Analyse, abstrakter Begriffe und Werturteile nicht die einzige ist, und daß es eine ebenso berechtigte und ungleich tiefere Logik des Wachstums im Bereiche geistigen Erlebens gibt. «Vor allem aber ist nicht zu vergessen», wie Otto Strauß so treffend in seinem klassischen Werke «Indische Philosophie» sagt, «daß die psychische Praxis nie aus Büchern allein vollkommen begriffen werden kann. Erlebnisse wollen nacherlebt werden, zum mindesten aber von einer Psychologie verstanden werden, wie sie Europa eben erst in Angriff genommen hat.»

Es ist nicht die Flachheit des tibetischen Denkens, die den äußeren Umstand, daß die Formel sechs Silben enthält, zu ihrer

[29] H. A. Jäschke, Op. cit., Seite 607.

Inbezugsetzung mit den sechs Bereichen veranlaßte, sondern es ist die innere Natur *Avalokiteśvaras,* die den Silben des Mantras eine solche Beziehung ermöglichte und sie zu dieser Bedeutung erhob. In anderen Worten: es ist der Erlebnisinhalt, der dem Mantra seinen Sinn gibt und nicht die «ursprüngliche» Bedeutung der Worte oder Silben. Eine bloß historische oder philologische Beurteilung eines Mantra ist in der Tat die oberflächlichste und sinnwidrigste Betrachtungsweise, indem sie die Schale für den Kern hält und den Schatten für die Substanz. Denn Worte sind nicht tote Dinge, die wir uns gegenseitig zuwerfen wie Münzen und die wir nach Belieben weglegen, aufbewahren, einsargen und unverändert, wenn es uns gefällt, nach Jahrhunderten, wieder hervornehmen können. Sie sind vielmehr Glyphen eines ständig sich erweiternden Bewußtseins und Erfahrungsfeldes. Sie sind das, was wir aus ihnen machen und was wir, sei es bewußt oder unbewußt, an sie heranbringen.

So wie *Avalokiteśvara* in die Welt hinabsteigt und jeder seiner Strahlen wie eine helfende Hand sich den hilfesuchenden Wesen entgegenstreckt, so ist jede Silbe seiner mantrischen Formel mit der Kraft und Hingabe seines Erbarmens erfüllt. Es ist daher nur natürlich, daß die sechs heiligen Silben den sechs Bereichen gegenübergestellt werden, deren Leiden sie zu lindern und von deren Illusionen und Verhaftungen sie die Wesen zu befreien suchen. Für denjenigen, der sich der Macht des Mantras hingibt, d. h. nicht nur an seine Macht glaubt, sondern es mit der Macht der eigenen Hingabe erfüllt, ist es nicht nur notwendig, sich des eigenen Heiles zu erinnern, sondern die Gesamtheit der leidenden und erlösungsbedürftigen Welt im Auge zu behalten.

Dies geschieht, indem der Meditierende, nachdem er die verschiedenen Ebenen geistiger Wirklichkeit, die, wie wir sahen, in dem Mantra beschlossen liegen, durchlaufen hat, sich bewußt den verschiedenen Daseinsaspekten der Wandelwelt zuwendet und im Aussprechen jeder einzelnen Silbe seine Aufmerksamkeit auf einen der sechs Bereiche richtet.

So wird jede der sechs Silben zu einem Vehikel, durch das sich die Macht der Barmherzigkeit *Avalokiteśvara*s offenbart und verwirklicht, und zugleich wird dem Meditierenden die Unzulänglichkeit jeder dieser Daseinszustände bewußt. Darum heißt es, daß das Aussprechen der heiligen Formel aus aufrichtigem Herzen, nicht nur allen Wesen als Segen zugute kommt, sondern zugleich für den Meditierenden die Pforten der Wiedergeburt in jenen Bereichen schließt. Denn Daseinszustände, die unser Mitleid erregen, haben bei aller Sympathie, die wir ihren Wesen entgegenbringen, ihre Anziehungskraft für uns verloren. Das, wovon wir andere zu befreien wünschen, kann nicht mehr Gegenstand unseres Begehrens sein.

So schließen wir im *OṂ* die Pforten der himmlischen Welt, d. h. wir richten unseren Geist im Aussprechen der Silbe *OṂ* auf die Welt jener Wesen, die in der Illusion ihrer eigenen Vollkommenheit befangen sind, und indem wir im *OṂ* die Tore zur Befreiung aus diesem Bereiche öffnen, schließen wir für uns selbst die Pforten, die uns zum Eingang in diese Daseinsform verführen könnten.

In ähnlicher Weise richten wir unseren Geist auf die Wesen der übrigen Bereiche: im *MA* auf die durch Neid und Mißgunst im Kampf verstrickten Wesen des *Asura*-Bereiches, im *ṆI* auf die im Ich-Dünkel befangene Menschenwelt, im *PA* auf die in geistiger Dunkelheit und Stummheit verharrende Tierwelt, im *DME* auf die giergepeinigten, ewig «hungrigen», unbefriedigten Geister der *Preta*-Welt, und im *HŪṂ* auf alle in höllischen Qualen schmachtenden Wesen in den Abgründen des Daseins.

So ist im OṂ MAṆI PADME HŪṂ die frohe Botschaft der Erlösung, der Liebe zu allen Wesen und des Weges zur Befreiung beschlossen. Im sinnesgegenwärtigen Aussprechen dieser heiligen Silben entsteht im Herzen des *Sâdhaka* die leuchtende Gestalt des Großen Barmherzigen und verwandelt seinen sterblichen Körper zum *Nirmâṇakâya Avalokiteśvaras* und erfüllt sein Bewußtsein mit dem strahlenden Lichte *Amitâbhas*. Dann verwandeln sich die Schrecken des *Saṁsâra* in die Klänge der sechs Silben. Darum heißt es im *Bardo Thödol,* daß, wenn im Augenblick des großen Erkennens im Zwischenzustand zwischen

Tod und Leben «der Urton der Wirklichkeit wie tausendfacher Donner widerhallt, möge es geschehen, daß er in die Klänge der sechs Silben verwandelt werde». – Und schon im *Śurâṅgama-Sûtra* lesen wir:

«Wie lieblich ist der geheimnisvolle überweltliche Laut *Avalokiteśvaras*. Er ist der reine Urton des Alls (der *Brahman*-Laut). Er ist wie das gedämpfte Murmeln des Meeres, wenn die Flut sich zurückzieht. Dieser geheimnisvolle Laut bringt Befreiung und Frieden allen lebenden Wesen, die in ihrer Not um Hilfe rufen; er bringt ein Gefühl der Dauer denen, die aufrichtig nach dem Frieden *Nirvâṇas* suchen.»

Die tiefe Inbrunst, mit der diese hoffnungsvolle Botschaft von den Bewohnern Tibets aufgenommen und zu Herzen genommen ist, zeigt sich in den zahllosen Felsinschriften und Votivsteinen, auf denen die heilige Formel *Avalokiteśvaras* (Tib.: *spyan-ras-gzigs;* gesprochen: «Tschäresie», mit dem Ton auf der ersten Silbe) millionenfach eingegraben ist. Sie ist auf den Lippen aller Pilger, sie ist das Stoßgebet der Sterbenden und die Zuversicht der Lebenden. Sie ist die ewige Melodie Tibets, die der Fromme im Murmeln der Bäche, im Rauschen der Wasserfälle und im Brausen der Stürme hört, so wie sie ihn von den Felsen und *Maṇi*-Steinen grüßt, die ihn auf den rauhen Pfaden und Pässen Tibets allenthalben begleiten. So weiß er sich stets in der Gegenwart der Erleuchteten und ist sich des kostbaren Juwels bewußt, der im Lotus seines eigenen Herzens der Erweckung harrt. Leben und Tod, Gefahren und Mühsale werden in solcher Gegenwart zu wesenlosem Schein, und der ewige Zwiespalt zwischen *Saṁsâra* und *Nirvâṇa* verflüchtigt sich im Sonnenlicht dieser Erkenntnis. Und aus tiefster Überzeugung quellen ihm die Worte, die im *Kâraṇḍa-vyûha* vom Bodhisattava *Sarva-nîvaraṇa-viśkambhin,* «Dem, der alle Hindernisse beseitigt», gesprochen werden:

«Wer mir die große sechssilbige Weisheit gibt, dem wollte ich die vier Weltteile voll siebenerlei Juwelen schenken. Wenn er zum Schreiben nicht Birkenrinde fände, noch Tintenschwarz und Papier, so sollte er mit meinem Blute Tinte machen, meine Haut statt Birkenrinde nehmen, mir einen Knochen spalten und zum Schreibrohr machen, und alles das täte meinem Leibe nicht weh. Er sollte mir wie Vater und Mutter sein und Ehrwürdigster der Ehrwürdigen[30].»

[30] *Avalokiteśvara-gûṇa-kâraṇḍa-vyûha,* herausgegeben unter dem Titel «*Kâraṇḍa Byûha,* a work on the doctrines and customs of the Buddhists, ed. by Satya Bratu Samasrami, Calcutta, 1873. Zitiert von Zimmer, op. cit., S. 167 f.

Epilog und Synthese

ÂḤ

DER WEG DER TAT

I

AMOGHASIDDHI: DER HERR DER ALLESVOLLENDENDEN WEISHEIT

Wir haben im Verlaufe unserer Betrachtung uns der Reihe nach mit den *Dhyâni-Buddhas Vairocana, Ratnasambhava, Amitâbha* und *Aksobhya* beschäftigt, da jeder von ihnen einem der vier Hauptthemen des Mantras OṂ MAṆI PADME HŪṂ und den in diesem Zusammenhang behandelten Symbolen des Rades, des Juwels, des Lotos und des *Vajra* entsprach. Die Rolle des fünften *Dhyâni-Buddha, Amoghasiddhi,* haben wir nur im Vorübergehen gestreift. Dennoch ist auch er in unserem Mantra enthalten, wenn auch in weniger offensichtlicher Weise. Denn, wenn *OṂ* den Weg der Allheit, *MAṆI* den Weg der Einheit und Wesensgleichheit, *PADMA* den Weg entfaltender Schauung und *HŪṂ* den Weg integrierender Einschmelzung darstellt, so steht hinter ihnen allen die verwirklichende Tat und jene geheimnisvolle, verwandelnde Geisteskraft (Skt.: *siddhi),* die uns nicht nur auf diesen Wegen fortschreiten läßt, sondern uns im Fortschreiten *verwandelt,* bis wir selbst das Ziel unseres Strebens geworden sind. Denn die Lehre des Buddha ist nicht ein nebelhafter Idealismus, ein Jagen nach ewigen, aber unerreichbar fernen Idealen, sondern eine Lehre der Selbstvollendung, eine praktische Lehre, eine Lehre der Tat, ein gangbarer Weg.

Die Idee des Weges, des Gehens, der Fortbewegung, war von jeher einer der grundlegenden Züge des Buddhismus: der «achtfache Pfad» (*aṣṭângika-mârga*), der «mittlere Weg» (*madhyamâ pratipad*), das kleine und das große «Fahrzeug» (*hînayâna, mahâyâna*), das Durchkreuzen des Stromes oder Meeres zum anderen Ufer (*pâragataṃ*), das Eintreten in den Strom der Erlösung (*sotâpanna*), der Buddha als der «So-Gegangene», «So-Gekommene» (*tathâgata*) usw. Hier offenbart sich das dynamische Wesen des Buddhismus, und in keinem der *Dhyâni-Buddhas* kommt dies stärker zum Ausdruck als in

Amoghasiddhi. Während in *Akṣobhya* die reflektierende Klarheit des völlig still gewordenen Bewußtseins, die «Weisheit des Großen Spiegels» dargestellt ist, in *Ratnasambhava* das tiefe Gefühl der Wesensverbundenheit, der inneren Einheit aller Wesen, im *Amitâbha* das Erlebnis der Schauung, in der «Ich» und «Welt» als illusorisch erlebt werden, wird in *Amoghasiddhi* die so gewonnene Erkenntnis in die Tat umgesetzt, in die vollendende Tat, die Tat der Vollendung, die den Adepten in einen Erleuchteten verwandelt. Dann wird aus dem Ich-gebundenen, an den Kreislauf der Wiedergeburten verhafteten Wollen, das spontane, absichtslose Wirken des Heiligen, des Bodhisattva, dessen Leben nicht mehr im Daseinsdurste begründet ist, sondern im Allerbarmen, dessen Körper zum Körper der Verwandlung, zum *Nirmâṇakâya,* zum heiligen Gefäß der Vollendung wird, dessen Geist der Geist aller Buddhas ist und dessen Rede zum erweckenden Laute, zum Ausdruck höchster Weisheit (*dharma*) mantrischer Macht wird.

Amoghasiddhi ist der *Dhyâni-Buddha* der Erfüllung und Verwirklichung des Bodhisattva-Pfades, der *Dhyâni-Buddha* des *Nirmâṇakâya* par excellence, in dem der *Sambhogakâya* und der *Dharmakâya* in sichtbare Erscheinung getreten und zu lebendiger Gegenwart geworden sind. Aus dieser Sonderstellung *Amoghasiddhi*s erklärt sich jene seltsame Stelle im *Bardo Thödol,* in der am sechsten Tage nur die Strahlungen der vereinigten *vier* Weisheiten erscheinen, trotz der Gegenwart der vollständigen *Maṇḍala*s der fünf *Dhyâni-Buddha*s und ihrer Begleiter. «Das grüne Licht der Allesvollendeten Weisheit», heißt es hier, «wird *nicht* auf dich scheinen, da die Erkenntnisfähigkeit deines Geistes noch nicht vollkommen entwickelt ist.» Dieses zeigt deutlich, daß die Verwirklichung der Allesvollendenden Weisheit *Amoghasiddhis* die letzte und höchste Stufe des Erleuchtungspfades im Bereiche menschlicher Verkörperung ist.

Dieses wird auch in seinem Symbol dem *Viśvavajra* zum Ausdruck gebracht, der eine Steigerung des *Vajra*s *Akśobhya*s, nicht nur im Sinne einer Verdoppelung, sondern einer neuen Blickrichtung und Wirkungsebene, einer neuen Dimension. Der innere Weg *Vajrasattvas*, der nach dem Bardo Thödol in der Vereinigung der Weisheitsstrahlen der obengenannten vier *Dhyâni-Buddhas* und in ihrer Absorbierung im eigenen Herzen besteht, d. h. in der Erkenntnis, daß alle diese Strahlungen die Ausstrahlungen des eigenen Geistes im Zustande völliger Ruhe und Abgeklärtheit sind, – dieser innere Weg mündet in jenes das Innen und Außen verschmelzende Mysterium *Amoghasiddhis*, in dem die Welt des Sichtbaren und des Unsichtbaren vereint ist, in dem das Geistige zum Körperlichen und das Körperliche zum Geistigen wird. Denn *Amoghasiddhi* ist der Herr der großen Verwandlung, dessen Vehikel der geflügelte Mensch ist, der Mensch im Übergang zu einer neuen Dimension des Bewußtseins. Er ist der Herr des Elementes «Luft» oder «Wind», des Prinzips der Bewegung, des lebendigen Odems (*prâṇa*), der Lebenskraft. In dieser Eigenschaft verschmilzt er mit der Gestalt des *Amitâyus*, der Emanation *Amitâbhas* im Mittelpunkt des im Kehlzentrum vorgestellten *Maṇḍala* der «wissenshaltenden Gottheiten» unter dem Namen «der Lotos-Herr des Tanzes».

Was dieser Tanz bedeutet, wird in einem Abschnitt des *Śurâṅgama Sûtra* geschildert, in dem die verschiedenen Bodhisattvas ihren Weg zur geistigen Erweckung schildern. Jeder von ihnen wurde durch die Konzentration auf ein gewisses Meditationsobjekt zur Befreiung geführt: der eine durch Konzentration auf das Element «Erde», ein anderer durch Konzentration auf das Element «Wasser», ein dritter durch Betrachtung des Elementes «Feuer», ein Vierter durch die des Elementes «Luft» (*vâyu*). Letzterer, der *Bodhisattva-Mahâsattva Vejuria,* trägt mehr oder weniger die Züge *Amoghasiddhis* und enthüllt das wahre Wesen dieses Elementes als das dynamische Prinzip, das allem Sein und Leben zugrunde liegt.

«In meiner *Dhyâna*-Praxis konzentrierte ich mich hierauf und reflektierte darüber, wie diese große Welt sich im Raume erhält, wie dieses Universum in ständiger Bewegung gehalten wird, wie mein Körper sich in Bewegung befindet und gehend oder stehend auf den rhythmischen Schwingungen seiner Lebenskraft begründet und aufrecht erhalten wird durch den Atem; wie infolge der Bewegung des Geistes Gedanken aufsteigen und schwinden. Ich dachte über diese verschiedenen Dinge nach und staunte über ihre große Gleichartigkeit, ohne einen anderen Unterschied als die Ratio ihrer Schwingung. Ich erkannte, daß die Natur dieser Schwingungen weder eine Quelle ihres Kommens noch ein Ziel für ihr Gehen hatten und daß alle empfindenden Wesen, so zahlreich wie die winzigsten Staubteilchen im unendlichen Raum, jedes in seiner eigenen Weise aus einem willkürlich zusammengesetzten Bündel gegenseitig sich balancierender Schwingungen bestand, und daß jedes von ihnen von der Illusion besessen war, eine einzigartige Schöpfung zu sein [1]!»

Dies klingt fast wie eine auf den neuesten Entdeckungen moderner Atomphysik aufgebaute Weltanschauung und mag uns einen Begriff geben von der Tiefe der Schauungserlebnisse einer fernen Vergangenheit, zu deren Verständnis wir soeben zu erwachen beginnen, – ohne jedoch imstande zu sein, die letzten Konsequenzen aus diesen alle unsere Begriffe von der Substanzialität und Realität unserer «materiellen» Welt übersteigenden Entdeckungen zu ziehen.

In der schwerfälligen Dialektik der *Prajñâpâramitâ Sûtra*s haben die buddhistischen Denker Indiens die erkenntnistheoretischen Konsequenzen gezogen, deren Resultate jedoch so weit über die Ausdrucksfähigkeit menschlicher Sprache hinausgingen, daß die Denker jener Zeit zu Paradoxen Zuflucht nehmen mußten, über die hinaus keine weitere philosophische Entwicklung möglich war. Das menschliche Denken war hier sozusagen an der Grenze seiner Möglichkeiten angekommen.

So blieb nur der Weg jenseits des Denkens übrig: der Weg, der über die Grenzen diskursiven Denkens hinausging, der Weg einer Erweiterung des Bewußtseins über die Grenzen des Denkbaren hinaus, in einen Bereich intuitiver Erfahrung durch Schauung (*dhyâna*) und innere Einswerdung (*yoga*). An Stelle der Sprache diskursiven Denkens trat die Sprache schaubarer

[1] Cfr. Dwight Goddard «A Buddhist Bible», p. 243.

und klanglicher Symbole, in denen die Schwingungen des Lichtes und des Lautes zu einer Skala neuer Erlebniswerte zusammengefaßt und gegenseitig austauschbar wurden.

Dies wird demonstriert durch die Verschmelzung *Amitâbhas* und *Amoghasiddhis*, den Exponenten mystischer Schauung und des mystischen Lautes im Zentrum der «Wissenshaltenden Gottheiten» im Beschreiten des «inneren Pfades» *Vajrasattvas*. In diesem Zentrum wird der *prâna Amoghasiddhis*, vom Wurzelzentrum aufsteigend, zum Prinzip geistigen Lebens und zur Vibration mantrischer Laute, so wie die Unendlichkeit des geistigen Bewußtseins *Amitâbhas* in diesem Zentrum zur Unendlichkeit des Lebensprinzips des *Amitâyus* wird.

Diese Dinge können hier nur angedeutet, nicht aber in ihrer tiefsten Bedeutung erklärt werden. Eines aber dürfte aus unserer Betrachtung klar werden, nämlich, daß das Wesen *Amoghasiddhis* das Erlebnis der übrigen *Dhyâni-Buddhas* zur Voraussetzung hat, indem er in dynamischer Weise wesentliche Züge derselben in sich vereinigt. (Wir erwähnten bereits, das geheimnisvoll-dunkle Grün *Amoghasiddhis,* welches das Blau *Akṣobhyas* und die blaue Strahlung von *Vairocanas Dharmadhâtu*-Weisheit mit dem gelben Licht von *Ratnasambhavas* Wesensgleichheit vereinigt.)

Die vier *Dhyâni-Buddhas* der Peripherie werden hier zu Repräsentanten von *Rinzais* vierfacher Meditation[2]: in der Weisheit des Großen Spiegels vernichten wir das Subjekt (und die subjektive Weltauffassung) zugunsten des Objekts (dem objektiven «Sosein»)[3]; in der Weisheit der Wesensgleichheit vernichten wir das Objekt (die trennende Differenzierung) zugun-

[2] *Rinzais* «vierfache Betrachtung» (*Kattô-Shû,* Teil II, Blatt Nr. 27 b bis 28 a), zitiert von Ohasama-Faust in «Zen, der lebendige Buddhismus in Japan», Perthes A. G., Gotha, Stuttgart, 1925, Seite 45.

[3] Im *Vijñaptimâtra-siddhi-śâstra,* X, heißt es: «Die mit dem Wissen des großen Spiegels verbundene Geistesart (*mahâdarśajñâna-samprayukta-citta-varga*) spiegelt alle Objektsmerkmale richtig und klar, – wie ein großer Spiegel die Abbilder der verschiedenen Gestaltungen (*rûpa*).» Zitiert von Jiryo Masuda in «Der individualistische Idealismus der Yogâcâra-Schule», Heidelberg, 1926, Seite 54.

sten des Subjektes (des «Wesens»); in der mit dem analytischen Wissen verbundenen Schauung vernichten wir das Subjekt und das Objekt; und in der Allesvollendenden Weisheit vernichten wir weder das Subjekt noch das Objekt, d. h. wir haben jene letzte Freiheit erreicht, in der wir, wie der Buddha nach seiner Erleuchtung, zum Segen aller Wesen unbeschadet in die Welt zurückkehren können, da wir ihr nun nicht mehr verhaftet sind. Dann sind «die Berge für uns wieder Berge und die Gewässer wieder Wasser», wie ein Meister der Meditation einst sagte[4], denn hier haben wir die letzte große Synthese erreicht, in der die vollkommene Leere (*śûnyatâ*) und die konkrete Wirklichkeit der Welt zutiefst erfaßt werden. Die Lehre des Buddha ist nicht darauf aus, Verschiedenheit zugunsten absoluter Einheit zu verleugnen oder die unterschiedslose Gleichheit aller Dinge zu proklamieren; sie strebt nicht nach der Vernichtung oder Entwertung der Gegensätze, sondern nach Anerkennung ihrer Relativität, in der zugleich mit ihnen, in ihnen und jenseits von ihnen bestehenden Einheit[5]. Jedes Phänomen ist ein einzigartiger

[4] Ein Meister sagte: «Bevor man Zen studiert, sind einem die Berge Berge und die Gewässer Wässer. Wenn man jedoch einen Einblick in die Wahrheit des Zen bekommt durch die Unterweisungen eines guten Meisters, dann sind für einen die Berge nicht mehr Berge und die Gewässer nicht mehr Wässer. Aber später, wenn man wirklich den Ort des Friedens erreicht hat (d. h. wenn man Satori, den Zustand der Erleuchtung erreicht hat), sind für einen die Berge wieder Berge und die Gewässer wieder Gewässer.» D. T. Suzuki «Die große Befreiung. Einführung in den Zen-Buddhismus». O. W. Barth Verlag, 6. Aufl. 1972.

[5] «Die *Prajñâpâramitâ* steht sozusagen auf der Trennungslinie, die den absoluten Aspekt des Daseins von seinem relativen Aspekt scheidet, und diese Linie ist eine rein geometrische, die nur der Abgrenzung dient und selbst keine Dimension hat. Und selbst dann müssen wir nicht die *Prajñâ* als in dieser oder jener Richtung blickend auffassen, wenn sie die zwei Daseinsbereiche zu überblicken versucht. Wenn die *Prajñâ* die *Śûnyatâ* allein, ohne die ihr zugehörige *Aśûnyatâ*, oder *Aśûnyatâ* ohne ihre *Śûnyatâ* sehen würde, so wäre sie nicht mehr *Prajñâ*. Um dies zu symbolisieren, sind die indischen Götter mit einem Extra-Auge versehen, das senkrecht zwischen den beiden gewöhnlichen Augen eingeschnitten ist. Dies ist das *Prajñâ*-Auge (das Auge der Weisheit). Vermittels dieses dritten Auges sind die Erleuchteten imstande, die *Wirklichkeit «yathâbhûtam»* zu erkennen, ohne sie erst zu zerspalten und dann wiederzuvereinigen, denn dieses Zerspalten und Wiedervereinigen

Ausdruck des Ganzen, einzigartig in seiner räumlichen, zeitlichen und kausalen Position. Wir können daher in bezug auf diese Erscheinungsformen, Wesen, Dinge oder Daseinszustände, weder von Identität noch Nicht-Identität, weder von Sein noch von Nichtsein sprechen.

II

AMOGHASIDDHIS ALLESVOLLENDENDE WEISHEIT ALS BEFREIUNG VOM GESETZ DER WIRKENDEN TAT (KARMA)

In *Amoghasiddhi* ist jene höchste Freiheit verkörpert, in der ein Erleuchteter diese Welt durchschreitet, ohne durch sein Wirken neue karmische Bindungen hervorzurufen, d. h., ohne egozentrische Wollungen, Bildekräfte oder Gestaltungen (*saṃskâra*) zu schaffen. Er verwandelt jene Bildekräfte im Schmelztiegel allumfassender Liebe und Barmherzigkeit in den selbstlosen Impuls eines erleuchteten Helfers.

Der Konflikt zwischen Gesetz und Willensfreiheit scheint aus der Überspezialisierung eines einzigen Bewußtseinszentrums zu entstehen, in dem reflektive und egozentrische Tendenzen vorherrschen. Durch Überbetonung dieser Tendenzen vergessen wir unsere wahre Natur, verlieren die Beziehung zu anderen, ebenso wichtigen psychischen Zentren, und damit das geistige Gleichgewicht, das auf dem harmonischen Zusammenwirken aller unserer inneren Kräfte beruht. Die einseitige Verintellektualisierung des Individuums ist nicht Ausdruck seiner wahren Natur, sondern nur seines peripherischen Selbstbewußtseins, eines bloßen Nebenproduktes des Denkvorganges, der einen festen Be-

ist das Werk des abstrakten Denkens. Das *Prajñâ-Auge*, indem es sich auf die Grenzlinie zwischen Einheit und Vielheit, *Śûnyatâ* und *Aśûnyatâ*, stellt, umgreift diese zwei Welten mit einem Blick als einunddieselbe Wirklichkeit.»

(D. T. Suzuki, «Essays in Zen Buddhism», Third Series, p. 269/70. Rider & Co., London, 1953.)

zugspunkt («Subjekt») als Basis seiner Operationen benötigt. Aber dieser hypothetische Bezugspunkt enthält nichts, das für die Eigenschaften eines besonderen Individuums charakteristisch wäre, sondern er ist gerade im Gegenteil das, was allen denkenden Wesen gemeinsam ist und somit das Unindividuellste an ihnen.

Was ein Individuum vom anderen unterscheidet, ist seine relative Position im Raume und in der Zeit, und die daraus sich ergebenden Beziehungen innerer und äußerer Art. Selbst wenn sein Bewußtsein, durch Vernichtung aller Begrenzungen (oder durch ein Sich-nicht-mehr-identifizieren mit individuellen Begrenzungen) sich zum allumfassenden Bewußtsein ausgeweitet hat, behält es den Charakter seiner Position oder seines Ausgangspunktes als eines gesonderten Erfahrungszentrums. Dieses erklärt, wie wir bereits an anderer Stelle andeuteten, warum jeder Buddha, trotz der essenziellen Gleichheit der Buddhaschaft, seinen eigenen Charakter beibehält und warum selbst *Dhyâni-Buddhas* als die Verkörperungen oder Exponenten verschiedener oder verschieden betonter Qualitäten aufgefaßt und mit verschiedenen räumlichen Positionen, Gesten und Farben etc. assoziiert werden.

In diesem Sinne ist individueller Charakter keine Fessel, keine karmische Bindung, in der die *saṁskâras* der Vergangenheit die Herrscher über Gegenwart und Zukunft sind. Im Erleuchteten besteht der Konflikt zwischen Gesetz und freiem Willen nicht mehr, denn im Lichte voller Erkenntnis fällt der eigene «Wille» mit den Gesetzen, die das Universum beherrschen, zusammen. Unsere eigene innerste Natur, wenn richtig verstanden und befreit von der Illusion der Ichheit, erweist sich als eine Modifikation und bewußte Offenbarung und Verkörperung des universellen Gesetzes (*dharmakâya*) oder der Harmonie universeller Kräfte (ein lebendiger, kontinuierlicher Prozeß wechselseitiger Angleichung und Abstimmung), wie wir es mit gleichem Recht nennen können.

Harmonie, wie wir sie von der Musik her kennen, ist das beste Beispiel einer Erfahrung, in der Gesetz und Freiheit verschmolzen sind und in der diese Begriffe ihren widersprüchlichen Charakter verlieren. Ein Musiker fühlt keinerlei Zwang, wenn er den Gesetzen musikalischer Harmonie folgt. Im Gegenteil, je vollkommener er imstande ist, sie in seinem Spiel oder in seinen Kompositionen zum Ausdruck zu bringen, desto mehr empfindet er die Freude schöpferischer Freiheit, ja, innerer Befreiung. Er ist nicht mehr der Sklave des Gesetzes, sondern sein Meister, denn er hat es so tief empfunden und verwirklicht, daß er mit ihm eins werden und es zum vollkommensten Ausdruck seines eigenen Wesens machen konnte. Durch Erkenntnis meistern wir das Gesetz, und, indem wir es bemeistern, hört es auf Zwang zu sein und wird statt dessen ein Mittel echter Selbstäußerung und geistiger Freiheit. Nur retrospektiv begreifen wir es als Gesetz, d. h. unter dem Aspekt der Vergangenheit, des reflektierenden Intellektes.

In buddhistischer Terminologie: Karma verliert seine Macht und löst sich auf im Lichte der vollkommenen Erkenntnis. Solange als Karma die Macht der dunklen, undurchdringbaren Vergangenheit bleibt, ist es eine feste, unabänderliche Größe, die wir als «die Macht des Schicksals» empfinden, und gegen die wir vergeblich ankämpfen. Im Augenblick tiefer Intuition oder Erleuchtung wird die Vergangenheit in ein Erlebnis der Gegenwart verwandelt, in dem alle Bewegkräfte und Umstände, alle inneren und äußeren Beziehungen, Zusammenhänge, Motive, Situationen, Ursachen und Wirkungen, kurz das ganze bedingte Entstehen und die eigentliche Struktur der Wirklichkeit klar erkannt werden. In diesem Augenblick wird der Erleuchtete zum Meister des Gesetzes, für den, gleich dem großen Künstler, die strenge Notwendigkeit des Gesetzes sich auflöst in die höchste Freiheit geistiger Harmonie.

Das Erlebnis dieser Harmonie ist jedoch nicht zu verwechseln mit unqualifizierter Einheit, denn Harmonie, trotz ihrer allumfassenden Natur, besteht nicht in der Aufhebung aller Verschiedenheit (ohne welche Einheit zu sinnloser Einförmigkeit würde) und ist unendlicher Variationen fähig.

Obwohl alle musikalische Harmonie auf denselben Gesetzen

beruht, gibt es nicht zwei Komponisten, die die gleiche Musik komponieren. Dies bedeutet, daß individuelles Gesetz und individuelle Schöpfungsfähigkeit vom universellen Gesetz weder ersetzt noch absorbiert werden, sondern, daß individuelles und universelles Gesetz sich gegenseitig ergänzen. Wenn dies nicht so wäre, so könnte kein zureichender Grund für das Bestehen von Differenzierung und Individualität, Selbstbewußtsein und freiem Willen gefunden werden.

«Ein Element der Wahlfreiheit durchdringt das Universum: Wie können wir besser die Tatsache beschreiben, daß von den Sternengalaxien bis zum Atom, von der Amöbe bis zum Menschen, jedes Individuum von jedem anderen Individuum verschieden ist? Wie können wir besser die Indeterminiertheit beschreiben, die im Atom selbst bestehen soll, die Unregelmäßigkeit der Molekularbewegung von Flüssigkeiten und Gasen, die Variationen in den Bewegungen der Chromosome, die Veränderlichkeit lebender Organismen, die Variationen in den verschiedenen Weisen, in denen Insekten und Tiere der gleichen Gattung ihren Instinkten Ausdruck geben; die persönliche Variation in der chemischen Zusammensetzung aller Gewebe und in allen Funktionen des Körpers? Wie können wir besser die Tatsache der unzähligen Richtungen, die das Leben eingeschlagen hat, beschreiben; die Tendenz zu Verschiedenheit, Variabilität, Differenzierung, die in der Gesamtheit des Universums vorherrscht; die Ausnahmen innerhalb der allgemeinen Ordnung, die auf jeder Stufe und in jeder Sphäre des Werdens offensichtlich sind? Wie können wir besser des Menschen Wahlfreiheit uns vergegenwärtigen; das Gefühl der Freiheit, das wir in uns tragen [6]?»

«,Das Universum ist endlich aber unbegrenzt.' – Es ist endlich in dem Sinne, daß es von einer Hierarchie der Ordnung durchdrungen ist, außerhalb derer zu gehen unmöglich ist. Es ist unbegrenzt in dem Sinne, daß es von einem Element der Wahlfreiheit durchdrungen ist [7].»

[6] Frank Townshend, «*Becoming*», p. 88. Allen & Unwin, London. 1939.
[7] Op. cit. p. 89.

Diese Hierarchie der Ordnung ist zugleicherweise eine Hierarchie der Kausalität, eine Kausalität verschiedener Daseinsebenen, in der die jeweils höhere Ebene eine größere Anzahl von Möglichkeiten bietet, eine größere Anzahl von Lösungen für jedes Problem und daher eine größere Wahlfreiheit, eine größere Möglichkeit der Selbstbestimmung oder des freien Willens.

Wenn wir uns des Gleichnisses der Schwingungen bedienen wollten, so könnten wir von verschiedenen Schwingungsebenen sprechen, von höheren oder niederen Ordnungen, gröberen oder feineren Medien der Schwingung und dergleichen. Im Bereich der soliden, anorganischen Materie herrscht die mechanische Kausalität, d. h. ein vollständiger und absoluter Determinismus, denn hier ist die Schwingung nur auf *eine* Ebene beschränkt. Im Bereiche des organischen Lebens ist dieser Determinismus weniger starr, während im Bereiche des Geistes die Schwingungen vieler Ebenen kombiniert sind: einige von ihnen einem strengen Determinismus unterliegend, andere nicht. Die verschiedenen Bereiche entsprechen verschiedenen Dimensionen oder verschiedenen Systemen, bzw. Arten der Mathematik, von denen die höheren eine Anzahl verschiedener Lösungen desselben Problems zulassen, während die niederen sich auf *eine* Lösung beschränken.

Alwin Mittasch spricht von einer «Stufenfolge der Kausalität» in der Natur, indem er zeigt, daß Kausalität vielerlei Grade hat, von denen der höchste «der einfacheren mechanischen Kausalität, die prinzipiell berechenbar ist, gegenübersteht und beobachtet werden kann, wenn ein Ganzes in irgendeiner Weise stimuliert wird, d. h., wenn sein Gesamtzustand zusammen mit den Einzelzuständen (oder besonderen Bedingungen) seines Systems gestört wird, und, entsprechend seinem eigenen Energievorrat, *aktiv* und *selektiv* auf die Störung reagiert[8].»

«Der Begriff einer Stufenfolge der Impuls-Kausalität innerhalb der Totalitäts-Kausalität des Organismus eröffnet auch Ausblicke auf das Problem von Körper und Seele, insofern als

[8] «Research and Progress», Vol. IV, p. 239.

das Bewußte und das Unbewußte als die höchste Form einer Impuls-Kausalität erscheinen, die hier zu einer direktiven, leitenden und sich ausdehnenden Kausalität großen Maßstabes mit dauernd wachsender Vielfältigkeit geworden ist [9].»

Hier wird Kausalität in eine innere, sich selbstregulierende und selbsterhaltende Kraft verwandelt, die zwar durch äußere Geschehnisse stimuliert, aber nicht mehr in der Form eines äußeren oder allgemeingültigen Gesetzes verstanden werden kann. Wenn wir in diesem Falle von Kausalität sprechen, so müssen wir zugeben, daß wir es hier nur mit einer retrospektiven, gedanklichen Konstruktion zu tun haben, in der wir die Kontinuität und Koherenz eines sonst undeterminierbaren Ablaufes von Aktionen und Reaktionen zu definieren versuchen. «Die Tatsache der Existenz einer Stufenfolge, gibt uns die Möglichkeit, das System der Verursachung entweder durch ein Aufsteigen von unten oder ein Absteigen von oben zu verfolgen. Von unten gesehen ist alles Ursache und Wirkung, Grund und Folge; von oben gesehen jedoch ist alles Ziel, Anordnung und Führung. Ein echter und universeller Determinismus, der nichts zu tun hat mit mechanischem Determinismus, umfaßt dann *Notwendigkeit* und *Freiheit*, Begrenzung und Unbestimmbarkeit; eine Verursachung von unten oder außen, entsprechend dem Kausalgesetz, und eine Verursachung von oben oder innen, entsprechend dem Ziel und Zweck, Plan und Sinn [10].»

Die «Führung», von der Mittasch spricht, kann natürlich nicht von außen her kommen, wie von der Macht eines außer uns stehenden Schöpfergottes, in welchem Falle sie nicht mit Freiheit assoziiert werden könnte. Und ebensowenig können «Ziel und Zweck, Plan und Sinn» von außen her aufgezwungen werden. Jedes bewußte Wesen hat seine eigene innere Ordnung zu schaffen und sowohl seinem eigenen Dasein wie der Welt, die er in seinem Geiste spiegelt, Sinn und Wert zu verleihen. Die

[9] Op. cit. p. 240 f.

[10] Da die obigen Zitate aus dem Englischen ins Deutsche zurückübersetzt wurden, so geben sie zwar den Sinn, nicht aber die von Mittasch gebrauchten Worte originalgetreu wieder.

einzige Führung, die es hier geben kann, ist die Führung durch jenes innere Licht in der Tiefe unseres Bewußtseins, das uns durch Unterscheidung und Erfahrung zu Erkenntnis und Weisheit führt. Selbst die Führung eines Guru, eines geistigen Lehrers, besteht in nichts anderem als in der Erweckung jenes inneren Lichtes. Und je klarer dieses Licht ist, desto vollkommener ist die Einsicht in die Natur der Wirklichkeit.

Wenn daher die Resultate dieses inneren Wissens einander mehr und mehr ähnlich werden, je weiter wir fortschreiten, so geschieht dies nicht auf Grund einer eingeborenen Gleichförmigkeit individueller Eigenschaften oder geistiger Kräfte, an denen das Individuum nur passiv teilhat, – so wie der Kristall am Licht der Sonne, – sondern es handelt sich hier um eine positive, bewußte und intelligente Reaktion, durch die jedes Individuum seinen eigenen und ihm angemessenen Weg zum gleichen Ziel der Wirklichkeit findet.

Bewußtsein, als der latente Funke des Lichtes, ist allem Leben eingeboren, aber es hat ebensoviele Intensitätsgrade und ebensoviele Farbtöne, wie es lebende Wesen gibt. Je mehr diese individuell begrenzt sind, desto ausgesprochener ist die «Farbe» ihres Lichtes. Und ebenso wie jede Farbe ihre eigene Schwingungsrate besitzt, so schafft und befolgt jedes Individuum sein eigenes Gesetz. Nur wenn die Vollkommenheit der Erleuchtung erreicht ist, in der alle Farben verschmolzen und im höchsten Glanze integriert sind, wird der Geist frei, in allen Richtungen (oder Dimensionen) zu schwingen und alle «Hierarchien der Ordnung» zu umfassen und zu meistern.

Dann erst wird es möglich, wie Krishnamurti sagt, «einer Erfahrung gänzlich, vollständig, ohne Voreingenommenheit oder Vorurteil zu begegnen, ohne in der Welle des Gedächtnisses eingefangen zu werden», d. h. ohne vom Aufwellen der Vergangenheit fortgetragen zu werden. «Wenn dein Handeln unvollständig ist, wenn du einer Erfahrung nicht mit ganzem Wesen begegnest, sondern durch die Barrieren der Tradition, des Vorurteils oder der Furcht, folgt dem Handeln das Nachschwingen der Erinnerung. So lange als diese Narbe der Erinnerung besteht, besteht notwendigerweise die Teilung der Zeit in Vergangenheit, Gegenwart und Zukunft. Solange der Geist an die Idee gefesselt ist, daß Handeln in Vergangenheit, Gegenwart und Zukunft geteilt werden muß, besteht Identifikation durch Zeit und daher eine Kontinuität, aus der die Furcht vor dem Tode und Furcht vor dem Verlust von Liebe entsteht. Um zeitlose Wirklichkeit und zeitloses Leben zu verstehen, muß das Handeln vollständig sein. Aber man kann dieser zeitlosen Wirklichkeit nicht gewahr werden, solange man danach sucht.»

Diese zeitlose Wirklichkeit ist, was ich das «Erlebnis der Gegenwart» nenne; denn die Gegenwart hat keine zeitliche Ausdehnung und ist darum zeitlos. Es ist die irrationale Grenzlinie zwischen den zwei Richtungen der Zeit. Die Gegenwart hat nicht Ausdehnung, sondern Intensität. Sie kennt keine Kausalität, die nur in der Zeit denkbar ist, sondern eine Gleichzeitigkeit von Beziehungen, die nur in einer räumlichen Dimension bestehen können.

Da Denken nur in der Zeit stattfinden kann, ist Kausalität eine notwendige Eigenschaft des Denkens. Schauung jedoch, ist mit dem Raum einer höheren Dimension verbunden und darum zeitlos. Aus diesem Grunde wird dem Seher ein höherer Platz zuerkannt als dem Denker. Der Künstler denkt sich seine Schöpfungen nicht aus, sondern erschaut sie spontan. Der schöpferische Akt ist ein intensives Erlebnis der Gegenwart und als solches zeitlos.

Kausalität, im Gegensatz hierzu, ist, wie Mittasch es ausdrückt, eine «Denkerwartung», die auf der Vergangenheit beruht, nämlich der Erinnerung früherer Erfahrungen. Diese Erfahrungen sind als solche Tatsachen, aber die Zeitperspektive, in der wir sie sehen, verkürzt ihre Proportionen und ihren relativen Wert und ersetzt ihre wirklichen Beziehungen durch eine zeitliche Aufeinanderfolge, die alle anderen inhärenten Möglichkeiten ausschließt.

In anderen Worten, es ist der reflektive und diskursive Geist, die Art unseres Denkens, die den Standpunkt auswählt und festlegt, von dem die Perspektive und die aus ihr abgeleiteten Gesetze abhängen. Wenn unser Bewußtsein rein und ungestört ist von Reflexion, frei von der Vergangenheit und vollkommen in der Gegenwart ruhend, dann kann diese zeitliche Perspektive nicht bestehen, und mit ihr verschwindet das selbstgeschaffene Gesetz der Kausalität, und die wahre Verbundenheit aller Dinge mit ihren unendlichen Möglichkeiten gegenseitiger Einwirkung enthüllt sich unserem Blick. Während in der Vergangenheit alles endgültig und starr ist und als unabänderliches Gesetz, als strenge Kausalität erscheint, ist die Gegenwart lebendige Beziehung, die flüssig, veränderbar und nirgends endgültig oder begrenzt ist. Die Gegenwart ist somit die Befreiung von der Kausalität.

In diesem Zusammenhang mag es nützlich sein, uns des dynamischen Charakters der Formel des «bedingten Entstehens» *(pratîtyasamutpâda)* zu erinnern (auf den ich schon bei früherer Gelegenheit hingewiesen habe), nämlich, daß wir es hier weder mit einer rein zeitlichen, noch einer rein logischen Kausalität zu tun haben, sondern mit einer lebendigen organischen Beziehung, einer gleichzeitigen Zusammenwirkung, Gegenüberstellung und Aufeinanderfolge aller Glieder, in der jedes sozusagen die Quersumme aller anderen darstellt und die ganze Vergangenheit sowohl wie alle Möglichkeiten der Zukunft in sich trägt. Und aus eben diesem Grunde ist die ganze Kette des bedingten Entstehens in jedem Augenblicke und in jeder seiner Phasen aufhebbar und ist weder an Ursachen, die in einer unendlich fernen Vergangenheit liegen, gebunden, noch von einer unvorhersehbaren Zukunft abhängig, in der sich eventuell die Wirkungen dieser Ursachen einmal erschöpfen.

Nur so ist die Möglichkeit der Befreiung begreifbar, denn wie könnten Ursachen, die von anfanglosen Zeiten aufgehäuft sind und mit natürlicher Notwendigkeit sich auswirken, je zu einem Ende kommen? Die Idee, daß die Folgen aller Taten, seien sie gedanklicher oder körperlicher Art, bis zum letzten ausgekostet werden müssen und daß selbst durch die unscheinbarste Handlung, durch die geringste Gemütsbewegung, man weiterhin in das unentrinnbare Netz des Schicksals verstrickt ist, ist sicher das furchtbarste Schreckgespenst, das der menschliche Intellekt je heraufbeschworen hat; denn nur nachträgliche Verbegrifflichung und Konkretisierung wesentlicher Zusammenhänge des Schicksals konnten aus dem lebendigen Gesetz unseres innersten Wesens die blinde Notwendigkeit eines mechanischen Gesetzes konstruieren. Mechanische oder absolute Gesetze sind nur auf unbelebte «Dinge» oder begriffliche Einheiten anwendbar, d. h. auf gedankliche Abstraktionen, aber nicht auf lebende, wachsende Organismen, die Einheiten nur im Sinne ihrer Kontinuität (*santâna*) und der Richtung ihrer Transformation sind. Dies bedeutet nicht, daß das Gesetz von Ursache und Wirkung von den Bereichen der Psychologie und Biologie auszuschalten ist, sondern nur, daß es eingeschränkt und modifiziert anwendbar und von gewissen Bedingungen abhängig ist. Der *Pratîtya-samutpâda* ist in der Tat der Mittlere Weg, der die Extreme starrer Notwendigkeit, mit der ein freier Wille unvereinbar wäre, und blinden Zufalls, der jegliche Entwicklung und Fortschritte nach einem höheren Ziel unmöglich machen würde, vermeidet.

Dieser Mittlere Weg ist weder ein theoretischer Kompromiß noch eine intellektuelle Ausflucht, sondern die Anerkennung *beider* Seiten unserer Existenz, von denen die eine der Vergangenheit angehört, die andere der Gegenwart. Mit unserem Intellekt, unserer Denktätigkeit (und selbst mit unseren körperlichen Funktionen) leben wir in der Vergangenheit; in unserer intuitiven Schauung und im unmittelbaren Erlebnis höherer Wirklichkeit leben wir in zeitloser Gegenwart.

So sind wir imstande, Denken durch Schauung zu überwinden, die Vergangenheit durch Verwirklichung der Gegenwart, die Illusion der Zeit durch das Erlebnis des Raumes. Dieser Raum jedoch ist nicht der äußere, «sichtbare» Raum, in dem die Dinge nebeneinander existieren, sondern ein Raum höherer Dimension, der über den dreidimensionalen Raum hinausgeht. In einem solchen Raum existieren Dinge nicht als getrennte Einheiten, sondern eher wie die beziehungsverwobenen Teile und Funktionen eines Organismus, die sich gegenseitig beeinflussen und durchdringen [10a]. Es ist ein Raum, der nicht nur geschaut, sondern zugleicherzeit gefühlt wird, ein Raum, der mit Bewußtsein erfüllt ist; er ist die Verwirklichung des kosmischen Bewußtseins.

In einem solchen Bewußtsein hört das Problem des freien Willens auf zu existieren, denn trotz bestehender Differenzierung gibt es hier keine Dualität; denn hier führt die Wahrnehmung der Differenzierung nicht zur Illusion der Ichheit, und darum können Begierde und Aversion keinen Fußhalt finden. Es ist die Befreiung vom leidenschaftdiktierten Willen, einem Willen, der vergeblich gegen selbsterrichtete Mauern rennt; es ist die Freiheit von einem Willen, der nicht in Übereinstimmung ist mit der Wirklichkeit.

So löst sich das Problem des freien Willens in den Strahlen der Erkenntnis auf, denn Wille ist keine primäre Qualität, die als ein unabhängiges Element behandelt werden kann, sondern der ewig wechselnde Ausdruck unseres jeweiligen Grades an Einsicht, an Erkenntnis. Wenn diese Erkenntnis vollkommen ist, ist unser Wille vollkommen, d. h. er ist in Harmonie mit den Kräften des Universums, und wir sind frei von der karmi-

[10a] Dies ist die zentrale Idee der *Avataṁsaka*-Philosophie (wie sie im Symbolismus des *Gaṇḍavyûha*, das im 3. Kapitel des V. Teiles zitiert wurde, dargestellt ist), auf der *Ch'an* oder *Zen* Buddhismus begründet ist. Ohne Kenntnis dieser zentralen Idee und der mit ihr verbundenen Symbolsprache, wird *Zen* zu einer intellektuellen Spielerei oder bestenfalls zu einem psychoanalytischen Experiment. Die meisten der scheinbar paradoxen Formulierungen und Aussprüche der älteren Zenmeister, sind nicht willkürlich geprägte Wittizismen oder Ausdrücke einer augenblicklichen Stimmung oder Situation, noch auch haben sie den bloßen Zweck, den Geist des Schülers durch Schocktherapie aus den gewohnten Bahnen zu werfen, sondern sie sind auf althergebrachten Symbolen und Kennworten (die als «Schlüssel» für gewisse Ideen dienen) aufgebaut. Ohne diesen Hintergrund buddhistischer Tradition verliert *Zen* seine Bedeutung und seinen zutiefst metaphysischen und religiösen Charakter. Die bloße Tatsache, daß alle Zenmeister großen Wert legten auf traditionelle *Koans* und *Mondos* (als Gegenstände der Meditation), die durch viele Jahrhunderte sorgsam gesammelt und aufbewahrt worden waren, beweist die grundlegende Bedeutung der lebendigen Tradition im *Zen*-Buddhismus, eine Bedeutung, die von modernen Nachahmern gern verkleinert oder zur Seite geschoben wird.

schen Knechtschaft der Vergangenheit, frei vom wirklichkeitsfremden Wollen.

Solange jedoch als wir diesen höchsten Zustand nicht erreicht haben, mögen wir der Tatsache gewiß sein, «daß uns nichts widerfahren kann, das nicht in unserem tiefsten Wesen zu uns gehört», wie Rainer Maria Rilke in seinen «Briefen an einen jungen Dichter» sagt. Und wir mögen mit einem anderen großen Dichter und Seher ausrufen: «Wähle ich nicht alle meine Schicksale seit Ewigkeiten selbst?» (Novalis).

III

DIE FURCHTLOSIGKEIT DES BODHISATTVA-PFADES

Auf der Gewißheit, «daß uns nichts widerfahren kann, das nicht in unserem tiefsten Wesen zu uns gehört», gründet sich jene Furchtlosigkeit, die *Avalokiteśvara* verkündet, die in der Geste *Amoghasiddhis (abhaya-mudrâ)* zum Ausdruck kommt und in der Natur des kommenden Buddha *Maitreya,* «des großen Liebenden», des irdischen Reflexes *Amoghasiddhis* in menschlicher Verkörperung.

Furchtlosigkeit ist die Eigenschaft aller *Bodhisattva*s und aller derer, die den *Bodhisattva*-Pfad wandeln. Für sie hat das Leben seine Schrecken verloren und das Leiden seinen Stachel. Denn sie erfüllen dieses irdische Dasein mit neuem Sinn, statt es zu schmähen oder um seiner Unvollkommenheit willen zu verachten, wie so viele, die in der Lehre des Buddha einen Vorwand für ihre eigene negative Weltanschauung zu finden versuchen. Ist das Lächeln des Buddha, das millionenfach von den Kultbildern aller buddhistischer Länder uns entgegenleuchtet, der Ausdruck einer lebensfeindlichen Gesinnung, wie sie der moderne intellektuelle Vertreter des Buddhismus (insbesondere in den Ländern des Westens) so häufig darzustellen sich bemüht?

Das Leben als übel zu verurteilen und seine höheren Entfaltungsmöglichkeiten zu negieren, bevor wir zum Verständnis des Ganzen vorgedrungen sind, bevor wir die höchsten Fähigkeiten des Bewußtseins verwirklicht und den Zustand der Erleuchtung, als Blüte und Erfüllung alles Daseins, erreicht haben, ist nicht nur anmaßend, sondern töricht. Es ist wie das Verhalten eines Mannes, der eine unreife Frucht als ungenießbar erklärt und sie fortwirft, anstatt ihr Zeit zur Reife zu geben. Nur derjenige, der jenen überindividuellen Zustand der Erleuchtung erreicht hat, kann auf «Individualität» verzichten. Diejenigen aber, die nur ihre Sinnestätigkeiten und natürlichen Lebensfunktionen unterdrücken, bevor sie auch nur den Versuch gemacht haben, von ihnen den richtigen Gebrauch zu machen, werden nicht zu Heiligen, sondern nur zu Petrefakten. Eine Heiligkeit, die nur auf negativen Tugenden aufgebaut ist, auf bloßem Meiden und Unterlassen mag der Menge als ein Zeichen von Selbstbeherrschung und Geistesstärke imponieren und zur völligen Selbstauslöschung führen, nicht aber zur Erleuchtung. Es ist der Weg des Stagnierens, des geistigen Todes. Es ist die Befreiung vom Leiden um den Preis des Lebens und des lebendigen Funkens des erleuchteten Geistes in uns. Die Entdeckung dieses Funkens aber ist der Beginn des *Bodhisattva*-Pfades, der die Befreiung vom Leiden und den Fesseln der Selbstheit nicht durch Verneinung des Lebens, sondern durch Dienst am Nächsten (und wer wäre uns nicht der Nächste!) im Streben nach vollkommener Erleuchtung verwirklicht.

Darum heißt es in *Śântidevas* unsterblichem Werk, dem «Pfad zum Licht» (*Bodhicaryâvatâra*): «Wer den hundertfachen Schmerzen des Daseins entgehen will, wer die Leiden lebender Wesen stillen will, wer die hundertfachen Entzückungen (des Geistes) genießen will, muß nie den Erleuchtungsgedanken (*bodhi-citta,* das Erleuchtungsbewußtsein) aufgeben.

Sobald der Erleuchtungsgedanke in ihm entstanden ist, wird der Unglückliche, von den Leidenschaften ans Dasein Gefesselte, unmittelbar als Sohn der Erleuchteten anerkannt und wird verehrungswürdig in der Welt der Menschen und Götter, und verwandelt diesen unreinen Körper in das kostbare Juwel eines

Buddhakörpers. Halte darum fest an dem köstlichen Elixier des Erleuchtungsgedankens![11]»

Bodhi-citta (Tib.: *byaṅ-chub-sems*) ist hier der Funke jenes tieferen Bewußtseins, das im Vorgang der Erleuchtung aus einer latenten zu einer aktiven, alles-durchstrahlenden und durchdringenden Kraft erweckt wird. Bevor diese Erweckung stattgefunden hat, ist unser Dasein ein sinnloses Im-Kreise-Laufen; und da wir keinen Sinn in uns selber finden, erscheint uns die uns umgebende Welt ebenso sinnlos.

Bevor wir über den Sinn des Lebens und des Universums urteilen, sollten wir uns fragen, wer es denn ist, der sich hier zum Richter aufwirft. Ist nicht jener urteilende Verstand selbst ein Teil jener Welt, die er verwirft? Wenn wir unseren Verstand für urteilsfähig halten, so haben wir damit bereits der Welt einen geistigen Wert zugestanden, d. h. die Fähigkeit ein Bewußtsein hervorzubringen, das über die bloßen Notwendigkeiten eines vergänglichen Daseins hinausgeht. Wenn dies aber der Fall ist, so haben wir keinen Grund, an der weitern Entwicklungsfähigkeit dieses Bewußtseins zu zweifeln, oder an der tieferen Bewußtheit, die dem Universum zugrunde liegt, aus dessen Fülle wir nur einen kleinen, unvollkommenen Ausschnitt kennen. Andererseits, wenn wir den Standpunkt vertreten, daß das Bewußtsein nicht ein Produkt der Welt (eines unbewußt ablaufenden Weltmechanismus), sondern, daß die Welt ein Produkt des Bewußtseins ist (was dem Standpunkt des *Mahâyâna* entspricht), dann wird es klar, daß wir genau in der Art von Welt leben, die unserem Geisteszustand entspricht, die wir, sozusagen selbst geschaffen und somit «verdient» haben; und daß das Heilmittel daher nicht im «Entfliehen» von der «Welt» besteht, sondern vielmehr in einer Läuterung unseres Bewußtseins, in einem Gesinnungswechsel. Solch eine innere Umkehr kann aber nur stattfinden, wenn wir die tiefste Natur unseres Geistes und die in ihr beschlossenen Kräfte erkennen. Ein Geist, der

[11] *Bodhicaryâvatâra* I, 8–10 (Tib.: *Byaṅ-chub-sems-dpaḥi-spyod-pa-la ḥjug-pa*).

fähig ist, das Licht jahrmillionenferner Sternenwelten zu lesen, ist nicht weniger wunderbar als die Natur dieses Lichtes selbst. Wieviel größer ist das Wunder jenes inneren Lichtes, das in der Tiefe unseres Bewußtseins schlummert!

Der Buddha und viele seiner großen Nachfolger haben uns einen Einblick in jene tiefere Bewußtheit gegeben. Diese Tatsache allein ist von größerem Wert als alle philosophischen und wissenschaftlichen Theorien, denn sie weist der Menschheit den Weg der Zukunft. So kann es nur *ein* Problem für uns geben: diese tiefere Bewußtheit in uns selbst zu erwecken und zu jenem Zustand vorzudringen, den der Buddha als «Erwachen» oder «Erleuchtung» bezeichnete. Dies aber ist der *Bodhisattva-Mârga,* der Weg zur Verwirklichung der Buddhaschaft in uns selbst.

Daß eine solche Verwirklichung in unserer heutigen Welt nicht mehr möglich sei, wie dies in gewissen Kreisen buddhistischer Orthodoxie behauptet wird, oder, daß die Erreichung völliger Erleuchtung *(samyaksambodhi)* nur einem einzigen Individuum innerhalb von Jahrtausenden möglich sei, so daß ein Streben nach solchem Ziele völlig sinnlos wäre, ist nichts anderes als ein Eingeständnis geistiger Armut und dogmatischer Verknöcherung. Eine Religion, deren Ideal nur eine Sache der Vergangenheit oder der fernsten Zukunft ist, hat keinen lebendigen Wert für die Gegenwart.

Der Hauptfehler dieser Anschauung ist die Trennung der buddhistischen Lehre von der lebendigen Persönlichkeit des Buddha, wodurch seine Lehre entmenschlicht und zu einem pseudo-wissenschaftlichen System reiner Negationen und bloßer «Ausfallswerte» wird. In einem solchen System wird Meditation zu einer morbiden analytisch-zersetzenden Haltung, in der alles Lebendige seziert und zerstückelt wird, bis es sich in verwesende Materie oder in die Funktionen und Komplexe eines sinnlosen Mechanismus auflöst.

Wenn wir ein Gemälde mit einem Mikroskop untersuchen und feststellen würden, daß es nichts anderes sei als eine faserige Materie in Verbindung mit gewissen Farbsubstanzen, und daß diese wiederum auf gewisse Licht- und Atomschwingungen zurückzuführen seien, – so würde uns dies dem Phänomen der Schönheit und dem Verständnis ihrer Bedeutung oder dem Sinn des Kunstwerkes nicht einen Schritt näher bringen, sondern höchstens die Geistlosigkeit einer solchen Philosophie des «Nichts-als» bloßstellen. In Wirklichkeit wäre ein solches Vorgehen weder «objektiv», noch unvoreingenommen, noch auch eine Analyse der in Frage stehenden Dinge, denn es ist eine absichtliche, willkürliche Unterdrückung aller nicht-materiellen Faktoren, ohne die jene besondere Form und Gestaltung der Matrie nicht existieren könnte.

Dennoch glaubt man mit ähnlichen Methoden dem Wesen des Lebens, des Körpers und der Psyche näher zu kommen. Ich erinnere hier nur an jene Körperbetrachtungen kommentarieller Literatur, in denen die Analyse des Körpers und seiner Funktionen auf der Basis eines naiven Realismus vorgenommen wird, ohne den Versuch einer geistigen Zusammenschau, einer überbrückenden Synthese oder irgendwelchen Verständnisses für die Einheitlichkeit und Subtilität vitaler, seelischer und geistiger Prozesse zu berücksichtigen.

Solange wir den Körper und seine Organe wie einen «Sack gefüllt mit verschiedenartigen Hülsenfrüchten» betrachten, die wahllos zusammengeworfen sind, gehen wir nicht nur am wirklichen Problem vorbei, sondern betrügen uns selbst. Ein ebensolcher Selbstbetrug ist es, Abscheu vor dem Körper durch Leichenbetrachtungen hervorzurufen. Solange wir den Körper verabscheuen, haben wir ihn nicht überwunden. Wir überwinden ihn nur, indem wir über ihn hinauswachsen. Und wir können nur über ihn hinauswachsen, wenn wir über ihn hinaussehen können, d. h., wenn wir den Körper im Zusammenhang mit seinen Entstehungsbedingungen, den Kräften, die ihn aufbauen und erhalten, der Welt, in der er sich bewegt und von der er seine Aufbaustoffe nimmt – kurz, in seiner Beziehung zum Ganzen, in seiner universellen Perspektive sehen. Dies ist aber nur möglich, nachdem wir zum Erlebnis der Ganzheit vorgedrungen sind. Die Analyse erhält ihren Sinn erst von der Synthese her.

Sonst haben wir, wie Goethe sagt, die Teile zwar in der Hand: «fehlt leider nur das geistige Band!»

Hiermit soll nicht gesagt sein, daß wir unsere Augen den unerfreulichen Aspekten des Daseins verschließen sollen. Die Meister des *Vajrayâna* benutzten mit Vorliebe Leichenstätten und Verbrennungsplätze für ihre Meditationsübungen, – nicht aber, um sich in Abscheu zu üben, sondern um sich mit allen Aspekten des Daseins vertraut zu machen, und nicht zuletzt, weil sie an diesen Orten, die von anderen Menschen gemieden werden, ungestört der Versenkung pflegen konnten.

Für den Beginner sind solche Orte und Betrachtungen der Weg zur Furchtlosigkeit, zur Überwindung von Abscheu und Widerwillen und zur Erreichung des vollen Gleichmuts. Selbst der Buddha berichtet, daß er sich in der Zeit seiner geistigen Vorbereitung bewußt an einsame und unheimliche Stätten begab, um, wie er selbst sagt, die Furcht zu überwinden.

Leichenbetrachtungen und ähnliche dem Laien extrem erscheinende Übungen haben nur dann Sinn, wenn sie zu jener Furchtlosigkeit führen, die den Übenden befähigt, der Wirklichkeit ins Auge zu sehen und die Dinge in ihrer wahren Natur zu erkennen, ohne Begehren und ohne Widerwillen. Der Sinn solcher Betrachtungen aber geht verloren, wenn wir nicht imstande sind, sie ohne Abscheu vorzunehmen. Wer Begierde durch Abscheu bekämpft, treibt den Teufel mit Beelzebub aus. Wir empfinden keine Abscheu vor totem Laub oder vertrockneten Blumen. Unsere Freude an Blumen ist nicht geringer, weil wir wissen, daß sie vergänglich sind.

Im Gegenteil: das Wissen um die Vergänglichkeit macht ihr Blühen um so kostbarer, – so wie die Flüchtigkeit des Augenblicks und des menschlichen Lebens, ihm einen besonderen Wert verleiht. Diesen vergänglichen Körper zur Stätte des Unvergänglichen zu machen, zum Tempel des Geistes, – so wie die Blume ihre vergängliche Form zur Stätte unvergänglicher Schönheit macht, – das ist die Aufgabe des Menschen nach der Weltanschauung des demantenen Fahrzeuges.

In gleicher Weise sollen wir unsere geistigen Funktionen betrachten. Dann verliert das «Ich» ganz von selbst seine Bedeutung, ohne daß es irgendwelcher Anstrengungen bedürfte, es mit Gewalt zu vernichten (was nur seine illusorische Wirklichkeit verstärken würde) und ohne seine relative Existenz zu leugnen, was zu neuer Selbsttäuschung führen würde. Solange als jede unserer Handlungen unserer Selbstbehauptung dient, und solange als jeder unserer Gedanken um unsere eigenen Interessen und unsere eigene Person kreist, ist alles Leugnen unserer Ichheit gegenstandslos. In der Tat, es wäre in diesem Falle ehrlicher zuzugeben, daß wir noch ein «Ich» besitzen, oder richtiger, daß wir von einem solchen besessen sind, und daß wir vorerst nur hoffen können, einmal davon frei zu werden.

Der sicherste Weg hierzu aber ist, daß wir uns selbst in der richtigen Perspektive zur Umwelt sehen, d. h. in der universellen Perspektive, die uns die Lehre der Erleuchteten erschlossen hat. Solange als wir das Leben nur vom beschränkten Standpunkt unseres gewöhnlichen menschlichen Bewußtseins sehen, scheint es keinen Sinn zu haben, während wir, wenn wir das vollständige Bild des Universums sehen könnten, wie es sich im Geiste eines Erleuchteten spiegelt, seinen Sinn entdecken würden. Und dieser Sinn, oder was wir die «höchste Wirklichkeit» nennen mögen, würde wahrscheinlich nicht mehr in menschlichen Worten ausdrückbar sein, es sei denn in Symbolen wie *nirvâna, samyak sambodhi, prajñâ-pâramitâ,* etc., die nicht erklärt werden können und die der Buddha sich weigerte zu definieren, indem er darauf bestand, daß wir die hinter diesen Symbolen liegende Wirklichkeit selbst erleben sollten. Denn diese Wirklichkeit liegt in der Fähigkeit des *Bewußt-Seins* selbst verankert, nicht aber irgendwo außerhalb unserer selbst.

Ob also das Leben «an sich» einen Sinn hat oder nicht, es ist an uns, ihm einen Sinn zu *geben.* In den Händen eines inspirierten Künstlers wird ein wertloser Klumpen Lehm zu einem unschätzbaren Kunstwerk. Warum sollten wir nicht gleichermaßen versuchen, etwas Wertvolles aus dem gemeinen Lehm unseres Lebens zu machen? Unser Dasein und die Welt, in der wir leben, haben genau soviel Sinn als wir ihnen verleihen.

«Der Mensch ist gerade so unsterblich wie sein Ideal und ebenso wirklich wie die Kraft, mit der er ihm dient.» Diese Worte des Grafen Kayserling weisen in die rechte Richtung. Die Probleme des Wertes und der Wirklichkeit sind Angelegenheiten unserer geistigen Haltung und schöpferischen Verwirklichung, nicht aber einer begrifflichen Objektivität.

Die Erleuchteten oder der Zustand der Erleuchtung stellen die höchste Wirklichkeit dar, und diejenigen, die ihn zu verwirklichen wünschen, müssen dem Beispiel der Buddhas folgen: dem *Bodhisattva*-Pfad, der keine Ausflucht duldet, in dem es kein Davonlaufen vor Ungemach und Leiden gibt und der in der Anerkennung und Akzeptierung der Tatsache besteht, daß vollkommene Erleuchtung nicht erreicht werden kann ohne die Bereitschaft, das Leiden der Welt willig auf sich zu nehmen. Denn wer sich eins fühlt mit allem, was da lebt, kann nicht anders, als das Leiden Anderer als das eigene zu empfinden. Nur aus dieser Empfindung erwächst ihm die Kraft, zur Befreiung aller Wesen zu wirken und in der Befreiung aller Wesen die eigene Erlösung zu finden.

In dem Augenblick, in dem wir, statt vor dem Leiden zu fliehen, es willig auf uns nehmen, verliert es nicht nur seine Schrecken und seine Macht über uns, sondern wird zu einer Quelle neuer Kraft. Es war diese Einstellung, die den Buddhismus über die Lehren der *Veden* und *Upaniṣaden* hinaushob und ihn zur Weltreligion machte.

Die Leiden der Welt auf sich zu nehmen, bedeutet aber nicht, daß man Leiden suchen, es verherrlichen, sich selbst zufügen oder es als Buße auf sich nehmen sollte, wie gewisse Asketen unter den Hindus oder Christen. Dies ist ein Extrem, das der Buddha ebenso verwarf wie die Überbetonung unseres Wohlseins. Die buddhistische Haltung entspringt dem tiefinnerlichen Wunsche, sich mit allem, was lebt und leidet, zu identifizieren.

Diese Haltung verhindert uns nicht nur daran, unserem eigenen Leiden zu viel Bedeutung beizulegen, – was nur unser Ich-Bewußtsein verstärken würde, – sondern es hilft uns, über es hinwegzukommen.

Wies der Buddha nicht *Kisâ Gautamî*[12] den gleichen Weg, als er ihr zum Bewußtsein brachte, daß der Tod allen Wesen in gleichem Maße zuteil wird und daß sie nicht allein sei in ihrem Kummer? Derjenige, der das Leiden in diesem Geiste auf sich nimmt, hat schon die halbe Schlacht gewonnen, – wenn nicht die ganze!

Der Buddha lehrte nicht das bloß negative Vermeiden des Leidens; sonst würde er selbst den kürzesten Weg zur Befreiung gewählt haben, der zur Zeit des Buddha *Dîpaṅkara* ihm offen stand und ihm die Leiden unzähliger Wiedergeburten erspart hätte. Aber er wußte, daß nur, wer durch das läuternde Feuer des Leidens gegangen ist, zur höchsten Erleuchtung gelangen und so der Welt dienen kann.

Es lag nicht in der Natur seines Weges, vor dem Leiden zu entfliehen, sondern es zu überwinden, es zu meistern, zu besiegen (weshalb die Erleuchteten nicht nur «*Buddha*s», sondern auch *«Jinas»*, d. h. «Sieger» genannt werden), ihm furchtlos die Stirne zu bieten und es nicht nur als eine persönliche Heimsuchung zu betrachten, sondern in seiner Ganzheit, in seinem universellen Aspekt.

In diesem Geiste wird das *Bodhisattva*-Gelübde von allen denen, die den heiligen Pfad der Erleuchteten gehen wollen, aufgefaßt: «Ich nehme auf mich die Last aller Leiden. Ich bin entschlossen, sie zu ertragen. Ich kehre nicht um. Ich fliehe nicht, noch zittere ich. Ich gebe nicht nach, noch zögere ich. – Und warum? Weil die Befreiung aller Wesen mein Gelübde ist... Ich arbeite für die Errichtung des unvergleichlichen Wissensreiches unter allen Wesen. Nicht bloß mit meiner eigenen Er-

[12] Eine junge Mutter, deren einziges Kind so plötzlich gestorben war, daß sie seinen Tod nicht fassen konnte, kam mit dem Leichnam im Arm zum Buddha, um ihn um ein Heilmittel zu bitten. Der Buddha, der ihren Geisteszustand erkannte, antwortete: «Gehe in die Stadt und bringe mir Senfkörner von einem Hause, in dem nie jemand starb.» Die junge Frau tat, wie ihr geheißen, fand aber nicht ein einziges Haus, das der Tod nicht heimgesucht hätte. Da erkannte sie, daß sie nicht allein war in ihrem Leid, kehrte zum Buddha zurück, bestattete den Leichnam ihres Kindes und fand ihren inneren Frieden.

lösung bin ich beschäftigt. Ich muß helfen, alle Wesen aus dem Meer des *Saṃsâra* vermittels des Fahrzeuges des vollkommenen Wissens zu retten [13].»

Die Erreichung dieses Erlösungszustandes setzt die Überwindung aller engen individuellen Begrenzungen und die Anerkennung der überindividuellen Wirklichkeiten innerhalb des eigenen Geistes voraus. Es ist das universellste Erlebnis, dessen der menschliche Geist fähig ist und erfordert vom ersten Anfang eine universelle Haltung. Denn, der, welcher nach seiner eigenen Erlösung strebt oder nur in der Absicht, so schnell als möglich dem Leiden zu entfliehen, ohne einen Gedanken für seine Mitwesen, hat sich dadurch schon des wesentlichsten Mittels zur Verwirklichung seines Zieles beraubt.

Ob es objektiv möglich ist, die ganze Welt zu befreien, steht hier nicht zur Frage, – erstens, weil es so etwas wie eine «objektive» Welt für den Buddhisten nicht gibt, denn wir können nur von der Welt unseres Erlebens reden, können diese aber nicht vom erlebenden Subjekt trennen; zweitens aber ist der Zustand der Erleuchtung kein zeitlicher Zustand, sondern ein Erlebnis höherer Dimension.

Selbst wenn also, wie im Falle des Buddha *Śâkyamuni*, seine Erleuchtung an einem gewissen Punkte unserer Zeitrechnung stattfand, so können wir dennoch nicht den Vorgang der Erleuchtung mit diesem Zeitpunkt identifizieren. So wie nach des Buddha eigener Beschreibung sein Bewußtsein ungezählte Weltzeitalter der Vergangenheit durchdrang, so durchdrang es ungezählte Weltzeitalter der Zukunft; mit anderen Worten, die Unendlichkeit der Zeit, gleichgültig, ob wir sie als Vergangenheit oder Zukunft bezeichnen, wurde für ihn unmittelbare Gegenwart.

Was sich uns als die allmähliche Auswirkung dieses Ereignisses in zeitlicher Abfolge offenbart, ist nichts anderes als was im Geiste des Buddha als vollendete Wirklichkeit gegenwärtig war. In der Sprache unseres weltlichen Bewußtseins ausgedrückt,

[13] Gekürzter Auszug aus dem *Vajradhvaja-Sûtra* des *Śikṣâsamuccaya* von *Śântideva.*

schuf die Universalität des Buddha-Geistes eine solch fortdauernde Wirkung, daß seine Gegenwart bis zum heutigen Tage fühlbar ist und die Fackel der Befreiung, die er vor zweiundeinhalb Jahrtausenden entzündete, noch heute leuchtet und weiterleuchten wird, solange es Wesen gibt, die des Lichtes bedürfen.

Es ist die Natur der Erleuchtung, daß sie keine Ausschließlichkeit kennt (die ja die Wurzel alles Leidens ist), weder auf dem Wege zu ihrer Verwirklichung noch nach ihrer Erreichung, denn sie strahlt grenzenlos und ohne sich je zu erschöpfen und läßt andere daran teilhaben, – der Sonne gleich, die ihr Licht ohne Einschränkung allen zuteil werden läßt, die Augen haben zu sehen und Gefühl, ihre Wärme zu empfinden, oder Organe, ihre lebensspendenden Kräfte in sich aufzunehmen.

Und genau wie die Sonne, die unparteilich das Universum erleuchtet, verschiedenartig auf die verschiedenen Wesen einwirkt, je nach ihrer eigenen Empfänglichkeit und Fähigkeit, so auch der vollkommen Erleuchtete. Obwohl er alle Lebewesen ohne Unterschiede in seinem Geiste umschließt, weiß er, daß nicht alle zu gleicher Zeit befreit werden können, daß aber der Same der Erleuchtung, den er aussät, früher oder später Frucht bringen wird, je nach der Reife oder der Aufnahmebereitschaft des Individuums.

Doch da für einen Erleuchteten Zeit ebenso illusorisch ist wie der Raum, nimmt er die Befreiung von allem, was da lebt, im höchsten Erlebnis der Erleuchtung vorweg. Das ist die Universalität der Buddhaschaft und die Erfüllung des *Bodhisattva*-Gelübdes durch die «Weisheit, die alle Werke vollendet», die Weisheit *Amoghasiddhis*.

Die «Allesvollendende Weisheit» aber besteht in der Synthese von Herz und Geist, in der Vereinigung allumfassender Liebe und tiefster Erkenntnis, in der völligen Selbsthingabe an das höchste Ideal menschlichen Strebens, das im furchtlosen Aufsichnehmen des allem Dasein eignenden Leidens die Kraft zur Vollendung findet. Denn Furchtlosigkeit ist die Geste Amoghasiddhis.

Wer aus dieser Haltung heraus das *Boddhisattva*-Gelübde zu Füßen des Buddha, in der unauslöschlichen Gegenwart aller Erleuchteten, ablegt, möge der herrlichen Worte Tagores gedenken:

«Laß mich nicht bitten um Schutz vor Gefahren,
sondern um den Mut, ihnen die Stirne zu bieten.
Laß mich nicht bitten um Stillung meines Schmerzes,
sondern um die Herzenskraft, ihn zu bezwingen.
Laß mich nicht ausschauen nach Verbündeten auf dem Schlachtfeld des Lebens, sondern nach meiner eigenen Stärke.
Laß mich nicht in zitternder Furcht nach Erlösung lechzen,
sondern hoffen, durch Geduld meine Freiheit zu gewinnen.»

SARVAMAṄGALAṂ!

Sei es zum Segen Aller!

ANHANG

I

BIBLIOGRAPHIE

Pāli, Sanskrit und tibetische Texte

Anguttara-Nikāya, hsg. von R. Morris und E. Hardy, PTS (Pāli Text Society), London, 1885–1900 (5 Bde); dt. Übersetzung von Bhikkhu Nyānatiloka: Band I, Leipzig, Buddhist. Verlag, o. J.; Band II, Breslau, 1911.

Atthasālinī, von Buddhaghosa, hsg. von Ed. Müller, PTS, London, 1897; engl. Übersetzung von Maung Tin: *The Expositor*, PTS, London, 1920.

Avalokiteśvaraguṇakāraṇḍavyūha, hsg. von Satyavrata Sāmaśrami: *Kāraṇḍa Byūha, a work on the Doctrines and Customs of the Buddhists*, Kalkutta, 1873.

Bar-do-thos-grol (Bardo Thödol). Tibetanischer Blockdruck.

Bodhicaryāvatāra, von Śāntideva, hsg. von J. P. Minayeff, Journal of the Buddhist Text Society, 1894; frz. Übersetzung von L. de La Vallée Poussin, Paris, 1907.

Byan-chub-sems-dpahi-spyod-pa, tibetische Version von Śântidevas *Bodhicaryâvatâra*.
Tibetischer Blockdruck.

Cariyāpiṭaka, hsg. von R. Morris, PTS, London, 1882.

Chos-drug bsdus-paḥi-zin-bris, (Naropas *Sechs Lehren)*. Tibetischer Blockdruck.

Dhammapada, hsg. von V. Fausböll, mit lat. Übersetzung, London, 1900; dt. Übersetzung von K. E. Neumann: *Der Wahrheitspfad*, Leipzig, 1893.

Dhammapada-Aṭṭhakathā, hsg. von H. C. Norman, PTS, London, 1906 ff.; engl. Übersetzung von E. W. Burlingame, Harvard Oriental Series (hsg. von Ch. R. Lanman), Vols. 28–30, 1921.

Digha-Nikāya, hsg. von T. W. Rhys-Davids und J. E. Carpenter, PTS, London, 1890–1911. 23 Suttas ins Engl. übersetzt von T. W. Rhys-Davids, Sacred Books of the Buddhists, Vols II, III, London, 1899–1910.

Grub-thob-brgyad-cu-rtsa-bzihi rnam-thar. Tibetischer Blockdruck. (Biographie der Vierundachtzig Vollendeten [Siddhas], aus dem bsTan-hgyur, rGyud)

Guhyasamāja Tantra, hsg. in Gaekwad's Oriental Series, No. LIII; tibetische Version: *d Pal-gsaṅ-ḥdus-pa.*

mGur-hbum (Die hunderttausend Verse des Milarepa). Tibetischer Blockdruck.

Jātaka, hsg. von V. Fausböll: *The Jātaka together with its Commentary,* London, 1877–1897; dt. Übersetzung von J. Dutoit, London, 1908–1921.

rJe-btsun Mi-la-ras-pahi rnam-thar rgyas-par-phye-ba mgur-hbum («Die durch die Hunderttausend Verse erweiterte Biographie des ehrwürdigen Milarepa») Titel des von mir benutzten tibetischen Buchdrucks.

rJe-btsun-rnam-thar, (Milarepas Biographie), tibetischer Blockdruck.

Jñānasiddhi, von Indrabhūti, Gaekwad's Oriental Series, No. XLIV.

Khuddakaka-Pāṭha, hsg. und übersetzt von R. C. Childers, Journal of the Royal Asiatic Society, 1870; dt. Übersetzung von K. Seidenstücker, Breslau, 1910.

Kulacūḍāmaṇi Tantra, findet sich unter Arthur Avalons Tantrik Texts, Vols. I–VIII, 1913–1918.

Lalitavistara, hsg. von S. Lefmann, Halle a. S., 1902 u. 1908; frz. Übersetzung von Ph. Ed. Foucaux, Annales du Musée Guimet, Bde 6 u. 19, Paris, 1884 u. 1892.

Laṅkāvatāra Sūtra, übersetzt von D. T. Suzuki und D. Goddard in *A Buddhist Bible.*

Mahā-Prajñāpāramitā-Hṛdaya, hsg. von F. Max Müller und Bunyiu Nanjio, Anecdota Oxoniensia, Aryan Series, Vol. I, 3. Teil, Oxford, 1884.

Mahāyāna-Śraddhotpāda-Śastra, übersetzt von Bhikshu Wai-tao und D. Goddard in *A Buddhist Bible.*

Majjhima-Nikāya, hsg. von V. Trenckner und R. Chalmers, PTS, London, 1888–1902; dt. Übersetzung von K. E. Neumann: *Die Reden Gotamo Buddhos aus der mittleren Sammlung Majjhimanikāyo des Pālikanons,* Leipzig, 1896–1902.

Prajñāpāramitā-Sūtra, übersetzt von Bhikshu Wai-tao und D. Goddard in *A Buddhist Bible.*

Prajñopāya-viniścaya-siddhi von Anaṅgavajra, Gaekwad's Oriental Series, No. XLIV.

Rigveda, hsg. von F. Max Müller, 2. Ausg., 1890–1892; dt. Übersetzung von K. F. Geldner, Harvard Univ. Press, London/Leipzig, 1951–1957.

Sādhanamālā, Gaekwad's Oriental Series, No. XLVI.

Sāmaveda, hsg. und übersetzt von Th. Benfey: *Die Hymnen des Sāmaveda,* Leipzig, 1848.

Ṣaṭ-cakra-nirūpaṇa, von Purnananda Swami, hsg. von A. Avalon, Tantrik Texts, Vol. II; übersetzt von A. Avalon in *The Serpent Power.*

Sikṣāsamuccaya, von Śāntideva, engl. Übersetzung von C. Bendall und W. H. Rouse, London, 1922.

Śrī-cakra-samvara, hsg. von Kazi Dawa Samdup in A. Avalons Tantrik Texts, Vol. VII; tibetische Version: *dPal-ḥKor-lo-bDe-mchog.*

Śūraṅgama-Sūtra, übersetzt von Bhikshu Wai-tao und D. Goddard in *A Buddhist Bible.*

Sūtra of the Sixth Patriarch, von Wei-Lang, auch bekannt als Hui-Neng, übersetzt von Wong Mou-lam in *A Buddhist Bible.*

bsTan-ḥgyur, 225 Bde. philosophischer und tantrischer Werke und Kommentare, die den zweiten Teil der tibetischen Heiligen Schriften bilden.

rTen-ḥbrel-gyi-ḥkhor-lo-mi-ḥdra-ba-bco-rgyad, gehört zum *bsTan-ḥgyur.*

Tsao-Hsiang Liang-tu Ching, chinesisch-lamaistischer Text, Peking, 1748.

Udāna, hsg. von P. Steinthal, PTS, London, 1885; engl. Übersetzung von D. M. Strong, London, 1902.

Upaniṣaden, alle im Buch genannten Upaniṣaden sind übersetzt von P. Deußen: *Sechzig Upaniṣads des Veda,* Leipzig, 1897.

U-rgyan gu-ru pa-dma-ḥbyuṅ-gnas-gyi rnam-thar, Biographie des Guru Padmasambhava, teilweise übersetzt bei W. Y. Evans-Wentz, *The Tibetan Book of the Great Liberation.*

Vajracchedikā-Prajñāpāramitā-Sūtra, hsg. von F. Max Müller: *Buddhist Texts from Japan,* Anecdota Oxoniensia, Aryan Series, Vol. I, Teil I, Oxford, 1881; übersetzt von Bhikshu Wai-tao und D. Goddard in *A Buddhist Bible.*

Vijñapti-mātra-siddhi-śāstra, frz. Übersetzung von L. de La Vallée Poussin, Librairie Orientaliste Paul Geuthner, Paris, 1928.

Visuddhimagga, von Buddhaghosa, hsg. von H. C. Warren, Harvard Oriental Series – Clark. 41 Cambr./Mass., 1950; dt. Übersetzung von Nyānatiloka, 2. Aufl., Konstanz, Christiani, 1950.

Yogâvachara's Manual od. *Manual of a Mystic*, aus dem Pāli und dem Singhalesischen übersetzt von F. L. Woodward, hsg. von Mrs. Rhys Davids, PTS, London, 1916.

Neuere, in Buchform erschienene Literatur

Aurobindo, Sri, *The Synthesis of Yoga*, Sri Aurobindo Ashram, Pondicherry, 1955.

Avalon, Arthur, *The Serpent Power*, zwei Werke über tantrischen Yoga, aus dem Sanskrit übersetzt mit Einleitung und Kommentar, Luzac & Co., London, 1919; dt. Übersetzung: *Die Schlangenkraft*, Otto Wilhelm Barth, Weilheim, 1961.

Bhattacharya, Benoytosh, *An Introduction to Buddhist Esoterism*, Oxf. Univ. Press, Bombay, 1932.

Das, Sarat Chandra, *A Tibetan-English Dictionary*, Kalkutta, 1902.

David-Neel, Alexandra, *My Journey to Lhasa*, Penguin Books, Harmondsworth, 1940. Deutsch: *Arjopa*. Leipzig 1928.

With Mystics and Magicians in Tibet, Penguin Books, London, 1937. Deutsch: *Heilige und Hexer*, Leipzig 1931.

Dutt, Nalinaksha, *Aspects of Mahāyāna Buddhism and its Relation to Hinayāna*, Luzac & Co., London, 1930.

Evans-Wentz, W. Y., und Lama Kazi Dawa Samdup, *The Tibetan Book of the Dead*, Oxf. Univ. Press, London, 3. Aufl. 1957; dt. Übersetzung: *Das Tibetanische Totenbuch*, nach der engl. Fassung des Lama Kazi Dawa Samdup. Mit einer Einführung und einem psychologischen Kommentar von C. G. Jung, Rascher, Zürich, 1960; tibetischer Titel *Bar-do-thos-grol*. Tibetischer Blockdruck. (Jetzt): Walter-Verlag, Olten, 8. Aufl. 1973).

Tibet's Great Yogī Milarepa, Oxf. Univ. Press, London, 1928; tibetischer Titel: *rJe–btsun-bkaḥ-bum.* Tibetischer Blockdruck. Dt. Übersetzung: *Tibets großer Yogī*, Otto Wilhelm Barth, Weilheim, 1971.

Tibetan Yoga and Secret Doctrines, Oxf. Univ. Press, London, 1935; dt. Übersetzung: *Yoga und Geheimlehren Tibets*, Otto Wilhelm Barth, Weilheim, 1937.

The Tibetan Book of the Great Liberation, mit einem psychologischen Kommentar von C. G. Jung, Oxf. Univ. Press, London, 1954; dt. Übersetzung: *Das tibetische Buch der großen Befreiung*, Otto Wilhelm Barth, Weilheim, 1954.

Glasenapp, H. von, *Der Buddhismus in Indien und im Fernen Osten*, Atlantis, Berlin, 1936.

Die Entstehung des Vaijrayāna, Zeitschrift der deutschen Morgenländischen Gesellschaft, Bd. 90, Leipzig, 1936.

Goddard, Dwight, *A Buddhist Bible*, eine Auswahl von Pāli-, Sanskrit-, chinesischen und tibetischen Quellen, übersetzt von Nyānatiloka, Rhys Davids, Chao kung, Goddard, Wai-tao, Suzuki, Wong Mu-lam, Evans-Wentz und Dawa Samdup; Neudruck, Harrap, London, 1957.

Govinda, Lama Anagarika, *The Psychological Attitude of Early Buddhist Philosophy*, Readership Lectures, Patna University, 1937–1938; dt. Übersetzung: *Die psychologische Haltung der frühbuddhistischen Philosophie*, Rascher, Zürich, 1962.

Some Aspects of Stūpa Symbolism, Kitabistan, Allahabad und London, 1940.

Solar and Lunar Symbolism in the Development of Stūpa Architecture, Marg, Bombay, 1950.

Die folgenden Veröffentlichungen sind teilweise in mehr oder weniger veränderter Form in den entsprechenden Kapiteln dieses Buches enthalten:

The Significance of OṂ and the Foundations of Mantric Lore, Stepping Stones, Kalimpong, 1950–1951.

The Philosopher's Stone and the Elixir of Life, The Maha Bodhi Journal, Kalkutta, 1937.

Masters of the Mystic Path, The Illustrated Weekly of India, Bombay, 1950.

Principles of Tantric Buddhism, 2500 Years of Buddhism, Publications Division, Government of India, Delhi, 1956.

The Tibetan Book of the Dead, The Times of India Annual, Bombay, 1951.

Time, Space und the Problem of Free Will, Zweiter Teil: *The Hierarchy of Order: Causality and Freedom,* The Maha Bodhi Journal, Kalkutta, 1955.

Guénon, René, *Man and His Becoming, According to the Vedānta,* Luzac & Co, London, 1945.

Guenther, H. V., *Yuganaddha, the Tantric View of Life,* Chowkhamba Sanskrit Series, Benares, 1952. Deutsch: *Tantra als Lebensanschauung,* O. W. Barth Verlag, München 1974.

Jäschke, H. A., *A Tibetan – English Dictionary,* Routledge & Kegan Paul, London, 1949.

Krishna Prem, Sri, *The Yoga of the Bhagavat Gītā,* John M. Watkins, London, 1951.

Masuda, Jiryo, *Der individualistische Idealismus der Yogācāra-Schule,* 10. Heft der Materialien zur Kunde des Buddhismus, Heidelberg, 1926.

Nyāṇaponika, Mahāthera, *Satipaṭṭhāna, the Heart of Buddhist Meditation,* The Word of the Buddha Publishing Committee, Kolombo, 1954.

Ohasama-Faust, *Zen, der lebendige Buddhismus in Japan,* Perthes, Gotha, 1925.

Pott, H. P., *Introduction to the Tibetan Collection of the National Museum of Ethnology,* Leiden, 1951.

Rhys-Davids, C. A. F., *Sākya, or Buddhist Origins,* Kegan Paul, Trench, Trubner & Co., London, 1931.

Rosenberg, Otto, *Die Probleme der buddhistischen Philosophie,* Materialien zur Kunde des Buddhismus, Heft 7–8, Heidelberg, 1924.

Suzuki, D. T., *Essays in Zen Buddhism,* Rider & Co., London, 1953.

The Essence of Buddhism, The Buddhist Society, London, 1947.

Tucci, Giuseppe, *«Mc' od rten» e «Ts'a ts'a» nel Tibet Indiano ed Occidentale,* Roma, 1932.

Veltheim-Ostrau, Baron von, *Der Atem Indiens, Claassen,* Hamburg, 1955.

Vivekānanda, Swāmi, *Rāja-Yoga,* hsg. von E. von Pelet, Rascher, Zürich, 1963. (Jetzt: H. Bauer Verlag, Freiburg, 3. Aufl. 1974.)

Waddel, L. A., *The Buddhism of Tibet or Lamaism,* London, 1895.

Zimmer, Heinrich, *Ewiges Indien,* Müller + Kiepenheuer, Potsdam, 1930.

Kunstform und Yoga im Indischen Kultbild, Frankfurter Verlags-Anstalt AG, Berlin, 1926.

II

TRANSKRIPTIONSMETHODE UND AUSSPRACHE INDISCHER UND TIBETISCHER WÖRTER

Die für Sanskrit und Pâli gebräuchliche Transkriptionsmethode ist auch auf das Tibetische angewandt, da die tibetische Schrift, trotz weitgehender Verschiedenheit in der Aussprache, auf dem indischen Schriftsystem aufgebaut ist, dessen Schema wir hier wiedergeben unter Hinzufügung der fünf nur im Tibetischen vorkommenden Konsonanten.

VOKALE

« *a i u ṛ* (= ri)» sind kurz zu sprechen.

« *â î û e ai o au* » sind lang.

KONSONANTEN

A. Die fünf Klassen

	stimmlos		*stimmhaft*		nasal
		aspiriert		aspiriert	
Gutturale	*k*	*kh*	*g*	*gh* [1]	*ṅ*
Palatale	*c*	*ch*	*j*	*jh* [1]	*ñ*
Zerebrale	*ṭ* [1]	*ṭh* [1]	*ḍ* [1]	*ḍh* [1]	*ṇ* [1]
Dentale	*t*	*th*	*d*	*dh* [1]	*n*
Labiale	*p*	*ph*	*b*	*bh* [1]	*m*

[1] Nur in Pâli und Sanskrit.

B. Die Nicht-Klassen-Konsonanten

Nur im Tibetischen	*ts*	*tsh*	*dz*	*ż*	*z*

y r l v

ś ṣ s h [ḥ ṃ]

ḥ repräsentiert im Sanskrit einen tonlosen Aushauch (*visarga*), im Tibetischen ein nicht gesprochenes Schriftzeichen, das als Basis eines Vokals oder als Dehnungszeichen dient.

ṃ (nur Sanskrit und Pâli), *anusvâra* genannt, nasaliert den vorhergehenden Vokal und wird als Auslaut entweder wie das deutsche «ng» (in Angel) oder wie ein nachtönendes «m» (z. B. in OṂ) gesprochen.

ṅ entspricht dem deutschen «ng». Es wird im Sanskrit und im Pâli nur innerhalb des Wortes verwandt, im Tibetischen auch als Endlaut.

In allen aspirierten Konsonanten wird das nachfolgende «h» deutlich hörbar gesprochen:

kh wie in «Rückhalt»,	*gh* wie in «saghaft»
th wie in «statthaft»,	*dh* wie in «bildhaft»
ph wie in «Schlappheit»,	*bh* wie in «lebhaft»

c entspricht dem deutschen «tsch»

ch ist daher wie «tsch-h» in «klatschhaft»

j ist wie ein weich gesprochenes «dsch», wie im italienischen Namen «Giacomo».

ñ = *nj* (wie Benjamin).

Bei den zerebralen Konsonanten (ṭ, ṭh, ḍ, ḍh, ṇ) berührt die leicht zurückgezogene Zungenspitze den Gaumen.

ś = palatales (scharfes) «sch»; ṣ = cerebrales (weiches) «sch»; s = ß (wie in «Straße).

Die Vokale werden im allgemeinen gesprochen wie im Deutschen (das kurze *a* ist etwas dumpfer), doch ist der Unterschied zwischen kurzen und langen Vokalen stärker ausgeprägt. Die langen Vokale sind in indischen Sprachen die Haupttonträger. Die Betonung mehrsilbiger, kurzvokalischer Worte liegt im Sanskrit und im Pâli auf der drittletzten Silbe (z. B. *máṇḍala, dássanaṃ*). Enthält die vorletzte Silbe eines Wortes einen langen Vokal oder einen kurzen mit darauffolgendem Doppelkonsonant, so trägt sie den Ton (z. B. *Anáṅga-vájra, Mahâyâna).* In Worten, in denen die erste und die dritte Silbe lange Vokale enthalten, ist die erste Silbe betont (z. B. *védanâ, śûnyatâ).* In aus zwei oder mehreren Worten zusammengesetzten Wortgebilden behält jedes der ursprünglichen Worte seine Betonung bei (z. B. *Rátna-sámbhava, Bódhi-sáttva).* Kurzvokalische zweisilbige Worte tragen den Ton auf der ersten Silbe (z. B. *vájra, dhárma, mántra,* im Gegensatz zu *vidyâ, mudrâ).*

BESONDERHEITEN DER TIBETISCHEN AUSSPRACHE

Die nur dem Tibetischen eignenden Buchstaben *ts, tsh, dz, ż, z* werden folgendermaßen ausgesprochen:

ts = deutsches «z», *tsh* = «zh», wie in «schwatzhaft»;
ż = «j» in franz. «journal», *z* wie weiches «s» in «Rose».

Die Hauptschwierigkeit der tibetischen Aussprache beruht auf der Tatsache, daß die Orthographie, die vor über tausend Jahren festgelegt wurde, weitgehend von der heutigen Aussprache abweicht und daß letztere wiederum in jeder Provinz verschieden ist. Westtibet und *Khams* (im Osten) stehen der ursprünglichen Aussprache am nächsten, während die Sprache Zentral-Tibetes, insbesondere die von Lhasa, die als die vornehmste gilt, am meisten abgeschliffen ist. Die folgenden Hinweise, in denen nur die wichtigsten Abweichungen der Aussprache vom geschriebenen Wort angedeutet werden können, mögen dem Leser ein annäherndes Bild der lebendigen Sprache geben, die nichts mit der zungenbrecherischen Ungelenkheit des transkribierten Schriftbildes gemein hat.

1. Stumme Anfangskonsonanten

In Worten, die mit einer Gruppe von zwei oder drei Konsonanten beginnen, sind die folgenden Anfangsbuchstaben stumm:

g, d, b, m, ḥ, und ebenso: *r, l, s* (die letzteren sowohl vor einem als auch in der Mitte zwischen zwei Konsonanten).

Beispiele: *gsaṅ* = «sang» (geheim), *dgu* = «gu» (9), *bla-ma* = «Lama», *mchod-rten* = «tschörten» (Stûpa), *ḥkhor-lo* = «khorlo» (Rad), *rluṅ* = «lung» (Wind), *lṅa* = «nga» (5), *sgom* = «gom» (Meditation), *brda* = «da» (Zeichen), *brliṅ-ba* = «ling-wa» (sicher), *bstan-pa* = «tampa», «tempa» (Lehre). Ausnahme: *lha,* in dem das *h* nach dem *l* hörbar gesprochen wird.

2. Modifizierte Konsonanten

y nach *p, ph, b, m,* modifiziert die Aussprache dieser Konsonanten in folgender Weise:

py = *c* («tsch»), *phy* = *ch* («tschh»)
by = *j* («dsch»), *my* = ñ («nj)

Beispiele: *spyan* = «tschä» (Auge), wie in *spyan-ras-gzigs* = «tschä-re-sie» (*Avalokiteśvara*); *phyag* = «tschag» (Hand), wie in *phyag-rgya* («tschággia»), *mudrâ; byaṅ-chub* = «dschang-tschhup» (Erleuchtung), wie in *byaṅ-chub-sems* (*bodhi-citta,* Erleuchtungsbewußtsein) und *byaṅ-chub-sems-dpaḥ* «dschǽng-tschhup-sémpa» (*Bodhisattva*), ein vom Erleuchtungsbewußtsein erfülltes Wesen. – *gy* wird nur in gewisesn Fällen wie «dscha» gesprochen: z. B. in *bstan-ḥgyur* = *Tanjur* («Tändschur»), die übersetzte (*ḥgyur*) Lehre (*bstan*); oder in *bkaḥ-ḥgyur* = *Kanjur* («Kándschur»), das übersetzte Wort (des Buddha). – dmyal-ba = «njálwa» (Hölle); mya-ṅan = «njá-ngan» (Leid).

r nach *k, kh, g, d, p, ph, b* macht diese zu Zerebralen:

kr und *pr* = ṭ
khr und *phr* = ṭh
gr, dr, br = ḍ

Beispiele: *bkra-śis* = «Ṭáschi» (Segen; Skt. *maṅgalam*), wie in «Taschi-Lama». *sprul-sku* = «ṭu(l)ku» (Verwandlungskörper; Skt. *nirmâṇa-kâya*); *khro-ba* = «ṭho-wa» (furchterregend; Skt. *bhairava*); *ḥphraṅ* = «ṭhrang» (abgründiger Pfad); *grub-pa* = «ḍuppa» (Zustand vollkommener Erreichung), wie in *grub-thob* (Skt. *siddha*); *dril-bu* = «ḍi(l)bu» (Glocke); *brag* = «ḍag» (Fels).

3. Endkonsonanten und modifizierte Vokale

d, l, s sind stumm als Endkonsonanten, modifizieren aber den vorhergehenden Vokal (mit Ausnahme des *i*) in der Weise, daß *a* zu offenem «e», bzw. «ä» wird, *u* zu «ü», und *o* zu «ö».

n verhält sich als Endkonsonant den Vokalen gegenüber in gleicher Weise, wird jedoch deutlich ausgesprochen.

Beispiele: *rgyud* = «gyü» (Tantra); *yod* = «yö» (ist); ḥod = «ö» (Licht), wie in *ḥod-dpag-med,* «Öpamé» (Skt. *Amitâbha*); skad = «kä» (Sprache); *bod* = «pö» (Tibet); *sgrol-ma* = «Dö(l)ma»; *dṅul* = «ngü» (Silber); *ras* = «rä» (Kattun); *lus* = «lü» (Körper); *chos* = «tschö» (Skt. *dharma*); *śes-rab* = «schä-rab» (Weisḥeit; Skt. *prajñâ*); saṅs-rgyas = «sangiä» (Buddha); gdan = «den» (Sitz, Thron); *bdun* = «dün» (7); *dpon-po* = «pömpo» (Beamter, Meister); *slob-dpon* = «lopön» (Lehrer, Skt. *âcârya).*

g als Endkonsonant wird oft kaum hörbar ausgesprochen und verkürzt den vorhergehenden Vokal. Wenn jedoch die zweite Silbe desselben Wortes mit einem Konsonanten beginnt, so wird das End-g der ersten Silbe deutlich hörbar und hat keinen Einfluß auf den vorhergehenden Vokal.

Der Ton liegt im Tibetischen durchgehend auf der ersten Silbe, d. h. auf der Wurzel des Wortes.

Diese Regeln können nur ein sehr allgemeines Bild von den Aussprache-Tendenzen des «Hoch-Tibetischen» geben. Die im Text dieses Buches vorkommenden, mehr oder weniger bekannten tibetischen Namen, Buchtitel, etc., sind der Einfachheit halber ihrer Aussprache gemäß wiedergegeben (z. B. Milarepa, Bardo Thödol, Kargyütpa, Khadoma und dergl.), und ihre orthographische Transkription ist nur an den Hauptstellen oder bei ihrem ersten Vorkommen hinzugefügt. Alle auf die buddhistische Lehre und indischen Yoga bezüglichen Fachausdrücke sind, falls nicht anderweitig vermerkt, in Sanskrit wiedergegeben.

III

REGISTER

Die Anordnung des Registers folgt dem deutschen Alphabet ohne Berücksichtigung diakritischer Zeichen (wie in â, ŝ, ṣ, ñ, ṅ, ṇ etc.) und der stummen Anfangsbuchstaben in tibetischen Wörtern. Alle indischen und tibetischen Wörter sind in *Kursiv* gesetzt. Pâli-Wörter sind durch (P), tibetische durch (T) gekennzeichnet. Alle anderen in Kursiv gesetzten Wörter gehören dem Sanskrit an. Die Seitenzahlen beziehen sich gleicherweise auf den Haupttext wie auch auf die Anmerkungen. Bei häufig vorkommenden Ausdrücken sind nur diejenigen Seiten angegeben, die eine wesentliche Definition oder Information enthalten.